FİLM KURGUSU

Tarihi, Kuramı ve Tekniği

Cem Yıldırım

Cem Yıldırım

Cem Yıldırım, lisans ve yüksek lisans eğitimini Marmara Üniversitesi, Radyo-Televizyon ve Sinema bölümünde tamamladı. 2002-2004 yılları arasında New York Üniversitesinde, "Digital Video Production" alanında profesyonel sertifika eğitimi aldı. Çok sayıda kısa kurmaca ve belgesel filmin yönetmenliğini yaptı. 2005 yılından itibaren sinema filmleri, televizyon dizileri ve reklam filmleri gibi projelerin kurgusunu yaptı. 2014 yılında 64. Uluslararası Berlin Film Festivali kapsamında gerçekleştirilmiş olan "Berlinale Talents" programına seçildi. 2017 yılında İstanbul Üniversitesi, Radyo-Televizyon ve Sinema bölümünde doktora eğitimini tamamladı. Şu anda İstanbul Topkapı Üniversitesi, Güzel Sanatlar, Tasarım ve Mimarlık Fakültesinde Doktor Öğretim Üyesi olarak görev yapmaktadır.

İletişim: cemyildirim@ayvansaray.edu.tr

URZENİ YAYINEVİ

Genel Yayın Yönetmeni
İsmet Gülseçgin

Film Kurgusu / Tarihi Kuramı ve Tekniği
1 Baskı 2019

Kapak Tasarım:
Kenan Direk

Yayıncı Sertifika No: 48172
ISBN 978-625-7647-26-7

Baskı ve Cilt:
Repar Tasarım Matbaacılık
Merkez Mah. Cemal Ulusoy Cad. No: 43
Yenibosna / Bahçelievler/İstanbul
Sertifika No: 40675

Urzeni Yayınevi
Handegül Sok. Adatepe Sitesi A-3 Blok D: 65
Maltepe - İstanbul
Tel: 0532 297 72 59

www.urzeniyayinevi.com

İKİNCİ BÖLÜM

ÖNSÖZ

Film kurgusu üzerine yapmaya karar verildiğim doktora tezimin yazım aşamasında Türkçe sinema literatüründe genel olarak sinemada biçim, özel olarak ise film kurgusu üzerine yapılmış çalışmaların oldukça kısıtlı olduğu gerçeğiyle karşılaştım. Dolayısıyla, çalışmamda ağırlıklı olarak yabancı kaynaklara başvurdum. Bu nedenle, "*Son Dönem Türk Sinemasında Popüler ve Sanat Filmlerinin Kurgu Biçimleri Karşılaştırması*" isimli doktora tezimin ilk iki bölümünden türetmiş olduğum bu çalışma ile, oldukça geniş kapsamlı bir literatür taramasıyla edindiğim tarihsel ve kuramsal bilgileri Türkçe sinema literatürüne kazandırarak, bu eksikliği giderme yolunda bir katkıda bulunmayı amaçladım. Bu çalışmayı oluştururken hem profesyonel bir film kurgucusu olarak çalıştığım yıllarda edindiğim deneyimlerden, hem yabancı kaynaklardan derlemiş olduğum tarihsel ve kuramsal bilgilerden faydalandım. Bu kitabın hem sinema - televizyon alanında eğitim gören öğrencilere, hem de sinema meraklılarına film kurgusu konusunda faydalı olacağına inanıyorum. Çalışmanın son bölümünde filmlerin kurgu yapılarını çözümlemek için kullanmış olduğum ve sahnelerin çekim parçalarına ayrıştırılarak incelenmesine dayanan "çekim-çekim çözümleme" yöntemi, sinema filmlerinin biçimsel yapılarını incelemeyi amaçlayanlar için de yol gösterici olacaktır.

Bu çalışmanın ortaya çıkmasının temelinde, bana kazandırdıkları bilgi ve birikimlerle çok önemli katkıları olan Doç. Dr. Şükrü Sim, Prof. Dr. Murat İri, Prof. Dr. Neşe Kars, Prof. Dr.

Battal Odabaş, Prof. Dr. Nilüfer Timisi Nalçaoğlu, Doç. Dr. Neşe Kaplan ve sevgili arkadaşım Dr. Öğr. Üyesi Zuhal Akmeşe'ye şükranlarımı sunarım. Ayrıca bu kitabın ortaya çıkma sürecinde bana verdikleri destek ve yardımlarından dolayı mesai arkadaşım ve sevgili dostum Dr. Öğr. Üyesi Deniz Berker ile sevgili asistanımız Arş. Gör. Ece Karaçay'a çok teşekkür ederim.

Cem Yıldırım

İstanbul -2019

GİRİŞ

Bir sinema filminin çekimleri bittiğinde, yönetmenin elinde görüntü ve seslerden oluşan bir çekim yığını bulunur. Bu görüntü ve ses yığınları tek başlarına, sinema anlatısı açısından zamansal ve mekânsal gerçekliğin birer kayıtları olan ham malzeme olmanın ötesinde bir değer taşımazlar. Ham malzeme, ancak belirli bir amaç doğrultusunda düzenlendiğinde bir sinema anlatısına dönüşebilir ve bir film ortaya çıkar. Bu düzenleme, bir sinema filmi yaratmayı amaçlamış olan yönetmenin, elindeki çekim yığınları arasından en iyi ve uygun tekrarları, açı ve ölçekleri seçmesi[1], bu çekimleri belirli bir şekilde sıralaması, gerektiğinde bu sıralamayı değiştirmesi ve seçtiği çekimleri uzatması ya da kısaltması gibi işlemleri kapsayan kurgu sürecidir.[2] Dolayısıyla film kurgusunu ham görüntü ve sesleri seçme, belirli bir senaryoya göre sıralama ve filmin arzu edilen son halini alana kadar yapılacak olan tüm yeninden düzenlemeleri kapsayan bir işlemler bütünü olarak tanımlayabiliriz. Pudovkin, kurgunun bir film yapımının en kritik ve yaratıcı aşaması ve aynı zamanda sinemasal gerçekliğin yaratıcı gücü olduğunu vurgular.[3] Bordwell ve Thopmson ise, kurgunun en temel anlamda "bir çekimin hemen ardından gelen diğer çekimle olan koordinasyonu olarak düşünülebileceğini" belirtirler.[4]

1- *James Monaco,* ***Bir Film Nasıl Okunur?****, Çev. Ertan Yılmaz, İstanbul, Oğlak Yayınları, 2001, s.128.*
2- *Richard L. Bare,* ***The Film Director****, 2.bs., Foster City, IDG Books Worldwide, 2000, s.168.*
3- *Karel Reisz, Gavin Millar,* ***The Technique of Film Editing****, 2.bs., Londra, Focal Press, 2010, s.3.*
4- *David Bordwell, KristinThompson,* ***Film Sanatı****, Çev. Ertan Yılmaz, Emrah Suat Onat, Ankara, De Ki Yayınları, 2011, s.223.*

Sinema sanatı, doğası gereği içerisinde pek çok sanatı birden barındırır: Fotoğraf, edebiyat, müzik ve tiyatro. Ancak, sinemayı diğer tüm sanatlardan ayıran en önemli özelliği "kurgu"dur. Pudovkin'e göre kurgu, film yönetmeninin dilidir.[5] Sinema kuramcıları, bir sanat olma yönündeki evrimiyle birlikte, "...sinemanın aynı zamanda bir dil yetisine benzediğini, daha doğrusu bir dil yetisine benzediği ölçüde bir sanat dalına dönüşebildiğini fark etmişlerdir."[6] Farklı gelenekleri temsil eden kuramcılar, işlevleri konusunda farklı yaklaşımlara ve görüş ayrılıklarına sahip olsalar da, sinemanın bir sanat olarak var olmasını sağlayan en önemli unsurun kurgu olduğu konusunda birleşirler. Örneğin biçimci geleneğin önde gelen temsilcilerinden Bela Balazs, çekimlerin tek başlarına sadece gerçekliğin bir temsili olduğunu ve yalnızca kurgunun bu çekimleri yanlışlıklara ya da hakikatlere dönüştürebileceğini söylerken [7], gerçekçi kuramcılardan Andre Bazin ise, kurgunun sinemayı canlı fotoğraflar olmaktan kurtarıp bir dil ve dolaysıyla bir sanat olarak doğmasını sağladığını belirtir.[8] Böylelikle sinemanın yeni bir sanat dalı olma yönündeki evrimi de başlamış olur. Hugo Munsterbeg'e göre sinema artık, kurgu yoluyla farklı "...açı, kompozisyon ve odak uzaklıklarının kullanılabilir olmasıyla, kesintili fotoğrafların basit, tekdüze ve inceliksiz kaydının çok ötesindedir ve belirli bir bilinçle yapılmaktadır."[9] Sinemacılar, görüntü ve sesleri belirli bir amaç doğrultusunda birbiri ardına sıralayarak film öykü-

---

*5- V. I. Pudovkin, **Film Technique And Film Acting**, Memorial Edition, Çev. Ivor Montagu, Londra, Vision Press, 1958, s.100.*

*6- Oğuz Adanır, "Göstergebilimsel Film Kuramı", **Sinema Kuramları 2**, Ed. Zeynep Özarslan, İstanbul, Su Yayınevi, 2013, s.13.*

*7- J. Dudley Andrew, **Büyük Sinema Kuramları**, Çev. Zahit Atam, İstanbul, Doruk yayımcılık, 2010, s.177.*

*8- Andre Bazin, **What Is Cinema? Vol. I**, University Of California Press, Los Angeles, 2005, s.24.*

9- Andrew, a.g.e., s. 68.

sünü oluştururken, aynı zamanda filmi seyretmekte olan izleyicinin duygularını manipüle edebileceklerini öğrendiler. Eisenstein'a göre, "Gerçekliği parçalarına ayırıp sökmek ve gerçekliği bir sistem halinde yeniden inşa ederek en büyük olası duygusal etkileri üretebilecek hale getirmek yönetmene kalmıştır".[10]

Sinema, ilk ortaya çıktığı zamanlardan itibaren popüler ve ticari bir etkinlik olmuştur. Lumière Kardeşlerin 28 Aralık 1895'te Paris'teki Salon Indien du Grand Café 'de yaptıkları ilk halka açık gösteriden itibaren, sinemada filmler seyircilere para karşılığında gösterilmiştir. Dolayısıyla giderek bir endüstri haline dönüşmeye başlayan sinema için temel amaç, her zaman daha fazla seyirciye ulaşmak olmuştur. Böylelikle bu amaç çerçevesinde seyirci gereksinmelerini ön planda tutacak, seyircinin kolay anlayacağı ve filmi seyrederken haz alacağı biçim ve tekniklerin arayışına girilmiş ve D. W. Griffith'in öncülüğünde, deneme yanılma yoluyla klasik anlatı sinemasının ana biçim prensipleri ortaya çıkmıştır. "Klasik devamlılık kurgusu" olarak de bilinen bu prensipler, büyük oranda halen günümüz popüler sineması tarafından kullanılmaktadır.

Bununla birlikte, İkinci Dünya Savaşı'nın sona ermesiyle ortaya çıkmış olan *"Yeni Gerçekçilik"* ve *"Yeni Dalga"* akımlarıyla yayılan ve klasik anlatı sinemasının biçim prensiplerini reddedip, kurallarını ihlal eden Avrupa merkezli modernist bir "sanat sineması" anlayışı doğmuştur. Sanat sinemasında, yönetmenin kendisini seyirci talepleri ve filmin ticari getirisi gibi kısıtlayıcı unsurlara bağlı olmadan, özgür bir şekilde ifade edebilmesi esastır. Sinemacılar, bu özgürlükle klasik anlatı biçimlerinden bağımsız, farklı ve kendilerine özgü film biçimlerini oluşturmuşlardır. Klasik anlatı sineması, biçimi *"görün-*

10- A.g.e., s.142.

mez" kılarak seyircinin anlatılan öyküye kendini kaptırmasını sağlarken, sanat sineması filmleri ise çoğu kez kasıtlı olarak biçimi belirgin kılarak seyircinin filme bilişsel düzeyde katılımını amaçlar. Popüler filmler, genellikle kar elde etme amacı ile seyirciye (tüketici) satılan ticari ürünlerdir. Bu nedenle modern üretim ilişkileri içerisinde diğer endüstriyel ürünler gibi, satışlarını (gişe) riske sokmayacak biçimlerde üretilirler. Theodor W. Adorno'ya göre *"...kitlelerin tüketimine göre düzenlenen ve büyük ölçüde o tüketimin yapısını belirleyen ürünler, tüm sektörlerde az çok bir plana göre üretilir"*.[11] Adorno, diğer endüstriler gibi kültür endüstrilerinin de, tüketimi belirleyerek henüz denenmemiş olan her şeyi riskli bularak elediğini vurgular. Ona göre *"Makine hep aynı yerde döner durur"*.[12] Öte yandan, kitlesel ticari üretimin dışında kalan, bireysel ve sanatsal ifade amacıyla gerçekleştirilen sanat filmleri, popüler sinemanın kalıplaşmış biçimlerinden uzak durmayı ve söz konusu standartlaşmış biçimlerden farklılaşmayı amaçlar.

Çalışmamızın birinci bölümünde, geniş kapsamlı bir literatür taraması yaparak film kurgusunun tek çekimli filmlerle başlayan sinemanın primitif dönemlerinden, son yıllara kadar olan tarihsel gelişim sürecini kurguya kuramsal yaklaşımlarla birlikte ele alacağız. İkinci bölümde ise, temel kurgu tekniklerine odaklanacağız. İlk olarak hem görüntü hem de ses olarak çekim bazında geçiş yöntemlerine, daha sonra da sahne bazında sinemasal zaman ve uzamın inşasını görsel örnekler sunarak inceleyeceğiz. Bu bölümde ayrıca, "devamsızlık Kurgu-

---

11- Theodor W. Adorno, "Kültür Endüstrisini Yeniden Düşünürken", Çev. Bülent O. Doğan, Cogito. Adorno: Kitle, Melankoli,Felsefe Özel Sayı:36, İstanbul, Yapı Kredi Yayınları, 2003, s.76-77., Akt. Serpil Kırel, ***Kültürel Çalışmalar ve Sinema****, 2. bs., İstanbul, Kırmızı Kedi Yayınevi, 2012 s.334.*

12- Theodor W. Adorno, ***Kültür Endüstrisi, Kültür Yönetimi****, Çev. Nihat Ülner, Mustafa Tüzel, Elçin Gen, İstanbul, İletişim Yayınları, 2007, s.65, Akt.: Serpil Kırel, a.g.e, s.351.*

su"ve "yavaş sinema" gibi klasik sinemaya alternatif kurgu yöntemlerine de değineceğiz. Son bölümümüzde ise son dönem Türk Sineması'ndan sahne bazında yaratıcı kurgu örneklerini inceleyeceğiz.

BİRİNCİ BÖLÜM

SİNEMADA KURGUNUN TARİHSEL EVRİMİ VE KURAMSAL YAKLAŞIMLAR

Walter Murch'a göre, milyonlarca yıl boyunca yeryüzünde görsel gerçeklik, birbirine bağlı ve kesintisiz imajlar bütünü olarak algılanmıştır: Sabah uyanıp, gece gözümüzü kapatıncaya kadar algıladığımız görsel gerçeklik vardır ve bitene kadar da kesintisiz olarak devam ederler."Sonra bir anda, 20. yüzyılın başlarında insanoğlu çok farklı bir şeyle yüz yüze gelir: kurgulanmış film."[13] Perdede görülen görüntüler belirli aralıklarla değişmektedir. Objeler ve insanlar arka arkaya farklı büyüklüklerde gösterilmekte, bir uzamdan diğerine, gündüzden geceye bir saniyenin yirmi dördünde biri gibi kısa bir anda geçilmektedir. Fairservice'e göre, sinema keşfedilmeden önce sadece tiyatro, bale, müzik ve opera gibi canlı görsel sanat performansları belirli bir zaman ölçüsü içinde gerçekleştiriliyordu. Bu sanat gösterilerinin belirli bir başlangıç nokta-

---

*13- Walter Murch, **In The Blink of An Eye**, 2.bs., Los Angeles, Silman-James Press, 2001, s.5-6.*

ları vardır ve bitene kadar kesintisiz olarak devam ederler.[14] Sinemanın bu diğer gösteri sanatlarından ayrılmasını sağlayan kurgu, Lumière Kardeşlerin 1895 yılında yaptıkları ilk gösterimlerden günümüz sinemasına gelene kadar, en başta D. W. Griffith'in çalışmaları ve Sovyet sinemacılarının kuram ve uygulamalarının etkisiyle gelişmeye başlamıştır. 1920'lerde sinema kuramcılarının kurgunun gücünü fark edip, kurgu üzerine tartışmaların başlaması[15], ticari sinemanın anlatım standartlarını oluşturması, bu standartlara karşı duran farklı sanat sineması akımlarının ortaya çıkması ve teknolojide yaşanan yeniliklerle birlikte film kurgusunun gelişim süreci devam etmiştir. Fairservice, film kurgusu üzerine yapılacak bir çalışmada, sinema tarihinin ilk filmlerini inceleyerek başlamanın gerekliliğini vurgular. Çünkü film kurgusunun hikayesi bu filmlerle başlar. Görüntülerin ve seslerin seyirciye sunumunun ne şekilde bir gelişim gösterdiğini anlamak, sinemada anlamın iletilmesini açıklığa kavuşturmada kilit bir rol oynar.[16-] Dolayısıyla film kurgusunun tarihsel gelişimi, aslında sinema tarihinin de özünü oluşturur.

Sessiz Sinema Döneminde Kurgu

Perdede yansıyan hareketli görüntülerin ortaya çıkışından itibaren, sesli filmlerin tamamen yaygınlaşmasına kadar[17] olan 1894 ve 1929[*] yılları arasındaki dönem[**] genel bir tanımlamayla

---

*14- Don Fairservice, **Film Editing: History, Theory and Practice**, New York, Manchester University Press, 2001s.11.*

15- Bordwell, Thompson, a.g.e., s. 223.

16- Fairservice, a.g.e, s.5.

17- Bordwell, Thompson, a.g.e. 470.

** Bazı sahnelerinde sadece müziğin eşlik ettiği kısa konuşmaların olduğu ilk sesli film olan The Jazz Singer 1927 yılında yapılmıştır ancak Amerika'daki sinemaların çoğunun sese uygun hale gelmesi 1930 yılına kadar sürmüştür. Bkz.:Bordwell ve Thompson, A.e.*

"sessiz sinema dönemi" olarak adlandırılır.Bu dönemde sinemacılar, görüntüye eşlik eden sesin olmaması nedeniyle ortaya çıkan güçlüklere karşı görsel çözümler üretme arayışlarına giriştiler. Aslında sesiz dönem filmlerinin gösterimleri tamamen sesten yoksun değildi. Gösterimler sırasında perdedeki görüntülere eşlik eden bir orkestra ya da gösterim makinesinin gıcırdayan sesini kamufle edebilmesi için en azından bir piyano mutlaka bulunmaktaydı.[18] Ayrıca ilk dönem filmlerinin çoğunun gösterimlerinde, sinema öncesi yıllarda büyülü fener gösterilerinde olduğu gibi seyircinin perdedeki bir görüntünün önemini yeterince anlayamayacağı düşünüldüğünden, perdede olup bitenleri seyirciye açıklayan ve yorumlayan bir şovmen bulunurdu.[19] Dolayısıyla sessiz sinema, aslında "ses" unsurunun da dahil olduğu bir deneyimdi. Ancak Crittenden'e göre, "diyaloğun ve diğer senkronize seslerin yokluğunda, öyküsel anlamın, ritmin ve de görsel vurgunun yaratılması için kurguya gereksinim duyuldu."[20] Fairservice ise, sinemanın deneme ve keşfetme dönemi olanbu ilk yıllarında sinemacıların, hareketli görüntüleri kullanarak anlamlı bir öykü anlatmanın en etkili yollarını bulmak için çabaladıklarını belirtir: 1895 ve 1929 yılları arasındaki sessiz sinema döneminde, sinemanın geri kalan yetmiş yılından çok daha fazla deneme yapılmıştır. [21]

*** Sessiz Sinema döneminin kabul edilen başlangıç ve bitiş tarihlerinde, kaynaklar arasında farklılıklar bulunmaktadır. Bazı kaynaklar Sessiz Sinema dönemini 1894 -1929 yılları olarak kabul ederken, bazıları da 1895 -1929 ya da 1930 olarak kabul eder. Bu çalışmada alıntılama yaparken, bu tarihleri kaynaklarda verildiği şekliyle aktarmaya özen görmeye çalıştık.*

*18- Emmanuelle Toulet, **Birth Of The Motion Picture**, New York, Harry N. Abrams Inc., 1995, s.16.*

*19- Barry Salt, **Film Style And Technology: History And Analysis**, 3.bs., Londra, Starword, 2009, s.37.*

*20- RogerCrittenden, **Film and Video Editing**, 2. bs., New York, Routledge, 2005, s.10.*

21- Fairservice, a.g.e, s.1.

Roberta Pearson, sessiz sinema yıllarını iki döneme ayırır. Sinemanın başlangıçtan 1907' ye kadar doğrudan temsil biçimlerini kullanan ve önemli ölçüde fotoğraf ve tiyatro geleneklerine dayandırıldığı yılları "ilk dönem sinema", sinemanın kendi anlatı biçimlerini geliştirmeye başladığı 1907 ve 1910' ların ortasına kadar olan dönemi ise "geçiş sineması" olarak adlandırır.[22] Tom Gunning ise 1984-1907 yılları arasında yapılan filmlerin, hikaye anlatmaktan daha çok seyirciye gösterilen ilginç seyirlikler sunan gösteriler olduğunu vurgulayarak bu ilk dönemi "atraksiyonlar sineması" olarak nitelendirir.[23] Pearson, 1907 öncesi ilk dönem sinemayı da kendi içinde ikiye ayırır. Birincisi, 1894 ve 1903 yılları arasında yapılan ve büyük çoğunluğunun tek çekimden ve belgesel unsurlardan oluştuğu filmlerdir. İkincisi ise, "...çekimler arasında zamansal ve nedensel ilişkiler kuran basit anlatılarla, çok çekimli öykülü filmin giderek egemen olmaya başladığı 1903 -10907 yıllarıdır."[24] İlk dönem sinemanın birinci yarısının (1894-1903) temsilcileri Lumière Kardeşler, Thomas Alva Edison ve Georges Méliès iken, 1903 -10907 yılları arasındaki ikinci dönemi ise G. A. Smith gibi Brighton Okulu sinemacıları ile Edwin S. Porter'ın çalışmalarını kapsar. Geçiş döneminin en önemli çalışmaları ise D. W. Griffith öncülüğünde gerçekleştirilir.

İlk Dönem (Primitif) Sinema ve Kurgu: Thomas A. Edison, Lumière Kardeşler ve Georges Méliès

Thompson ve Bordwell'e göre sinemanın icadını tek bir kaynağa bağlamak mümkün değildir. Sinemanın ortaya çıktığı

---

*22- Roberta Pearson, "Sinemanın İlk Dönemi", **Dünya Sinema Tarihi**, Ed. Geoffrey Nowell-Smith, Çev. Ahmet Fethi, 2.bs., İstanbul, Kabalcı Yayınevi, 2008, s.30.*
*23- Tom Gunning, "Now You See It, Now You Don't :The Temporality of The Cinema of Attractions", **The Silent Cinema Reader**, Ed. Lee Grieveson, Peter Krämer, Londra, Routledge, 2004, s.43.*
24- Pearson, a.g.e, s.34.

tek ve kesin bir an yoktur. Hareketli görüntü teknolojileri daha çok Amerika Birleşik Devletleri, Fransa, İngiltere ve Almanya'da bu konu üzerine çalışan kişilerin katkılarının birikimi ile ortaya çıkmıştır.[25] Daha önce elektrik, telgraf ve gramofonun mucidi olarak bilinen Thomas A. Edison'un adı, aynı zamanda hareketli görüntüyü ilk geliştirenler arasında da yer alır.Edison'nun yardımcısı olan William Kennedy Laurie Dickson, kendi denetimi altında çalışan bir teknisyen grubuyla birlikte, Edison'a ait olan New Jersey'deki laboratuvarda 1889'da hareketli görüntüler üzerine çalışmalar yapmaya başladı.[26] Dickson ve ekibi, bir kaç yıl içerisinde hareketli görüntüleri 35 mm film üzerine kaydedebilen "Kinetograph"'ı ve bu görüntülerin bir bakaç aracılığıyla yalnızca bir kişi tarafından seyredilebilmesini mümkün kılan "Kinetoscope"u geliştirdiler.[27] Bazı sinema tarihçileri Kinetograph'ın geliştirilmesini Edison'dan daha çok Dickson ile ilişkilendirirler.[28] Hareketli görüntüleri kaydeden Kinetograph büyük, ağır ve hareket ettirilemeyen bir cihazdı. Bu nedenle Kinetograph'ın sabit bir şekilde içinde bulunduğu, ahşaptan yapılmış kamyon büyüklüğünde bir kulübe inşa edildi. "Black Maria" olarak isimlendirilen bu kulübe aynı zamanda sinemanın ilk stüdyosu kabul edilir.[29]

Edison ve Dickson, Kinetograph için yaptıkları çekimleri bu stüdyonun içerisinde gerçekleştirdiler. Dickson'un çektiği ilk film, Edison fabrikasında çalışan bir işçinin yakın ölçekte çekilmiş, kameraya dönük olarak hapşırmasının gösterildiği

---

25- *Kristin Thompson, David Bordwell,* ***Film History: An introduction,*** *2. bs., New York: The McGraw-HillCompanies, Inc., 2003, s.16.*
26- *A.e., s.32.*
27- *Rekin Teksoy,* ***Rekin Teksoy'un Sinema Tarihi,*** *C.I, İstanbul, Oğlak Yayıncılık, 2005, s.29.*
28- *Charles Musser,* ***The Emergence of the Cinema: The AmericanScreen to 1907,*** *Londra, University of California Press, 1994, s.55.*
29- *Pearson, a.g.e, 32.*

Fred Ott'un Aksırığı (Fred Ots's Snezee) filmidir.[30] Edison'un sinema anlayışı, kalabalık bir seyirci grubundan ziyade, bireysel izlemeye yönelik çalışmalar üretmekti.[31] Edison'un firması bu çerçevede 1893 ve 1896 yılları arasında boks karşılaşmaları, akrobasi hareketleri, dans gösterileri ve tiyatro oyunlarından bazı sahneleri filme aldılar.[32] Günümüzdeki 35 mm'ye yakın bir formatta olan bu filmler yaklaşık 12 metre uzunluğundaydı ve saniyede 30 ya da 36 kare oynatıldığında ancak yirmi saniye civarında sürüyordu. Bu filmler, Kinetoscope'a yerleştirildiğinde uçtan uca birbirlerine bağlanıyor ve aynı filmin sürekli tekrar ettiği bir düzenek oluşturuluyordu.[33]

Edison şirketinin bu dönemde gerçekleştirdiği filmler arasında en ayrıksı olan, Edison için çalışan Alfred Clark tarafından 1895' de çekilmiş olan *İskoçya Kraliçesinin İdamı (The Execution of Mary, Queen of Scots)* filmidir. Bu filmde, celladın elindeki balta kraliçenin başının üzerindeyken kayıt yapan kamera durdurulur. Kraliçeyi canlandıran oyuncunun yerine bir maket yerleştirilir ve kamera aksiyonun kaldığı yerden itibaren tekrar kayda başlar. Celladın indirdiği balta, maketin kafasını gövdesinden ayırır. İki ayrı film parçası birleştirildiğinde kesintisiz bir aksiyon illüzyonu yaratılır.[34] Filmde yaratılan bu illüzyon, ilerleyen zamanlarda Georges Méliès tarafından da sıkça kullanılacak olan "*kamera durdurma tekniğinin*" (stop camera technique) sinema tarihinde bilinen ilk uygulamasıdır.[35]

30- *Monaco, a.g.e, s.223.*

31- *Abisel, a.g.e., s.32.*

32- *Richard Abel, **Encyclopedia Of Early Cinema,** Oxon, Routledge, 2005, s.516.*

33- *Charles Musser, **Before the Nickelodeon: Edwin S. Porter and the Edison Manufacturing Company,** Los Angeles, "University of California Press", 1991, s.56.*

34- *Charles Musser, **Before the Nickelodeon: Edwin S. Porter and the Edison Manufacturing Company,** Los Angeles, "University of California Press", 1991, s.56.*

35- *Salt, a.g.e., s.38.*

Şekil 1.1:

İskoçya Kraliçesinin İdamı (The Execution of Mary, Queen of Scots)-1895.

(Bu filmde uygulanan "kesme". Üstteki karenin alt tarafında iki ayrı film parçasının birleştirilme izi açık bir şekilde görülmektedir.)

Kaynak: *Charles Musser, The Emergence of the Cinema, s.87.*

Edison'un Kinetescop'u ile çekilen filmlerin ilk gösterimleri 1893 tarihinde yapılmasına rağmen, halka tanıtımı ancak 1896 yılında bir Broadway müzikholünde gerçekleşmiştir.[36] Oysa bu tarihten daha önce, geliştirmiş oldukları "Cinématographe" isimli aygıtla film görüntülerini perdeye yansıtarak halka açık gösterimi 1895 yılında Lumière Kardeşler gerçekleştirmiştir. Birbirine yakın tarihlerde, dünyanın çeşitli yerlerinde hareketli görüntü çalışmaları ve gösterimleri başlamış olsa da*, genel olarak Lumière Kardeşler'in 1895 yılının Aralık ayında, Paris'teki Grand Cafe'de, salona girebilmek için para ödeyen bir

---

36- Abisel, a.g.e., s.28

**Alman mucit Max Skladanowsky' de "Bioskop" adını verdiği hareketli görüntüleri yansıtan bir cihazla 1 Kasım 1985'de Berlin'de halka açık bir gösteri yapmıştı. Ancak Bordwell ve Thompson, Skladanowsky'nin makinesinin, Edison'un tek bir kişi tarafından vizörden bakılarak seyredilebilen ve elektrikle çalışma zorunluluğu olan Kineteskop'u gibi çok yer kaplaması ve aynı anda akan iki geniş formatlı kuşağı gerektirmesi nedeniyle fazla yaygınlaşamadığını vurgularlar. Abisel de, Lumière Kardeşler'inCinématographe'ının hafifliği, hem kaydedici, hem gösterici hem de film basma özelliklerine sahip olması nedeniyle diğer buluşlar üzerine zafer kazandığını vurgular. Bkz.: Bordwell ve Thompson, a.g.e, s. 546 ve Abisel, a.g.e, s.31.*

seyirci topluluğuna on adet tek çekimden oluşan kısa filmler sunarak "en etkili ve en ünlü"[37] gösterilerini yapmaları,sinemanın başlangıcı olarak kabul edilir. Abisel'e göre "...film seyretmenin biçimini ve geleceğini belirleyenler Lumière Kardeşler olmuştur." [38]

Lumière Kardeşler'in ilk filmleri, kameranın sabit olarak yerleştirildiği tek bir çekimden oluşuyordu. Dancyger'e göre, seyirci için perdede hareket eden görüntüler görmek yeterince ilginç olduğu için, bu filmlerde bir öyküye ihtiyaç duyulmuyordu.[39] Pearson'a göre de "...ilk film izleyicileri öykü anlatılmasını istemiyordu." Onları büyüleyen şey; canlı ya da cansız nesnelerin hareketlerinin kaydedilip yeniden üretilmesiydi".[40] Edison'un "*Black Maria*" isimli stüdyosunda çekilen filmlerin aksine, gerçek mekanlarda çekimler yapan Lumière Kardeşler, filmleri için senaryo yazmamışlardı ve bir öykü anlatmaya da kalkışmadılar. Sadece hareketi ve zamanı gösterecek objeler ya da konular aradılar.[41] Basit bir prosedürleri vardı: İlginç olduğunu düşündükleri bir konu seçip, kamerayı söz konusu olay ya da konunun önüne yerleştirdiler ve kameradaki film bitene kadar çekmeye devam ettiler.[**] *Bebeğin Kahvaltısı (Le repas de bébé)*, ve *Teknenin Limandan Ayrılışı (Barque sortant du port)* gibi genel konular, sadece "olayı hareket halinde kaydet-

---

37- Pearson, a.g.e, s.31.
38- Abisel,, a.g.e., s.32.
*39- KenDancyger,**The Technique Of Film AndVideo Editing: History, Theory, And Practice**, 4. bs., Massachusetts, Focal Press, 2007, s.3.*
40- Pearson, a.g.e, s.35.
*41- David Thomson, **Hollywood**, Londra, Dorling Kindersley, 2004, s.10.*
***Bu ilk filmlerde,"kamerada yüklenmiş olan film bitene kadar çekim yapıldığı" görüşünün yaygın olmasına karşın Fairservice, "İşçilerin Lumière Fabrikasından Çıkışı" (1895) filminde aslında bir tür "kurgu" yapıldığını öne sürer. Bu filmin belirli bir başlangıç ve bitiş noktaları vardır. Fabrikanın kapıları açılır, işçiler dağılmaya başlar ve son işçi fabrikadan ayrıldığında film biter. Fairservice'e göre, bir olayın ya da etkinliğin sadece seçilmiş belirli bir kısmını kaydetmek ve kaydı belirli bir aksiyonun tamamlamasından sonra durdurmak da, bir tür "kamerada" yapılan bir kurgudur. Bkz.: Fairservice, a.g.e, s.6.*

meyi" amaçlayan Lumière Kardeşler için yeterliydi. Oysa Karel Reisz, *Teknenin Limandan Ayrılışının* sadece tek bir fotoğraf karesiyle de anlatılabileceğinin üzerinde durarak sinemanın henüz diğer sanatlardan farklı bir anlatım diline sahip olmadığını vurgular.[42]

Lumière'lerin çektikleri filmler arasında en çok bilineni, dönemin seyircisi üzerinde yarattığı etkiden dolayı,yaklaşık 50 saniye uzunluğunda olan*Trenin Gara Girişi (L'Arrivee d'un Train a La Ciotat)* filmidir. Sabit olarak yerleştirilmiş bir kamera, istasyona gelip duran bir treni ve bu trenden inen yolcuları gösterir.

Abisel'e göre "Lois Lumièr, bu kısa filmde, trenin hareketini diyagonal bir kompozisyon içinde görüntülemiş, çerçeveyi günlük yaşamın ayrıntılarıyla da zenginleştirmişti.[43] Fairservice ise, bu filmde kompozisyonun mümkün olan en fazla aksiyonu içerecek bir şekilde yapıldığının çok belirgin olduğunu vurgular:"Tren durduktan sonra yolcuların bir anda kadrajı doldurması tesadüfi değildir."[44] Lumière'lerin filmlerinin büyük çoğunluğunun prova edilmemiş basit olayların kayıtları olmalarına rağmen, bu filmler arasında en ayrıksı olanı ise kamera kayda girmeden önce oyuncuların ne yapacaklarının planlandığı ve basit de olsa bir öyküsü olan *Bahçıvanın Sulanışı (L'arroseur arrosé)* filmidir. Reisz'a göre bu film, çekilen materyal üzerinde yapılan bilinçli kontrolün ilk örneklerinden biridir.[45]

Filmde, bahçıvanın kendisini ıslatmasına sebep olduktan sonra ona yakalanmamak için kaçan haşarı birçocuk ve onu takip eden bahçıvan, filmin bir anında çerçevenin sol kenarına

---

42- Reisz, Millar, a.g.e., s.4.
43- Abisel, a.g.e., s.35.
44- Fairservice, a.g.e, s.9.
45- Reisz, Millar, a.e.

gelirler ve böylece çerçevenin ortası bir süreliğine boş kalır.* Pearson'a göre, burada "...modern bir filmin yapımcısı kahramanları izlemek için kamerayla pan yapar ya da görüntüyü keserdi..." Ancak Lumière'lerin kamerası kıpırdamadan, sabit bir şekilde olanları kaydetmiştir.[46] *Bahçıvanın Sulanışı* aynı zamanda sinema tarihinin, öyküsel yapısı dikkatlice planlanmış ilk komedisi olarak kabul edilir.[47] Fairservice'e göre ise bu tek çekimden oluşan film, daha sonra yapılacak tüm kurmaca filmlerle aynı klasik dramatik yapıya sahiptir ve "kurgulanmıştır": "Filmin nerede başlayıp nerede biteceği, aksiyonun gerekliliklerine göre belirlenmiştir. 39 saniye süren bu film, 50 saniyelik bir materyalden düzenlenmiştir."[48]

Lumière'lerin öncülüğünde gelişen sinema, 1896 yılının sonuna kadar salon sahipleri ve girişimci panayır şovmenleri aracılığıyla bütün Avrupa ve Amerika'ya yayılmıştı.[49] İlk filmlerin süreleri çok kısa olduğundan, gösterimciler bir program oluşturabilmek için, bu kısa süreli film parçacıklarını birbirlerine ekleyerek tek bir film makarası oluşturuyorlardı. Böylece bu gösterimciler bir tür kurgu formu oluşturuyorlardı.[50] Her bir çekim, yine kendi içinde bütünlüklüydü ve bu şekilde lanse ediliyordu ancak gösterimciler eğlenceyi uzatabilmek adına bu çekimleri bir araya getiriyordu.[51]

---

* *Pearson, burada çocuğun ve bahçıvanın çerçeveden çıktığını belirtiyor. Ancak, filmi dikkatli bir şekilde incelediğimizde çocuk ve bahçıvanın çerçevenin sol kenarına doğru yaklaştıklarını ancak tamamen çerçeveden çıkmadıklarını görüyoruz. Çocuğun vücudunun çok az bir bölümü çerçeve dışına çıkıyor, ancak Pearson'un belirttiği gibi çerçeve tamamen boş kalmıyor. Pearson'un bu yorumunun, bu filmi izlediği farklı bir versiyondan kaynaklandığını düşünüyoruz.*

46- Pearson, a.g.e., s.35.

47- Phil Powrie, Keith Reader, ***French Cinema: A Student's Guide****, Londra, Hodder & Stoughton Educational, 2002, s.4.*

48- Fairservice, a.g.e, s.10.

49- A.e.

50- Abel, a.g.e., s.292.

51- Pearson, a.g.e., s.36.

Bu ilk dönemlerde kurgu ilk olarak, gerçek olayların ya da aktüalite filmlerinin (actualités) çekimleri sırasında kamera operatörleri tarafından gerçekleştiriliyordu. Bu operatörler,ilk olarak Alfred Clark'ın 1895' de yaptığı *İskoçya Kraliçesinin İdamı (The Execution of Mary, Queen of Scots)* filminde uygulandığını daha önceden belirttiğimiz "kamera durdurma tekniği"ni (stop camera technique) kullanıyorlardı.[52] Sabit olarak ayarlanmış bir kameradan çekim yapan bir kameraman, kayda değer olan olay ya da durum bittiğinde film israfı olmaması için kamerayı durduruyordu. Örneğin operatör, kayıt esnasında kamera önünden geçen bir grup insan çerçeveden çıktıktan sonra oluşan boşluğu boşuna kaydetmemek için kaydı durduruyordu. Önemli olduğunu düşündüğü başka bir olay ya da durum ortaya çıktığında ise tekrar kayda başlıyordu. Böylece kameraman neyin önemli olup olmadığına dayanan bir kurgu kararı vermiş oluyordu.[53] Aralarında zamansal olarak fark bulunan iki çekim parçası birleştirildiğinde, kameranın konumunun ve açısının değişmemesi nedeniyle belirgin bir sıçrama ortaya çıkıyordu.[54] Operatör kaydı durduğunda kameranın örtücüsü bir anda değil, aşamalı olarak yavaşlayıp duruyordu. Bu nedenle kamera durduğunda "flash frame" olarak adlandırılan bir kaç sisli ve bozulmuş film karesi oluşuyordu.[55] Operatörler, bu kusurlu kareleri makasla keserek temizleyip, film parçalarını tutkalla birleştiriyorlardı.[56] Lumière'lerin 1896 yılında çektikleri *Paris: les souverains russes et le président de la République aux Champs-Elysées* filmi de bu yöntemle gerçekleştirilmiştir.

52- Abel, a.g.e., 292.
53- Fairservice, a.g.e., s.11-12.
54- Abel, a.g.e, s.293.
55- Fairservice, a.g.e., s.12.
56- Abel, a.g.e, s.292.

1. 2.

Şekil 1.2: *Paris: les souverains russes et le président de la République aux Champs-Elysées-1896* Filminde Kesme.

İlk çekimde atlılar çerçevenin sağından çıktıktan sonra çerçeve boş kalmış ve belirgin bir şekilde görünen kesmeyle, çerçevenin solunda bir atlı belirmiştir. Açık bir şekilde görülmektedir ki, burada operatör çerçeve boş kaldığında çekimi durdurmuş ve çerçeveye yeni unsurlar girmeye başladığında tekrar kayda girmiştir. Filme alınan olaylarda bir tür zamansal bir atlama yaratan bu yöntem sinemanın ilk döneminde yaygın bir şekilde kullanılmıştır. Bu uygulama, Lumière'lerin filmlerinde bir kaç örnekle sınırlı kalmasına karşın, Edison filmlerinde iseçok daha fazla gerçekleştirilmiştir.[57] Bunlar, ilk dönem sinemada kurgu uygulamalarına örnektir. Bu filmlerin günümüze kadar korunabilmiş örneklerine ulaşmak "Youtube" gibi web siteleri sayesinde kolaylaşmış ve sinema araştırmacılarının bu filmler üzerinde eskiye oranla çok daha detaylı araştırmalar yapmaları mümkün olmuştur. Sinema tarihi araştırmacısı Stephen Bottomore'a göre gerçek olayları ya da aktüalite filmlerini (actualités) çekenler, film yapmanın önemli noktalarını keşfediyorlardı. Öğrendikleri en temel şey ise, "filme kaydedilen her şeyin aslında gösterilmesinin gerekli olmadığı" gerçeğiydi. 1901 yılına gelindiğinde aktüalite film-

57- *Abel, a.g.e, s.293.*

leri sinemaya pek çok yeni pratikler getiriyordu. Bu pratikler, birbirinden bağımsız çekimlerle bir sekans oluşturulması fikrinin ortaya çıkmasını sağlıyordu.[58]

Bu gösterilen örneklerle, yaygın bir görüş olan "sinemanın ilk bir kaç yıllık döneminde kurgunun var olmadığı, filmlerin tek çekimlerden oluştuğu" düşüncesi çürütülmüş olmaktadır. Bu ilk kurgu uygulamaları göstermektedir ki, perdeye yansıtılacak sonucun seyirciye daha çekici hale getirilebilmesi için film parçaları kesiliyor ve birbirlerine ekleniyordu. Fairservice' göre bu basit uygulamaların ortaya koyduğu gerçek şuydu: Filme çekilen materyali seyirci açısından kabul edilebilir bir hale getirmek için film parçalarına müdahale etmek ve bunları düzelmek gerekiyordu. Böylece film parçalarına, keserek ve birleştirerek müdahale etmenin "sadece pratik değil, aynı zamanda arzu edilen bir durum olduğu kabul edildiğinde sinemada kurgu başlamış oldu."[59] İlk dönem sinemacılar arasında, filme alınan materyale seyirci unsurunu göz önüne alarak en çok müdahale edenlerden biri ise Georges Méliès'dir.

1895 yılının Aralık ayında Lumière Kardeşler'in Grand Cafe' de gerçekleştirdikleri gösteride izleyiciler arasında bulunan Georges Méliès, gördükleri karşında çok etkilenmişti. Bir sahne illüzyonisti olan Méliès, hareketli görüntüleri kendi sahne şovlarında kullanabileceğini düşünerek, Lumière'kardeşlerden Cinématographe'ı satın almak istedi. Ancak Aguste Lumière tarafından reddedildi. Méliès, bunun üzerine İngiliz mucit Robert W. Paul'dan bir projektör satın alıp, bu projektörün mekanizmasını değiştirerek onu bir kameraya çevirdi.[60]

58- Stephen Bottomore, "Shots In The Dark: The Real Origins Of Film Editing", ***Early Cinema: Space- Frame - Narrative****, Ed. Thomas Elsaesser, Adam Barker, Londra, BFI Publishing, 1990, s.109.*
59- Fairservice, a.g.e, s.12.
60- Thompson, Bordwell, Film History, s.24.

Méliès, ilk başlarda Lumière'lerin yaptıklarına benzeyen filmler çekti.[61] 1896 yılında Paris'in sokaklarında insanları, mekanları ve araçları çektiği ve aralarında sadece ikisinin günümüze kadar ulaşmış olduğu yetmiş sekiz film gerçekleştirdi. [62]

Méliès'in filmlerinde sihirbazlık numaralarını gerçekleştirmesini sağlayacak olan "kamera durdurma tekniği"ni (stop camera technique) bir tesadüf sonucu keşfettiği iddiası pek çok kaynakta belirtilir. Burada çelişkili bir durum söz konusudur. Çünkü daha önce de belirttiğimiz gibi "kamera durdurma tekniği" ilk olarak Edison şirketi için çalışan Alfred Clark tarafından 1895' de çekilen *İskoçya Kraliçesinin İdamı* filminde gerçek oyuncunun yerine maketi yerleştirebilmek için bilinçli olarak gerçekleştirilmişti. Söylentiye göre 1896 yılında Place de l'Opéra önünde çekim yapan Méliès'in kamerası bir anda arızalanır. Méliès, kamerada oluşan sorunu çözüp, kaldığı yerden çekime devam eder. Daha sonra yaptığı çekimi seyrettiğinde kamera bozulmadan önce yoldan geçen bir otobüsün bir anda bir cenaze arabasına, erkeklerin de kadınlara dönüştüğünü fark eder. Bu söylenti doğru olsa da, olmasa da söz konusu yöntem, Méliès'in ham malzemeyi çekimler sırasında ve sonrasında manipüle edilebileceği gerçeğini kavramasına yol açtı. İnsanlar ve cisimler, bir anda yok edilebilip, sonra tekrar bir anda ortaya çıkartılarak seyirci şaşırtılabilirdi. Nesneler ve insanlar optik illüzyonlarla çoğaltılabilir, küçültülebilir ya da devleştirilebilirdi.[63]

Zaman olgusu artık manipüle edilebilirdi. Hızlandırılabilir, yavaşlatılabilir ve hatta tümüyle atlanabilirdi. Zaman ve

---

61- Abisel, a.g.e., s.51.

62- Fairservice, a.g.e., s.12.

63- Paolo Cherchi Usai, "A Trip to the Movies :Georges Méliès, Filmmaker and Magician (1861-1938)",Fantastic Voyages of the Cinematic Imagination: Georges Méliès's Trip to the Moon, Ed. Matthew Solomon, New York, State University of New York Press, 2011, s.26.

uzam, yaratıcı amaçlar için daha önce hiç mümkün olmayan bir şekilde kontrol edilebilirdi.[64]

Méliès, 1896' da çektiği *Yok olan Kadın (Escamotage d'une dame chez Robert Houdin)* filminde yaptığı gibi,kamera durdurma tekniğinin fazlaca sömürüldüğü hileli filmlerin (trick films) öncüsü oldu ve bu türde her biri bir yada iki dakika uzunluğunda yaklaşık iki yüz film yaptı.[65]

Şekil 1.3: *Georges Méliès - Gizemli Gece (Le Chevalier Mystère) - 1899. (Méliès'in hileli film örneklerinden biri olan bu filmde, iki negatif film parçasının tutkalla yapılan birleştirilmesi, pozitif kopyada alttaki karenin üst tarafındaki soluk alanda belirgindir.)*

Kaynak: *Abel, a.g.e, s.294.*

Méliès, 1899 yılında çok sahneli bir film olan *Kül Kedisi*ni *(Cendrillon)* çekti. *Kül Kedisi,* yirmi tablodan (sahne) oluşuyordu ve yaklaşık 6 dakika sürüyordu. Abisel'e göre, "...tek bir tablo ya da sahne içeren ilk filmlerinden sonra Méliès, tabloları bir araya getirerek anlatı bütünlüğü sağladığı filmlere geçmiş ve bir tür kurgu yapmış oluyordu."[66] Reisz ise, her bir tablonun Lumière'lerin *Bahçıvanın Sulanışı* filminde olduğu

64- *Fairservice, a.g.e., s.13.*
65- *A.e., s.13-14.*
66- *Abisel, a.g.e., s.54.*

gibi, önceden planlanmış bir aksiyonun kesintisiz bir çekimi olduğunu vurgular. Ancak Lumière'ler yaptıkları filmleri tek çekimlik kısa olaylarla sınırlarken, Méliès bölümleri birbirlerine bağlayarak bir hikaye anlatmaya çalışıyordu. "*Kül Kedisi*" filmindeki devamlılık, farklı çekimler arasında bir bağlantı kurar. Bu farklı çekimler birleştirilerek, tek çekimlik filmlerin yapabileceğinden çok daha karmaşık hikayeler anlatmak mümkündür.[67] Méliès, "*Kül Kedisi*" filmindeki tüm çekimleri, birbirlerine "zincirleme" (dissolve) yöntemi ile bağlamıştır. "Zincirleme" (dissolve) yöntemi, sinema öncesi dönemde büyülü fener gösterilerinde, bir slayttan diğerine yumuşak geçişi sağladığı için, pratik olmasıyla bilinen bir yöntemdir. Méliès, daha sonraki filmlerinde de sıkça kullanacağı zincirlemeyi, çekimler arasında bir zaman atlamasını vurgulamak için değil, tablolar arasında yumuşak geçişi sağlamak için kullanmıştır.[68]

Méliès'in uluslararası alanda tanınmasını sağlayan kuşkusuz 1902 yılında çektiği *Aya Seyahat (Le Voyage dans la lune)* filmidir. Daha çok korsan yollarla da olsa, uluslararası dağıtımı yapılan ilk film olan *Aya Seyahat*, Méliès'e büyük bir popüler başarı sağlamıştır.[69] Otuz tablodan oluşan bu film, 14 dakikalık süresiyle aynı dönemde çekilen diğer filmlerin yaklaşık üç katı uzunluğundadır.[70] *Aya Seyahat*'in, dönemin diğer filmleri için olağan dışı sayılabilecek bir kurgu ritmi bulunur.[71] Filmde, roketin dünyaya geri dönüşü, yirmi saniyeden daha az bir süre içerisinde arka arkaya dört çekim ile gösterilir:

67- Reisz, Millar, a.g.e., s.4.
68- Salt, a.g.e., s. 37-38.
69- David A. Cook, Robert Sklar, "History of the Motion Picture", (Çevrimiçi) https://global.britannica.com/art/history-of-the-motion-picture, 30 Ekim 2016.
70- Abisel, a.g.e., s.55.
71- André Gaudreault, "Theatricality, Narrativity, and Trickality:Reevaluating the Cinema of Georges Méliès",Fantastic Voyages of the Cinematic Imagination: Georges Méliès's Trip to the Moon, Ed. Matthew Solomon, New York, State University of New York Press, 2011, s.38.

1. Çekim: Ay. Süre: 7 saniye

2. Çekim: Roket, uzay boşluğuna doğru düşer. Süre: 2 saniye

3. Çekim: Roket okyanusa düşer. Süre: 2.5 saniye

4.Çekim: Roket denizin dibinde. Süre: 8 saniye

Bu örnekte 1.,2., ve 3. çekimlerde aksiyonun yön duygusunun korunmuş olması dikkat çekicidir. İlk çekimde çerçevenin alt tarafından çıkan roket, takip eden çekimde çerçevenin üstünden girer. Bu durum 2. ve 3. çekimlerin kurgusunda da aynı şekildedir. 2. ve 3. çekimlerin, iki saniye gibi kısa süreleri, dönemin diğer filmlerindeki çekim süreleri göze alındığında sıra dışıdır. Méliès'in diğer filmlerinde de böyle bir ritme rastlanmaz.

Reisz, Méliès'in filmlerinin sınırlılıkları ile tiyatro oyunlarının sınırlılıklarını bir tutar. Her bir olay, tiyatrodaki her bir sahne gibi tek bir arka plan önünde gerçekleşir. Zaman ve mekan bütünlüklüdür. Sahneler bir mekanda başlayıp biter.[72] Kamera, bir tiyatro oyununda bir seyircinin bakış açısından olduğu gibi, aksiyonu ve aktörleri tümden kapsayacak şekilde, sahnenin tam karşısında sabit ve genel bir ölçekte konumlandırılır.[73] Farklı açı ve ölçek kullanımı yoktur.

Sinema tarihçilerinin, Méliès'in filmlerini teatral bularak sinemada kurguyu genel olarak Edwin S. Porter ve özellikle D.W Griffith'in devamlılık kurgusu ile başlatmalarına itiraz eden Gaudreault'a göre ise, Méliès'in filmlerinde ve ilk dönem sinemanın diğer pek çok filminde kurgunun varlığı yadsınamaz. Gaudreault, Méliès'in film çekerken kurguyu göz

---

72- Reisz, Millar, a.g.e., s.4.

73- William Guynn, "The Stages Of The Film Production Process", The Routledge Companion to Film History, Ed. William Guynn, Oxon, Routledge, 2011, s.47.

önünde bulunduran ilk sinemacılardan biri olduğunu iddia eder. *Aya Seyahat* filminde, roketin dünyaya dönüşü bölümünün kurgusu bir istisna olmakla birlikte, Méliès'in filmlerinde genel olarak aynı çerçeveyi içeren (sabit bir kameranın kayıttan çıktığında ve tekrar kayda girdiğinde elde edilen) çekimler birbirine eklenmiştir. Gaudreault, Méliès filmlerinde bulunan bu tür kurgunun, ilerideki yıllarda gelişecek olan farklı açı ve ölçeklerde yapılmış çekimlerin olduğu devamlılık kurgusundan farklı olduğunu vurgular.[74] Méliès filmlerinde kurgunun işlevi, sahneleri birleştirmek ve hileleri sağlamaktır. Stephen Bottomore ise, Méliès'in sinemada kurgunun öncüsü olmamakla beraber, film parçalarının birbirlerine eklenebileceği fikrinin ve dolayısıyla daha uzun filmler yapılabileceği anlayışının kabul edilebilir hale gelmesinde önemli bir payı olduğunu belirtir. Ancak Bottomore'a göre Méliès'in yaptıkları tiyatronun bir uzantısıdır. Onun çok sahneli filmleri, sadece çok sahneli tiyatro oyunlarının filme alınmış halidir. Bir tiyatro seyircisinin görüş açısından çekilen bu filmlerde bir çekim, doğal olarak bir sahnedir.[75] Abel'e göre ise *Aya Seyahat* başta olmak üzere Méliès'in filmleri, temelde hikayeyi görsel atraksiyonları sunabilmek için bir kulp olarak kullanmasına rağmen, sahnelenmiş kurmaca filmler için bir model sunmuştur. *Aya Seyahat*, sinemanın kurmaca filmlere geçişini ve beraberinde 1903-1904 yılları arasında Amerikan sinema pazarının hızlanmasını tetiklemiştir.[76] Monacoya' göre, "Lumière'ler ile Méliès'in karşıt yaklaşımlarının ortaya çıkardığı ikiye ayrılma, sinema için merkezidir ve farklı görünümler içerisinde yıllardır tekrarlanmaktadır."[77] Pearson ise, film kuramcılarının yıllar boyu bel-

---

74- Gaudreault, a.g.e., s.42-43.
75- Bottomore, a.g.e., s.105.
76- Richard Abel, The Red Rooster Scare: Making Cinema American, 1900-1910, Berkeley, University of California Press, 1999, s.21.
77- Monaco, a.g.e., s.271.

gesel film ile kurmaca filmin ilk örnekleri olarak Lumière'ler ile Méliès'i gösterdiklerini belirtir. Lumière'ler daha çok gerçek olayları filme alırken, Méliès öyküleri kamera önünde sahnelemiştir.[78] Lumière'ler belgesel sinemanın, Méliès ise kurmaca sinemanın öncüleri olarak kabul edilir.

Çok Çekimli (Multishot) Filmler: Brighton Okulu, Edwin S. Porter ve Lewin Fitzhamons

Sinemanın ilk dönemlerinde, İngiltere'de hareketli görüntülerle ilgili en dikkat çekici çalışmalar Brighton kentinde toplanan bir grup sinemacı tarafından gerçekleştiriliyordu. G. A. Smith ve James Williamson'un başını çektiği bu sinemacılar, sinema tarihçisi Georges Sadoul tarafından "Brighton Okulu" olarak adlandırıldı. Sadoul'a göre sinema dilinde daha sonra meydana gelecek olan gelişmelerin temelleri Brighton'lu sinemacılar tarafından atılmıştır.[79] Bu sinemacıların fotoğrafçılıktan gelmeleri, konuları ve objeleri değişik açı ve ölçeklerden çekmelerine dayanak oluşturdu. Yakın ölçeklere alışkındılar. Özön'e göre, "Bu değişik çekimlerin bir sıraya konması zorunluluğu, ortaya ilkel bir kurgu örneği çıkardı."[80]

Smith ve Williamson'un bağımsız olarak çalıştıklarını ve aralarında bir iş birliği olmadığını ileri sürerek "Brighton Okulu" tanımlamasına karşı çıkanlar, İngiltere'de sinemanın başlangıcını daha öncesine dayandırırlar.[81] Hem Salt[82], hem de Fairservice[83], Méliès'e ilk projektörü satmış olan R. W. Paul'un 1898 yılının Nisan ayında çektiği ve tam versiyonunun günü-

---

78- Pearson, a.g.e, s.36.
79- Teksoy, a.g.e., s.48.
80- Nijat Özön, Sinema: Uygulayımı, Sanatı, Tarihi, İstanbul, Hil Yayın, 1985, s.159.
81- Teksoy, a.e.
82- Salt, a.g.e., s.39.
83- Fairservice, a.g.e., s.14.

müze ulaşmadığı *Come Along, Do!* isimli filmin, sinema tarihinin ilk birden fazla sahnesi olan filmi olduğunu ileriye sürerler.

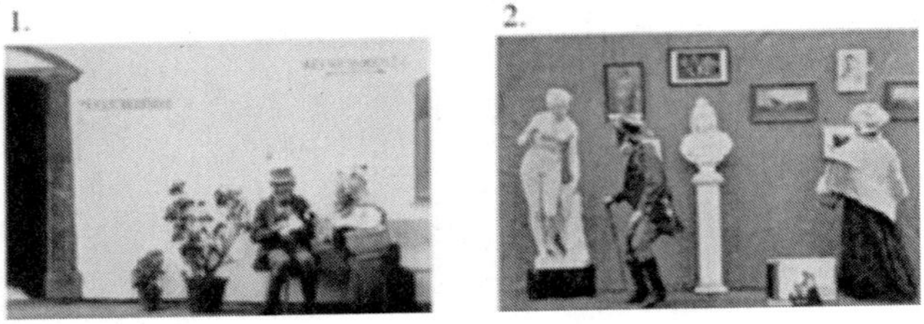

Şekil 1.4: *Come Along, Do!* (1898)

Filmin ikinci çekimi kayıptır ancak bu çekime ait günümüze ulaşan kareler mevcuttur.[84] Bu filmde, tek çekimlik iki ayrı sahne birleştirilmiştir. Birinci çekimde, bir sanat galerisinin önünde bir bankta oturarak yemek yiyen yaşlı bir çift görünür. Erkek karakterin önerisiyle oturdukları banktan kalkarak, sanat galerisinin kapısından içeri girerler. Günümüze sadece bir kaç kare olarak ulaşabilen ve birinci çekimin ardına donuk kare olarak eklenen ikinci çekimde ise, yaşlı çifti sanat galerisinin içinde ve erkek karakteri çıplak kadın heykeline ilgi gösterirken görürüz.

1899 yılına gelindiğinde, sinemada çok çekimli filmler giderek yaygınlaşmaya başlıyordu. Bu yıllarda "phantom rides" olarak isimlendirilen ve kameranın hareket eden bir trenin önüne yerleştirilmesiyle gerçekleştirilen çekimler çok popülerdi. Ancak trenler, tünel gibi kapalı alanlara girdiğinde görüntü siyaha düşüyordu. G. A. Smith, bu sorunu göz önünde bulundurarak 1896 yılında *The Kiss in The Tunnel* isimli bir film (Şekil 1.5 'deki 2. numaralı çekim) gerçekleştirdi. Bu filmde,

84- *Salt, a.g.e., s.40*

trenin kompartımanında oturan bir adam ve kadın gösterilir. Adam, oturduğu yerden kalkarak kadını öper ve sonra tekrar yerine oturur. Ayrı olarak satılan bu filmin, trenlerin ön kısmına monte edilen kameralarla yapılan çekimlerde (phantom rides), trenin tünele girmesiyle siyahlaşan görüntünün hemen arkasına eklenmesi amaçlanmıştı.[85]

Şekil 1.5: *The Kiss in The Tunnel* (1896).

Yukarıdaki versiyonda,birinci çekimde (phantom ride), tren tünele girdiğinde görüntü kararır ve hemen ardından *The Kiss in The Tunnel* filmi eklenir. Üçüncü çekimde ise trenin tünelden çıkışı gösterilir. Fairservice, *The Kiss in The Tunnel* filminin devamlılık kurgusunun ilk örneklerinden biri olduğunu vurgular.[86]

Smith'in 1900 yılının Eylül ayında çektiği *Büyükannenin Okuma Gözlüğü (Grandma's Reading Glass)* filminin, sinema tarihçileri tarafından bir sahneyi farklı çekimlere bölen ilk film olduğu iddia edilir.[87]

85- Fairservice, a.g.e., s.19.
86- A.e.
87- Bottomore, a.g.e., s.108.

Şekil 1.6: Büyükannenin Okuma Gözlüğü
(Grandma's Reading Glass-1900).

Bu filmde genel bir ölçekte elindeki büyüteçle etrafındaki nesnelere bakan bir çocuğun çekiminin arasına, baktığı nesnelerin maskelenmiş yakın ölçek görüntüleri çocuğun öznel çekimi olarak yerleştirilmiştir. Fairservice'e göre burada Smith, aynı sahneye ait farklı çekim parçalarıyla bir devamlılık oluşturabileceğini ve bir sahnedeki objelerin yakın çekimlerinin, aksiyonu açıklamak amacıyla kullanılabileceğini kavramıştı.[88] Smith, aynı tekniği yine 1900 yılında çektiği *Teleskoptan Göründüğü Gibi (As Seen Through a Telescope)* filminde de uygulamıştır. Onaran, bu filmlerde kurgunun bir anlatım aracı olmadığını ve daha çok optik bir değer taşıdığını vurgular.[89] Bottomore ise bu tür kesmelerin kaynağının aslında büyülü fener gösterilerinden geldiğini vurgular: Bazı büyülü fener gösterilerinde, yolculuk eden bir kişinin görüntülerinin arasına, yolcunun öznel bakışını yansıtan manzara görüntüleri yerleştiriliyordu.[90] Pearson'a göre de, o dönemde bu tür öznel çekimlerin kullanılması, anlatısal bilgiden daha çok "atraksiyonlar sineması"nın görsel hazzını vermeyi amaçlıyordu.[91]

88- Fairservice, a.g.e., s.21.

89- Alim Şerif Onaran, Sessiz Sinema Tarihi, 2. Basım, İstanbul, Agora Kitaplığı, 2012, s.36.

90- Bottomore, a.g.e., s.108.

91- Pearson, a.g.e, s.38.

Brighton okulunun bir diğer temsilcisi olan James Williamson'un filmleri de, sinemada kurgunun gelişiminde adları sıkça anılan çalışmalardır. Williamson'un en önemli filmleri arasında, 1900 yılı yapımı olan *Çin'deki Bir Görev Üssüne Saldırı (Attack On A China Mission)* filmidir. Günümüze tam bir kopyası ulaşamamış, ancak farklı versiyonları olan filmin en önemli özelliği, bir çekimde başlayan aksiyonun karşı açıdan çekilmiş başka bir çekimde devam ettirilmesidir.[92] Onaran, bu filmde oyuncuların bir tiyatro sahnesinin sadece önden görülen açısı yerine ayrıca arkadan ve yandan da gösterilmiş olduğunu belirtir.[93] Williamson'un 1901 yılında çektiği üç sahneden oluşan *Hırsızı Durdurun!" (Stop Thief)* filmi de, sinema tarihinin ilk çok sahneli takip filmlerinden biridir. Filmin ilk sahnesinde genel planda, kasap çırağının omzunda taşıdığı büyük et parçasını kapıp kaçan bir hırsız gösterilir. İkinci sahnede ise kasap çırağının hırsızı kovalaması, üçüncü sahnede de bir varilin içine girip gizlenen hırsızın yakalanması gösterilir.

1. 2. 3.

Şekil 1.7: *Hırsızı Durdurun! (Stop Thief-1901)*

Üç çekimde de, hırsızın çerçeveye girişi ve bir sonraki sahneye kesmeden önce de çerçeveden çıkışı gösterilir. Bununla birlikte, filmin üç çekiminde de çerçeveye girişler ve çıkışlarda yön duygusu ve devamlılığı gözetilmemiştir. Karakterler çerçeveye gelişigüzel bir şekilde girip çıkarlar.[94] Salt'a göre, ka-

92- *Fairservice, a.g.e., s.23-24.*

93- *Onaran, a.g.e, s.37.*

94- *Michael Chanan, The Dream That Kicks: The Prehistory And Early Years Of Cinema in Britain, 2. bs., Londra, Routledge, 1996. s.171.*

rakterlerin çerçeveden çıktığı ve düz kesmeyle eklenen ikinci çekimde farklı bir uzamda tekrar çerçeveye girdiği bu kurgu tarzı, ileride yapılacak kovalamaca filmlerinin temel karakteristiğini oluşturmuştur.[95] Teksoy da, Williamson'un takip sahnelerinin kurgusunun ileride Edwin S. Porter ve D.W. Griffith'e kaynaklık edeceğini belirtir.[96] Ancak Bottomore, kaçan bir karakterin çerçeveye girip çıkarak çekimden çekime takip edildiği kovalama filmlerindeki kurgu tarzının, aktüalite filmlerinden geldiğini vurgular.[97] Örneğin, 1897 yılında Kraliçe Victoria'nın yıldönümü kutlamaları dolayısıyla Londra caddeleri boyunca ilerleyen bir alayı kaydetmek isteyen film şirketleri, alayın rotası boyunca çeşitli noktalara kameralar yerleştirdiler. Film şirketleri bu farklı kameralardan çekilen görüntüleri gösterimcilere satarken, bu filmlerin birleştirilebileceğini ve tavsiye edilen sırayla gösterilmesi gerektiğini söylediler.[98] Örneğin, alayın çerçeveye girdiği ve ilerleyerek çerçeve dışına çıktığı görüntünün hemen ardından, başka bir noktada alayın tekrar çerçeve girdiği bir çekimin gösterilmesi öneriliyordu.

Hırsızı Durdurun! (Stop Thief) filminin ikinci sahnesinde, iki kez çekimden belirli bölümler atılır ve sıçramalı kesme (jump cut) meydana gelir. Fairservice'e göre bunun gibi eski filmlerde, sıçramalı kesme (jump cut) genellikle filmin bozulmuş bölümlerinin tamir edilmesinin sonucudur.[99] Ancak Williamson bu filmde, hırsız ve onu kovalayan kasap çırağı arasındaki mesafeyi ayarlamak ve aksiyonu hızlandırmak için kasıtlı olarak sıçramalı kesme (jump cut) uygulamıştır. Fairservice, bu filmin sahne yapısı ile aksiyon organizasyonunun başarılı bir

---

95- Barry Salt, "Film Form 1900-1906", Early Cinema: Space- Frame - Narrative,Ed. Thomas Elsaesser, Adam Barker, Londra, BFI Publishing, 1990, s.33.
96- Teksoy, a.g.e., s.49.
97- Bottomore, a.g.e., s.106.
98- Fairservice, a.g.e., s.11.
99- A.e., s.25.

şekilde gerçekleştirildiği bir deneme ve ayrıca ritmi geliştirmek için yaratıcı kurgunun kullanıldığı bir örnek olduğunu vurgular.[100]

Williamson, aynı yıl çektiği beş sahneden oluşan *Ateş (Fire!)* filminde de benzer kurgu yöntemini kullanır:

Şekil 1.8: "Ateş" (Fire!-1901).

1.Bir polis memuru bir binanın yandığını görür.

2. Polis, itfaiye binasına gelerek durumu bildirir ve itfaiye arabaları harekete geçer.

3. İtfaiye arabaları genel bir çekimde hızlıca caddeden geçerler.

4. Yanan binada iç mekan çekimi. Oda içerisinde bulunan bir adam paniğe kapılmış bir halde dolaşırken, dumandan etkilenerek bayılır. Bir itfaiye eri pencereden içeriye girerek baygın durumdaki adamı pencereden çıkarır.

5. Bir önceki çekim kaldığı yerden, binanın dışından devam eder. Binadaki insanlar itfaiyeciler tarafından kurtarılır.

100- A.e., s.25.

Williamson, 4. çekimden 5. çekime geçerken kusurlu bir kesme de olsa günümüz modern sinemasında "uyum kesmesi" denilen kurgu yöntemine yakın bir denemede bulunur.[101] Bu kesmede yaklaşık yarım saniyelik bir hareket eksik kalmıştır. Fairservice'e göre, 4. çekimin başında hikaye zamansal olarak geriye kayar. Ancak bu, dönemin filmlerinde çok yaygın olan bir kullanımdır. Farklı olayların doğrusal bir zaman içerisinde arka arkaya verilerek oluşturulduğu "paralel kurgu", D.W Griffith'e kadar tam anlamıyla olgunlaşamayacaktır. Fairservice, *Ateş (Fire!)* filminin öneminin, farklı uzamlarda geçen aksiyonların birbirleri ile bağlanabilmesinden kaynaklandığını vurgular. Ayrıca, bu filmde arka arkaya yapılan kesmeler boyunca bir tür devamlılık geliştirilir.[102] Bottomore'a göre, 1901 yılında yapılan bu film, kurguda bir dönüm noktasıdır.[103] Salt'a göre ise bu film, aksiyon devamlılığının bir çekimden diğerine sürdürüldüğü anlaşılabilir bir hikaye oluşturma yönteminin öncüsüdür.[104]

Sinemada kurgunun gelişiminde adı en çok anılanlardan birisi de Amerikalı sinemacı Edwin S. Porter'dır. Porter, pek çok kaynakta sinemada kurgunun öncüsü olarak belirtilir. Ancak Porter'ın geliştirdiği iddia edilen pek çok kurgu tekniği daha önceden Méliès, Smith, ve Williamson tarafından kullanılmıştır. Yine de Porter'ın ortaya koyduğu yeni ve orijinal kurgu teknikleri yadsınamaz.[105] Abisel'e göre de, Porter'ın adının öne çıkmasında, "...kurguyu devamlılığı sağlamak üzere daha gelişkin hale getirmesi..." yatar.[106] Dancyger'e göre, Méliès'in filmlerinin uzunluğundan ve kalitesinden etkilenerek

---

101- Pearson, a.g.e, s.38.
102- Fairservice, a.g.e., s.27.
103- Bottomore, a.g.e., s.106.
104- Salt, Film Style And Technology, s.63.
105- Thompson, Bordwell, Film History, s.30.
106- Abisel, a.g.e, s.61.

bu filmleri inceleyen Porter, çekimlerin organizasyonunun filmleri daha dinamik hale getirdiğini keşfetmiş ve ayrıca bir "çekimin", filmin en temel yapıtaşı olduğunu fark etmiştir.[107] Porter, 1903 yılında yaptığı *Bir Amerikan İtfaiyecisinin Yaşamı" (The Life of an American Fireman)* ve *Büyük Tren Soygunu (The Great Train Robbery)* filmlerinde kullandığı bir takım çekimlerle, ilk dönem sinemanın diğer öncülerinden ayrılır. Poter, bu filmlerde paralel aksiyon, yakın ve orta ölçekli çekimler ile "pan"* gibi kamera harekelerini kullanmıştır.[108]

1898 yılında New York'un ünlü Eden Musée Tiyatrosu'nda projeksiyoncu olarak çalışırken, tek çekimli filmleri seçip ayırarak on beş dakikalık bir gösterim programı düzenlemesi, Porter'ın kurgu pratiğini geliştirmesini sağlamıştır.[109] 1899 yılında Edison için çalışmaya başlayan Porter, 1902 yılına kadar Méliès'in filmlerine benzer filmler çekmiştir.[110] Porter'ın ilk dikkat çeken filmi, 1902 yılında çekilen ancak 1903 yılında gösterilen altı dakika uzunluğundaki *Bir Amerikan İtfaiyecisinin Yaşamı (The Life of an American Fireman)* isimli filmdir.

Williamson'ın *Ateş (Fire!)* filminde de görüldüğü gibi sinemanın ilk yıllarında itfaiyelerin yangın söndürme çalışmaları, heyecan verici konusu ve sunduğu cazip görsel malzeme nedeniyle çok ilgi çekiyordu.[111] Edison'un film arşivini karıştıran Porter, çok miktarda yangın söndürme görüntüleri içeren aktüalite çekimleri buldu. Bu çekim parçalarını belirli bir sırada birleştirerek, itfaiyeciler üzerine bir film yapmaya karar verdi. Ancak yapacağı bu film için belirleyici olacak bir konuya ihti-

---

107- Dancyger, a.g.e, s.4.

** Kameranın sağa ya da sola düz yatay hareketi.*

108- Donald W. Mccaffrey, Christopher P. Jacobs, Guide To The Silent Years Of American Cinema, Wesport, Greenwood Press, 1999, s.224.

109- Cook, Sklar, a.e.

110- Teksoy, a.g.e, s.76.

111- Jonathan Auerbach, Body Shots: Early Cinema's Incarnations, Kaliforniya, University of California Press, 2007, s.106.

yaç duydu. Böylece yanan bir binada mahsur kalan anne ve çocuğunun itfaiyeciler tarafından son anda kurtarılması gibi basit bir hikaye düşündü.[112] Gerçek yangın söndürme faaliyetlerini içeren aktüalite görüntüleriyle, kendisinin oyuncularla sahneleyip çektiği iç mekan görüntülerini birlikte kurgulayarak "Bir Amerikan İtfaiyecisinin Yaşamı" filmini gerçekleştirdi. Reisz'a göre, Porter'ın daha önceden çekilmiş görüntülerle bir film öyküsü oluşturmaya çalışması, daha önce örneğine rastlanmamış bir durumdu. Böylece bir çekimin içerdiği anlamın, öncesi ya da sonrasına eklenecek başka bir çekimle değiştirilebileceği düşüncesi doğdu.[113] Dokuz çekimden oluşan bu film yaklaşık altı dakikalık uzunluğa sahiptir.

1. 2.

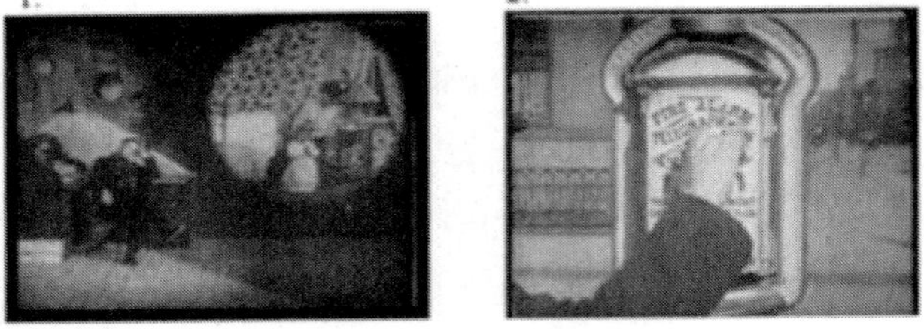

Şekil 1.9: *Bir Amerikan İtfaiyecisinin Yaşamı,* 1. ve 2. Çekim.

Filmin ilk çekiminde, genel planda uyuyan bir itfaiyeci ve sahneye yansıtılan rüya balonu içerisinde bir kadın ve çocuk gösterilir. Rüya balonu yavaşça kaybolur. İtfaiyeci uyanır ve çerçeveden çıkar. Karama-açılma ile 2. çekime geçilir. Musser'e göre bu ilk çekim, zamansal ve uzamsal olarak filmin geri kalanından bağımsızdır.[114] 2. çekimde ise oldukça yakın bir ölçekte yangın alarmı kolunu aşağı indiren bir el gösterilir.

112- *LewisJacobs, The Rise of the American film: A Critical History, New York, Harcourt- Brace,1939, s.37., Akt.: Reisz, Millar, a.g.e., s.5.*
113- *Reisz, Millar, a.g.e., s.5.*
114- *Musser, Before the Nickelodeon, s. 224*

Burada alarm kutusu çerçevenin büyük bir kısmını doldurur. İlk dönem sinemasında dramatik aksiyonu başlatacak bir obje, nadiren bu kadar büyük gösterilmiştir.Tom Gunning'e göre bu yakın plan, hikayeyle ilgili enformasyonu iletmek için tasarlanmıştır.[115]

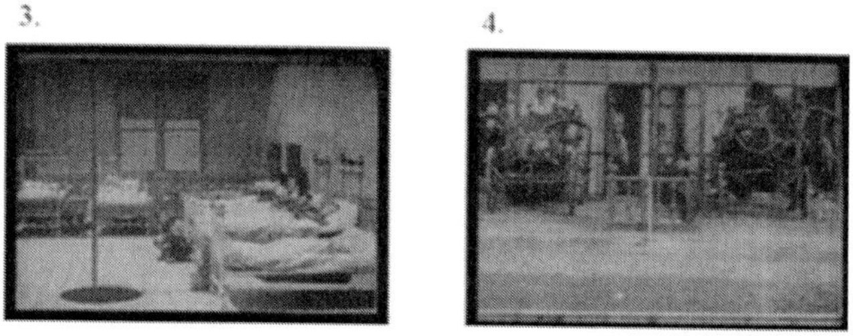

Şekil 1.10: *Bir Amerikan İtfaiyecisinin Yaşamı,* 3. ve 4. Çekim.

2. çekimin sonu ile, itfaiyecilerin koğuşlularında uyanmalarını gösteren 3. çekimin başı arasında bir zaman örtüşmesi vardır. 2. çekimde alarm çalmıştır, ancak 3. çekimin başında itfaiyeciler bir süre uyurken gösterilir, daha sonra uyanarak yataklarından fırlarlar ve alt katta araçların olduğu bölüme inmek için itfaiye direğinden kayarlar.[116] 4. çekimde ise itfaiyecilerin, araçlara binişi gösterilir. 3. ve 4. çekim arasında yine gereksiz bir zaman örtüşmesi vardır. İtfaiyecilerin direkten kayışı, 4. çekimde bir kez daha gösterilir.

Şekil 1.11: *Bir Amerikan İtfaiyecisinin Yaşamı,* 5., 6. ve 7. Çekimler.

115- Tom Gunning, "Movies, Stories, and Attractions",American Cinema, 1890–1909,Ed. André Gaudreault, New Jersey, Rutgers University Press, 2009, s.126.
116- Musser, a.g.e, s.224.

5. ve 6. çekimlerde itfaiye araçları, yangına doğru hareket ederken gösterilirler. Bu çekimler arasında yön duygusu gözetilmemiştir. İtfaiye arabaları çerçevenin sağından çıkıp, takip eden çekimde yine sağdan girerler. 6. çekimin süresi bir dakikayı aşar. Musser'e göre bu sürenin uzunluğunun nedeni, yangına müdahaleye giden tüm itfaiye araçlarının sayısını göstererek seyirciyi etkilemek amacından kaynaklanır.[117] 7. çekimde ise olay yerine yaklaşmakta olan itfaiye aracını takip etmek amacıyla kameranın "pan" hareketi yapması dikkat çeker.

Şekil 1.12: *Bir Amerikan İtfaiyecisinin Yaşamı (The Life of an American Fireman)*, 8. ve 9. Çekim.

8. çekimde dumanların sardığı odanın içerisinde uyuyan bir kadın ve çocuk gösterilir. Kadın uyanır ve panik içerisinde kalarak bayılır. Kapıyı kırarak içeriye giren itfaiyeci önce kadını, daha sonrada yatakta uyuyan çocuğu kurtarır. Binanın dışından yapılan 9. çekimde ise, 8. çekimdeki aksiyon aynen tekrarlanarak bir kez daha zamansal örtüşmeye neden olunur.[118] Gunning'e göre bu iki çekim, ilk dönem Amerikan

---

117- A.e., s.225.

118- Filmin, New York'taki Modern Sanatlar müzesinde bulunan tartışmalı bir ikinci versiyonunda ise 8. ve 9. çekimler paralel kurgulanarak zamansal örtüşme azaltılmıştır. Ancak Musser ve Gaudreault'ın yaptıkları araştırmalar sonucunda 1903 yılında gösterilen orijinal versiyonda 8. ve 9. çekimler arasındaki zamansal örtüşmenin varlığı kanıtlanmıştır. Bkz.: Tom Gunning, "Movies, Stories, and Attractions", American Cinema, 1890–1909, Ed. André Gaudreault, New Jersey, Rutgers University Press, 2009, s.129. Eileen Bowser'e göre ise "Bir Amerikan İtfaiyecisinin Yaşamı"nın düzeltilmiş ikinci versiyonunun kurgusunun tam olarak sinemasında var olan en geniş zamansal örtüşmedir.[119] Zamansal örtüşme, daha önce Méliès'in *Aya Seyahat* filminde de gerçekleştirilmiştir. Méliès', bu filmde roketin ayın yüzeyine inişini, arka arkaya verilen çekimlerle iki kez gösterir. Bu tür örtüşmeli kurgu, bu filmde olduğu gibi erken dönem sinemaya ait yegane özelliklerden biridir. Aslında, sahnelerin zamansal örtüşmeli olarak gösterilmesinin kökeni, büyülü fener slayt gösterilerine kadar uzanmaktadır.[120]

Porter, gerçek yangın görüntüleriyle birlikte, kendisinin stüdyoda çektiği kurmaca görüntüleri harmanlayarak bir anne ve çocuğun yanan bir binadan nasıl kurtarıldıklarını altı dakikalık bir sürede anlatır. Reisz'a göre, gerçek yaşamda uzun bir sürede gerçekleşebilecek bu olay, öyküsel bir kesintiye uğramadan altı dakikalık bir film makarasına sığdırılabilmiştir. Mantıksal olarak gelişen ve kabul edilebilir bir devamlılığı oluşturabilmek için hikayenin sadece önemli olduğu düşünülen kısımları seçilmiş ve birleştirilmiştir.[121] Reisz, ayrıca Porter'ın bu filmle tamamlanmamış bir aksiyonu içeren tek bir çekim parçasının filmin temel yapıtaşı olduğunu göstererek, kurgunun en temel prensibini ortaya koyduğunu vurgular. Porter, yeni keşfettiği bu kurgu prensibini aynı yıl çektiği diğer önemli filmi olan *Büyük Tren Soygunu (The Great Train Robbery)* filminde, çok daha özgüvenli bir şekilde kullanmıştır.[122]

---

ne zaman yapıldığı bilinmiyor, ancak benzer şekilde yapılan düzeltmelere 1908 yılından önce çekilmiş pek çok filmde rastlamak mümkündür. Bkz: Eileen Bowser, The Transformation Of Cinema (History of the American Cinema)1907- 1915, New York, Charles Scribner's Sons, 1990, s.53.

119- Gunning, a.g.e, s.128-129.

120- Tom Gunning, "Shooting into Outer Space Reframing Modern Vision", Fantastic Voyages of the Cinematic Imagination: Georges Méliès's Trip to the Moon, Ed. Matthew Solomon, New York, State University of New York Press, 2011, s.104.

121- Reisz, Millar, a.g.e., s.6.

122- A.e.

Porter'ın, Scott Marble'nin 1896 yılında Broadway'de sahnelenen bir oyunundan uyarladığı bu film[123] tartışmalı bir şekilde de olsa, western türünün ilk örneği sayılır.[124] "*Büyük Tren Soygunu*" filminde, bir treni soyan çete üyelerinin kaçışları ve daha sonra yakalanmaları, iç ve dış mekanlarda yapılan pek çok çekimin kullanılmasıyla anlatılır. Tek çekimlik on dört ayrı sahneden oluşan "*Büyük Tren Soygunu*" filmi yaklaşık on iki dakika uzunluğundadır.

1. Soyguncular, bir tren istasyonuna gelerek telgrafçıyı etkisiz hale getirirler.

2. Soyguncular, istasyona gelen bir trene binerler.

3. Trenin posta vagonunda, silahlı çatışmaya girdikleri güvenlikçiyi vurup, kilitli bir sandığı havaya uçurarak içindeki parayı alırlar.

4. Lokomotife çıkan soyguncular, ateşçiyi trenden aşağıya atarlar ve makinisti treni durdurmaya zorlarlar.

5. Duran trenden makinistle beraber aşağıya inerler.

6. Soyguncular, yolcuları aşağıya indirip değerli eşyalarını ve paralarını toplarlar. Kaçmaya yeltenen bir yolcuyu vururlar.

7. Vagonlardan ayırdıkları lokomotife binerek kaçarlar.

8. Lokomotifi durdurup inerler.

9. Önceden bıraktıkları atlarına binip kaçarlar.

10. Tren istasyonuna gelen küçük bir kız, telgrafçının ellerini çözer.

123- Philip Kemp, Sinemanın Tüm Öyküsü, Çev. Ertan Yılmaz, Nuray Yılmaz, Hayalperest Yayınevi, 2014, s.22.
124- Simon Popple, Joe Kember, Early Cinema: From Factory Gate to Dream Factory, Londra, Wallflower Press, 2004 s.15.

11. Telgrafçı, bir dans salonuna gelerek, oradakilere soygunu haber verir.

12. Kaçan soyguncularla, onların peşine düşenler arasında silahlı çatışma yaşanır ve bir soyguncu vurulur.

13. Silahlı çatışmada soyguncuların tümü öldürülür.

14. Soyguncu çete lideri yakın planda kameraya doğru ateş ederken gösterilir.

Şekil 1.13: *Büyük Tren Soygunu (The Great Train Robbery)* - 1903

Méliès'in filmleri temelde hile efektlerini göstermesi için tasarlanan bir dizi teatral tablolardan oluşurken, Porter'ın bu filmi ise sinema için tasarlanmış ilk dramatik hikayelerden biri sayılır.[125] *Büyük Tren Soygunu, Bir Amerikan İtfaiyecisinin Yaşamı* filminde olduğu gibi, bir aksiyonun yeniden gösterildiği örtüşmeli bir kurgu yapısına sahip olmamasına rağmen, yine de bu filmde zamansal geri dönüşler meydana gelmiştir. Edison

125- *Rick Mitchell, First Cut: The Great Train Robbery, The Editors Guild Magazine, Vol. 24, No. 5 - September/October 2003, (Çevrimiçi) http://www.editorsguild.com/v2/magazine/newsletter/sepoct03/sepoct03_first_cut.html, 17 Kasım 2016.*

kataloğunda yapılan açıklamaya göre, 3. ve 4. sahneler aynı anda meydana gelir ancak arka arkaya gösterilir. Telgrafçının kendine gelip soygunu haber verdiği ve soyguncuların peşlerine düşüldüğü 10. ve 11. sahnelerde, Musser'e göre hikayenin başka bir yönünü göstermek için, "zamanda geriye dönüş" daha aşırı bir biçimde gerçekleşir. Trenin soyulması ve soyguncuların kaçış eylemleri ile aynı zamanda gerçekleştiği (sahne 2'den 9'a kadar) açık olan 10. ve 11. sahnelerde ikinci bir aksiyon çizgisi oluşur: Soyguncuları yakalamak için harekete geçilir.[126] Reisz ise, 9. sahneden 10. sahneye yapılan kesmenin bizi bir karakter grubundan diğerine taşıdığını vurgular: İki çekim arasında fiziksel bir bağlantı yoktur. 10. sahne, 9. sahnenin kaldığı yerden başlamaz. Bu iki sahne Reisz'e göre paralel bir şekilde gerçekleşmektedir ve birbirleriyle fikir devamlılığı açısından bağlantılıdır.[127] Bu iki ayrı aksiyon çizgisi, hem kaçan soyguncuların hem de onları kovalayanların birlikte göründükleri 12. sahnede birleşir ve soyguncuların öldürüldüğü 13. sahnede ise çözüme ulaşır.[128] Gunning'e göre de, 10. sahne daha önceki sahnelerin zamansal akışını bozmaktadır. Bu sahnenin tam olarak ne zaman gerçekleştiği belirsizdir.[129] Musser ise, burada Porter'ın zamansal yapılandırmasının kesin olmadığını ve bu zamansal algılamanın gösterimcinin sözlü yorumlamasına ve dönemin seyircisinin kişisel anlamlandırmasına bağlı olduğunu belirtir.[130] Reisz'a göre ise Porter, bu tür paralel aksiyon kurgusunu daha sonraki çalışmalarında geliştirecektir, ancak paralel kurgu Griffith'e kadar tam anlamıyla olgunlaşamayacaktır.[131]

126- Musser, The Emergence of Cinema, s. 354
127- Reisz, Millar, a.g.e.,s. 6.
128- Musser, Before the Nickelodeon, s.255.
129- Gunning, "Movies, Stories, and Attractions", s.130.
130- Musser, a.g.e., s.255.
131- Reisz, Millar, a.g.e.,s.7.

4A. 4B.

Şekil 1.14: *Büyük Tren Soygunu* Filminde Kamera Durdurma Tekniği.

Lokomotife çıkan haydutların ateşçiyi trenden aşağıya atığı 4. sahnede, Méliès'in hileli filmlerinde sıkça başvurduğu "kamera durdurma tekniği" uygulanmıştır. Soyguncu, ateşçi ile boğuşurken bir noktada çekim durdurulmuş, aktörün yerine bir kukla yerleştirilmiş ve çekime devam edilmiştir. İki film parçası birleştirilerek, modern seyircinin günümüzde fark etmekte zorlanmayacağı ateşçinin trenden atılması illüzyonu oluşturulmuştur. 7. ve 8. sahnelerde ise hareket halinde olan soyguncuları çerçevede tutabilmek için kamerayla "pan" ve "tilt"* hareketleri yapılmıştır.

Salt'a göre, "*Büyük Tren Soygunu*", özenle yapılmış bir filmdir. Bunun en önemli göstergelerin biri de "simgesel çekim" (emblematic shot) olarak tanımlanabilecek, filmin 14. sahnesi olan yakın ölçekte bir kovboyun kameraya doğru ateş ettiği görüntünün filme eklenmiş olmasıdır.[132] Gunning, bu çekimin film öyküsüyle direkt bir bağlantısı olmadığını belirtir. Edison kataloğunda, gösterimcilerin bu çekimi diledikleri gibi filmin başına ya da sonuna ekleyebilecekleri belirtilmiştir.[133] *Büyük Tren Soygunu*, bir tiyatro sahnesinde gerçekleştirilmesi olanak-

---

* *Kameranın yukarı ya da aşağı yöne dikey hareketi.*

132- Barry Salt, "Film Form 1900-1906", s.33.

133- Gunning, a.g.e., s.131.

sız olan paralel aksiyonu verme çabası ve öyküsünü seyirciye aktarabilmek için sahneleri bir araya getirmesiyle, *Bir Amerikan İtfaiyecisinin Yaşamı*na göre daha gelişkin bir kurgu yapısına sahip olup, daha "sinemasaldır". Film, Amerika'da bir fenomen haline gelmiş ve filmi gösterebilmek için boş dükkanlar, sinema salonlarına dönüştürülmüştür. *Büyük Tren Soygunu*, sinemayı vodvil salonlarından kurtararak bir sanat ve endüstri olarak gelişmesinin önünü açmıştır.[134] Büyük bir ticari başarı elde eden "Büyük Tren Soygunu" filmi, uzun yıllar boyunca gösterimde kalmıştır.[135]

Sinemada kurgunun gelişiminde, Griffith öncesi dönemde ele alınması gereken filmlerden biri de İngiliz sinemacı Cecil B. Hepworth için çalışan Lewin Fitzhamon'un[136] 1905 yılında çektiği, altı dakika uzunluğunda olan *Rescued by Rover* filmidir. Filmde, dilenci bir kadın tarafından kaçırılan bir bebeğin, Rover ismindeki köpek sayesinde kurtarılması anlatılır. Fairservice'e göre bu filmin önemi, kesintisiz bir devamlılık için aksiyonun farklı sahnelere bölünmüş olmasından kaynaklanır.[137] O zamana kadar geliştirilmiş olan pek çok film kurgusu uzlaşımlarından faydalanmış olan *Rescued by Rover*[138], akıcı devamlılık prensiplerini sunması nedeniyle sinema tarihinde yer almıştır.[139] Köpeğin, bebeği araması ve dilenci kadının evini bulması, o dönemdeki sesiz sinemada yaygın olan bir kurgu pratiğiyle, köpeğin çerçeveye girip çıktığı bir dizi çe-

134- Mitchell, a.e.

135- Peter Kobel, Silent Movies : The Birth of Film and the Triumph of Movie Culture, New York, Little, Brown and Company, 2007, s.76.

136- "Rescued by Rover" filmi genellikle Cecil M. Hepworth ile anılır. Ancak Fairservice, Hepworth'un bu filmin yönetmeni değil, yapımcısı olduğunu ve Hepworth'un otobiyografik kitabından (Came the dawn : Memories of a film Pioneer) yola çıkarak, onun filmin kurgusuna katkısı olmadığını belirtir. Bkz: Fairservice, a.g.e., s.52.

137- Fairservice, a.g.e., s.51.

138- Popple, Kember, a.g.e., s.104.

139- Sarah Street, British National Cinema, 2. bs., N. York, Routledge, 2009, s.43.

kimle anlatılır.[140] Bir köpeğin sokakta koşması görüntüsü tek başına verildiğinde, seyirci için pek bir şey ifade etmeyebilirdi. Ancak daha önce verilen görüntülerin arkasına eklenmesiyle, "köpeğin bebeği aramaya çıkması" anlamı oluşturulmuş olur. Köpeğin sokaklar boyunca koşması aksiyonunun farklı çekimlere bölünerek kurgulanmasıyla hızlı ritmi olan bir öykü devamlılığı oluşturmanın yanı sıra, aynı zamanda görüntülerdeki köpekten, bir karakter yaratılmış olur. Fitzhamon'un çekimleri düzenleme yöntemi, o dönemdeki filmlerde rastlanmayan bir ritim ve heyecan duygusu yaratmıştır.[141]

Köpek, sahibinin evinden dilenci kadının evine gidiş gelişlerinde sokak, dere ve pencere önü mekanlarında tam üç kez gösterilir ve böylece seyirci bu mekanlara aşina olur. Seyirci, çekimlerin sıralanma yöntemi ile köpeğin sahibinin evine geri döndüğünü ve çocuğu kurtarabilmesi için sahibini yönlendireceğini anlayabilmektedir.Köpeğin, bebeğe bir şey olmadan önce sahibini dilenci kadının evine yönlendirebilesi için, seyircinin artık tanıdık olduğu bütün mekanlardan geçişinin gösterilmesi, seyirci üzerinde aynı zamanda bir tür gerilim de yaratmış olur.[142] *Rescued by Rover* filminin başında, *Büyük Tren Soygunu* filminde olduğu gibi, bebek ve onu kurtaran köpeğin bulunduğu bir "simgesel çekim" (emblematic shot) kullanılmıştır.

Pearson'a göre, ağırlıklı olarak 1902 ve 1907 yılları arasında gelişen çok çekimli filmlerde, "...tek çekimler kendi içinde bütünlüklü bir anlam birimi olarak ele alınmıyor, bir çekim diğeriyle ilişkilendiriliyordu." Pearson, o dönemdeki sinemacı-

---

140- A.e., s.53.

141- Michael Brooke, "Rescued by Rover (1905)", (Çevrimiçi) http://www.screenonline.org.uk/film/id/514859/, 19 Kasım 2016.

142- Joyce E. Jesionowski, Thinking in Pictures: Dramatic Structure in D.W. Griffith's Biograph Films, Londra, University of California Press, 1987, s.102.

ların kurguyu eylemin doruk noktalarını yakalamak ve vurgulamak amacıyla kullanmış olabileceklerini belirtir.[143] Gunning'in, bir hikaye anlatmaktan daha çok, seyircinin dikkatini çekecek, ilginç görüntülerin sunumu olan "atraksiyonlar sineması" tanımlaması çerçevesinde, kurgu bu dönemde öyküsel gelişmeleri vermekten ziyade "görsel hazzı" güçlendirmek için kullanılıyordu.[144] Gunning, özellikle bu dönemde yapılan takip filmlerinde "atraksiyonların" ve öykünün bir sentezinin oluşmaya başladığını vurgular. Takip filmleri nedensellik, çizgisellik ve aynı zamanda temel devamlılık kurgusu açısından bir model oluşturmuştur.[145] Ancak sinemanın bir atraksiyon olmaktan çıkıp, bir hikaye anlatma aracına dönüşmesi ve kurgunun buna hizmet edecek derecede olgunlaşması D.W. Griffith döneminde gerçekleşecektir.

David W. Griffith ve Devamlılık Kurgusunun Doğuşu

Bir tiyatro oyuncusu ve yazar olan D. W. Griffith, senaryolarını satmak için Edison Film Stüdyosuna başvurdu. Stüdyo, çok fazla sahne içermeleri nedeniyle Griffith'in senaryolarını reddetti, ancak Edwin S Porter ve J. Searle Dawley'in 1908 yılında birlikte çektiği *Rescued from the Eagle's Nest* filminde ona başrol verdi. Aynı zamanda Biograph şirketinin çektiği filmlerde de Griffith'e küçük roller veriliyordu.[146] Biograph şirketinin sürekli çalıştığı yönetmen Wallace McCutcheon'un hastalanması üzerine, Griffith'e yönetmenlik teklif edildi. Grif-

---

143- Pearson, a.g.e, s.37.

144- A.e.

145- Tom Gunning, "The Cinema of Attraction[s]: Early Film, Its Spectator and the Avant-Garde", The Cinema of Attractions Reloaded, Ed. Wanda Strauven, Amsterdam, Amsterdam University Press, 2006, s.386.

146- Melvyn Stokes, D. W. Griffith's The Birth of a Nation: A History of "The Most Controversial Motion Picture of All Time", New York, Oxford University Press, 2007, s.67.

fith, daha sonra sürekli birlikte çalışacağı Biograph'ın kameramanı olan Billy Blatzer'dan bir süre eğitim alıp, birkaç lokasyon çekimi yaptıktan sonra yaklaşık on dakika uzunluğundaki ilk filmi *The Adventures of Dollie*'yi yönetti. Bu film bir ay sonra gösterime girdiğinde, Griffith halihazırda beş film daha çekmişti.[147] Griffith, 1908-1913 yılları arasında 450'nin üzerinde tek makaralı (one-reelers) kısa filmler yönetti.[148] Bu filmleri yaparken, sinemada öyküsel anlatımı geliştirmek ve sürekli yeni fikirler ortaya koymak için fırsatlar aradı.[149] 1908 yılında çektiği *Greaser's Gauntlet* filminde, genel ölçekte devam eden bir aksiyonun, zaman ve mekan birlikteliğini bozmadan yakın ölçeğe geçilerek sürdürüldüğü "yakın çekime kesme" (cut-in) yöntemiyle devamlılık kurgusunun ilk örneklerinden birini uyguladı.*

1. 2.

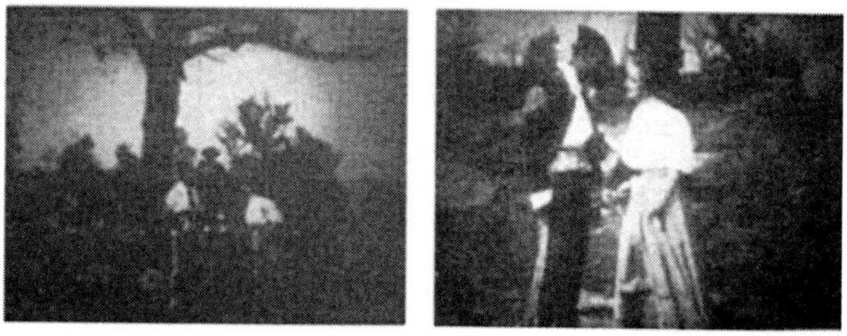

Şekil 1.15: *Greaser's Gauntlet* -1908

Kaynak: *Peter Gutmann, "D.W. Griffith And The Dawn of Film Art, Part 2, The Power of Editing", 2010, (Çevrimiçi) http://www.classicalnotes.net/griffith/part2.html, 1 Aralık 2016.*

147- Scott Simmon, The Films of D.W. Griffith, Cambridge, Cambridge University Press, 1993 s.6.

148- Stokes, a.g.e., s.68.

149 Fairservice, a.g.e., s.61.

** "Greaser's Gauntlet" filminde İşlemediği bir suç yüzünden kalabalık bir grup tarafından linç edilmek istenen bir adamın öyküsü anlatılır. Kalabalık grup adamın boynuna ip geçirerek onu asmaya çalışırken, filmin kahramanı olan kadın, adamın suçsuz olduğunu ve gerçek suçun başka biri tarafından işlenip bu adamın üstüne*

Burada birinci çekimde başlayan aksiyon, yakın ölçekteki ikinci çekimde kesintisiz olarak devam eder.[150] Yakın çekim, daha önce *Büyükannenin Okuma Gözlüğü* gibi filmlerde de kullanılmıştı. Ancak Griffith, erken dönem sinemanın diğer yönetmenlerinden farklı olarak bu tür tekniklerin dramatik etkisini fark edip bunları geliştirerek sinemanın yeni bir sanat türü olmasına önemli bir katkı sağlamıştır.[151] Fairservice'e göre, burada yakın plan kullanımının aksiyonu açıklamak için yapıldığı düşünülebilir, ancak burada duygusal bir neden de vardır: Film karakterleri seyirciye yaklaştırılarak, karakterlerin yüz ifadeleri daha açık bir şekilde sunulur.[152] Dancyger ise, aksiyonun eşleştirildiği farklı ölçekteki bu iki çekimle, Griffith'in seyirciyi sahneye yaklaştırarak duyguyu yükselttiğini vurgular: "Bu kesme ile sahne çok daha dinamik bir hale getiriliyor, seyirci karakterlere ve sahnede olan bitene yaklaştırılıyor ve böylece seyirciye kahramanın hissettiklerini iletebilme imkanı doğuyordu."[153] Pearson da, Griffith dönemindeki geçiş sineması filmleri ile ilk dönem sinema arasındaki en önemli farkın, kamera ile oyuncular arasındaki mesafenin azaltılmasını sağlayan yakın ölçekli çekimler olduğunu belirtir.[154] Yakın ölçeklerin kullanımı hem oyuncuların tanınması aracılığıyla yıldız sisteminin gelişmesini sağlamış, hem de bireyselleşmiş karak-

---

atıldığını öğrenip adamın masum olduğuna kalabalık grubu ikna eder. Kalabalık dağılır ve çerçevede sadece adam ve kadın kalır. Film, bu ana kadar genel ölçekte yapılan bir çekimle verilir. Kalabalık dağıldıktan sonra bu kadar büyük bir ölçeğe ihtiyaç duymayan Griffith, sadece adam ve kadının göründüğü çok daha yakın bir ölçeğe kesme yapar.

150- Ira H. Gallen, D.W. Griffith: Master of Cinema, Victoria, Friesen Press, 2015, s.158.

151- Christopher P. Jacobs, "Pioneer Film Director Dishonored by Those Who Follow in His Footsteps", December 23, 1999, (Çevrimiçi) http://www.und.edu/instruct/cjacobs/DWGriffith.html, 1 Aralık 2016.

152- Fairservice, a.g.e., s.63.

153- Dancyger, a.g.e., s.6.

154- Roberta Pearson, "Geçiş Sineması", Dünya Sinema Tarihi, Ed. Geoffrey Nowell-Smith, Çev. Ahmet Fethi, 2.bs., İstanbul, Kabalcı Yayınevi, 2008 s.49.

terlerin yüz ifadelerine vurgu yapılabilmiştir. "Kurgu da bu amaca uygun olarak hem psikolojik yoğunluk anlarını vurgulamak, hem de karakterlerin duygu ve düşüncelerini dışa vurmak için geliştirildi".[155]

Griffith, 1908 yılında Alfred Lord Tennyson'ın "Enoch Arden" isimli şiirinden uyarladığı ve geçirdiği bir deniz kazası sonucu ıssız bir adaya sığınıp, yıllar sonra evine dönen bir denizcinin hikayesinin anlatıldığı *After Many Years* filmini çekti. Griffith, bu filmde denizcinin ıssız adadaki çekimleri ile, eşinin evde onu düşünmesini gösteren çekimleri paralel olarak kurgulamıştı. Filmde, denizcinin evinden ayrılmasından sonra umutla bekleyen eşi ve perişan haldeki denizci arka arkaya gösterilir. Solomon'a göre Griffith, bir yönetmen olarak filmin ilgi çekici hikayesini önemli ölçüde bu filmin belkemiği olan paralel kurguyla gerçekleştirerek, sinemada "anlatıcı sistemini" yeniden tanımlamıştır.[156] Gunning ise Griffith'in, "anlatıcı sistemin" anahtar figürü olan paralel kurguya yeni bir yapısal rol vermiş olduğunu vurgular: Griffith, duyguyu (eşlerin birbirlerine karşı olan aşk ve özlemlerini) karakterlerin hareketlerinden daha çok, uzamsal yer değiştirme ile oluşturuyordu. Paralel kurgu burada, uzamsal ayrılığın ve duygusal birlikteliğin ilişkisini kurmaya ve açıklamaya yarıyordu.[157] Griffith'in eşi Linda Arvidson, bu filmin anlatısal yapısına itiraz eden Biograph şirketi yöneticilerine karşı Griffith'in filmi savunmak durumunda kaldığını belirtmiştir. Biograph yöneticilerine göre filmde hiç takip sahnesi yoktu ve seyircinin kafası karışabilirdi. Çünkü film bir uzamdan başka bir uzama

---

155- A.e.

156- Matthew Solomon, "1908 Movies and Other Media", American Cinema, 1890–1909,Ed. André Gaudreault, New Jersey, Rutgers University Press, 2009, s.215.

157- Tom Gunning, D.W. Griffith and the Origins of American Narrative Film: The Early Years at Biograph, Chicago, University of Illinois Press, 1991, s.110.

sıçrıyordu.[158] *"Dickens' da romanlarını böyle yazmıyor mu?"* diyen Griffith'e, Biograph yöneticileri *"Evet, ama o roman yazıyor. Onlar farklı şeyler."* diyerek karşı çıkmışlardır. Bunun üzerine Griffith, *"Bunlar da resimli hikayeler, çok farklı değiller."* karşılığını vermiştir.[159] Gunning'e göre Griffith, paralel kurguyu önceden *The Fatal Hour* filminde gerilim yaratmak amacıyla kullanmış olsa da, *After Many Years* Griffith'in paralel kurguyu takip filmlerinin "son anda kurtarma" yöntemi olmadan kullandığı ilk filmidir. Filmde karakterlerin uzamsal olarak ifade edilmeleri,temelde karakterlerin duygularına göre oluşturulmuştu. Filmdeki kesmeler, çoğunlukla karakterlerin birbirleriyle iletişime geçme istekleri doğrultusunda yapılmıştır.[160]

Griffith, paralel aksiyon fikrini 1909 yılında çektiği *The Lonely Villa* filminde, "son anda kurtarma" yöntemi için etkili bir şekilde kullandı.[161] Charlie Keil'e göre *The Lonely Villa,* geçiş dönemi sinemasının en ünlü tek makaralı filmlerinden biri olup, aynı zamanda Griffith'in"son anda kurtarma" senaryoları ustası ve hikaye anlatıcısı olarak kabul edilmesinin temel nedenlerinden biridir.[162] Filmde, bir evi soymaya kakışan haydutlar ve onlardan kaçmaya çalışan aile fertleri ile, eve yetişip ailesini kurtarmaya çalışan bir babanın öyküsü anlatılır. Fairservice, *The Lonely Villa* filminin öyküsünün bir ay önce Amerika'da da gösterilmiş olan Fransız Pathé şirketinin *The Physician of the Castle* filmine çok benzediğini ve Griffith'in de bu filmi model olarak aldığını vurgular.[163] Ancak *The Lonely Villa,* Pathé filmi ile karşılaştırıldığında çok daha gelişkin bir

---

158- Jesionowski, a.g.e., s.142.
159- Fairservice, a.g.e., s.110.
160- Gunning, a.g.e., s.110
161- Dancyger, a.g.e., s.6.
162- Charlie Keil, "D.W. Griffith and the Development of American Narrative Cinema", American Film History: Selected Readings, Origins to 1960, Ed. Cynthia Lucia, Roy Grundmann , Art Simon, West Sussex, John Wiley & Sons, 2016, s.23.
163- Fairservice, a.g.e., s.66-67.

kurgu yapısına sahiptir. Altı dakika süresi olan ve otuz çekimden oluşan *The Physician of the Castle* filmine karşın, *The Lonely Villa* yaklaşık on iki dakika sürer ve toplam 52 çekimden oluşur. Pathé filmi, doğrusal olarak sıralanmış sahnelerden oluşur ve babanın eve yetişmesi paralel kurgu olmadan verilir. Griffith'in filmi ise önemli ölçüde paralel kurgu ile oluşturulmuştur ve geciktirim yaratılarak, gerilim güçlendirilir.[164] Bowser'e göre paralel kurgu ile yaratılan bu tarz gerilim, dönemin en başarılı türlerinden biri olmuştu ve Griffith de bunun en önde gelen uygulayıcısıydı.[165] "*The Lonely Villa*" da paralel kurgu üç yerde kullanılır.

İlk olarak eve giren soyguncularla, onlardan kaçmaya çalışan aile arasında gerçekleştirilir:

Şekil 1.16: *The Lonely Villa* Filminde Paralel Kurgu 1.

İkincisinde, eve telefon açan adamla eşi arasında:

Şekil 1.17: *The Lonely Villa* Filminde Paralel Kurgu 2.

164- *A.e.*

165- *Eileen Bowser, The Transformation Of Cinema (History of the American Cinema)1907- 1915, New York, Charles Scribner's Sons, 1990, s.67.*

Üçüncü olarak ise, kapıyı açmaya çalışıp ailenin bulunduğu odaya girmeye çalışan soyguncuların çekimleri ile aile üyeleri ve eve yetişip onları kurtarmak için çabalayan babanın çekimleri arka arkaya paralel olarak kurgulanır. Böylece, gerilim doruk noktasına ulaştırılır ve son çekimde eve polislerle birlikte gelen baba, hırsızları yakalatıp ailesini kurtarır.

Filmde paralel kurgu ile gerçekleştirilen "son anda kurtarma" yöntemi, Griffith'in duygusal etkiyi arttırmayı olanaklı kılan bu tarz sinemasal araçları geliştirdiğini ortaya koymaktadır.[166] Jacobs'a göre Griffith, bu filmde arka arkaya verdiği çekimlerin sürelerini giderek kısaltarak seyirci üzerinde gerilim yaratmış ve dramatik etkiyi yükseltmiştir.[167] Dancyger'e göre ise çekimlerin bu şekilde paralel olarak kurgulanması, ayrıca filmlerde zaman probleminin de çözülmesini olanaklı kılmıştır. Gerçekçi bir etki yaratabilmek için, bir aksiyonu tamamlanmış olarak göstermek zorunluluğu olmadığı ortaya çıkmıştır. Paralel kurgu ile, çekimler parçalara ayrılabilir ve sadece bu çekimlerin en etkili olduğu düşünülen bölümleri gösterilir. Kurgu kararı verirken artık "gerçek zaman" yerine "dramatik zaman" göz önünde bulundurulmaya başlanmıştır.[168] Griffith, paralel kurgu ile gerilim yaratarak oluşturduğu "son anda kurtarma" yöntemini 1911 yılında çektiği *The Lonedale Operator* filminde de kullanmış ve bu yöntem "Griffith Tarzı Son" olarak anılmaya başlanmıştır.[169]

Griffith, *The Lonely Villa* da ayrıca, yine paralel kurgu gibi tiyatroda gerçekleştirilmesi mümkün olmayan bir şey yaparak, uzamı parçalara ayırmıştır. Aksiyon, kurgu yoluyla belirli

---

166- Richard Koszarski,An Evening's Entertainment: The Age of the Silent Feature Picture, 1915-1928, Londra, University of California Press, 1994, s.181.
167- Lewis Jacobs, "D.W. Griffith", Film: An Anthology, Ed. Daniel Talbot, Berkeley, University of California Press, 1975, s.297.
168- Dancyger, a.g.e., s.6.
169- Pearson, "Geçiş Sineması", s.52.

bir uzamın bir kısmında başlatılıp diğer kısmında devam ettirilir. Pearson'a göre geçiş dönemi sinemasında, seyirciyi uzamsal olarak yönlendirebilmek için sahnenin farklı uzamlarının birbirine bağlandığı bu tür analitik kurgulama zamanla bir uylaşım haline gelmiştir.[170]

Fairservice'e göre uzamın parçalanması aslen, stüdyo alanlarında çekimlerin hızlı ve pratik bir şekilde gerçekleştirilme zorunluluğundan doğmuştur. Bazı iç mekanlar ikiye bölünerek çekiliyor, oyuncular bir bölümden diğerine geçerken kesme yapılıyordu. Bu, kapılar ve koridorlar arasında geçen aksiyonun bağlandığı yapısal bir yöntem olarak gelişmeye başladı.[171]

Avrupalı sinemacıların, *Kraliçe Elizabeth (Les Amours de la reine Élisabeth)*, *Nereye (Quo Vadis)* ve *Cabiria gibi* yaklaşık iki saate varan sürelere sahip filmlerle ticari ve eleştirel başarıya ulaştıklarının farkında olan Griffith, 1914 yılında dört makaralı *Judith of Bethulia* filmini gerçekleştirdi.[172] Griffith, 1915 yılında Biograph dönemi boyunca yaptığı kısa filmlerle geliştirmiş olduğu tüm kurgu tekniklerini toplam 1544 çekimden[173] oluşan ve yaklaşık üç saat süren *Bir Ulusun Doğuşu (The Birh of a Nation)* filminde uyguladı.[174] Thomas Dixon Jr.'ın 1861-65 yılları arasında Kuzey ve Güney eyaletleri arasındaki Amerikan iç savaşını anlatan "The Clansman" isimli romanından uyarlanan ve ırkçı söylemleri nedeniyle çokça eleştirilen ve tepki çeken film,[175] Los Angeles'teki erken gösterimde romanla aynı

170- A.e., s.51.
171- Fairservice, a.g.e., s.68.
172- Wheeler Winston Dixon, Gwendolyn Audrey Foster, A Short History Of Film, New Jersey, Rutgers University Press, 2008, s.23.
173- Filmin ilk versiyonu 1544 çekim içerir ancak, daha sonradan tekrar kurgulanmış olan filmden 169 çekim çıkarılmıştır. Bkz.: Stokes, a.g.e., s.103.
174- Dancyger, a.g.e., s.7.
175- Robert Sklar, A World History of Film, New York, Harry N. Abrams, 2002,s.56.

adı taşımış, ancak Griffith 3 Mart 1915'de New York' da yapılan galada filmin adını *Bir Ulusun Doğuşu* olarak değiştirmiştir.[176] Film, Amerikan iç savaşını kuzey ve güney eyaletlerinde yaşayan iki aile üzerinden anlatır. Filmin kurgu tekniği üzerine en dikkat çekici bölümlerinden biri, Abraham Lincoln'e Ford Tiyatrosu'nda yapılan suikastın anlatıldığı sahnedir. Sahne, genel çekim, orta genel çekim, orta çekim, orta yakın çekim, yakın çekim ve aşırı yakın çekim gibi çok sayıda farklı açı ve ölçeklerden çekilmiştir. Bu çekimler, ayrıca süre açısından da çeşitli farlılıklar gösterirler. Griffith, bu sahnenin kurgusunda karakterler ve olgular arasında ilişkiler kurarak anlaşılır, tutarlı ve ikna edici bir hikaye anlatmayı başarır.[177] Bu ilişkiler:

1. Lincoln ve suikastçı Booth arasında: Tehlikenin farkında olmayan Lincoln ve Booth'un amacı gösterilir.

2. Lincoln ve tiyatro oyunu arasında: Oyuna dikkatini vermiş olan Lincoln gösterilir.

3. Lincoln'ün koruması ve tiyatro oyunu arasında: Korumanın neden yerinden ayrıldığı gösterilir.

4. Lincoln ve Tiyatrodaki seyirciler arasında: Seyircilerin de, birazdan olacak olaydan habersiz oldukları gösterilir.

Reisz'a göre yukarıdaki bir gruptan diğerine kesme yapıldığında, söz konusu geçiş seyirci tarafından kabul edilebilir. Çünkü bu sahnede bütün karakterlerin varlıkları daha önceden kurulmuştur. Böylece, Lincoln, Booth ve Lincoln'ün korumasını içeren ana aksiyon, etrafta olup bitenleri de verebilmek adına ara ara kesilir. Ancak devamlılıkta bir kesinti

---

176- Richard Corliss, "D.W. Griffith's The Birth of a Nation 100 Years Later: Still Great, Still Shameful", 3 Mart 2015, (Çevrimiçi) http://time.com/3729807/d-w-griffiths-the-birth-of-a-nation-10/, 10 Aralık 2015.
177- Stokes, a.g.e., s.103.
178- Reisz, Millar, a.g.e., s.9.

olmaz.[178] Toplam 39 çekimden oluşan sahnenin son 11 çekimi şu şekildedir :

Şekil 1.23: *Bir Ulusun Doğuşu (The Birh of a Nation)* Filminde Lincoln'un Vurulma Sahnesi.

Bu sahnenin kurgusunu, Edwin Porter'ın filmlerinin kurgu yapılarıyla karşılaştıran Reisz'a göre Porter, *Büyük Tren Soygunu* filminde bir çekimden diğerine fiziksel nedenlerden dolayı kesme yapmıştır. Porter, göstermek istediği aksiyonu tek bir çekimde vermesi mümkün olmadığından diğer çekime geçmiştir. Griffith ise bir aksiyonu küçük parçalara bölüp, bunları bir araya getirerek sahneyi yeniden yaratır. Görüş açısı fiziksel nedenlerden dolayı değil, seyirciye geniş bir sahnenin belirli bir anının detaylarını verebilmek adına dramatik bir nedenle yapılır.[179] 4. çekimde Lincoln'ın bulunduğu locanın arkasına gelen Booth'un elindeki silah, 5. çekimde yakın ölçekte gösterilir ve Booth'un suikast niyeti vurgulanarak gerilim yaratılır. Reisz'a göre, filmin belirli bir anında seyirciye gösterilecek belirli bir çekim parçasını seçme olanağı olan yönetmen, seyircinin tepkilerini kontrol etmede çok daha güçlü bir po-

179- Reisz, Millar, a.g.e., s.9.

zisyondadır.[180] 3. Çekimde, Lincoln'ın korumasının olması gereken yerden ayrıldığı ve başka bir yerde bulunduğu, dolayısıyla Booth'un önünden önemli bir engelin kalktığı seyirciye hatırlatılır. 7. çekimde Booth, Lincoln'ın bulunduğu locaya girer ve silahını çıkarır. Ancak Griffith, suikastı bu çekimde göstermek yerine, tamamen dramatik bir amaçla 8. çekimdeki Tiyatro oyununu göstererek geciktirim yaratır ve seyirci üzerinde gerilim yaratmayı başarır. 9. çekimde ise Booth silahını ateşleyerek Lincoln'ı vurur ve locadan kaçarak sahneye atlar. Griffith, 9. ve 10. çekimlerde Booth'un locadan sahneye atlayışını, iki farklı açı ve ölçekli çekimle günümüz modern sinemasına çok yakın bir aksiyon uyumu kesmesiyle oluşturur. 11. çekimde Booth'un "*Tiranlara Ölüm*" diye bağırması ara yazı (intertitle)[181] ile verilir.

Griffith, Biograph döneminde geliştirdiği paralel kurgu ile "son anda kurtarma" yöntemini bu filmde de kullanır. Özellikle filmin final sekansında, siyahların saldırısına uğrayan ve bir kulübede mahsur kalan ailenin çekimleri ile, onları kurtarmak için yetişmeye çalışan Ku Klux Klan çetesinin çekimleri[182] paralel kurgulanarak gerilim yaratılır.[183] Griffith, bu paralel kurguda kulübedeki insanları yakın ölçek çekimlerle verirken, onları kurtarmaya gelen Klan çetesini genel ölçek çekimlerle vererek bir tür kontrast yaratır.[184]

180- A.e.

181- Griffith, ara yazıları "Bir Ulusun Doğuşu" filminde yoğun bir şekilde kullanır. Ara yazılar (intertitle) geçiş dönemi sinemasının hikayeyi açıklayan unsurlarından biridir. Bunlar, seyirciye bir sahnenin ya da lokasyonun değiştiğini haber vermek, diyalogları belirtmek, bir sonraki sahnenin aksiyonunu özetlemek ya da yorum katmak için kullanılır. Bkz.: Sklar, a.g.e., s.49.

182- Dixon ve Foster, Amerikalı siyahların ırkçı bir bakış açısıyla temsili nedeniyle, filmin bu bölümünü sinema tarihinin en şaşırtıcı ve rahatsız edici sekanslarından biri olarak tanımlarlar. Bkz.: Dixon, Foster, a.g.e., s.24.

183- Thompson, Bordwell, Film History, s.73.

184- Paula Marantz Cohen, Silent Film and the Triumph of the American Myth, New York, Oxford University Press, 2001, s.86.

Bir Ulusun Doğuşu filmi hem gösterime girdiğinde hem de sonrasında ırkçı söylemleri nedeniyle ağır bir şekilde eleştirilmesine karşın, estetik bir başyapıt olarak kabul edilmiştir.[185] Film, sinema tarihçileri ve eleştirmenler tarafından tartışmasız bir şekilde sinema tarihinde bir dönüm noktası ve ayrıca ana akım Amerikan sinemasının başlangıcı olarak kabul edilir.[186] *Bir Ulusun Doğuşu,* Jean Mitry'e göre sinemanın bir sanat olarak doğuşunun sinyalini vermiştir.[187] Bu film, aynı zamanda yaptığı yüksek gişe hasılatıyla da sinemanın ucuz bir panayır eğlencesi olduğu algısını yıkarak, ciddi bir araç olarak ortaya çıkmasını işaret etmiştir.

Griffith, *Bir Ulusun Doğuşu* filmine gelen ağır eleştirilere yanıt vermek amacıyla 1916 yılında çektiği 14 makaradan oluşan ve yaklaşık üç buçuk saat süren *Hoşgörüsüzlük (Intolerance)* filminde, hoşgörüsüzlük temasını değişik tarihsel dönemlerde geçen dört farklı hikâye ile anlatmaya çalıştı. Griffith bu dört ayrı hikayeyi, başlayıp biten bir bütünlük içinde değil de, birbirinin içine girmiş bir şekilde kurguladı. Hikayeler arasındaki geçişleri ise, "beşik sallayan bir kadının görüntüsü" klavuz kavramıyla (leitmotive)* ile işaret etti.[188] Griffith, ayrıca film boyunca çok sayıda ara yazılar kullandı. *Hoşgörüsüzlük,* seyircilerden beklenen ilgiyi görmeyerek ticari olarak büyük bir hayal kırıklığı yarattı. Sklar'a göre filmin beğenilmemesinin en önemli nedenlerinin başında, ironik olarak Griffith'in bizzat kendisinin o zamana kadar geliştirmiş olduğu öyküsel uyla-

---

185- Stokes, a.g.e., s.108.

186- Paul Monaco, A History of American Movies: A Film-by-Film Look at The Art, Craft, and Business of Cinema, Lanham, The Scarecrow Press, 2010, s.7.

187- Jean Mitry, The Aesthetics and Psychology of the Cinema, Londra, Athlone Press, 1998, s. 67. Akt.:Stokes, a.g.e., s.108.

** Klavuz Kavram (Leitmotive): Müzikte ya da edebiyatta önemli bir şeyi vurgulamak için sürekli tekrarlanan deyim, durum ya da olgudur. Bkz.: http://dictionary.cambridge.org/dictionary/english/leitmotiv*

188- Abisel, a.g.e., s.101.

şımlara meydan okuyan biçimsel yapısı gelir.[189] Fairservice ise *Hoşgörüsüzlük*'ün, sinema tarihinin en pahalı deneysel filmi olduğunu belirtir.[190] Onaran'a göre ise, Griffith'in bu deneysel kurgu yöntemi nedeniyle, seyircinin filmde anlatılmak isteneni algılaması neredeyse olanaksızlaşmıştır.[191] Ancak *Hoşgörüsüzlük* tüm karmaşıklığına ve ticari başarısızlığına karşın, bu farklı kurgu yapısıyla başta Eisenstein olmak üzere 1920'lerin Sovyet sinemacılarını etkileyecektir.[192]

Gunning, Griffith'in kurgu kullanımı ile erken dönem sinemanın teatral[193] mirasından ayrılmasının Sadoul, Jacobs ve Mitry tarafından vurgulandığını aktarır: Sadoul'a göre, Griffith'in aynı aksiyonu farklı konumlara yerleştirdiği kamera ile çekerek getirdiği biçimsel yenilik, teatral uzamsal birliği bozmuştur. Griffith'in sinemada kurgunun gelişimine katkısının sonucu, "zaman ve uzamda teatral olmayan özgürlüktür." Mitry ise, sinemanın bu teatral olmayan konseptinin, Griffith'e aksiyonu tiyatro sahnesinin dar sınırları ile kısıtlı olmayan bir uzamda sahneleme olanağı verdiğini belirtir. Bir çekim, anlatılmak istenen olayın dramatik gerekliliği ve yoğunluğuna göre geniş ya da dar bir uzamı içerebilir. Mitry'e

---

189- Sklar, a.g.e., s.61.

190- Fairservice, a.g.e., s.145.

191- Onaran, a.g.e., s.155-156.

192- Atilla Dorsay, 100 Yılın Filmi, 6.bs., İstanbul, Remzi Kitabevi, 2007, s.19.

193- Gunning, Griffith'ten önceki sinemacıların filmlerinin teatral olduğu algısına karşı çıkar. Gunning'e göre Griffith öncesi sinemacılar, sadece teatral temsillerin kaydını yapmadılar. Özellikle 1907 öncesinde sinemacılar tiyatrodan çok az yararlandılar. Karikatürler, büyülü fener anlatıları, görüntülü şarkı slaytları ve günlük olayların illüstrasyonları erken sinema anlatısının gelişmesinde dramatik tiyatrodan çok daha önemli bir rol oynadılar. Teatral olmayan bu görsel kaynaklar, sadece sinemaya tema ve hikaye sağlamakla kalmayıp aynı zamanda sinemanın anlatısal yapısını da etkilediler. Gunning, kendisi ile birlikte Charles Musser ve diğer sinema tarihçilerinin yaptıkları araştırmalarda, özellikle büyülü fener anlatı geleneğinin görsel anlatı devamlılığına bir model oluşturduğunu ve bunun da erken dönem sinemada zaman ve uzamın temsilinde güçlü bir etkisi olduğunu vurgular. Bkz.: Gunning, D.W. Griffith and the Origins of American Narrative Film, s.35-36.

göre uzamın farklı açı ve ölçeklerle parçalanması, dramatik uzam içerisinde seyirciyi de filmin diğer karakterleriyle birlikte aksiyonun merkezine yerleştirir.[194] Reisz ise Griffith'in yeteneğinin, esasen bir hikaye anlatıcısının yeteneği olduğunu belirtir. Griffith'in en büyük başarısı, sinemanın anlatısal gücünü geliştirmesine ve zenginleştirmesine olanak sağlayan kurgu yöntemlerini keşfetmesi ve bunları uygulamasıdır.[195]

Griffith, sessiz sinema döneminin en önemli yönetmenlerinden biridir ve adı pek çok temel film tekniğinin geliştirilmesiyle anılır. Ancak Thompson ve Bordwell'in de uyardığı gibi, bu dönemde Griffith dışında da çok önemli filmler yapmış sinemacılar ve irdelenmesi gereken filmler vardır.[196] Biz bu bölümde çalışmamızın boyutları izin verdiği ölçüde kurgunun tarihsel gelişiminde etkileri genel kabul görmüş ve üzerinde çok yazılmış sinemacıları ele almaya çalıştık. Ancak kuşkusuz ki bizim ele aldığımız isimler dışında da sinemanın bu erken döneminde kurgunun tarihsel evrimine katkısı olan sinemacılar vardır. Örneğin Alice Guy, Ferdinand Zecca, Thomas H. Ince ve Ralph Ince gibi diğer sinemacıların çalışmalarına da, sessiz sinema döneminde kurgu üzerine yapılacak çok daha kapsamlı bir çalışmada yer verilmelidir.

Sovyet Montaj Kuramı

1917 yılında Lenin liderliğindeki Bolşevikler çarlık rejimini devirdiğinde, Rusya'da iç savaş halen devam etmekteydi. Çoğunluğu yoksul ve okuma yazması olmayan halkla iletişim kurmak isteyen Bolşevikler, sinemanın bu amaç için en uygun kitle iletişim aracı olduğunu düşündüler. Sessiz olan ve gör-

---

194- Gunning, a.g.e.,s.34.
195- Reisz, Millar, a.g.e., s.12.
196- Thompson, Bordwell, Film History, s.74.

selliğe dayanan sinema, farklı dillerin konuşulduğu ve okuma yazma oranın çok düşük olduğu bu ülkede kitlelerle iletişimi sağlayacak en önemli araç olarak görülüyordu.[197] Lenin, "bütün sanatlar içinde bizim için en önemli olanı sinemadır" diyerek sinemaya verdiği önemi vurgulamıştır.[198] Ancak devrim öncesi Rus sinemasının yapımcıları ve teknisyenlerinin önemli bir bölümü ülke dışına çıkmışlardı. Kalanların bir kısmı ise, Bolşeviklerle işbirliği yapmak istemediler.[199] Eski yapımcıların film teçhizatını ve ham film stoklarını dışarıya kaçırması ve Batılı ülkelerin ham film üretemeyen Rusya'nın ithalat yapmasını engellemeleri yüzünden ham film bulmak gittikçe zorlaşıyordu.[200] Ham filmin olmaması, uzun metrajlı filmlerin çekilememesi anlamına geliyordu. 1918 -1920 yılları arasında, eldeki çok kısıtlı filmlerle çok daha acil olarak ihtiyaç duyulan belgesel, haber ve "agitki" olarak adlandırılan kısa ajitasyon filmleri çekiliyordu.[201] "Agitki" filmleri, burjuvaya saldırıp işçi ve köylü devrimini destekleyen bir ya da iki makaralı basit, kolay anlaşılır ve direkt politik mesajlar içeren melodram filmleriydi. Bu filmler, "agit trenleri" (ajitasyon trenleri) olarak adlandırılan trenlerle ülke boyunca dolaştırılarak halka gösteriliyordu.[202] Bilgilendirme, ajitasyon ve eğlence içeren bu trenlerde aynı zamanda bir film ekibi de bulunuyordu. Bu ekip, trenin gittiği yerlerde çekimler yapıyor, bu çekimler Moskova'ya ulaştırılıyor ve Vertov öncülüğünde bir ekip tarafından bu çekimlerin kurgusu yapılıyordu.[203] Sklar'a göre

---

197- Teksoy, a.g.e., s.130.
198-Sklar, a.g.e., s.150.
199- Denise J.Youngblood, Russian War Films: On the Cinema Front, 1914-2005, Kansas, University Press of Kansas, 2007, s.15.
200- Abisel, a.g.e., s.206.
201- ichard Taylor, The Politics Of The Soviet Cinema 1917-1929, New York, Cambridge University Press, 1979, s.50.
202- Youngblood, s.16.
203- Abisel, a.g.e., s.207.

"agit trenleri", devrim sonrası yıllarda Sovyet Sineması'nın biçimlenmesinde önemli bir rol oynamışlardı: İleride, isimlerini anacağımız önemli yönetmenlerin bir kısmı ya bu trenlerde çalışmışlardır ya da bu trenlerin gittiği yerlerde yapılan çekimleri kurgulamışlardır.[204]

Devrim öncesi Rus sineması, klasik anlatı geleneğine bağlı basit eğlence filmleri üzerine kuruluydu. Kendilerini konvansiyonel eğlendirici olarak değil, propagandacı ve eğitmen olarak gören genç Rus sinemacıları, bu sinema anlayışının yapaylığına tümüyle karşıydılar. Genç Rus sinemacılarının iki amacı vardı. Bunlar, kitlelere devrimci hareketin tarihini ve kuramını öğretmek için sinemayı bir araç olarak kullanmak ve bu görevi gerçekleştirecek olan yeni nesil sinemacıları yetiştirmekti.[205]

Ülkeden ayrılmış olan sinemacıların yerine yenilerini yetiştirebilmek için[206] 1919 yılında VGIK (Rus Devlet Sinematografi Enstitüsü) adında dünyanın ilk sinema okulu kuruldu.[207] Okulun ilk amacı Bolşevik Partinin görüşlerini desteleyecek ve yayacak sinemacılar yetiştirmekti. Okul, komünist ideolojiyi yaymanın yanında ayrıca film teorisiyle de ilgileniyordu. Ancak var olan kısıtlı miktardaki ham film öğrenci çalışmalarına ayrılamayacağı için, eğitmenler ve öğrenciler zamanlarını film yapmak yerine sinemayı kuramsallaştırmaya ayırdılar.[208] Bu kuramsallaştırma çalışmalarının en önemli figürü olan Lev Kuleshov, montaj kuramının gelişmesinde önemli bir rol oynamıştır.[209]

204- Sklar, a.g.e., s.150.
205- Reisz, Millar, a.g.e., s.13.
206- Taylor, a.g.e., s.51.
207- Abisel, a.g.e., s.207.
208-Sklar, a.g.e., s.150.
209- David C. Gillespie, Early Soviet Cinema: Innovation, Ideology and Propaganda, Londra, Wallflower Press, 2000, s.22.

Çalışmamızın bu kısmında ele alacağımız Sovyet sinemacıları ve kuramcıları, sinemayı güçlü bir sosyal değişim aracı olarak görmüşlerdir. Sinema, doğası gereği politiktir ve sinemacının dünya görüşüne sıkı sıkıya bağlıdır. Kuleshov, Eisenstein, Vertov ve Pudovkin pratik ve kuramsal çalışmaları ile montajın gücünü keşfederek bir sanat formu olarak sinemanın gelişimine katkıda bulundular. Bu sinemacılar, ayrıca Sovyet Sinemasına dünya çapında şimdiye kadar hiç bir sanat dalının başaramadığı kadar prestij kazandırdılar.[210]

Lev Kuleshov Deneyleri

İç savaş sırasında Vertov gibi "agitki" filmlerinin yapımında çalışmış olan Kuleshov'a, henüz yirmili yaşlarındayken film teknikleri üzerine araştırma yapabilmesi için VGIK'in resmi yapısı dışında bir atölye kurması için izin verildi.[211] Kuleshov'un atölyesi, ham film malzemesinin kısıtlı olmasından dolayı tamamen kurgu üzerine denemelere yoğunlaştı. Aralarında Pudovkin'in de bulunduğu öğrenci gurubu, Griffith'in *Hoşgörüsüzlük* ve *Bir Ulusun Doğuşu* filmlerinin kurgu yapılarını incelemeye başladılar.[212] Özellikle *Hoşgörüsüzlük* filmiyle detaylı olarak ilgilenen Kuleshov, filmin sahnelerini ve çekimlerini parçalara ayırdı. Kuleshov, bu çekimlerin ve sahnelerin sırasını değiştirerek yeni anlamlar ve temalar elde etmeye çalıştı. Bu çekimler üzerine çalışan Kuleshov'un hipotezi şuydu: "Bir filmin dramatik etkisi tek tek çekimlerin içerikleriyle değil, bu çekimlerin bir araya getirildiği kurgu ile oluşur."[213]

210- Peter Kenez, The Cultural Revolution in Cinema, Slavic Review, Vol. 47, No. 3, Autumn1988, s.145.
211- Sklar, a.g.e., s.151.
212- Aristides Gazetas, An Introduction to World Cinema, 2.bs., Jefferson, McFarland& Company Inc., 2008,s.64.
213- Michael Toscano, "Kuleshov's Effect: The Man behind Soviet Montage", August 31, 2015 (Çevrimiçi) http://www.curatormagazine.com/ michaeltoscano/ kuleshovs-effect-the-man-behind-soviet-montage/, 23 Aralık 2016.

Kuleshov, bu hipotezini kanıtlamak adına 1919 ve 1924 yılları arasında dönemin diğer Sovyet sinemacılarını da etkileyecek olan bir takım denemeler yaptı.[214] Bu denemeler, ham film sıkıntısı nedeniyle çekim yapılamadığından dolayı elde bulunan mevcut film parçacıklarıyla yapılıyor ve bu nedenle "fil'my bez plenki" (film olmadan sinema) olarak adlandırılıyordu.[215] Bu denemelerin en çok bilineni, aynı zamanda sinema literatüründe "Kuleshov Efekti" olarakda anılan denemedir.[216] Bu denemede Kuleshov ile birlikte çalıştığını ifade eden Pudovkin, "*Film Technique and Film Acting*" kitabında söz konusu deneyi detaylı olarak anlatır. Dönemin tanınmış oyuncusu Ivan Mozzhukhin'in yakın ölçekte ifadesiz bir bakışını içeren bir çekim parçasını bulan Kuleshov, bu çekimi bir tabak çorba, tabutta yatan bir kadın ve oyuncak bir ayı ile oynayan küçük bir kız çocuğunun çekimleri ile birleştirerek üç farklı

214- David Bordwell, "The Idea of Montage in Soviet Art and Film", Cinema Journal, Vol. 11, No. 2 (Spring, 1972), University of Texas Press, s.9.

215- Taylor, a.g.e., s.135.

216- Kuleshov'un eşi ve aynı zamanda oyuncusu ve öğrencisi olan Aleksandra Khokhlova'nın torunu olan sinema tarihçisi Ekaterina Khokhlova, bu deneyin Kuleshov'un yaptıkları arasında en ünlüsü olmasına rağmen, ironik olarak böyle bir deneyin gerçekten varlığını gösteren bir kanıt olmadığını ileri sürer. Khokhlova ayrıca, Kuleshov ile sık sık konuşan ve onu evinde ziyaret eden sinema tarihçisi Georges Sadoul'un, "Histoire Generale du Cinema" isimli kitabında Kuleshov'un deneylerinden geriye hiç bir şeyin kalmadığını yazdığını da belirtir. Kristin Thompson ise, bütün bunların söz konusu deneyin hiç yapılmadığı anlamına gelemeyeceğini vurgular. Ancak Khokhlova, Kuleshov'un daha az bilinen diğer deneylerinin tarihsel olarak varlığının, bir takım belgelerle ve Aleksandra Khokhlova'nın günlüklerinde yazdıkları ile teyit edildiğini de belirtir. Ayrıca Kuleshov'un kişisel arşivinden de bazı film parçacıkları kalmıştır.Bkz.: Yuri Tsivian, vd., "The Rediscovery of a Kuleshov Experiment: A Dossier", Film History, Vol. 8, No. 3, Cinema and Nation - II (1996), s.365.

Pek çok sinema kaynakçasında bahsedilen bu deneyi, biz bu çalışmada Pudovkin'in "Film Technique and Film Acting" kitabının İngilizce çevirisinde anlattıklarına dayandırdık. Kuleshov ise kendi yazdığı "In Maloi Gnezdnikovsky Lane" isimli denemesinde bu deneyden çok kısa bir şekilde bahseder. Kuleshov, Mozzhukhin'in çekimini doğrular ancak belirttiği diğer çekimlerin, Pudovkin ve diğerleriyle çelişir bir şekilde bir tabak çorba, çocuk tabutu ve kız çocuğu olduğunu belirtir. Bkz.: Ronald Levaco, Kuleshov On Film: Writings By Lev Kuleshov, Berkeley, University of California Press,1974.

kombinasyon yaratır. Pudovkin'in belirttiğine göre bu üç farklı kombinasyon, deneyin ne şekilde gerçekleştirildiğinden habersiz olan bir seyirci topluluğuna gösterildiğinde, seyirciler Mozzhukhin'in oyunculuk performansını alkışladılar.[217] Ancak üç farklı kombinasyonda da Mozzhukhin'in aynı çekimi kullanılmıştır.[218] Böylece, Mozzhukhin'in ifadesiz yüzü, kendisiyle birleştirilen her bir farklı çekimle, açlık, üzüntü ve sevinç gibi yeni bir ifadeye dönüşmüştür.[219] Kovacs'a göre sinema dilinin gelişmesinde bir kilometre taşı olan bu deney, Pudovkin ve Eisenstein'ın da montaja yönelmelerine neden olmuştur.[220] Pudovkin, sinema sanatının gelişmesinde önemli bir role sahip olan "montaj"[221] kelimesinin anlamını Kulesov'dan öğrendiğini ve onun sayesinde sinemaya ait tüm bakış açısının değiştiğini belirtir.[222]

Bütün versiyonlarda ortak olan tek şey, Mozzhukhin'in ve bir tabak çorbanın çekimleridir. Kuleshov'un bu deneyine ilişkin Youtube isimli video paylaşım sitesinde, pek çok sinema kaynakçasında da görselleri paylaşılan videolar bulunmaktadır. Ancak bu videolarda Pudovkin'in anlattıklarından farklı çekimler bulunmaktadır. Örneğin, Pudovkin bu çekimlerin çorba, tabutta yatan kadın ve oyuncak ayı ile oynayan kız çocuğu olduğunu belirtirken, Youtube sitesinde gördüğümüz videolarda ve pek çok sinema kaynakçasında bu çekimlerin çorba, tabutta yatan kız çocuğu ve kanepeye uzanmış güzel bir kadın olduğu görülmektedir. Biz bu görsellere, Ekaterina Khokhlova'ın da uyarısını dikkate alarak Kuleshov tarafından yapılan deneye ait olduklarını teyit edemediğimiz için bu çalışmamızda yer vermedik.

217- Fairservice, bu noktada "alkışlanacak bir performans" olmadığını, Puvovkin'in yazdıklarında abartılı bir durum söz konusu olabileceğini belirtir. Fairservice, ayrıca Pudovkin'in "seyirci" derken kastettiğinin, test edilen temel prensipleri kabul etmeye hevesli olan Kuleshov Atölyesinin diğer üyeleri olabileceğinden kuşkulandığının da altını çizer. Bkz.: Fairservice, a.g.e., s.182.

218- Pudovkin, Film Technique And Film Acting, s.168.

219- Richard Taylor, "Ideology as mass entertainment: Boris Shumyatsky and Soviet cinema in the 1930's", Inside the Film Factory: New Approaches to Russian and Soviet Cinema, Ed. Richard Taylor, Ian Christie, Londra, Routledge, 1991, s.202.

220- Steven Kovacs, "Kuleshov's Aesthetics", Film Quarterly, Vol. 29, No. 3 (Spring, 1976), University of California Press, s.34.

221- Fransızca "montage"dan gelen "montaj" kelimesi, makine parçalarının birleştirilmesi anlamına gelmektedir. Bordwell'e göre, 1924 ve 1930 yılları arasında yapılmış olan pek çok Sovyet filmi, "montaj" olarak bilinen orijinal bir sinema biçimi sergilemiştir. Sinemada, "kurgu"dan farklı bir anlamda kullanılan "montaj, yapay

Pudovkin'e göre Kuleshov'un tüm sanatlara yönelik basit bir fikri vardı: "Her sanatın bir ham malzemesi vardır ve her sanatın malzemeyi, o sanata özgü bir şekilde işleme yöntemi vardır." Müzisyenin ham malzemesi sestir ve müzisyen sesi zaman boyunca düzenler. Ressamın ham malzemesi ise renklerdir ve ressam renkleri tuvalin uzamı boyunca işler. Kuleshov'a göre sinemacının ham malzemesi ise çekimlerdir ve sinemacının bunları işleme yöntemi, bu çekimleri yaratıcı bir şekilde ve belirli bir sırada bir araya getirmektir. Sinema sanatı, aktörlerin oyunculukları ve çekimlerin yapılmasıyla başlamaz. Bunlar sadece ham malzemenin hazırlanmasıdır. Sinema sanatı, yönetmenin çeşitli çekim parçacıklarını bir araya getirmeye başladığı anda başlamış olur. Yönetmen, bu çekim parçalarını farklı kombinasyonlarda ve farklı sıralarda bir araya getirdiğinde farklı sonuçlar elde eder.[223] Kuleshov, sinemasal anlamın fotoğrafik gerçekliğin farklı çekimleriyle değil, kurgu ile oluştuğu sonucuna vardı. Sinemada anlam, çekimlerin bir sekansta birbirleriyle ilişkili olarak düzenlenmesiyle oluşur.[224]

Kuleshov, bu deney kadar adı duyulmamış olan iki farklı montaj denemesi daha yaptı. Bu deneylerde Kuleshov, sinemada farklı zamanlarda ve mekanlarda çekilmiş olan görüntülerin kurgulanarak, zamanda ve uzamda bütünlük illüzyonu ya da izlenimi yaratma olanağı olduğunu göstermeyi amaçladı.[225] Bunlardan biri, Kuleshov'un "yaratıcı coğrafya"

---

bir zaman ve uzam formüle ederek ya da seyircinin dikkatini bir anlatısal noktadan diğerine yönlendirerek, ritmi kontrol etme, metaforlar yaratma ya da retorik oluşturma yöntemidir. Bu yöntemde sinemasal anlam, çekimlerin düzenlenmesiyle yaratılan yeni bir sentezle oluşur. Anlam, tek tek çekimlerde değil, bu çekimlerin toplamındadır. Bkz.:Bordwell, "The Idea of Montage in Soviet Art and Film", s.9.

222- Pudovkin, a.g.e., s.166.

223- Pudovkin, a.g.e., s.166-167.

224-Gazetas, a.g.e., s.65.

225- A.e.

adını verdiği ve kayıp parçaları olmasına rağmen çekimlerin bir kısmının günümüze ulaştığı deneydir. Deneyde, Moskova'nın bilinen bir mekanında buluşan bir adam ve bir kadın ileriye doğru baktıklarında Washington D.C.' de bulunan Beyaz Saray Binasını görürler. Kuleshovun öğrencileri olan Aleksandra Khokhlova ve Leonid Obolens, bu deneyde adam ve kadını canlandırmışlardır. Bu deneyden günümüze sadece dört çekim ulaşmıştır. Pudovkin, bu çekimlerin her birinin tamamen farklı mekanlarda çekilmiş olduğunu belirtir.[226] Kayıp olan 1. ve 2. çekimlerde, Khokhlova ve Obolensky Moskova'nın farklı sokaklarında ayrı ayrı yürürken gösterilirler. 3. çekimde ise Khokhlova'yı gören Obolensky gülümseyerek selam verir ve ona doğru yürümeye başlar. 4. çekimde Khokhlova aynı şekilde tepki vererek, Obolensky'e doğru yürümeye başlar. Genel ölçekte yapılan 5. çekimde, ikisi de aynı çerçevede bir araya gelirler ve tokalaşırlar. Bu tokalaşma 6. çekimde yakın ölçekte verilir. Kuleshov, 6. çekimdeki yakın ölçeğin yokluğunun, kurgu sırasında fark edildiğini, ancak yeniden çekim için Khokhlova ve Obolensky'nin müsait olmadıklarını ve bu nedenle onların kıyafetlerini başka oyunculara giydirerek bu çekimi gerçekleştirdiklerini belirtir. Deneyin günümüze ulaşamamış olan 8. çekiminde ise, bir Amerikan filminden alınmış olan bir Beyaz Saray[227] görüntüsü eklenmiştir. Bu çekimin sonuna eklenen ve diğerleri gibi kayıp olan 9. çekimde ise, Khokhlova ve Obolensky, bir binanın merdivenlerini çıkarken görüntülenir.[228]

226- Pudovkin, a.g.e., s.88.

227- Yuri Tsivian, kayıp olan bu görüntünün Kuleshov'un belirttiği gibi "Beyaz Saray" değil de "Amerikan Kongre Binası" (The Capitol) olduğunu iddia eder. Çünkü Tsivian' a göre yakın zamana kadar bile (çalışmanın yazıldığı 1996 yılı) pek çok Rus'un yaptığı gibi Kuleshov ve Khokhlova da, "Beyaz Saray" denildiğinde kongre binasını düşünmüştür. Bkz.: Tsivian, vd., a.g.e., s.367.

228- Lev Kuleshov, "Art of the Cinema", Kuleshov On Film: Writings By Lev Kuleshov, Ed. Ronald Levaco Berkeley, Uni. of California Press,1974, s.52-53.

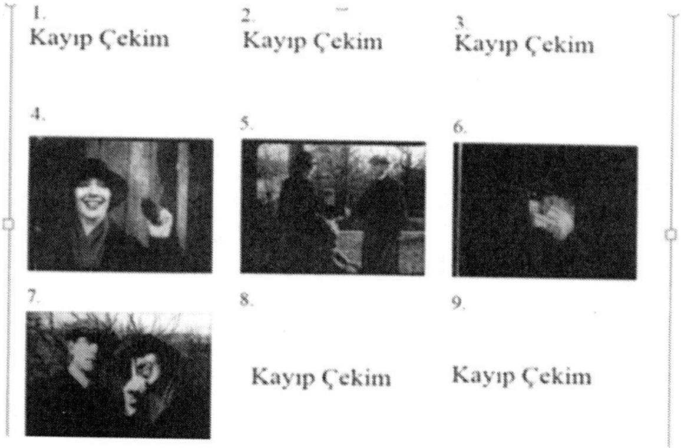

Şekil 1.24: Kuleshov'un "Yaratıcı Coğrafya" Deneyi.

Kaynak: *Yuri Tsivian, vd., "The Rediscovery of a Kuleshov Experiment: A Dossier",* ***Film History****, Vol. 8, No.3, Cinema and Nation - II (1996), s.357.*

Pudovkin'e göre bu çekimler kurgulandığında, seyirciye anlaşılır ve kesintisiz bir aksiyon sunulur.[229] İki insanın Beyaz Saray (ya da kongre binası) yakınlarında buluşup, içeriye girmeleri illüzyonu kurgu yolu ile yaratılmış olur. Sonuç olarak, bütün çekimlerin farklı mekanlarda yapılmış olmasına rağmen, seyirci sahneyi bir bütün olarak algılamıştır. Böylece film parçacıkları birbirlerine belirli bir düzende eklenerek gerçekte var olmayan bir sinemasal uzam yaratılmıştır.[230] Kuleshov'a göre, hiç bir hilenin ya da çift pozlamanın yapılmadığı ve etkinin sadece materyalin sinemasal bir yöntemle düzenlenerek oluşturulduğu bu sahne, montajın inanılmaz potansiyelini ortaya koymuştur. Kuleshov, bu sahne ile sinemanın temel gücünün montajda yattığını anladığını belirtir: Çünkü montaj sayesinde materyali parçalayarak yeniden inşa etmek ve nihayetinde onu yeniden yaratmak mümkündür.[231]

229- Pudovkin, a.g.e., s.88-89.
230- A.e.
231- Kuleshov, a.g.e., s.52.

Kuleshov, montaj yolu ile gerçekte olmayan bir uzam yarattıktan sonra, gerçekleştirdiği başka bir deneyde yine montaj yolu ile gerçekte olmayan bir beden yaratmayı amaçladı. Pudovkin'in belirttiğine göre Kuleshov, bu deneyde bir kadınının hareketini, farklı kadınların elleri, ayakları, gözleri ve başını farklı çekimlerle elde edip bunları montajlayarak gerçekte var olmayan tek bir kadını yaratmaya çalıştı.[232] Griffith, çekimleri anlatısal bir etki için birleştiririrken, Kuleshov'un çalışmaları montajın aynı zamanda metaforik bir fonksiyonu olabileceğini gösterdi. Sinemanın gücü, görüntülerin kendisinde değil, seyircilerin bunları nasıl algıladığında yatmaktaydı.[233]

Sinema tarihine yukarıda sözünü ettiğimiz deneyleriyle adını yazdırmış olan Kuleshov'un, bu deneyler dışında yaptığı filmler ise yeterinde ilgi çekmemiştir. Kuleshov'un, Amerikan dedektif filmlerinin bir parodisi olan Bay *Batı'nın Bolşevikler Diyarındaki Olağanüstü Maceraları* (1924) , *Öldürücü Işın* (1925) ve diğer filmlerinden genel sinema literatüründe çok az bahsedilir. Kuleshov, sadece montaj üzerine yapılan bu deneyleri gerçekleştiren bir kişi değil, aynı zamanda bir film yönetmeni ve öğretmendir. 1970 yılındaki ölümüne kadar sürdürmüş olduğu eğitmenliği boyunca, Sovyet film yönetmenlerinin yarısı onun öğrencisi olmuştur.[234] Abisel'e göre dünya sinemasının tanımadığı Kuleshov'un önemi, 1960'tan itibaren Sovyet sinema tarihinin yazılmasıyla birlikte anlaşılmaya başlandı ve onun pek çok ünlü yönetmenin öğretmeni olduğu ortaya çıktı.[235] Kuleshov, atölyesinde denemiş olduğu teorilerini "Sinemanın Sanatı" isimli kitabında toplamıştır. Bu kitaba ek olarak, Kuleshov'un sinema estetiği üzerine Ekim Devrimi ile

---

232- A.e., s.145.

233- David Parkinson, History of Film, Londra, Thames & Hudson, 1995, s.73.

234- Kovacks,a.g.e., s.34

235 Abisel, a.g.e., s.217.

Sosyalist Gerçekçilik'in başladığı yıllar arasında yazmış olduğu bir düzine denemenin de dahil olduğu metinler, Ronald Levaco tarafından İngilizceye çevrilerek, bizim de bu kısımda bolca faydalandığımız "Kuleshov On Film: Writings By Lev Kuleshov" adı altında dünya sinema literatürüne kazandırılmıştır.[236]

Sinema - Göz: Diziga Vertov

Asıl adı David Abelevich Kaufman* olan Dziga Vertov, Bolşevik Devrimi sırasında eğitim gördüğü tıp okulundan ayrılıp, 1918 yılında Moskova Sinema Komitesi'ne katıldı.[237] Vertov, burada Kuleshov tarafından yönlendirilen ve Sovyet yaşamından çeşitli kesitler sunan, "Kinonedelya" (Sinema Haftası) olarak adlandırılan haftalık haber filmlerinin kurgusunu yapmakla görevlendirildi.[238] İç savaş sırasında ajitasyon trenlerinde de çalışmış olan Vertov, elde edilen görüntüleri kurgulayarak haber filmleri ve belgeseller gerçekleştirdi. Sklar'a göre, bu çalışmalarla kurgunun yaratıcı önemini kavrayan Vertov, hayatı boyunca belgesel filmin savunuculuğunu yaptı.[239] Vertov, "Kinonedelya" filmlerini yaparken ülkenin değişik yerlerinden gelen belge görüntülerin kurgulanmasıyla daha etkileyici anlamlar elde edilebileceğini gördü.[240] Vertov, yeni yapılmış çekimlere ulaşamadığında, daha önceki "Kinonedelya" filmleri ile tarihsel derlemeler yapıyordu. Hicks'e göre bunların arasında en başarılı olanı 1921 yılında gerçekleştirdiği *İç Savaşın Tarihi* isimli çalışmadır.[241] Vertov, devrim

---

236- Kovacks, a.g.e., s.35.
** Bazı kaynaklarda "Denis Arkadievitch Kaufman" olarak geçmektedir.*
237- Jeremy Hicks, Dziga Vertov: Defining Documentary Film, Londra, I.B.Tauris, 2007, s.5.
238- Abisel, a.g.e., s.221.
239- Sklar, a.g.e., s.160.
240- Teksoy, a.g.e., s.136.
241- Hicks, a.g.e., s.6.

sonrası yeni bir toplumu inşa etmekle ilgili daha tutkulu haber filmi serileri gerçekleştirmeyi planlarken, 1922'de Lenin'in "Yeni Ekonomi Politikası" ile hayal kırıklığına uğradı. Bu yeni ekonomi politikası, sarsılmış olan ekonomiyi toparlayabilmek adına bir tür kontrollü kapitalizmi kısa süreliğine uygulamaya dayanıyordu. Bunun sonucu olarak, sinema salonları programlarını popüler Amerikan ve Avrupa filmleri ile doldurmaya başladı. Vertov, bu gelişmeleri tehlikeli olarak görüyordu. Çünkü bu filmler -genel olarak kurmaca filmler- Vertov'un dünyanın daha gerçekçi temsili olarak gördüğü belgesel sinemaya karşıt olan unsurlar içeriyordu.[242]

Vertov, Moskova Sinema Komitesinde çalışırken tanışıp evlendiği kurgucu Elizaveta Svilova ve Kızıl Ordu'dan henüz gelmiş olan kameraman kardeşi Mikhail Kaufman[243] ile birlikte "Kinok'lar" (Sine-Göz) adını verdikleri bir grup kurdu.[244] Vertov, bu ekiple birlikte 1925'e kadar devam edecek olan "Kino-Pravda" (Sinema-Gerçek) olarak adlandırdıkları, yirmi üç tane tek makaralı haber filmleri serisini gerçekleştirmeye başladı.[245] Vertov'un"Kino-Pravda" filmlerinde edindiği deneyim, kurgu kullanımını olgunlaştırarak habercilikten belgesel sinemaya doğru ilerlemesini sağladı.[246] Bu dönemde rahat hareket etme olanağı sağlayan kameralar da geliştirildiğinden, Vertov'a ülkenin farklı yerlerinde bulunan kamera gruplarından çok miktarda görüntü ulaşmaya başlamıştı. Vertov da, kardeşi Mikhail ile birlikte kameralarıyla günlük yaşamın içine dalıp pazarları, birahaneleri, dans salonlarını dolaşıyor, ambulansların, kaza-

---

242- *Fairservice, a.g.e., s.179.*
243- *Hicks, a.g.e., s.6.*
244- *Yuri Tsivian, "Dziga Vertov (1896-1954)", Dünya Sinema Tarihi, Ed. Geoffrey Nowell-Smith, Çev. Ahmet Fethi, 2.bs., İstanbul, Kabalcı Yayınevi, 2008, s.120.*
245- *Erik Barnouw, "Dziga Vertov - Director", (Çevrimiçi) http://www.filmreference.com/Directors-Ve-Y/Vertov-Dziga.html, 30 Aralık 2016.*
246- *Joshua Malitsky, Post - Revolution Nonfiction Film: Building The Soviet And Cuban Nations, Indiana, Indiana University Press, 2013, s.40.*

ların peşine düşerek çekimler yapıyorlardı.[247] Vertov, "Kino-Pravda" filmlerinin kurgusunu eşi Elizaveta Svilova ile birlikte Moskova'da soğuk ve rutubetli bir bodrum katında zorlu koşullarda gerçekleştiriyordu. Bu soğuk ve ıslak olan çalışma ortamında filmleri kesmek için kullandıkları makas paslanıyor, birleştirilen film parçacıkları nem yüzünden birbirinden ayrılıyordu.[248]

Sine-Göz (Kino-Glaz), Vertov'un dünyayı belgesel bir şekilde yorumladığı Kino-Pravda ile başlatıp, diğer filmleriyle devam ettirdiği bir sinema hareketidir. Aynı zamanda Vertov'un sinemasal sunum felsefesi olan Sine-Göz, kamerayı insan gözünden daha üstün bir konumda tutar: "Kendi gözlerimizi geliştiremeyiz, ancak kamerayı sonsuza kadar mükemmelleştirebiliriz."[249] Vertov'a göre, sinemanın asıl işlevi gerçeğin kayda alınmasıdır. "Sahnelenmemiş bir şekilde çekilen hayatın her anı, gizli kamerayla ya da benzer bir teknikle hayatta olduğu haliyle gizli çekilen 'habersiz yakalanan' her kare, film şeridine kaydedilmiş her gerçeği, Vertov'un deyişiyle bir *film-gerçeğini* yansıtır."[250] "Sine-Göz Hareketinin amacı gerçek, aracı ise Sine-Göz'dür."[251] Rotha'ya göre Sine-Göz grubu, belgeselle ilişkilendirilen ve Sovyet Rusya'da "hazzı olamayan film" olarak betimlenen bir sinemanın peşindeydiler. Sine-Göz, gündelik hayattaki gerçek olayların ve nesnelerin sinemasıydı. Profesyonel oyuncuların yer aldığı filmlerle ilgilenmeyen ve onları teatral olarak nitelendiren Vertov, in-

---

247- Abisel, a.g.e., s.222.

248- Fairservice, a.g.e., s.180.

249- Dennis Lim, "Machine Age Poet, Born in Revolution, Stifled Under Stalin" 8 Nisan 2011, (Çevrimiçi) http://www.nytimes.com/2011/04/10/movies/dziga-vertov-films-at-museum-of-modern-art.html, 31 Aralık 2016.

250- Nihan Gider Işıkman, "Dziga Vertov", Sinema Kuramları 1, Ed. Zeynep Özarslan, İstanbul, Su Yayınevi, 2013, s.138.

251- Diziga Vertov, Sine-Göz, Çev. Ahmet Ergenç, İstanbul, Agora Kitaplığı, 2007, s.178., Akt.: Işıkman, a.g.e., s.138.

sanları ve olayları en karakteristik anlarında kayda alıyordu.[252] Vertov'un "Kino-Pravda" (Sinema-Gerçek) terimi, sinemanın teatral ve edebi yapısının radikal bir şekilde kırılmasında ısrar ediyordu. Ona göre anlatı sinemasının bu yapıları, sinemanın yeni bir görsel gerçekliği ve dolayısıyla yeni bir sosyal gerçekliği inşa etme potansiyelini engelliyordu.[253] Vertov, bu düşüncelerini 1926 yılında yazdığı "Sine-Göz Grupları İçin Şartlı Talimatlar" isimli yazısında belirttiği "Dram sineması halkın afyonudur" ve "Kahrolsun gündelik hayatın sahnelenişi, bizi olduğumuz gibi filme alın" sloganlarıyla vurgular.[254]

Vertov, Kino-Pravda filmlerinde devrim öncesi çekilmiş haber görüntüleri ile güncel görüntüleri bağlantılı bir şekilde kurgulayarak, yeni anlamlar üretme denemeleri yaptı. Fairservice'e göre bu açıdan bakıldığında, Vertov tamamen sadelikten yana değildi. Film yapım sürecindeki temel çelişkiyi kabul ediyordu. Sinemasal gerçeklik, esasında yapılandırılmış gerçeklikti. Ancak çekim ve kurgu yöntemleri şeffaf bir hale getirildiğinde, mesajın içeriği çok daha dürüst bir şekilde iletilebilirdi.[255] Sine-Göz, her aşamasıyla seçme ve birleştirme işlemlerini bir araya getiren bir süreç olup, bir anlamda montajın kendisiydi.[256] Vertov, kurguyu sadece çekilmiş sahnelerin birleştirilmesi eylemi olmayıp, çekimlerden önce başlaması gereken uzun bir süreç olarak değerlendirir. Vertov, Sine-Göz Grupları için yazdığı talimatta, kurgu sürecinde izlemeleri gereken adımları şu şekilde belirtir:

252- Paul Rotha, The Film Till Now : A Survey of World Cinema, Middlesex, Spring Books, 1967, s.244.
253- Bill Nichols, Introduction to Documentary, 2.bs., Indiana, Indiana University Press, 2010, s.217.
254- Vertov, a.g.e., s.85.
255- Fairservice, a.g.e., s.180.
256- Abisel, a.g.e., s.227.

"Kinoklar kurguya tamamen farklı bir önem atfediyorlar ve kurguyu görsel dünyanın düzenlenişi olarak görüyorlar.

Kinoklar şunları birbirinden ayırıyor:

1) Gözlem esnasında kurgu- çıplak gözü herhangi bir yere, herhangi bir zamana odaklamak.

2) Gözlemden sonraki kurgu- görülen şeylerin karakteristik özelliklere göre zihinsel olarak düzenlenişi.

3) Filme çekme esnasında kurgu- kameranın gözünü 1. adımda araştırılan yere odaklamak. Filme çekmenin getirdiği koşul değişimlerine göre ayarlamalar yapmak.

4) Filme çektikten sonraki kurgu- film şeridinin karakteristik özelliklere göre kabaca düzenlenişi. Eksik olan montaj parçalarının aranışı.

5) Gözle ayar yapmak (montaj parçaları için etrafı taramak) - herhangi bir görsel çevrede temel bağlantı çekimlerin, yakalamak için anlık olarak odaklanmak. Olağanüstü dikkat. Askeri bir kural: gözle ayar yapmak, hız, saldırı.

6) Son kurgu- büyük temalarla birlikte küçük, üstü kapalı temaların da açığa çıkarılması. Bütün çekimlerini en iyi sekansı oluşturacak şekilde düzenlemesi Film-nesnenin özünün öne çıkarılması. Benzer öğelerin koordine edilmesi ve son olarak da montaj guruplarının hesaplanması.

Ön gözleme imkanı tanımayan koşullarda film çekilirken, - örneğin, kamerayla yapılan gizli takip ya da gizli çekim- ilk iki adım geçersizleşir ve üç ya da beşinci adım öne çıkar.

Kısa anlar filme çekilirken ya da aceleyle film çekilirken çeşitli adımların birleştirilmesi mümkündür.

Diğer bütün durumlarda bir ya da birçok tema filme çekilirken bütün adımlar takip edilir ve kurgu kesintiye uğramaz. İlk gözlemle başlar tamamlanmış film nesne ile sona erer."[257]

Vertov'a göre her Sine-Göz filmi konunun seçildiği andan, filmin bitmiş haliyle gösterilmesine kadar montaj sürecine dahildir. Montaj'ın sadece sahneler ya da yazıları seçmek olmadığını vurgulayan Vertov, montajı film parçalarının düzenlenip bir film-nesnesi haline getirilmesi ve kaydedilmiş çekimlerle sinemasal bir şey yazmak olarak tanımlar:[258] "Harflerden kelimeleri, kelimelerden cümleleri, cümlelerden de bir makale, bir deneme, bir destan oluşturmalısınız".[259] Sine-Göz'ün sadece bir sinema hareketi ya da bir film ismi olmadığını belirten Vertov, Sine-Göz'ün kurgu aracılığıyla değil, gerçekler aracılığıyla etki sağlamaya yönelik bir hareket olduğunu vurgular.[260] "Sine-Göz hem görsel dünyanın hem de çıplak gözün görmediği dünyanın belgesel, sinemasal bir şekilde deşifre edilmesidir."[261] Vertov'a göre Sine-Göz, montajın mümkün olan tüm olanaklarını kullanır. "...evrendeki bütün noktaların herhangi bir zamansal sıra içerisinde karşılaştırılması ve birbirine bağlanması, gerektiğinde bütün film yapım yasaları ve adetlerinin ihlal edilmesini öngörür."[262]

257-Vertov, a.g.e., s.86.
258- A.e., s.105.
259- A.e., s.295.
260- A.e., s.104.
261- A.e.
262- A.e.

Vertov'un tüm kuramları, sinema tarihinin en sıra dışı filmlerinden olan 1929 yılı yapımı *Film Kameralı Adam (Chelovek s kinoapparatom)* isimli deneysel bir belgesel filmde özetlenir. Vertov, filmin açılış sekansında bu filmin ara yazısız, senaryosuz, oyuncusuz ve setsiz bir deneme olduğunu duyurur: "Bu çalışma, gerçek anlamda uluslararası bir sinema dilini yaratmayı, tamamen filmle yazmayı ve sinemayı tiyatro ve edebiyattan kesin olarak ayırmayı amaçlar."[263] Filmde, gün doğumundan geceye kadar, Vertov'un kardeşi Mikhail Kaufman tarafından canlandırılan bir adamın, elinde kamera ile Sovyet Rusya'daki yeni kent hayatını görüntüleyişi verilir. Vertov, eşi ve aynı zamanda kurgucusu olan Svilova ile birlikte *Film Kameralı Adam*'ı Sine-Göz gurubunun 1924-28 yılları arasında elde ettiği görüntülerle oluşturdu.[264] Tsivian'a göre malzeme bakımından belgesel, öz bakımından ise ütopik olan filmin geçtiği yer, Moskova, Kiev, Odesa ve Ukrayna'daki kömür ocakları bölgesinin karışımı olan ve hiç bir yerde olmayan bir ülkedir.[265] Filmde çekim ve kurgu aşamaları seyirciye gösterilerek, seyircinin film yapım süreçlerinden haberdar olması sağlanır.[2666] Kameraman, insanları uyanırken, işe giderken ve eğlenirken kayda aldığında aynı zamanda kendisi bu kayıtları yaparken gösterilir. Böylelikle seyirci aynı zamanda film yapım sürecinin farkına vardırılır.[267] Film boyunca seyirciye kameranın varlığı sürekli hatırlatılır. Kameranın objektifi, kameranın kendisi ve kameramanın gözü yakın ölçekteki çekimlerle filmde sürekli yer alır.[268] Filmde kamera hileleri, çoklu bindirmeler, hızlandırma ve yavaşlatma ve çoklu çerçeve gibi

---

263- Sklar, a.g.e., s.160.
264- Graham Roberts, Heather Wallis, Key Film Texts, Londra, Arnold, 2002, s.34.
265- Tsivian, "Dziga Vertov (1896-1954)", s.121.
266- Işıkman, a.g.e., s.147.
267- Gazetas, a.g.e., s.64.
268- Rotha, a.g.e., s.245.

teknikler de kullanılarak harekete ve fiziksel zamana müdahale edilir.[269] Vertov, seyirciye tüm bu film hilelerinin kasıtlı olarak insan algısını etkileyip, fiziksel gerçekliği nasıl dönüştürdüğünü de sürekli hatırlatır.[270] Rotha'ya göre Vertov, çok sevdiği paralel kurguyu karşılaştırmalar yapmak için bu filmde bolca kullanmıştır. Örneğin yıkanan sokakların görüntülerini, sabah uyanıp yüzünü yıkayan bir kadının görüntüsüyle, ya da zenginlerin yumuşak yataklarıyla, parktaki sert bankların görüntülerini paralel olarak kurgular.[271] Filmde insan gözü ile film kamerasının mekanik gözü arasındaki fark açık bir şekilde gösterilir. Sabah uyanıp yüzünü yıkayan ve havluyla kurulanan kadının görüntülerinin devamında, kadının gözlerini kırpması ile pencere panjurlarının açılıp kapanması ve kamera netliğinin bozulup tekrar düzelmesi çok kısa çekimler kullanılarak, hızlı bir şekilde arka arkaya kurgulanmıştır.

Şekil 1.25: *Film Kameralı Adam.*

269- Abisel, a.g.e., s.223.
270-Gazetas, a.g.e., s.64.
271- Rotha, a.g.e., s.246.

Bu sekansta kamera objektifinin yardımıyla elde edilen (Sine-Göz) "yaşam olduğu gibi" algısı ile, mükemmel olmayan insan gözüyle oluşan "yaşam olduğu gibi" algısı arasındaki keskin karşıtlık görsel olarak sunulur.[272] Vertov filmin içerisinde, aynı filmin bir salonda seyredilişini de gösterir. Abisel'e göre Vertov bu yöntemle, sinema ve gerçek arasındaki ilişkiye dikkat çekerek Sine-Göz'le ilgili kuramsal iddialarını kanıtlamaya çalışmıştır.[273] Rotha'ya göre *Film Kameralı Adam* ustalıkla kurgulanmış bir filmdir ve bir yönetmenin sahip olabileceği sinemasal olanakların mükemmel bir sunumudur. Teksoy'a göre bu film, biçimcilikle ve kameranın olanaklarını yüceltmekle suçlanmasına rağmen, yeniden yapılanan bir ülkede sanatı ve kültürü yeni temellere oturtmanın önemli bir örneğidir.[274] *Film Kameralı Adam*, İngiliz Film Akademisi'nin (BFI) eleştirmenler ve sinemacılarla yaptığı bir ankette, dünyanın gelmiş geçmiş en iyi 8. filmi seçilmiştir.[275]

Sinemaya sesin gelişini bir fırsat olarak değerlendiren Vertov, sesi senkronizasyonun ötesinde bir yöntemle kullanabileceğini düşündü. Kardeşi Mikhail Kaufman ile birlikte 1931 yılında, Don Basin madencilerinin beş yıllık kalkınma planına katkılarını anlatmayı amaçladığı *Çoşku: Don Bazin Senfonisi* filmini gerçekleştiren Vertov, bu filmde sesi daha önce görüntüleri montajladığı deneysel ve özgür bir yöntemle senkronize olmayan bir şekilde gerçekleştirdi. Ancak bu deneysel çalışma, seyirci tarafından ilgi görmedi. [276] Filmleri pek çok sinema araştırmacısı için "zamanın ötesinde" olarak değerlendirilen

---

272- *Simon Cook, "Our Eyes, Spinning like Propellers: Wheel of Life, Curve of Velocities, and Dziga Vertov's Theory of the Interval", October, Vol. 121, New Vertov Studies (Summer, 2007), The MIT Press, s.79.*
273- *Abisel, a.g.e., s.223.*
274- *Teksoy,a.g.e., s.137.*
275- *Ian Christie, "The 50 Greatest Films of All Time", 18 Kasım 2016, (Çevrimiçi) http://www.bfi.org.uk/news/50-greatest-films-all-time, 31 Aralık 2016.*
276- *Fairservice, a.g.e., s.180.*

Vertov'un çalışmaları[277], 1960'lı yıllarda yeniden gün yüzüne çıktığında, ana akım biçimlere karşı Fransa'da "Cinéma-Vérité" (Sinema- Gerçek) ve Amerika'da "Direct -Cinema" (Doğrudan Sinema) isimleriyle ortaya çıkan sinema akımlarının esin kaynağı oldu.[278] Ayrıca, Chris Marker, Jean-Luc Godard ve Jean Rouch gibi yönetmenlerin sinemasını da güçlü bir şekilde etkiledi.[279]

Bir Filmi İnşa Etmek: Vsevolod I. Pudovkin

Moskova Üniversitesinde bir kimya öğrencisi olan Pudovkin, Birinci Dünya Savaşı başladığında Rus ordusunun topçu birliklerine gönüllü olarak katıldı ve sonrasında Almanlar tarafından esir alındı.[280] Esir alındığı kampın tiyatrosunda oyuncu ve dekorcu olarak çalışan Pudovkin, 1918 yılında esaretten kaçarak Rusya'ya geri döndü.[281] Griffith'in *Hoşgörüsüzlük* filmini gördüğünde bundan çok etkilenip sinemacı olmaya karar veren Pudovkin, Kuleshov atölyesine katılarak yukarıda sözünü ettiğimiz deneylerde Kuleshov'un asistanlığını yaptı.[282] Burada sinema sanatına yeni yaklaşımlarla yüz yüze gelen Pudovkin, aynı zamanda oyuncu, senaryo yazarı, yönetmen, kurgucu ve set tasarımcısı olarak çalışmaya devam etti.[283]

1925 yılında Kuleshov'un atölyesinden ayrılıp, "Mezhrabpom-Rus[284] stüdyosuna katılan Pudovkin, Kuleshov'un yeni-

---

277- *Lim, a.g.e.*
278- *Hicks, a.g.e., s.6.*
279- *Gazetas, a.g.e., s.64.*
280- *Amy Sargeant, Vsevolod Pudovkin: Classic Films of the Soviet Avant-Garde, Londra, I.B.Tauris, 2000, s.1.*
281- *Selahattin Yıldız, "Vsevolod Illarionovich Pudovkin",Sinema Kuramları 1, Ed. Zeynep Özarslan, İstanbul, Su Yayınevi, 2013, s.59.*
282- *Sargeant, a.g.e. s.4-5.*
283- *A.e., s.5.*
284- *Mezhrabpom", Ulusararası İşçi Desteği'nin (Mezhdunarodnaia rabochaia pomoshch') kısaltılmasıdır. 1921 yılında Berlin'de uluslararası proleter dayanışma*

likçi montaj kuramlarını ilk olarak 1925'te çektiği *Satranç Ateşi (Shakhmatnaia goriachka)* isimli iki makaralı komedi filminde uyguladı. Pudovkin bu filmde belgesel görüntülerle, sahnelenmiş çekimleri birlikte kurguladı.[285]

Abisel'e göre bu filmde komedi, montaj yoluyla yaratılmıştı. Sinirlenen bir kadının, satranç taşını atması görüntüsünün ardına, elinde satranç taşı tutan satranç şampiyonunun görüntüsü eklendiğinde, kadının satranç taşını şampiyona attığı izlenimi oluşuyordu. Pudovkin, bu filmde kurgu yoluyla çok daha önceden görüntüleri çekilmiş bir satranç oyucusunu filmin karakterlerinden biri haline getirmiş ve gerçekte olmayan bir dünya yaratmıştı.[286]

1926 yılında psikolog Ivan Pavlov'un teorilerinin popüler açıklamasını yapan, eğitim amaçlı *Beynin Mekanizmaları (Mekhanika golovnogo mozga,)* filmini gerçekleştiren Pudovkin,[287] aynı yıl Maksim Gorki'nin ünlü romanından uyarladığı *Ana (Mat')* ile Sovyet sinemasının en önemli filmlerinden birini gerçekleştirdi.[288] Pudovkin'in sessiz sinema dönemimde yaptığı diğer önemli filmler ise 1927 yapımı *Sen Petersburg'un Sonu*

---

organizasyonu olarak kurulan "Mezhrabpom", başlarda Sovyet Rusya'nın açlık çeken bölgelerine yardım gönderirken, 1923 yılından itibaren kapitalist ülkelerdeki işçi hareketlerine ve komünist partilere destek vermeye yoğunlaştı. "Mezhrabpom" un yönetici lideri Willi Münzenberg, aynı zamanda Almanya Komünist Partisi'nin geniş bir medya ağından sorumluydu. "Mezhrabpom", Sovyet sinema filmlerinin dağıtımını yapmaya başladı ve karşılığında da Sovyet Sineması'na batı teknolojisi ve film malzemesi sağladı. Mezhrabpom'un, 1923 yılında özel film firması "Rus'-Film" ile işbirliğiyle "Mezhrabpom-Rus" olarak adlandırılan Alman-Sovyet firması kuruldu. "Mezhrabpom-Rus", Sovyet standartlarında film üretip dağıtan ve sinema salonları zincirine sahip olan tek yapıydı. Firma, ideolojik olarak komünist politikaların ürünüydü, ama aynı zamanda1920'lerde uygulanan ve serbest pazar unsurlarını tolere eden "Yeni Ekonomi Politika" dan da faydalanıyordu. Bkz.:Peter Rollberg, Historical Dictionary of Russian and Soviet Cinema.

285- Peter Rollberg, Historical Dictionary of Russian and Soviet Cinema, Maryland, The Scarecrow Press, 2009, s.553.

286- Abisel, a.g.e., s.230.

287- Rollberg, a.g.e., s.64.

288- Teksoy,a.g.e., s.138.

(Konets Sankt Peterburga) ve 1928 yılında çekilen *Asya Üzerinde Fırtına (Potomok Chingiz-Khana*)* dır.[289]

Yaptığı filmlerle birlikte, sinemaya kuramsal olarak da katkıları olan Pudovkin'in bu alandaki en önemli çalışmaları, Kuleshov'u incelediğimiz kısımda da sözünü ettiğimiz** "*Film Tekniği*" ve "*Film Oyunculuğu*" isimli kitaplarıdır.[290] Reisz'a göre Sovyet sinemacılarının kuramsal yazıları iki ekole bölünmüştür. Bunlar bir yanda Pudovin'in "Film Tekniği" kitabında özetlenmiş olan Kuleshov ve Pudovkin'in görüşleri, diğer yanda ise Eisenstein'ın daha düzensiz ve sistematik olmayan yazılarıdır. Reisz, Pudovkin'in sinema kuramına katkısının, Griffith'in çalışmalarının genişletilmiş bir rasyonalizasyonu olduğunu ileri sürer. Griffith, sorunları ortaya çıktıkları anda çözmekle yetinirken, Pudovkin genel bir rehber olarak kullanılabilecek bir kurgu kuramını formüle etmiştir.[291] Sinema sanatının kaynağının kurgu olduğunu vurgulayan Pudovkin'e[292] göre,yönetmenin elindeki materyal, gerçek uzamda ve gerçek zamanda gerçekleşen gerçek bir süreç olmayıp, bu sürecin kaydedildiği film parçalarıdır. Bu film parçaları ise tamamen kurguyu yapan yönetmenin inisiyatifine bağlıdır. Yönetmen, bir sinemasal kompozisyonu oluştururken tüm zaman aralıklarını eleyebilir ve böylece istediği gibi aksiyona konsantre olabilir.[293] Reisz, böylece Pudovkin'in "inşacı kurgu"

**Sovyetler Birliği'nde " Cengiz Han'ın Mirası" (Potomok Chingiz-Khana) olarak gösterilmiştir.*

289- Gillespie, a.g.e., s.60.

*** Biz bu çalışmada, Pudovkin'in söz konusu iki kitabının birleştirilmiş ve Ivor Montagu tarafından "Film Technique And Film Acting" adıyla İngilizceye çevrilmiş olan versiyonundan yararlandık.*

290- Yıldız, a.g.e., s.60.

291- Reisz, Millar, a.g.e., s.13-14.

292- Jonathan Jones, "The silent revolutionary", 31 Ağustos 2011, (Çevrimiçi) https://www.theguardian.com/film/2001/aug/31/artsfeatures1, 8 Ocak 2017.

293- Pudovkin, a.g.e., s.84.

prensibini ifade ettiğini belirtir.[294] Pudovkin, kitabında bu prensibin nasıl uygulanabileceğini, beş katlı bir binanın penceresinden bir adamın düşüşü örneğini vererek anlatır:

> *"İlk olarak, adamın penceren çerçeve dışında olan bir ağa düşmesi çekilir. Daha sonra aynı adam hafif bir yükseklikten yere düşer. İki çekim birleştirildiğindeistenilen etki elde edilmiş olur. Bu katastrofik düşüş gerçekte meydana gelmez. Bu, iki çekim parçasının birleşmesinin sonucudur ve sadece perdede oluşur. Bir insanın gerçekten yüksek bir yerden düşmesi olayında sadece iki nokta seçilmiştir. Düşüşün başlangıcı ve sonu. İki nokta arasındaki boşluk elenmiştir. Bu işlemi bir hile olarak adlandırmak doğru değildir; bu, bir tiyatro sahnesinde birinci perdeyi ikinci perdeden ayıran beş yıllık bir ara zamanın elenmesine denk gelen sinemasal temsil yöntemidir".*[295]

Reisz'a göre, bu noktaya kadar Pudovkin'in yazdıkları sadece Griffith'in zaten pratikte gerçekleştirmiş olduğu şeylerin kuramsal açıklamalarıdır. Ancak buradan itibaren Pudovkin'in kuramı, Griffith'in uygulamalarından farklılaşmaya başlar. Griffith, sahneleri genel ölçekte çekiyor ve dramatik etkiyi arttırmak için, yakın ölçekte çektiği önemli detayları kurguda ekliyordu. Pudovkin'e göre ise daha etkileyici bir devamlılık, sadece bu önemli detayları kullanarak inşa edilen bir sekansla elde edilebilirdi.[296]

294- *Reisz, Millar, a.g.e., s.14.*
295- *Pudovkin, a.g.e., s.85.*
296- *Reisz, Millar, a.g.e., s.14.*

"Sinema, seyircinin dikkatini her bir detaya (çamur, rüzgar, sürücünün davranışı, yolcunun davranışı) ayrı ayrı çekebilmek için temelde belirli ve çok etkili yöntemlere sahiptir. Bu detaylar edebi bir çalışmada olduğu gibi -ayrı bir bölümde yer alır, sadece "kötü hava", "arabada iki adam" diye not düşülmez- seyirciye tek tek gösterilir. Bu yöntemin adı inşacı kurgudur."[297]

Pudovkin'e göre, bir sinemasal anlatının etkili olabilmesi için, her çekimle yeni ve belirli bir şey işaret etmek gerekir. Pudovkin, bir oyuncunun yer aldığı sahneyi genel ölçekte çeken ve ara sıra yakın ölçekte detay çekimleri araya sokan yönetmenleri küçümsüyordu.[298] Ona göre bu tür detayların inşacı kurgu ile bir ilgisi yoktur ve hatta hiç kullanılmasalar daha iyidir. "Bu detaylar sahnenin arasına yerleştirilmemelidir, sahne bu detaylar kullanılarak inşa edilmelidir."[299]

Resiz, Pudovkin'in bu çıkarımlara bir parça Kuleshov'la birlikte yaptığı deneylerden, bir parça da yönetmen olarak kendi deneyimlerinden yola çıkarak vardığını ileri sürer. Kuleshov'un deneyleri, Pudovkin'in kurgunun sadece "devamlı bir hikaye anlatma sürecinin ötesinde bir şey" olduğu sonucuna varmasını sağlamıştı. Çekimlerin uygun bir şekilde birbirlerine eklenmesiyle, yeni anlamlar oluşturabileceğini gördü. Pudovkin'e göre, gülümseyen bir oyuncunun görüntüsünün ardına yakın ölçekte elde tutulan bir tabanca görüntüsü eklendiğinde ve bu görüntünün hemen ardına aynı oyuncunun tedirgin bir görüntüsü eklendiğinde, bu sıralamanın toplamında oyuncunun korkak birisi olduğu izlenimi doğacaktı. Ancak

297- Pudovkin, a.g.e., s.51.
298- Reisz, Millar, a.g.e., s.15.
299- Pudovkin, a.g.e., s.51.

oyuncunun ilk ve son çekimleri yer değiştirdiğinde bu kez aynı oyuncunun cesur olduğu izlenimi ortaya çıkacaktı. Böylece iki durumda da aynı çekimler kullanılmasına karşın, sıralamayı değiştirerek farklı duygusal etkiler elde edilebilirdi.[300]

Pudovkin'in filmlerini, Griffith'in filmleri ile karşılaştıran Reisz'a göre, Griffith'in anlatısı seyirciye oyuncuların davranışları ve hareketleri ile ulaşırken, Pudovkin -kuramsal yazılarından da beklenebileceği gibi- sahnelerini dikkatlice seçilmiş bir dizi detayla inşa eder ve bunları belirli bir düzende bir araya getirerek, etkisini oluşturur.[301] Kurgu biçimleri ve dolayısıyla duygusal etki olarak ortaya çıkan bu farklılık, temelde iki yönetmenin farklı dramatik amaçlarının yansımasıdır. Griffith daha çok insani çatışmalarla ilgiliyken, Pudovkin çatışmanın kendisinden ziyade hikayenin dolaylı yollarla anlatımıyla daha çok ilgilidir.[302] Pudovkin, buna örnek olarak *Ana* filminde, Pavel'in hapishaneden kurtulacağını haber aldığı sekansı nasıl gerçekleştirdiğini anlatır.

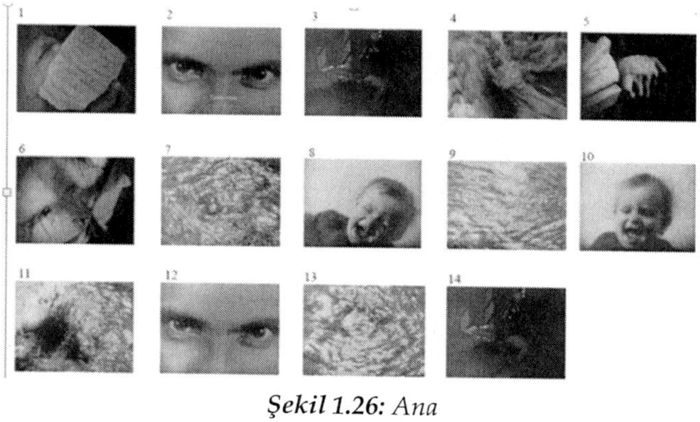

Şekil 1.26: *Ana*

(Pavel'in Hapishaneden kurtulacağını haber aldığı sekans.)

300- Reisz, Millar, a.g.e., s.15.
301- A.e., s.16.
302- A.e.

"Ana" filminde seyirciyi oyuncunun psikolojik performansı ile değil, kurgu yolu ile gerçekleştirdiğim plastik sentezle etkilemeye çalıştım. Oğul (Pavel), hapishanede oturmaktadır. Aniden ona el altından, yarın hapishaneden kurtulacağına dair bir not ulaştırılır. Buradaki problem oğulun sevincini sinemasal olarak ifade edebilmekti. Sadece sevinçle ışıldayan bir yüzü kaydetmek düz ve etkisiz olacaktı. Bunun yerine ellerinin gergin bir şekilde hareket etmesini ve yüzünün yarısını içeren yakın ölçekte bir çekim gösterdim. Bu çekimlerin arasına, coşkulu bir şekilde akan dereyi, güneşin sudaki ışıltısını, kuşların gölette su sıçratmasını ve nihayetinde gülen bir çocuğun gülmesi görüntülerini yerleştirdim. Bu öğelerin bir araya gelmesiyle "mahkumun sevinci" ifadesi, bir şekle bürünmüş oldu. Seyirci benin bu denememe nasıl tepki verdi bilmiyorum ama ben kendim her zaman bunun gücüne derin bir şekilde ikna oldum."[303]

Fairservice'e göre, bu biçimde yapılan bir kurgu Pudovkin'in yönteminin temeli olsa da, yukarıda bahsedilen çekimler, bu sahneden sonra gelen ve annenin hapishaneden ayrılırken coşkun dereleri ve yaklaşmakta olan baharı gerçekte deneyimlediği sekansla bağlantılıdır. Bu görüntüler sadece özgürlüğü ima eden metaforlar değildir, ayrıca Pavel'in dış dünyayı kafasında nasıl tasavvur ettiğini de gösterirler.[304] Reisz'a göre ise burada Pudovkin'in amacı, duygusal etkiyi yaratabilmek için sahneyi aktörün yüz ifadesine yüklemek yerine, bunu karmaşık bir montajla elde edebilmektir.[305]

303- *Pudovkin, a.g.e., s.27.*
304- *Fairservice, a.g.e., s.194.*
305- *Reisz, Millar, a.g.e., s.16.*

Pudovkin'e göre kurgu üç boyutta gerçekleştirilir. Bunlar, "inşacı", "yapısal" ve "bağlantısal" kurgudur.[306] İnşacı kurgu kavramını yukarıda verdiğimiz örnekle açıkladık. Pudovkin, yapısal kurguyu ise kurgunun senaryo aşamasında başlaması gerektiğini vurgulayarak şu şekilde açıklar:

> *"Bir sinema filmi ve bunun sonucunda senaryo da her zaman çok sayıda parçalara bölünmüştür (daha doğrusu bu parçalardan yapılandırılmıştır.) Bir çekim senaryosu sekanslara, sekanslar ise sahnelere bölünmüştür ve nihayetinde sahneler değişik açılardan çekilmiş bir seri parçalardan yapılandırılmıştır. Çekime hazır bir senaryo, sinemanın bu yapısını göz önünde bulundurmalıdır. Senarist, her bir çekimin tamamen hem içeriğini, hem de sekanstaki pozisyonunu verebilmek adına, malzemesini tamamen perdede görüleceği şekilde kağıda geçirmelidir. Sahnenin çekim parçalarından, sekansların sahnelerden, bir makara filmin ise sekanslardan yapılandırılmasına kurgu denir. Kurgu, bir film teknisyenin en önemli etki aracıdır, böylelikle senaristin de."*[307]

Pudovkin'e göre bağlantısal kurgu, kurgunun bir etki enstrümanı olarak kullanılmasıdır. Kurgu sadece, çekimleri ya da sahneleri birleştirme yöntemi değildir. Kurgu aynı zamanda seyircinin psikolojik rehberliğini kontrol eden bir yöntemdir.[308] Pudovkin, bağlantısal kurguyu günümüzdeki modern sinemanın da kaynağı olan beş ayrı yönteme ayırır. Bunlar, "kontrast" (karşıtlık), "paralellik", "sembolizm", "eşzamanlılık" ve "kılavuz kavram"dır.

306- Abisel, a.g.e., s.232.
307- Pudovkin, a.g.e., s.66-67.
308- A.e., s.75.

1. Kontrast (karşıtlık): Kontrast, seyirciyi zihninde iki karşıt olguyu karşılaştırmaya zorlar. Pudovkin, açlık çeken bir insanın durumunu örnek verir. Eğer bu aç insan, zengin ve obur bir adamla bağlantılı bir şekilde anlatılırsa, "açlık" kavramı çok daha etkili bir şekilde anlatılabilir. Kurguda açlık ve oburlukla ilgili sekanslar, sahneler ve hatta sahne içerisindeki çekimler birbirleriyle bağlantılı olarak verilebilir ve böylece seyirci iki kavramı sürekli karşılaştırmak durumunda kalır. Pudovkin'e göre kontrast kurgusu, en etkili ama aynı zamanda en çok kullanılan ve standartlaşmış bir yöntemdir ve kullanılırken aşırıya kaçmamaya dikkat edilmelidir.

2. Paralellik: Paralellik, Pudovkin'e göre kontrasta benzer ancak daha geniş bir anlamı vardır. Pudovkin, bu kavramı daha açık bir şekilde ifade edebilmek için bir örnek verir: Bir grevin lideri olan işçi, idama mahkum edilir. İdam saat beşte gerçekleşecektir. Sekans şu şekilde kurgulanır: İdam edilecek işçinin patronu olan adam, sarhoş bir şekilde restorandan ayrılır. Kol saatine baktığında saat dördü göstermektedir. Mahkum olan işçi, idam edilmek üzere hazırlanmaktadır. Patron, bir kapının ziline basarak saati sorar. Saat dört buçuğu göstermektedir. Mahkumu taşıyan araba, güvelik önlemleri altında cadde boyunca ilerlerken gösterilir. Patronun karısı kapıyı açtığında, nedensiz bir saldırıya uğrar. Sarhoş patron, pantolonunun paçaları yukarıya sıvanmış bir şekilde yatağında horlayarak uyumaktadır. Kolu, saatin görülebileceği bir şekilde aşağıya doğru sarkmıştır, saat beşi göstermektedir. Mahkum olan işçi asılır. Pudovkin'e göre, bu örnekte tematik olarak bağlantısız olan iki olay, yaklaşan idamı haber veren saat aracılığıyla paralel bir şekilde gelişir. Patronun bileğindeki saat, seyircinin bilincinde onu idam edilecek işçi ile ilişkilendirir. Pudovkin'e göre bu, anlatımın gelişimini sağlayacak ilginç bir yöntemdir.

3. Sembolizm: Pudovkin, sembolizm olgusunu açıklamak için Eisenstein'ın *Grev* filminin final sekansını örnek olarak verir. Bu sekansta Eisenstein, işçilerin üzerine ateş açıldığı çekimleri, bir mezbahada kesilen boğanın görüntüleriyle paralel olarak kurgular. Pudovkin'e göre burada söylenmek istenen şey, işçilerin bir kasabın merhametsizce ve soğukkanlılıkla bir hayvanı öldürdüğü gibi katledildikleridir. Pudovkin'e göre bu ilginç yöntemle, soyut bir kavram kurgu aracılığıyla ara yazı kullanılmadan seyircinin bilincine yerleştirilmiştir.

4. Eşzamanlılık: Pudovkin'e göre Amerikan filmlerinin final bölümleri, birinin sonucu diğerininkine bağlı olan iki aksiyonun hızlı ve eşzamanlı olarak geliştirilmesiyle inşa edilmiştir. Griffith'in *Hoşgörüsüzlük* filminin "Günümüz" bölümünün sonu bu şekilde oluşturulmuştur. Bu yöntemin tüm amacı, "zamanında yetişebilecekler mi?" gibi soruların seyircinin kafasında oluşmasını sağlayarak, seyircide mümkün olan en yüksek gerilimi yaratmaktır.* Pudovkin'e göre duygusal bir yöntem olan eşzamanlılık, o günlerde neredeyse sıkıcı bir hale gelecek derecede fazlaca kullanılmıştır, ancak bu yöntemin, bir filmin sonunu oluşturmak için o güne kadar geliştirilmiş yöntemler arasında en etkilisi olduğu inkar edilemez.

5. Kılavuz Kavram (Leitmotif): Kılavuz kavram yöntemi, bir filmde temel temanın sürekli yinelenmesidir. Pudovkin bu yöntem için, Çar'a bağlı bir kilisenin acımasızlığını ve ikiyüzlülüğünü anlatan bir filmde sürekli tekrarlanan bir çekimi örnek olarak gösterir. Çekimde, ağır ağır çalmakta olan bir kilise çanının üzerine bindirme ile şu ara yazı belirir: *"Çanların*

** Bu yöntem Griffith tarafından The Lonely Villa gibi filmlerde de kullanılmış olan, paralel kurgu aracılığıyla yaratılan ve daha önce de belirtmiş olduğumuz "son anda kurtarma" (last minute resque) yöntemidir. Daha önce de Pudovkin'in bu yazdıklarının, Griffith tarafından zaten hali hazırda uygulanmış olan yöntemlerin kuramsal olarak açıklaması olduğunun Reisz tarafından vurgulandığını belirtmiştik.*

sesi dünyaya sabır ve sevgi mesajı gönderir." Senarist ne zaman sabrın aptallığını ve sevginin ikiyüzlülüğünü vurgulamak istese, bu çekim kullanılır.[309]

Rotha, Pudovkin'in sinemasal inşa prensiplerinin bilimsel, ritmik olarak yapısal, felsefi, analitik ve aynı zamanda en güçlü sonuçları elde edebilmek için hesaplanmış olduklarını vurgular.[310] Taylor'a göre Pudovkin hem kuramsal olarak, hem de uygulamada Eisenstein'ın en büyük rakibidir.[311] Fransız sinema tarihçisi Léon Moussinac', ikisi arasındaki farkın filmlerde de yansıtıldığını vurgular: "Bir Eisenstein filmi "*haykırışa*" benzer, bir Pudovkin filmi ise bir şarkıyı anımsatır... Pudovkin, filmlerine Eisentein'dan daha fazla araştırma, daha fazla bilim, daha fazla entelektüel çaba katar. Pudovkin ilhamdan daha çok, yönteme dayanır."[312]

Sergei Eisenstein ve Entelektüel Montaj

Sovyet Sineması'nın dünyada en çok tanınan isimlerinden biri olan Sergei Eisenstein'ın ünü, sadece montajı devrimci bir biçimde kullanmasından değil, aynı zamanda kurgu üzerine yaptığı kuramsal çalışmalardan da gelir. Eisenstein'ın sinemasının temel ilgi alanı, Rusya tarihinin çözümlenmesi ve yorumlanması üzerinedir.[313] Eisenstein, 1920'lerdeki Sovyet Sineması'nın altın çağında dört sessiz film ve 1948'deki ölümünden önce de, iki sesli film gerçekleştirmiştir.

Mimarlık ve mühendislik eğitimi gören Eisenstein, İç savaşın yoğunlaştığı 1918 yılında Kızıl Ordu'ya katıldı. Orduda aji-

---

309- Pudovkin, a.g.e., s.76-78.
310- Rotha, a.g.e., s.237.
311- Taylor, a.g.e., s.141.
312- Léon Moussinac, Le cinema sovwtique, Paris, 1928, Akt.: Taylor, a.g.e., s.141-142.
313- Gillespie, a.g.e., s.37.

tasyon trenlerinin dekorasyonlarını ve posterlerini tasarladı. Ayrıca bulunduğu şehirlerde tiyatro prodüksiyonlarının organizasyonu ile görevlendirildi. 1920'de ordudan ayrılıp Moskova'ya döndü ve Proletkul't (Proleter Kültür Hareketi) İşçi Tiyatro'sunda sahne tasarımı ve yönetmen atölyesinin sorumluluğunu üstlendi. 1921'de konstrüktivist tiyatro akımının önemli temsilcisi olan Vsevolod Meyerhold'un kurduğu "Devlet Yüksek Yönetmenlik Atölyesi"ne katıldı. Burada Meyerhold'un performans ve prodüksiyon yöntemlerini çalışan Eisenstein, aynı zamanda hem Meyerhold'a oyuncu eğitiminde yardımcı oldu, hem de set ve kostüm tasarımında çalıştı.[314] Sklar'a göre Eisenstein'ın kuramlarını ve filmlerini etkileyecek olan fikirlerin temelleri, bu erken dönem tiyatro çalışmalarında gelişmeye başlamıştır.[315] Bordwell de, Eisenstein'ın ritim ve pantomime vurgu yapmasının temelinde, Asya tiyatrosuna, sirklere ve groteske olan ilgisinin yattığını ve oyuncunun seyirciyi vücut yeteneği ile kontrol edebileceğine olan inancının kökeninde ise Meyerhold ile tanışmasının güçlü etkisi olduğunu belirtir.[316]

Eisenstein, "Atraksiyonlar Montajı" fikrini, bu tiyatro çalışmaları sırasında geliştirmeye başladı. "Bu fikre, sanatın gizlerine ve gizemine bilimsel bir yaklaşım bulmaya çalışan genç bir mühendis olarak ulaştığını belirten Eisenstein, sanatın ürettiği izlenimlerin en küçük birimlerini araştırdığını, bilimde nasıl iyonlar, nötronlar ve elektronlar varsa sanatta da "atraksiyonlar" olabileceğini söylüyordu."[317] Eisenstein, karakter üzerine kurulu geleneksel tiyatroyu reddediyor ve birey ye-

---

314- David Bordwell, The Cinema of Eisenstein, New York, Routledge, 2005, s.2-3.
315- Sklar, a.g.e., s.153.
316- Bordwell, The Cinema of Eisenstein, s.4.
317- Peter Wollen, Sings and Meaning in the Cinema, Londra, Secker and Warburg, 1982, s.32, Akt.: Abisel, a.g.e., s.235.

rine proletaryaya kahraman statüsü veren bir tiyatro üzerine yoğunlaşıyordu. Öğretmeyi ve inandırmayı amaçlayan, duygulandırmak yerine "anlama" üzerine vurgu yapan destansı dramanın olanaklarını keşfediyordu. Eisenstein'ın "atraksiyonlar montajı" adını verdiği bu teatral sunum biçimi, akrobatik sirk hareketlerini, skeçleri, orkestrayı ve film gösterimlerini içeriyordu.[318] Eisenstein, 1923 yılında"Lef" dergisinde-yayınlanan "Atraksiyonlar Montajı" isimli makalesinde, tiyatronun şok ve sürpriz gibi güçlü anları hesaplayarak bir araya getirmesi ve seyirciyi bu şekilde çekmesi gerektiğini ileri sürmüştür.[319] "Atraksiyonlar Montajı", daha çok tiyatroyu kapsasa da, dönemin sinemasal tartışmalarıyla da yakından ilgiliydi. Eisenstein da, Kuleshov'un yaptığı gibi seyirci tepkisini merkeze aldı. Eisenstein, "atraksiyonu" seyircide duygusal ya da psikolojik etki uyandıran herhangi bir yapım unsuru olarak tanımladı. Burada vurgu, klasik bir anlatı oluşturmak ya da gerçek dünyanın temsili üzerine değildi. Amaç, seyircinin algısına ve bilgisine yönelecek bir tür şok yaratabilmekti. Sklar'a göre Eisenstein'ın estetiği, bir anlamda temeli anlatısal gelişim yerine "görülecek şeyler"e dayalı olan ilk dönem primitif sinemaya yönelmiştir.[320]

Yaptığı deneysel tiyatro çalışmalarında yapaylıkla gerçekliği yan yana getiren, ancak tiyatronun sınırları nedeniyle bunları birbirlerine sindiremeyen Eisenstein, yönünü tümüyle sinemaya çevirdi.[321] Sinema gibi yeni bir araç, Eisenstein'ın sanatın sorunlarıyla ilgili tüm kuramsal yaklaşımlarına yeni bir bakış açısı getirdi. Freud'un Leonardo da Vinci üzerine yaptığı çalışmadan derinden etkilenen Eisenstein, kendisi için her

---

318- Fairservice, a.g.e., s.184.
319- Bordwell, a.g.e., s.6.
320- Sklar, a.g.e., s.153.
321- Abisel, a.g.e., s.236.

zaman çok önemli olan sanatsal yaratımın psikolojik temellerini yeni bir alana uygulayabilirdi.[322] Eisenstein, 1924 yılında Proletkul't tiyatrosunun sponsor olduğu, "Proletarya Diktatörlüğüne Doğru" isimli yedi filmden oluşacak ve Komünist Partinin yükselişini gösterecek ajitasyon filmlerinden[323] beşincisi olan *Grev (Stachka)* filminin yönetmenliğini üstlendi.[324] Bu zamana kadar Eisenstein'ın daha önceden profesyonel anlamda bir film yapım deneyimi yoktu. Ancak bu, Eisenstein'ın sinemayla hiç ilgilenmediği anlamına gelmiyordu. Griffith'in filmlerini inceleyerek kurgu teknikleri üzerine düşünen Eisenstein, 1923 yılında Kuleshov'un atölyesine kısa bir süreliğine katılmıştı.[325] Proletkul't tiyatrosunda sahneye koyduğu Ostrovosky'nin "Bilge Adam" oyunun bir parçası olarak yapılan *Glumov'un Güncesi* isimli kısa filmin çekimlerini Dziga Vertov yarıda bırakmış ve Eisenstein tamamlamak durumunda kalmıştı.[326] Ayrıca Fritz Lang'ın *Kumarbaz Doktor Mabuse (Dr. Mabuse der Spieler)* filmini, Sovyet gösterimi için yeniden kurgulayan Ester Shub'a asistanlık yapmıştı. Eisenstein, bu kısıtlı deneyimine rağmen parlak tiyatro kariyerinden vazgeçerek *Grev* filmini gerçekleştirdi.[327]

Grev'de, çarlık döneminde işçilerin bir fabrikada başlattığı grevi ve çarlık güçlerinin bu grevi kanlı bir şekilde bastırması anlatılır. Çeşitli bölümlerden oluşan filmde, her sekans kendi içerisinde bütünlüklüdür. Film, belirli bir karakter ya da kah-

---

322- Jay Leyda, Kino: A History of the Russian and Soviet Film, 3.bs., New Jersey, Princeton University Press, 1983, s.194.

323- Yedi adet film yapılması düşünülen "Proletarya Diktatörlüğüne Doğru" serisinden, sadece beşinci film olarak düşünülen ve Eisenstein'ın çektiği Grev (Stachka) filmi gerçekleştirilmiş, diğer fimler yapılmamıştır. Bkz.: Fairservice, a.g.e., s.184.

324- Fairservice, a.g.e., s.184.

325- Abisel, a.g.e., s.236.

326- Teksoy, a.g.e., s.141.

327- Bordwell, a.g.e., s.7.

raman üzerine kurulu değildir. Filmin kahramanı işçi sınıfıdır. Sklar'a göre Eisenstein, "Atraksiyonlar Montajı" kuramını bu filmde uygulamaya geçirmiştir.[328] Eisenstein tempoyu ve ajitasyonu arttırmak için, yapay bir şekilde kamera kayıt hızı düşürülerek elde ettiği hızlı çekimlerle birlikte, farklı açı ve ölçeklerdeki çekimleri hızlı ve çarpıcı bir şekilde kurgulamıştır. Filmde anlatısal mantık, birbiri ardına gelen ancak karşıtlıklar bağlamında aksiyonun akışını bölen çekimlerle kurulmuştur: Genel ölçekte bir çekimimin ardından, çok yakın bir çekim gelir, ya da hareketli bir görüntünün ardında, durağan bir görüntü vardır. Görsel devamlılık bağlantıları, tempoyu yüksek tutmak ya da aksiyonu çatışma içinde sunabilmek adına göz ardı edilmiştir. Fairservice'e göre, *Grev* filmindeki bu sekansları kelimelerle anlatmaya kalmak çok zordur. Filmin kurgusu, seyircinin dikkatlice seçilmiş tek tek parçalardan habersiz olduğu ve bu parçaların inşasıyla oluşturulan duyguyla yönlendirildiği bir deneyim sunar.[329] Filmin en çok tartışılan kısmı, metaforik kurgunun ilk örneklerinden biri sayılan[330] ve Pudovkin'in de "paralellik" yöntemini açıklarken örnek verdiği final sekansıdır. Filmin sonunda işçilerin grevi bastıran çar askerleri tarafından öldürülmeleri, mezbahada kesilen hayvanların görüntüleriyle paralel bir şekilde kurgulanarak verilir. Fairservice'e göre burada Eisenstein'ın yapmak istediği, paralel kurgu yoluyla sahnenin "şok" değerini mümkün olan en yüksek etkiye ulaştırmaktır. Eisenstein'ın beklentisi, filmi gören tüm izleyicilerin paralel kurguyla oluşturulan bu sekansa benzer şekilde tepki vermeleri ve 'sosyal protesto refleksi'nin yoğunlaşmasıydı.[331] Ancak Eisenstein'ın çok genç bir yaşta gerçekleştirdiği bu ilk filmi farklı tepkilere yol açtı ve

328- Sklar, a.g.e., s.153.
329- Fairservice, a.g.e., s.185.
330- Sklar, a.g.e., s.153.
331- Fairservice, a.g.e., s.186.

seyirciden pek ilgi görmedi.[332] Leyda'ya göre Eisenstein, *Grev* filminin ardından temel ilgi alanının sinema olduğuna ikna oldu. [333]

Grev filmini bitirdikten sonra 1905 olaylarının yıldönümü anısına bir film yapmakla görevlendirilen Eisenstein, "Yıl 1905" isimli bir dizi olayı içeren destansı bir proje önerdi. Senaryoda Pokemkin gemisi isyanı için sadece tek bir sekans ayrılmıştı. Ancak Eisenstein, çekimler için Odesa'ya vardıktan sonra orijinal fikrinden vazgeçti ve tüm filmi bu bölüm üzerine kurarak sinema tarihinin en ünlü filmlerinden biri olan *Potemkin Zırhlısı (Bronyenosyets Potyomkin)* filmini gerçekleştirdi.[334] 1905 yılında Potemkin gemisinde başlayan gerçek bir isyanı konu edinen filmde, yemekte kurtlanmış et verilen gemi mürettebatının, çar rejimine bağlı subaylara karşı ayaklanarak gemiyi ele geçirmeleri ve sonrasında gelişen olaylar anlatılır. Film, ilk senaryo taslaklarında dört bölümden oluşmasına rağmen, Eisenstein kurgu esnasında filmi beş bölümde yapılandırır.[335] Her bir bölüm, araya sokulan rakam ve isim kartlarıyla birbirlerinden ayrılır. Bölümler şu şekildedir:

1. İnsanlar ve Kurtçuklar
2. Kıç Güvertesinde Drama
3. Ölünün Bir İsteği
4. Odesa Merdivenleri
5. Filoyu Karşılama.

Fairservice'e göre filmin dikkati çeken ilk özelliği, çoğu sahnenin standart devamlılık kurgusu prensiplerine uyan uyla-

---

332- Abisel, a.g.e., s.237.
333- Leyda, a.g.e., s.193.
334- Bordwell, a.g.e., s.10.
335- James Goodwin, Eisenstein, Cinema, and History, Chicaco, University of Illinois Press, 1993, s.61.

şımsal yapıya sahip olmasıdır.[336] Bu, özellikle gemi doktorunun kurtlanmış eti kontrol ettiği sahnede çok belirgindir. Ancak Eisenstein, çatışmadaki tansiyonu yansıtan farklı açılardan çekilmiş görüntülere yaptığı kesmeleri aşamalı bir şekilde hızlandırarak sahnenin temposunu arttırır. Denizcilerden birinin, yıkadığı tabak üzerinde gördüğü "*bugün de ekmeğimizi ver*" yazısına sinirlenerek tabağı kırması, beş farklı açı ve ölçekten yapılmış toplam dokuz çekimle, dört saniye içerisinde gösterilmiştir. Ancak burada Eisenstein'ı eleştiren Fairservice, bu şekilde yapılan parçalanmış bir kurgunun denizcinin öfkesini vermekten daha çok, yöntemin kendisine dikkat çekmeye hizmet ettiğini belirtir.[337] Eisenstein, *Grev* filminin final sekansında kullandığı sembolik anlatımın bir başka örneğini, *Potemkim Zırhlısı*'nın ikinci bölümünde de gerçekleştirir.

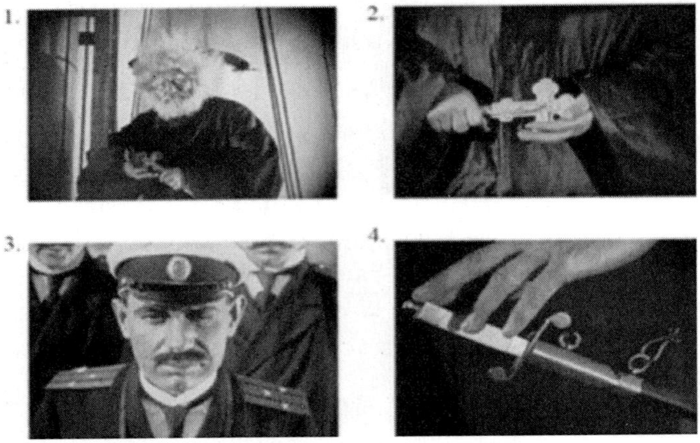

Şekil 1.27: *"Potemkim Zırhlısı" Filminde Sembolik Anlatım.*

336- *Fairservice, a.g.e.*, s.187.
337- *A.e.*

Eisenstein, gemideki papazı ve elindeki haçın yakın plan çekimi ile çarlık subayının ve elini uzattığı kılıcın yakın plan çekimini arka arkaya kurgulayarak, çarlık güçleriyle kiliseyi ilişkilendirir. Böylece din ve iktidar arasındaki ilişkiye vurgu yapar.

Filmin en çok bilinen ve üzerinde en çok tartışılan bölümü, pek çok kaynakta da çekim-çekim çözümlemesi yapılmış olan "Odesa Merdivenleri" sekansıdır. Bu sekansta, Potemkin gemisini ele geçiren denizcileri karşılamak için Odesa merdivenlerinden limana doğru akın akın inen halk kitlelerinin, arkalarından beliren çarlık rejimi askerleri tarafından katledilmeleri anlatılır. Halkın denizcileri selamlaması görüntülerinin ardından verilen "Aniden..." ara yazısı ile başlayan sekans, dört dakika yirmi saniye sürer ve toplamda 155 ayrı çekimden oluşur. Halkın merdivenlerden aşağıya doğru kaçışmaları, giderek yükselen bir tempoyla genel ve yakın çekimlerle gösterilir. Sekans ayrıca, çarlık rejimi askerlerin açtığı ateşle yaralanıp düşen bir çocuk ve annesi, taşıdığı bebek arabasıyla merdivenlerden inerken vurulan bir anne, askerin kılıcıyla gözünden vurulan yaşlı bir kadın gibi, belirli öykü ve karakter unsurlarına da dayanır. Sklar'a göre, bu sekanstaki 'bebek arabası" kısmı, Eisenstein'ın montaj prensipleri ve kurgu biçimi açısından çok dikkatli bir analizi gerektirir. Bu kısımda doğrusal zaman akışı göz ardı edilmiştir.[338] Bebek arabası tekerleklerinin, merdivenler üzerinde tehlikeli bir şekilde önce hafifçe hareket edip daha sonra durduğu görüntüler, annenin vurulup düşmesinin çeşitli çekimlerle örtüşmeli olarak verilip uzatıldığı çekimlerle ve genel planda merdivenlerden aşağı koşan kalabalığın ve ilerleyen askerlerin çekimleriyle paralel olarak kurgulanmıştır. Böylece hem gerçek zaman genişletilmiş olur,

---

338- Sklar, a.g.e., s.157.

hem de gerilim doruk noktasına çıkartılır. Bu sekansa, Brian De Palma'nın 1987 yapımı *Dokunulmazlar* filminde olduğu gibi pek çok Hollywood filminde gönderme yapılmış ya da sekans direkt olarak taklit edilmiştir. Ancak Sklar'a göre bunların pek azı, Eisenstein'ın montajının karmaşıklığına ve zarafetine yaklaşmıştır.[339] Fairservice ise, "Odesa merdivenleri" sekansında bazı detayların yapmacık olduğunu ve doğru bir şekilde değerlendirilemediğini öne sürerek, eleştiride bulunur:

Şekil 1.28: *"Odesa Merdivenleri" Sekansından Bir Bölüm.*

1. Çekimde, bir adam dizlerini yavaşça bükerek kendini merdivenlere bırakır.

2. Çekimde kamera, bir adamın tam önüne düşeceğini tahmin edercesine hızlı bir tilt hareketiyle düşen adamı gösterir.

3. Çekimde, ilk çekimdeki adamın düşüşünün bir kaç kare devamı gösterilir.

4. Çekimde ise ilk çekimdeki adamın geniş ölçekte düşüşünün devamı gösterilir ve bir çocuk gelip başucuna oturur.

339- A.e

Fairservice'e göre, önceden belirlenen ve hazırlanan boşluklara düşen vücutların her biri, gerçekleşen bir olayın değil de, bir tür tertibin seyirciye sunulduğu izlenimini yaratır. "Odesa Merdivenleri" sekansı, bebek arabası bölümünde de olduğu gibi korkunç ve acımasız bir olayı sadece sinemasal olarak değil, aynı zamanda psikolojik olarak da doğru gösterebilmek adına biçimsel olarak genişletilmiştir. Ancak yukarıdaki örneğin dışında da, yakın ölçekte vurulup yere düşen çocuğun koluna dikkatli bir şekilde basan ayak detayı, ya da vurulan annenin karnının yakın ölçekte "kemer tokasının özel bir anlamı olup olmadığını" düşündürecek kadar uzun tutulması gibi örnekler, sahnenin etkisini zayıflatır. Ancak Fairservice'in, *Potemkin Zırhlısı*'nın kurgusunda Eisenstein'la birlikte çalışmış olan Grigori Aleksandrov'dan aktardığına göre, filmin kurgusunun on sekiz gün gibi kısa bir süre içerisinde, acele bir şekilde yapıldığını da göz önünde bulundurmak gerekir.[340] Filmde diğer dikkat çeken kurgu uygulamalarından biri de,dördüncü bölümün son sekansında görülür.

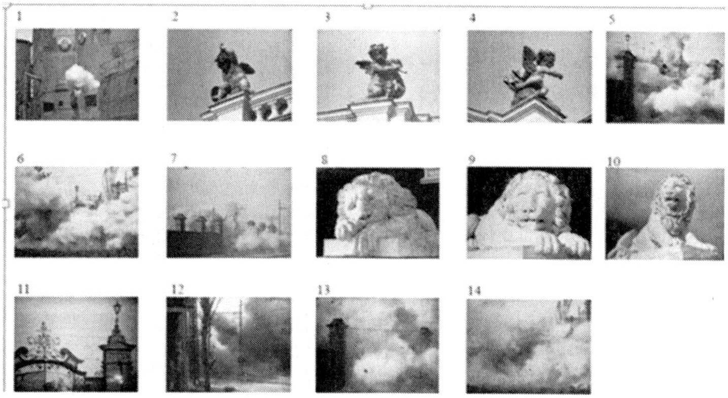

Şekil 1.29: *"Potemkim Zırhlısı" Filminde Diğer Bir Sembolik Anlatım.*

340- Fairservice, a.g.e., s.190.

Yaklaşık on dört saniye süren bu sekansta, on dört çekim arka arkaya hızlı bir şekilde gösterilerek Odesa'daki katliamın intikamının alınışı ve isyanın büyümesi, hiç bir insan unsuru gösterilmeden sembolize edilir. Devrimci karşı şiddet verilirken, insan hayatı yerine ikonların ve duvarların yok oluşu verilmiştir.[341] 1. çekimde isyancıların elinde bulunan gemiden,2. 3. ve 4. çekimlerde çarlık rejimini temsil eden ikonlara doğru saldırı yapılır. 5. 6. ve 7. çekimlerde yine çarlık rejimine ait olan saray kapı ve bahçelerini patlarken ve yıkılırken görürüz. 8. 9. ve 10. çekimlerdeki aslan heykeli görüntüleri, belirli bir şekilde sıralanarak halkın harekete geçişi sembolize edilir. Bu üç farklı aslan heykeli çekimleri, kurgucunun ellerinde ve seyircinin gözünde kükreyen tek bir aslana dönüşmüştür.[342] Leyda'ya göre eğer *Grev* filmi ile *Potemkin Zırhlısı* aynı gün arka arkaya izlenirse, Eisenstein'ın sanatsal olgunluğunun ne kadar hızlı bir şekilde olağanüstü boyutlara ulaştığını görmek mümkün olur. Diğer genç sanatçılarda da benzer şekilde hızlı gelişmeler olmuştur ancak bu iki film arasındaki fark, bir kuramla onun tam olarak uygulanması arasındaki fark kadar büyüktür.[343] Leyda, kurgunun yaratıcı bir süreç olarak öneminin tanınmasında *Potemkin Zırhlısı*'nın çok önemli bir etkisi olduğunu vurgular.[344] Bordwell'e göre de duyguyu merkez alan *Potemkin Zırhlısı, Grev*'e göre her anlamda çok daha bütünlüklü ve anlaşılır bir filmdir.[345]

Eisenstein, 1927 yılında "Potemkin Zırhlısı"nın hemen ardından Ekim Devrimi'nin onuncu yıldönümü adına, son sessiz filmi olan *Ekim (Oktyabr')* filmini gerçekleştirdi.[346] Eisenstein

---

341- Goodwin, a.g.e., s.69.
342- Leyda, a.g.e., s.196.
343- A.e., s.194.
344- A.e., s.196.
345- Bordwell, a.g.e., s.11.
346- Richard Taylor, Film Propaganda: Soviet Russia and Nazi Germany, 2.bs., Londra, I.B.Tauris, 1998, s.63.

bu filmde, proletarya devriminin tümünü anlatmayı planlıyordu, ancak Potemkin'de olduğu gibi bu filmde de konunun kapsamını sınırladı. Filmde Leningrad'daki Kışlık Saray'ın işgali ve çarlık iktidarının yıkılışı anlatılır. Filmin kaba kurgusu bittiğinde, parti içinde meydana gelen siyasal olaylar yüzünden Eisenstein, filmin bütünlüğünün bozulması pahasına Leon Trotsky'e ait bölümleri filmden çıkarmak zorunda kalmıştır.[347] Film Berlin'de gösterildiğinde, popüler ilgiyi çekebilmek amacıyla John Reed'in ünlü romanı olan *Dünyayı Sarsan On Gün* adını aldı.[348] *Ekim*'de, daha önceki filmlerinde yaptığı deneysel uygulamaları, özellikle entelektüel montaj kullanımını uç noktalara taşıyan Eisenstein, bu filmi dilin görsel figürleri ve soyut, gelişigüzel tartışmaları içeren bir "sinema dili" yaratmak için fırsat olarak gördü.[349] Filmin üzerinde en çok konuşulan ve övgüye değer bulunan bölümlerinden biri, "köprünün yükseltilmesi" sekansıdır.[350]

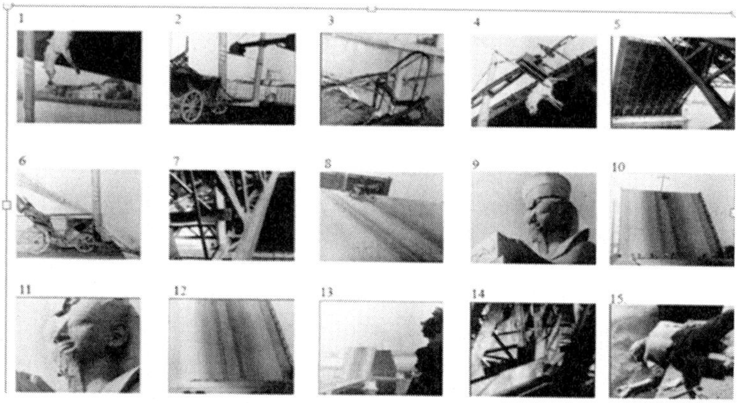

Şekil 1.30: *"Ekim" Filminde Köprünün Yükseltilmesi Sekansı.*

347- Abisel, a.g.e., s.241-242.
348- Taylor, a.g.e., s.63.
349- Bordwell, a.g.e., s.13.
350- Fairservice, a.g.e., s.191.

Bu sekansta, köprüden geçmekte olan protestocu işçilere çarlık güçleri tarafından ateş açılır. Bir kadın öldürülür. Daha sonra iktidar güçlerinin verdiği bir emirle (ara yazılarla gösterilir), protestocu işçileri yerleşim yerlerinden izole etmek için köprü yükseltilir. Burada köprünün yükseltilmesi, ülkenin bölünmesini ve var olan politik düzenin kırılmasını sembolize eder. Fairservice, kendisinin kişisel olarak bu sekansın şimdiye kadar kurgulanmış en etkileyici ve şiirsel sekans olduğunu ve kurgunun yaratıcı olanaklarını sunması açısından sinema sanatının en iyi örneklerinden biri olarak öne çıktığını düşündüğünü belirtir.[351]

Eisenstein, 1929'da *Ekim* filminden önce başladığı ancak yarım bırakmak zorunda kaldığı *Eski ve Yeni (Staroe i novoe)* filmini tamamladı.[352] Tarımın kamulaştırılması üzerine yapılan bu ilk uzun metrajlı Sovyet filminde, Eisenstein bu kez herkesin anlayabileceği daha basit bir anlatı yapısı kullandı. 1930 yılında Paramount firmasının davetiyle Hollywood'a giden Eisenstein burada, filmlerine hayranlık duyan Charles Chaplin, Douglas Fairbanks, ve Robert Flaherty gibi isimlerle tanıştı. Paramount şirketi için yazdığı senaryoların hiçbiri kabul edilmeyen Eisenstein, ünlü yazar Upton Sinclair'in desteğiyle Meksika'ya giderek *Yaşasın Meksika (Que Viva Mexico!)* filminin çekimlerine başladıysa da, mali zorluklar yüzünden filmi yarıda bırakarak Rusya'ya geri dönmek zorunda kaldı.[353] Eisenstein, sesli film döneminde ise kitleler yerine profesyonel oyuncular tarafından canlandırılan bireysel kahramanların ön plana çıkarıldığı *Alexander Nevski (Aleksandr Nevskii)* ve *Korkunç İvan (Ivan Groznyi)* filmlerini gerçekleştirdi.[354]

351- A.e.
352- Abisel, a.g.e., s.248.
353- Rollberg, a.g.e., s.207.
354- Abisel, a.g.e., s.251-252.

Eisenstein'ın amacı, kendisinden önceki sinemacıların anlatısal kurgu yöntemlerinin dışına çıkarak, film aracının gücünü basit hikaye anlatıcılığının ötesine taşımaktı. Ona göre klasik sinema duyguları yönetirken, entelektüel montaj bütün bir düşünce sürecini yönetme fırsatı sunar.[355] Bordwell'e göre Eisenstein'ın temel çabası, filmin biçimi, materyali ve etkisinin detaylı ve geniş kapsamlı yansımasını sağlayacak kuram ve uygulamayı birleştirmekti.[356] *Ekim* filminin üçüncü makarasının çekim-çekim çözümlemesini yapan Reisz[357] ise, Eisenstein'ın "entelektüel montajı" açıkladığı kuramsal yazılarını özetlemenin kolay olmadığını öne sürer.[358] Aynı şekilde Abisel de, Eisenstein'ın montaj kuramının dar bir çerçeveye sığdırılamayacağını, ancak çok genel hatlarıyla ele alınabileceği uyarısını yapar.[359] Biz de, bu uyarıları da dikkate alarak Eisenstein'ın kurgu kuramının çok genel bir çerçevesini çizmeye çalışacağız.

Eisenstein, sinema sanatının temelinde montajın yattığı konusunda Kuleshov ve Pudovkin'le aynı görüşte olmasına rağmen, 'çekimlerin bütün bir yapıyı inşa edecek tuğlalar' olması görüşüne karşı çıkıyordu. "Kurgu tekniklerinin anlatımsal işlerinden çok entelektüel işlevleri üzerinde duruyor, görüntüden duyguya, duygudan teze geçilmesini savunuyordu."[360] Eisenstein, kurgunun bir çatışma olduğunu ileri sürerek, Pudovkin'in kurgu anlayışıyla arasındaki farkı şu şekilde açıklar:

355- Reisz, Millar, a.g.e., s.20.
356- Bordwell, a.g.e., s.112.
357- Bkz.: Reisz, Millar, a.g.e., s.17. Nilgün Abisel' de aynı çözümlemeye "Sessiz Sinema" kitabında Türkçe olarak yer vermiştir.
358- Reisz, Millar, a.g.e., s.17.
359- Abisel, a.g.e., s.237.
360- A.e.

"Kurgunun doğasını belirlemek sinemanın özgür sorununu çözmektir. İlk bilinçli sinemacılar ile bizim ilk film kuramcılarımız, kurguyu tek tek çekimlerin tuğlalar gibi birbiri ardından sıralanmasıyla gerçekleştirilen bir betimleme aracı gibi görüyorlardı. Bu tuğla-çekimlerdeki devinim ile bileşen parçalardan doğan uzunluk da o zamanlar dizem sayılıyordu.

Hepten yanlış bir anlayış!

Belirli bir nesneyi yalnızca dış devinimim doğasına bakarak tanımlamak demektir bu. Yapıştırma gibi mekanik bir işlemin, bir ilke düzeyine çıkarılması demektir. Böyle bir uzunluklar ilişkisini dizem diye adlandıramayız. Bu durumda dizemsel ilişkilerden çok ölçümlü (metric) ilişkiler doğar....

...Kuramcı olarak Pudovkin'in bile paylaştığı bu tanıma göre, kurgu bir düşüncenin, tek tek çekimler aracılığıyla ortaya konmasıdır. <<Destansı>> (epic) ilke.

Oysa, bence kurgu, bağımsız hatta birbirine karşıt çekimlerin çatışmasından doğanbir düşüncedir:<<Dramatik>>ilke.[361]

Böylece Eisenstein, çekimlerin birbirlerine eklenmesi değil, çekimlerle çatışmaların ortaya çıkarılmasını ve dolayısıyla seyircinin yaratım sürecine aktif olarak katılımını savundu.[362] Bilincin, zıt unsurlar arasında sentez yaparak diyalektik olarak çalıştığına inanan Eisenstein[363], her bir çekimi hem kendi içerisinde barındırdığı öğelerle, hem de diğer çekimlerle çatışan

361- SergeyEisenstein, Film biçimi, Çev. Nijat Özön, İstanbul, Payel Yayınevi, 1985, s.63-64.
362- Andrew, a.g.e., s.115.
363- A.e., s.133.

"hücreler" olarak tanımladı. Birbirleriyle çatışan A ve B çekimleri yan yana geldiklerinde, bu çatışma sonucu ortaya çıkan sentez sadece "A+B"yi değil, aynı zamanda yeni bir anlam olan "C"yi de yaratır.[364] Bir sekanstaki çekimler, pürüzsüz bir aksiyon devamlılığını oluşturmak yerine bir seri "şok"lardan oluşmalıdır. Her bir yeni çekime yapılan kesme, çatışmayı yükseltmeli ve böylece seyircinin bilincinde taze bir izlenim oluşturmalıdır.[365]

Eisenstein, çekimlerin çatışmasıyla yeni bir kavramın ortaya çıkabileceği düşüncesini, Japon-Çin kavramsal yazısından (ideogram) esinlenerek oluşturmuştur. "(Eisenstein bu yazı çeşidi için kimi zaman kavramsal yazı, kimi zamanda hiyeroglif terimini kullanır)"[366] Eisenstein, ideogramlardan esinlenişini şu şekilde açıklar:

> *"Sonraları, beni buradan güçlükler pahasına Doğunun saygıdeğer dillerinin bu düşünce ve yazı biçimleriyle karşı karşıya getiren yazgıya ne denli minnettar kaldım. Çünkü daha sonra kurgunun niteliğini kavramama yardımcı olan da işte bu olağanüstü düşünce biçimiydi."*[367]
>
> *"Burada önemli olan nokta,yalın iki diziden hiyeroglifin çiftleşmesinin (buna birleşme demek belki daha iyi olur) , bunların toplamı olarak değil ama bunların çarpımı, yani başka bir boyuttan, başka bir dereceden değeri sayılmasıdır. Bu hiyerogliflerden her biri ayrı bir nesne'ye, bir olguya karşılıktır; ama birleşmeleri bir kavram'a karşılık olur. Kaynaşmış ayrı ayrı hiyeroglif-*

364- Abisel, a.g.e., s.254.
365- Reisz, Millar, a.g.e., s.22.
366- SergeyEisenstein, Film Duyumu, Çev. Nijat Özön, İstanbul, Payel Yayınevi, 1984, s.CXXII.
367- A.e.

lerden de kavramsal yazı oluşur. <<Gösterilebilir >> iki hiyeroglifin birleşmesiyle, çizgiyle<<gösterilemeyecek>> bir şeyin anlatımı sağlanmıştır.

Örneğin: Suyun resmi ile gözün resmi ağlamak anlamına gelir.; bir kapı resminin yanında bulunan bir kulak resmi = <<dinlemek>>;

bir köpek + bir ağız = << havlamak>>

bir ağız + bir çocuk = <<bağırmak>>

bir ağız + bir kuş = <<ötmek>>

bir bıçak + bir yürek = <<üzüntü>>

iyi ama bu bir kurgudur

Evet. Bu tıpatıp bizim sinemada yaptığımız şeydir. Resmi yapılabilir, anlamı tek, içeriği <<yansız>> nötr olan çekimleri, anlıksal, (intellectual) birlikler ve diziler biçimine sokma sokmak.

Herhangi bir sinemalık sergilemede kaçınılmaz bir araç ve yöntemdir bu. Ve yoğunlaşmış ve arılaşmış bir biçimde de <<anlıksl sinemanın >> çıkış noktası. Soyut kavramların görsel anlatımında en aşırı özlülüğü (locanizn) arayan bir sinemanın."[368]

Eisenstein, kurguyu beş temel sınıfa ayırır.[369]

1. Ölçümlü (Metrik) Kurgu: Çekimlerin, salt uzunlukları ölçüt alınarak yapılan kurgudur. "Bu parçalar birbirine bir müzik ölçüsüne uygun kalıp içinde eklenir. Gerçekleştirme, bu ölçülerin yinelenmesiyle ortaya çıkar."[370] İçeriklerinden ba-

---

368- Eisenstein, Film biçimi, s.44.
369- A.e., s. 88.
370- A.e.

ğımsız olarak çekimlerin sürelerini kısaltmak, seyircinin her bir çekimden algılayacağı enformasyon için gerekli zamanı da kısaltır. Bu nedenle çekimler, gerekli olan ölçüden daha uzun ya da daha kısa olarak kullanılmamalıdır. Bu şekilde yapılan bir kurgu, sekanstaki gerilimi de yükseltir.[371] "Gerilim, bir yandan formülün asıl orantıları korunurken, öte yandan parçaların kısaltılması sonunda ortaya çıkan mekanik ivmenin etkisiyle sağlanır."[372] Yakın ölçek çekimler, kısa ölçülerde (süre) kullanıldığında daha yoğun sekanslar yaratılır.[373] "...Ölçümlü kurguda, parçanın görüntüsündeki içerik, parçanın salt uzunluğuna bağlıdır."[374] *Ekim* filmdeki Kafkas dansı bölümünün kurgusu, ölçümlü kurguya örnek gösterilebilir.[375]

2. Dizemsel (Ritmik) Kurgu: Çekimlerin uzunluklarını belirlemede, görüntüdeki içeriğin göz önüne alındığı kurgu türüdür.[376] Bir çekimin süresini, onun içeriği belirler.[377] Görüntünün içeriğine, görüntü içinde yer alan unsurlar arasındaki bağa ve görüntüler arasındaki bağlantıya önem verilir. Çerçeve içerisindeki devinime, çekimler kadar önem verilir.[378] Bordwell'e göre ritmik kurguya, genel ölçekteki çekimlere yakın ölçek çekimlere göre daha fazla zaman ayrılması örnek olarak gösterilebilir. Eisenstein, Odesa Merdivenleri sekansında bebek arabasının merdivenlerden hızlıca inişini örnek olarak verir. Bu çekimin içeriği nedeniyle, ardından gelen askerlerin merdivenden inişi daha da hızlanmış gibi algılanır. "Adım adım iniş, yuvarlanarak inişe geçer."[379]

371- Dancyger, a.g.e, s.18.
372- Eisenstein, Film biçimi, s.88.
373- Dancyger, a.g.e, s.18.
374- Eisenstein, a.g.e, s.89.
375- Bordwell, a.g.e., s.132.
376- A.e.
377- A.e.
378- Bülent Küçükerdoğan, Sinemada Kurgu ve Eisenstein, İstanbul, Hayalperest Yayınevi, 2014, s.132.
379- Eisenstein, a.g.e., s.90.

3. Titremsel (Tonal) Kurgu: Titremsel kurgu, çekimlerin sahnenin amaçlanan duygusal karakterini oluşturabilecek şekilde seçilmesidir.[380] Kurgu, sahnenin bu duygusal karakterine uygun "egemen öğeleri" içeren çekimlere dayanır.[381]

Eisenstein bu kurgu yöntemine, "Potemkin Zırhlısı" filminde öldüren denizcinin cenazesi öncesinde verilen, limanda demirlemiş gemilerin gösterildiği sekansı örnek verir.[382] Burada kullanılan çekimlerde egemen öğe "sistir." Bu egemen ögeyi içeren çekimlerle oluşturulan sekansta, matem duygusu oluşturulur. "Ve bu titreşimlerin düzenlenişi, müzikteki küçük bir uyumla (harmony) tam bir özdeşliği ortaya koyar."[383] Sahnelerde verilmek istenen duygu değiştikçe, sahnelerin tonu da o duyguya göre değişir.

Şekil 1.31:Potemkin Zırhlısı Filminden Titremsel (Tonal) Kurgu Örneği

4. Üsttitremsel (Overtonal) Kurgu: Üsttitremsel kurgu, metrik, ritmik ve tonal kurgunun birbirleriyle karşılıklı bir etkileşim içerisinde kullanılmasıdır. Bu karşılıklı etkileşimde, ritimler, fikirler ve duygular harmanlanarak seyirci üzerinde

---

380- Dancyger, a.g.e, s.20.
381- Eisenstein, a.g.e,. s.91.
382- A.e., s.92.
383- A.e.

istenen etki oluşturulur. Odesa merdivenlerinde çarlık askerlerinin halkı katlettiği sekansın sonucunda, seyircide öfke duygusu uyanmalıydı. Bu sekansta çarlık rejiminin ezici gücünü ve bunu kullanarak halkı ezmesini vurgulayan çekimlerin kurgusuyla, verilmek istenen mesaj elde edilir. [384] Eisenstein'a göre üsttitremsel kurgu, "titremsel kurgudan, parçanın bütün çekiciliklerinin topluca hesaplanmasıyla ayırt edilebilir." [385]

5. Anlıksal (Entelektüel) Kurgu: Anlıksal kurgu, "fikirlerin" bir sekansta kurgu yoluyla ifade edilebilmesidir.[386] Montaj biçiminin en yüksek aşamasıdır.[387] En belirgin özelliği, seyirci zihninde bir takım duyguları ve düşünceleri çağrıştırmasıdır.[388] "Ekim" filminde, Menşevik lideri George Kerensky'nin merdivenleri hızla çıkarken, mekanik bir tavus kuşunun tüylerini kabartması görüntüleriyle paralel olarak kurgulanması, anlıksal kurguya örnek olarak gösterilebilir. Eisenstein, bu kurgu yöntemiyle Kerensky'nin güçlenişini çağrıştırır.[389]

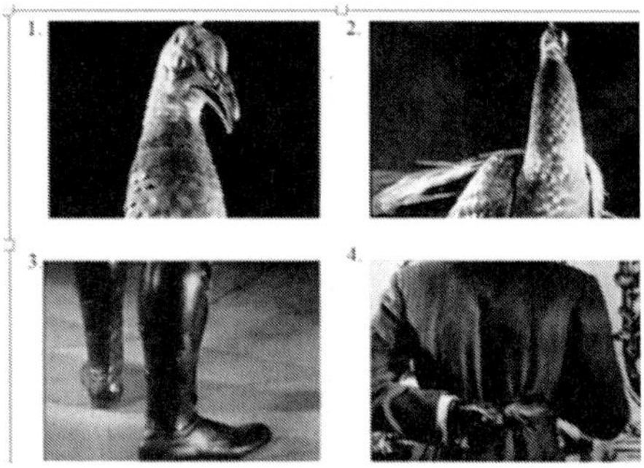

Şekil 1.32: "Ekim" Filminden Anlıksal (Entelektüel) Kurgu Örneği.

384- Dancyger, a.g.e, s.20.
385- Eisenstein, a.g.e., s.94.
386- Dancyger, a.g.e, s.20.
387- Bordwell, a.g.e., s.132.
388- Bülent Küçükerdoğan, Deniz Yengin, "Sergei Mikhailovich Eisenstein", Sinema Kuramları 1, Ed. Zeynep Özarslan, İstanbul, Su Yayınevi, 2013, s.129.
389- Dancyger, a.g.e, s.20.

Eisenstein'a göre yukarıda sıralanmış olan biçimsel olanakların her biri, seyirci üzerinde belirli bir etki yaratır. Ölçümlü kurgu, ayakla yere vurma ya da vücudu sallama gibi temel bir devinim etkisi yaratır. Dizemsel kurgu "primitif bir duygusal etkiye" yol açarken, titremsel kurgu ise daha üst bir psikolojik sırada bulunan "melodik - duygusal" bir tepki yaratır. Eisenstein'a göre, müzikteki tınıların mükemmel organizasyonunun tempoyu yaratması gibi, üsttitremsel kurgu da, ölçümlü kurgunun harekete geçirici etkisini daha üst bir seviyeden tekrar eder. Anlıksal kurgu ise, diğer kurgu türlerinden daha az psikolojik olarak değerlendirilmemekle birlikte, seyircinin kavram biçimlendirme sürecini tetikler. Bütün bu görsel ve işitsel fenomenlerin ortak paydası ise, "görüyorum" ya da "duyuyorum" dan ziyade,"hissediyorum" olan psikolojik algılamadır.[390]

Rollberg'e göre Eisenstein, dönemin diğer Sovyet sinemacılarından farklı olarak komünist devrimine ve Sovyet devletine olan tartışmasız bağlılığına rağmen, entelektüel özgürlüğünü bir dereceye kadar korumuştur.[391] Rollberg, Eisenstein'ın geniş çaplı, çok yönlü ve kimi zaman kavramsal olarak çelişkili olan kuramsal mirasının yalnızca bir kısmının araştırılıp yayınlandığını ileri sürer. Eisenstein, yaşamının son yıllarında sinemanın kültür ve estetik bağlamında çok geniş çaplı sorunları üzerine çalışmıştır. 1932 yılında Sovyet Devlet Sinema Okulunda dersler vermeye başlayan Eisenstein'ın öğrencileri arasında Aleksandr Stolper, Stanislav Rostotskii, Mikhail Shveitser ve Bension Kimyagarov gibi isimler bulunur.[392]

390- Bordwell, a.g.e., s.133.
391- Rollberg, a.g.e., s.209-210.
392- A.e.

Sessiz Dönemin Diğer Kuramcıları

Kuramı ve pratiği birleştiren Rus kuramcılarından sonra, çalışmamızın bu kısmında pratikte film üretmemiş olan ancak sinemanın bir sanat olarak evrimine önemli kuramsal yaklaşımlar getirmiş olan, Hugo Münstenberg ve Rudolf Arnheim gibi sessiz sinema döneminin diğer önemli kuramcılarının film kurgusuna yaklaşımlarını ele alacağız.

Hugo Münsterberg: Film-Zihin Benzeşimi

Alman asıllı bir psikolog olan ve Harvard Üniversitesinde profesör olarak görev yapan Münsterberg, zaman ve mekan algısı, görüntünün sürekliliği ve tepkime süresi konularına odaklanmış ve Gestalt Psikolojisi'nin gelişmesine katkıda bulunmuştur.[393] Önceleri, saygın bir profesör olarak sinema gibi genel bir aktiviteye katılmasının uygun olmadığını düşünen Münstenberg, 1914 yılında *Neptüne's Daughter (Neptune'nin Kızı)* filmi ile ilk kez sinemayla tanışmıştır.[394] Münstenberg filmi gördüğünde, bu yeni sanat formunun sahip olduğu estetik olanaklar karşısında etkilenmiş ve bütün bir yaz mevsimini sinema salonlarına giderek ve Brooklyn' deki Vitagraph Stüdyoları'nı ziyaret ederek geçirmiştir. Bu saygın akademisyenin sinemaya karşı oluşan ilgisini gören arkadaşları, Munstenberg'in "Paramount Pictograph" isimli sinema dergisine misafir editör olarak katılmasını sağladılar. Bu dergideki rolünü çok ciddiye alan Münstenberg, sinema üzerine çok sayıda yazı kaleme alır ve bütün bu aktivitelerin birikiminin sonucu olarak da 1916 yılında sinema üzerine ilk ciddi kuramsal ça-

393- Murat İri, "Erken Dönem Sinema Kuramcıları - Münstenberg, Pudovkin, Eisenstein, Arnheim", Sinema Araştırmaları: Kuramlar, Kavramlar, Yaklaşımlar, Ed. Murat İri, 3.bs, İstanbul, Derin Yayınları, 2014, s.2.
394-Andrew M. Butler, Film Studies, Londra, Pocket Essentials, 2005, s.13.

lışma olarak kabul edilen "The Photoplay: A Psychological Study" (Foto Gösterimi: Psikolojik Bir Çalışma) isimli kitabını yazar. Bu kitap, film kuramının ilk örneği olmanın yanı sıra, erken dönemde film aracının bir sanat formu olmasının savunusunu ve felsefi açıklamasını yapan bir çalışma olarak kabul edilir.[395] Ancak, bu kitap uzun yıllar boyunca unutulmuş ve 1969 yılında sinema kuramcıları ve öğrencileri tarafından yeniden gün yüzüne çıkarılmıştır.[396]

"Yeni Kantçılar" olarak bilinen bir felsefe topluluğunun üyelerinden olan Münstenberg, film kuramını Kant'ın biçimci yaklaşımını temel alarak geliştirmiş ve zaman, mekan ve nedensellik üzerine yoğunlaşarak, sinemayı tiyatro ile karşılaştırmıştır. "Münstenberg, sinemanın yaşamın gerçeklerinden soyutlanan görüntülerle insan zihninde algıya dayalı olarak yeniden şekillendiğini ve apayrı bir dünyaya dönüştüğünü ifade eder."[397] Münstenberg'in kuramı, film aracının "dışsal" ve "içsel" gelişimi olarak ikiye ayrılır. "Dışsal" gelişim, film aracının teknolojik evrimini, "içsel" gelişim ise, bu aracın toplumsal kullanımının gelişimini irdeler. Münstenberg'e göre teknoloji bu yeni aracın var olmasını sağlamıştır. Ancak toplumsal talepler ve beklentiler de bu yeni aracın varlığını sürekli kılmıştır. "Bilgi, eğitim ve eğlence için toplumun bitmez tükenmez arzusu ve talepleri sinemanın var olmasını sağlamıştır."[398]

Münstenberg, "eğer bir araç sanat olacaksa, birebir taklit etmekten daha fazlasını yapmalıdır" görüşüne katılıyordu. Bunun sonucu olarak Münstenberg, filmin bir sanat olduğunu

---

395- A.g.e., s.489.
396- Monaco, a.g.e., s.371.
397- Burak Buyan, "Hugo Münstenberg", Sinema Kuramları 1, Ed. Zeynep Özarslan, İstanbul, Su Yayınevi, 2013, s.20.
398- Andrew, a.g.e., s.63.

gösterebilmek için, fotoğrafik doğası göz önüne alınarak ileriye sürülen "film aracı sadece gerçeği kopyalar" varsayımını çürütmek durumundaydı. Bunu yapabilmek için de, sinemanın hem "gerçekliğin birebir kopyası olmak", hem de " teatral dramaların mekanik yeniden üretimi olmak" zorunda olmadığını göstermek gerekirdi. Münstenberg bu amaçla, 1908-1915 yılları arası dönemde olgunlaşan ve popülerleşen, "yakın plan", "paralel kurgu", "flash back" (geriye dönüş) ve "flash forward" (ileriye atlayış) gibi teknikleri tartıştı.[399] Münstenberg, sinemanın bu unsurlarının insan zihninin dikkat, hatırlama, hayal etme ve duyguların ifadesi gibi çalışma prensiplerine olan benzerliğini vurgulayarak sinema ve psikoloji ilişkisine önem verdi.[400] Örneğin "yakın çekim" kullanımını, zihinsel olarak dikkatin bir noktaya yoğunlaşmasına benzetti.[401] "Bellek ve imgeleme karşılık olarak kurgunun doğal ham maddesi gelmektedir, bunlar zamanı yoğunlaştırır, sıkıştırır, genişletir, ritmi yaratır, geriye dönüşlere başvurur (flashback) ve düş sahnelerini canlandırır."[402] Münstenberg, o dönemde yeni buluşlar olarak değerlendirilen bu teknikleri irdeleyerek şunu ileri sürdü: "Sinemacı, elde ettiği fotoğrafik görüntüleri teatral olmayan ve sadece sinemaya özgü bir şekilde dönüştürebilir." [403] Münstenberg bunu paralel kurgu bağlamında şu şekilde ifade eder:

> *"Farklı mekanlarda birbirine paralel olarak gelişen olayları kafamızda canlandırabiliriz. Photoplay (sinema), birbirine geçen sahneleri zihnimizin kabul ettiği*

399- Noël Carroll, "Film/Mind Analogies: The Case of Hugo Munsterberg", The Journal of Aesthetics and Art Criticism, Vol. 46, No. 4 (Summer, 1988), s.490.
400- Buyan, a.g.e., s.26.
401- A.e., s.33.
402- Andrew, a.g.e., s.69.
403- Carroll, a.g.e., s.490.

şekilde gösterebilir. Dünyanın üç,dört ya da beş farklı bölgesinde gerçekleşen olaylar tek bir birleşik aksiyon içinde örülebilir....Photoplay (sinema), her bir yönüyle tiyatronun yapmaya kalkışamadığı her şeyi başarır."[404]

Sinemayı tiyatroyla karşılaştıran Münstenberg'e göre sinema, tiyatroya göre fiziksel gerçekliğe daha uzak bir mesafede durur. Bu nedenle sinema bir insanın zihinsel sürecine daha yakındır. Erken dönem sinemanın ses ve renk gibi olanaklara sahip olmaması, gerçeklik olarak kabul edilmek yerine daha çok bir fantezi dünyası olarak betimlenmesine neden olmuştur. Sözsüz performanslarla, duyguların özü seyirciye kelimeler olmadan aktarılmaya çalışılmıştır.[405] Bu nedenle Münstenberg, öyküleme içermeyen sinema anlatılarıyla ilgilenmez. Öykülemeye ve anlatıma başvurmayan sinema, ona göre sadece bir aygıttır ve hiç bir değeri yoktur. "Yalnızca insan zihninin anlatımcı, öyküleyici, çözümleyici kapasitesini gösterdiği zaman, fotoplay, artık dünyaya gelir, kendi varlık nedenini bulur ve yine ancak bu yolla hepimizin bildiği sinemaya yönelik bütün merakları keşfetme çabalarını gerekli ve anlamlı kılar."[406]

Carroll'a göre Münstenberg'in kuramı, sessiz sinemanın estetik sorunlarını, döneminde benzeri ya da rakibi olmayacak şekilde tanımlamayı başarabildiği için önemlidir. Münstenberg, sinemanın gücünü ve uylaşımlarını zihinsel süreçlere benzeterek, Christian Metz ve Jean-Louis Baudry gibi kuramcıların film teorisindeki çağdaş psikanalitik keşiflerini çok daha önceden öngörmüştür. Ancak Carroll, Münstenberg'in

---

404- Hügo Münstenberg, The Film: A Psychological Study, Ed.Richard Griffith, New York, Dover Publications, 1970, s.74.
405- Butler, a.g.e., s. 13-14.
406- Andrew, a.g.e., s. 65.

benzeşimini çağdaş kuramlara göre daha rasyonel olarak değerlendirir.[407] Münstenberg, film kuramının erken dönemdeki evriminde film/zihin benzeşimi yaklaşımının çok açık ve anlaşılır bir versiyonunu geliştirmiştir.[408] Andrew ise, Münstenberg'in zihin ve sanatsal anlatım arasında, sinemanın düşünme şeklini çözümleyen ilk kuramcı olduğunu ve pek çok yönden hala benzersiz olduğunu vurgular.[409]

Rudolf Arnheim: Sessiz Sinemaya Övgü

Sessiz sinema döneminin diğer bir kuramcısı olan Rudolf Arnheim da, öncülü Münstenberg gibi Gestalt psikoloji ekolünden gelmektedir.[410] 1932 yılında Almanca olarak basılan ancak kısa bir süre içerisinde İngilizceye çevrilen "Film Als Kunst" (Sanat Olarak Sinema) isimli kitabında,[411] sadece sanat yönüyle ilgilendiğini belirttiği sinemanın estetik özelliklerine yoğunlaşır.[412] Andrew'a göre Arnheim, Münstenberg' den önemli ölçüde etkilenmiştir ve kullandığı kavramlar Münstenberg'in "The Photoplay: A Psychological Study" (Foto Gösterimi: Psikolojik Bir Çalışma)isimli kitabıyla temelde aynıdır.[413]

Arnheim, teknolojinin sinemaya sunduğu senkronize ses, diyalog ve renkli film gibi unsurların kullanımına karşı çıkmıştır.[414] Arnheim'e göre, sinema görsel bir sanattır ve ses sinemaya çok az şey katmıştır. Aslında bir anlamda ses, görsel deneyim olanaklarını da kısıtlamıştır. Bir hikayeyi sadece di-

---

407- Carroll, a.g.e., s.490.
408- A.e., s.498.
409- Andrew, a.g.e., s.69.
410- A.e., s.81.
411- Monaco, a.g.e., s.374.
412- Arda Erdikmen, "Rudolf Julius Arnheim", Sinema Kuramları 1, Ed. Zeynep Özarslan, İstanbul, Su Yayınevi, 2013, s.35.
413- Andrew, a.g.e., s.81.
414- Erdikmen, a.g.e., s.35.

yaloglara dayanarak iletmek, üşengeç bir sinemacının bir sahne oyununu sadece görüntülemeye kalkışabileceği kadar kolaylaşmıştır.[415] Arnheim için sinemanın ideal biçimi, sessiz ve siyah beyaz olmasıdır. Arnheim'e göre erken dönem sessiz sinemada sesin ve rengin olmayışı, sinema sanatının pozitif bir yönü olmuştur. Ayrıca filmin iki boyutluluğu, sinemayı tiyatrodan ayıran en önemli unsurdur. Tiyatroda yüzlerce görüş açısı mümkündür, ancak sinemada seyirci yönetmenin belirlediği ve kamerayı yerleştirdiği bir noktadan sahneye bakmak durumundadır. Yönetmen, kamera konumunu dikkatli bir şekilde yerleştirerek seyircinin göreceği şeyi manipüle edebilir.[416]

Arnheim'e göre sinema gerçek olmayan bir deneyimdir.[417] Kurgu aracılığı ile zaman ve uzam sürekliliğinin olmayışı, sinemanın gerçek dışı olmasını sağlayan en önemli özelliğidir. Arnheim için kurgu, sinemanın sanat olarak gelişmesiyle ortaya çıkmıştır.[418]

> *"Montaj sinema sanatçısı için, tasvir etmek istediği gerçek olayları vurgulamasına yardımcı olan birinci sınıf biçimsel bir enstrümandır. Bir sahnenin zamansal bütünlüğü içinden sadece onun için ilginç olan parçaları seçer, objelerin ve olayların uzamsal bütünlüğü içinden de sadece ilgili olanları çıkarıp ayırır. Bazı detaylar vurgulanır, bazıları ise tümüyle dışarıda bırakılır."*[419]

415- David Bordwell, "Simplicity, clarity, balance: A tribute to Rudolf Arnheim", June 15, 2007, (Çevrimiçi) http://www.davidbordwell.net/blog/2007/06/15/simplicity-clarity-balance-a-tribute-to-rudolf-arnheim/, 12 Şubat 2017.
416- Butler, a.g.e., s.21.
417- Andrew, a.g.e., s.83.
418- Rudolf Arnheim, Film as Art, Berkeley, University Of California Press, 1957, s.88.
419- A.e. s.89.

"Sinema sanatçıları kendi yarattıkları imgelerin gerçek dışılığının farkındadırlar ve sadece perdeye yansıyan nesneyi görmek için değil, aynı zamanda ifade aracı yoluyla dikkatli bir şekilde nesnenin sınırlarını koyarak, izleyiciyi belirli bir şeyi görmeye zorlayarak, böylesi sınırlılıkları kullanır ve hatta sömürürler."[420] Burada izleyiciyi belirli bir şeyi görmeye zorlayacak en önemli araç ise kurgudur: "Bunlara ek olarak, gerçek algıyla kimsenin ilişkilendiremeyeceği sinemaya özgü filmsel olasılıklar vardır: hızlı ve yavaş hareket, açılıp-kararmalar, iç içe geçmeler, üst üste görüntü bindirmeler, hareketin arkasından durağan fotoğrafın kullanımı, odak ve filtreleme yöntemiyle biçimi bozmalar."[421]

Arnheim'e göre gerçek zamanın aksine, film zamanda ve uzamda sıçramalara izin verir. Montajın anlamı, farklı zamanlarda ve uzamlarda meydana gelen durumların çekimlerini birleştirmektir. Ona göre kuramcılar, özellikle de Rus kuramcılar, şimdiye dek montajı film sanatının diğer unsurlarına göre çok daha ayrıntılı bir şekilde incelemişlerdir. Montajın sanatsal potansiyellerini ilk fark eden Ruslar olmuştur ve ilk kez onlar montajın prensiplerini sistematik bir şekilde tanımlamaya kalkmışlardır. Ancak Arnheim, Rus kuramcıların sinemanın tek sanatsal özelliğinin montaj olduğunu vurgulamakla, montaja verdikleri önemde aşırıya kaçtıklarını belirtir. Pudovkin gibi Rus kuramcılar için tek parça bir film şeridi, sadece gerçekliğin bir kaydıdır. Buna karşı çıkan Arnheim'a göre ise, tek parça bir film bile doğadan önemli farklılıklar içerir. Arnheim için, yukarıda da belirtildiği gibi sinema sanatçısı tek bir parça görüntüyü elde ederken bile kamera açısı ve konumunu seçmek gibi çok ciddi sanatsal ve biçimsel bir süreci göz önünde bulundurmalıdır.[422]

420- Andrew, a.g.e., s.87.
421- A.e.
422- Arnheim, a.g.e., s.87.

Monaca'ya göre, Arnheim'ın "...argümanının özü, sinemanın gerçekliği yeniden üretmeye daha da yakınlaştıkça yönetmenin kendi ürününü yaratabileceği daha dar bir alanın kalmasıdır." Ancak Monaco, "sınırlı sinema anlayışı" olarak nitelendirdiği Arnheim'ın teknoloji karşıtı görüşlerinin, teknolojik gelişmelerden yeni anlatım olanakları keşfeden sinemacılar tarafından aşılmış olduğunu vurgular.[423]

Sesli Filme Geçiş ve Stüdyo Sistemi

Porter, Griffith, Eisenstein ve yukarıda ele aldığımız diğer isimler, sinemayı gerçekliğin basit bir kaydı olmaktan, zamanla estetik bir araç olmaya doğrudönüşmesini sağlayan kurgu tekniklerini geliştirdiler. Reisz'e göre sessiz sinemanın tarihi, aslında giderek çok daha özenli bir kurgu ile sinemanın görsel cazibesini büyütme çabalarının tarihidir: Giderek daha karmaşık entelektüel ve duygusal temaları işleme arzusu, yönetmeleri görsel devamlılığı sağlayacak yeni yöntemleri denemeye zorlamış ve sessiz sinema döneminin sonunda oldukça anlaşılır bir film grameri oluşmuştur.[424]

Daha önce de belirttiğimiz gibi sessiz sinema döneminde, seyirci açısından film seyretme deneyimi tamamen sesten yoksun değildi. Perdedeki görüntüleri yorumlayan ve ara yazıları okuyan sunucularla birlikte, sinema salonlarında filmlere eşlik eden şarkıcılar ve orkestra bulunuyordu. Fritz Lang'ın *Metropolis* filminde olduğu gibi, bazı filmler için özel olarak besteler hazırlanıyordu.[425] Sinemada sesle ilgili denemeler neredeyse hareketli görüntünün kendisi kadar eskidir, ancak 1920'lerin ikinci yarısına kadar bu denemelerde önemli bir başarı elde

---

423- Monaco, a.g.e., s.375-376.
424- Reisz, Millar, a.g.e.,s.25.
425- Paul Grainge, Mark Jancovich, Sharon Monteith, Film Histories: An Introduction and Reader, Edinburgh , Edinburgh University Press, 2007, s.151.

edilememiştir. 1920'lerdeki radyo ve telefon endüstrilerindeki teknolojik gelişmelerin sinemaya direkt olarak etkisi vardır ve sesli film de, pratik olarak bu yıllarda elektrikli amplifikasyonun icadı ile gerçekleştirilebilmiştir.[426]

Sesli film için iki tür yöntem üzerinde çalışılıyordu. Biri, sesin bir disk üzerine kaydedildiği (sound-on-disc), diğeri ise sesin film şeridi üzerine kaydedildiği (sound-on-film) yöntemleriydi.[427] Amerikalı mucit Lee De Forest, 1922 yılında sesin filme kaydedildiği "Phonofilm" sistemini geliştirerek elektrikli amplifikasyonu sesli filme uygulayan ilk kişi olmuştur. "Phonofilm", daha önceki sesli film denemelerinden farklı olarak senkronize disk kaydına dayanmıyordu. Bunun yerine ses, aydınlık ve karanlık dalgalar şeklinde filme kaydediliyordu. "Phonofilm" sistemi, film kopsa ve tamir edilse bile mükemmel film senkronizasyonu sağlıyordu, ancak ilk zamanlarda ses kalitesi oldukça kötüydü.[428] De Forest, yeni icadının tanıtımını yapmak için komedyenler, müzisyenler ve dönemin vodvil yıldızlarıyla birlikte bin civarında sesli kısa film gerçekleştirdi.[429] Ancak bu filmler, gelişmiş kurgu tekniklerinin ve karmaşık kamera hareketlerinin kullanıldığı sessiz filmlere karşın, kameranın sabit olduğu tek çekimden oluşan filmlerdi. De Forest, senkronize görüntü ve sesi başarılı bir şekilde sunabilen bu icadına rağmen bir türlü büyük film stüdyolarının ilgisini çekemiyordu.[430] Bütün film stüdyoları, geniş kapsamlı bir ekonomik ve teknolojik değişiklik gerektireceği düşüncesiyle, 1927 yılına kadar sesli filme karşı direndiler.[431]

426- Jay Beck, "The Evolution of Sound in Cinema", ", The Routledge Companion to Film History, Ed. William Guynn, Oxon, Routledge, 2011, s.67.
427- Sklar, a.g.e., s.173.
428- Beck, a.g.e., s.67.
429- Dixon, Foster, a.g.e., s.89.
430- Beck, a.g.e., s.67.
431- Dixon, Foster, a.g.e., s.89.

Warner Bros şirketi 1926'da, disk kaydedicisi ile kameranın aynı motorla çalıştırıldığı "Vitaphone" adı verilen bir sistemi kullanarak *Don Juan* isimli müzikli bir uzun metrajlı film gerçekleştirdi.[432] Bu filmde herhangi bir konuşma yoktu, sadece film ve diske kaydedilmiş müzik, senkronize bir şekilde birlikte oynatılıyordu.[433] *Don Juan*'ın seyirciden yoğun ilgi görerek gişede başarılı olmasına rağmen, Warner Bros için tek başına gösterimcileri "sesli filmin geçici bir şey olmadığına" ikna etmesine yetmiyordu.[434] Bu amaçla Warner Bros, küçük sinemana salonlarına da taşınabilen popüler vodvil ve opera yıldızlarının dudak senkronlu kısa filmlerini yapmaya devam etti. Sesin film şeridi üzerine kaydedildiği (sound-on-film) yöntemi tercih eden Fox şirketi ise uzun metrajlı sesli filmler yerine, daha çok "Movietone News" olarak adlandırılan kısa haber filmleri üzerine yoğunlaşmıştı.[435] O dönemde ekonomik olarak darboğazda olan Warner Bros şirketi, neredeyse her şeyiniriske ederek 1927 yılında *Caz Şarkıcısı (The Jazz Singer)* isimli uzun metrajlı filmi sesli olarak gerçekleştirdi. Film, seyirci açısından çok geniş yankılar uyandırınca sinemada yeni bir dönem başlamış oldu.[436] İlk olarak 6 Ekim 1927'de New York'ta seyirci karşısına çıkan film, yapımcıların ve gösterimcilerin sesli filmin kalıcı olduğuna ikna olmalarını sağladı.[437] Alan Crosland tarafından yönetilen ve ünlü vodvil yıldızı Al Jolson'un başrolde olduğu *Caz Şarkıcısı* filmi aslında "yarı-sesli" bir filmdi. Filmin sadece dört sahnesinde Jolson dudak

---

432- Kenneth MacGowan, "The Coming of Sound to the Screen", The Quarterly of Film Radio and Television, Vol. 10, No. 2 (Winter, 1955), s.142.

433- Karel Dibbets, "Sese Geçiş", Dünya Sinema Tarihi, Ed. Geoffrey Nowell-Smith, Çev. Ahmet Fethi, 2.bs., İstanbul, Kabalcı Yayınevi, 2008, s.249.

434- Jonathan D. Tankel, "The Impact of The Jazz Singer on the Conversion to Sound", Journal of the University Film Association, Vol. 30, No. 1, Topics In American Film History (Winter 1978), s.22.

435- Dibbets, a.g.e., s.249.

436- Dixon, Foster, a.g.e., s.89.

437- Grainge, Jancovich, Monteith, a.g.e., s.150.

senkronlu olarak şarkı söylüyor ve kısa bir şekilde konuşuyordu. Bu konuşmalardan birinde Jolson, "*daha hiç bir şey duymadınız*" dediği ünlü repliğini söylüyordu. Filmin geri kalan sahnelerine sadece orkestra müziği eşlik ediyordu.[438] Beck'e göre Al Jolson'un diyalog sahneleri, seyirciyi tartışılmaz bir şekilde etkilemişti ancak, şurası unutulmamalıdır ki film sadece ses teknolojisi ile donatılmış bir kaç salonda sesli olarak gösterilmişti ve bu filmin gösterim süresi boyunca filmi sesli olarak görenlerden çok daha fazla seyirci, filmi sessiz olarak izlemişti.[439] *Caz Şarkıcısı*'nın başarısı, sesli filmin sadece sahne oyunları ve müziğin ucuz birer yeniden üretiminden çok daha fazlasını sağlayacağını düşündürüyordu. Warner Bros, *Caz Şarkıcısı* gibi "yarı-sesli" diğer filmler üretmeye devam etti ancak, 1928 yılında Brian Froy'un yönettiği ve tamamen sesli olan *New York'un Işıkları (The Lights of New York)* filminin başarısı ile birlikte sessiz sinema döneminin sonuna yaklaşılmış oldu.[440]

Film stüdyolarının, sesli film teknolojilerine çok dikkatlice hesaplanmış yatırımlar yapmış olmasına karşı, sesli filmin yapım süreci bir takım teknolojik ve biçimsel sorunlarla karşı karşıya kaldı. Tek çekimli sesli kısa filmler ile yarı sesli uzun metrajlı filmlerin estetiği, sessiz dönemin sonlarına doğru hayli gelişmiş olan anlatı mantığı ve kurgu stratejilerine uymuyordu. Örneğin seslerin kaydedildiği disklerin uzunluğu, uzun metrajlı filmlerde bütün diyalogların, müziğin ve ses efektlerinin canlı olarak sette gerçekleştirildiği on dakikalık tek çekimli sahnelerin kullanımı zorunlu kılıyordu. Bu nedenle filmlerde, bu uzun diyalog sahnelerinin altından kalkabilecek tiyatro oyuncularını kullanmak gerekiyordu. Çekim sırasında

---

438- Thompson, Bordwell, Film History, s.194.
439- Beck, a.g.e., s.67.
440- Thompson, Bordwell, Film History, s.194.

sessizlik gerekiyordu, ancak film setinde bulunan her şey oldukça gürültülüydü. Kameraların gürültüsünü kesebilmek için, bunların ses geçirmez kabinlere yerleştirilerek hantallaşması ve mikrofonların sabit olarak yerleştirilmesi zorunluluğu nedeniyle hem kameraların, hem de oyuncuların hareketleri çok kısıtlıydı ve hemen hemen tüm çekimler kapalı stüdyolarda yapılmak zorundaydı. Sonuç olarak, son dönem sessiz sinema filmlerinin akıcılığı karşısına, sinemasal bir "durağanlık" ortaya çıkmış oldu.[441] Fairservice'e göre, sesin gelişi en çok, dramatik gereklilikler dışında bir kriteri olmayan ham filmi kurgulama özgürlüğünü kısıtladı: Sessiz film dönemindeki yaratıcılığın temelinde, konuşmaların olduğu sesli dünyayı dikkate almadan filmin istenildiği gibi kesilip birleştirildiği bir esneklik yatıyordu. Sessiz filmler kendi zamansal mantığını inşa etme potansiyeline sahipti. Ancak senkronize ses, diyaloğa bağlı bir devamlılığı ve aksiyonun gerçek zamanda gerçekleştirilmesini gerektiriyordu.[442] Sessiz sinema döneminde diyalog ve diğer senkronize seslerin yokluğunda anlatısal anlam, ritim ve vurgu kurgu sayesinde gerçekleştiriliyordu. Crittenden'e göre sinemaya sesin gelişini takip eden bir kaç yılda sinema ironik olarak enerjisini ve hayal gücünü kaybetti. Artık gerekli tüm anlatıyı kelimelerle iletmek mümkün olduğundan, yönetmenler "görsel" olan yerine "sözel" olana dayanmak durumundaydılar.[443] Ancak bu soruna farklı yaklaşan Reizs'e göre ise, diyaloğun ve diğer seslerin görüntüyle senkronize bir şekilde kullanılması, yönetmenlere çekimleri sessiz dönemde mümkün olmayan ekonomik bir yolla gerçekleştirmelerini sağlamıştır. Ses aracılığıyla bir mekan ya da bir karakter, seyirciye günlük yaşam deneyiminde olduğugibi çok daha direkt bir şekilde aktarılmaya başlandı. Sessiz

---

441- Beck, a.g.e., s.67.
442- Fairservice, a.g.e., s.228.
443- Crittenden, a.g.e., s.10.

sinema döneminde yönetmenin bir ara yazıyla, ya da oyuncunun abartılı ve tuhaf oyunculukla iletebileceği enformasyon, sesli dönemde tek bir replikle iletilebilirdi.[444]

1929'da Alfred Hitchcock, *Şantaj (Blackmail)* isimli filminin çekimlerine sessiz olarak başlamış ancak sesin gelişiyle birlikte filme sesli bölümler eklemişti.[445] Bu yıllarda sessiz olarak piyasaya sürülmüş olan filmler, son makaralarının sesli olarak yeniden çekilebilmeleri için geri toplatılıyordu. 1929 yılının Haziran ayında gösterime giren *Şantaj* filminin sesli versiyonu, hem popüler hem de eleştirel bir başarı yakalamıştı. Filmin, ses ekipmanlarıyla donatılmamış sinema salonları için hazırlanmış olan sessiz versiyonu ise iki ay sonra gösterime girmişti. Fairservice, *Şantaj* filminin bir sahnesinin sesli ve sessiz versiyonlarını karşılaştırır: Sessiz versiyonda söz konusu sahne, beş farklı açı ve ölçekten çekilmiş olan -iki ara yazının da dahil olduğu- dokuz çekimden oluşur. Aynı sahnenin sesli versiyonu ise 45 saniye süren tek çekimden oluşur. Sessiz versiyonda Hitchcock'un sesin kısıtlayıcı unsurlarına takılmadan, kurgunun sağladığı çeşitli yapısal olasılıklardan özgür bir şekilde yararlandığı açıkça görülmektedir. Çekim ölçeği ve kamera pozisyonunun seçimi sahnenin dramatik olarak güçlenmesini, oyuncuların performanslarının inceliklerinin açığa çıkmasını ve de seyirciyi aksiyonun merkezine yerleştirerek özdeşleşmeyi arttırmasını sağlamaktadır. Sahnenin 45 saniye süren ve tek çekimlik "gerçek zamanda" gösterilen sesli versiyonuna karşın, sessiz versiyon kurgu ile oluşturulan "sinemasal zamanda" inşa edilmiştir. İki ara yazının da dahil olduğu toplam dokuz çekimden oluşan bu sahne 30 saniyeden daha az sürer.[446]

444- *Reisz, Millar, a.g.e., s.26-27.*
445- *Grainge, Jancovich, Monteith, a.g.e., s.152.*
446- *Fairservice, a.g.e., s.230-232.*

Sesli sinemanın ilk dönemlerinde, bir sahnenin baştan sona kesintisiz olarak çekilmesi zorunlu olduğundan, yönetmeler sahneleri aynı anda birden fazla kamera ile çekmeye başladılar. Teknik olarak bütün sahneyi tek bir kamera ile çekmenin çok daha kolay olmasına rağmen, yönetmenler sessiz dönemde gelişmiş olan devamlılık kurgusunun sağladığı esneklik ve vurgu imkanlarından vazgeçmek istemiyorlardı. Yönetmenler hem genel çekim, yakın çekim ve açı- karşı açı gibi unsurları kullanıp, hem de çekimden çekime pürüzsüz ses geçişi sağlayabilmek için sahnenin değişik noktalarına yerleştirdikleri ve farklı ölçeklerde çekim yapan çoklu kamera sistemini kullandılar.[447] Bu yöntemle yapılan çekimlerde tüm sahnelerin kurgusu, tahmin edilebilir bir şekilde birbirinin tekrarı olmaya başladı. Kesme noktaları hep diyaloglardaki değişim anlarıydı ve çekim ölçeği o anda konuşmakta olan oyuncuyu gösteren kameraya bağlıydı. Çekimlerin uzunluğu diyalogların süresi tarafından belirlendiğinden, sessiz döneme göre çekim uzunlukları neredeyse iki katına çıkmıştı. Fairservice'e göre bu yöntemle yapılan çekimler, bir sahne içerisinde kameranın ve seyircinin dramatik uzama erişiminin reddedilmesine ve dramanın psikolojik gelişimini yansıtacak açı ve çerçeve seçiminin önlenmesine neden olmuştur.[448] Erken dönem sesli sinemanın diğer teknolojik koşulları da yönetmenlerin seçimlerini kısıtlıyordu. Kamera kabinlerinin altında tekerlekler vardı ancak bunlar kabinleri bir setten diğerine hareket ettirmek için kullanılıyordu. Bu kabinler, çekim sırasında hareket ettirilemeyecek kadar gürültülü ve yukarıda da belirttiğimiz gibi hantaldılar. Bunun yerine kameramanlar, aksiyonu çerçevenin merkezine alabilmek adına kabin penceresinden kısa pan hareketleri yapıyorlardı.Bunun sonucu olarak yeniden çerçeveleme

---

447- Thompson, Bordwell, Film History, s.196.
448- Fairservice, a.g.e., s.230.

için yapılan pan hareketleri, sessiz döneme göre çok daha yaygın bir biçimsel özellik olmaya başladı.[449]

Erken dönem sesli sinemanın bu tür teknik sorunlarına hızlıca çözümler üretilmeye başlandı. Kabinlere göre çok daha az hantal olan yastıklı kamera kutuları geliştirildi. Mikrofonlar, uzun çubuklar (boom) üzerine yerleştirilerek ses kaynağını takip etmeleri sağlandı. 1930'lu yıllara gelindiğinde disk temelli ses kayıt yönteminin (sound-on-disc), filme dayalı ses kayıt teknolojilerine göre (sound-on-film) göre çok daha kısıtlayıcı olduğu anlaşıldı ve disk kayıt yöntemi tamamen terkedilerek, film temelli ses sitemi standart hale getirildi.[450] Ancak sesle ilgili en önemli gelişme, bir sahne için birden fazla ses kanalı kaydedip, bunların daha sonra tek bir final ses kanalı olarak birleştirilebilmesi oldu.[451] Bu yeni teknoloji, müziğin ve ses efektlerinin filmin çekimleri ve kurgusu bittikten sonra da eklenebilmesine olanak tanıyordu.[452] Bu, çok önemli bir yaratıcı esneklik sağladı ve daha önce olmayan, güçlendirilmiş bir gerçekçilik duygusu ve uzamsal derinliği başarmayı mümkün kıldı. Diyaloglar ve ses efektleri akıcı bir şekilde kesilip birleştiriliyor ve birbirinin üzerine bindirilebiliyordu. Kalabalık, trafik, yağmur, şimşek, rüzgar gibi atmosfer seslerini, gerçek yaşam deneyiminden ayırt edilemez bir devamlılık duygusu yaratabilmek için diyaloglarına altına yerleştirmek mümkündü. Artık ses de, görüntü gibi kurgu masasında aynı esneklikle manipüle edilebiliyordu.[453]

Hollywood, 1930'lu yıllarda sesli filmin yarattığı biçimsel kısıtlamaları aşmıştı.[454] 1920'lerin sonlarına doğru sesli film

449- *Thompson, Bordwell, Film History, s.198.*
450- *Beck, a.g.e., s.69.*
451- *Thompson, Bordwell, Film History, s.198.*
452- *A.e.*
453- *Fairservice, a.g.e., s.247.*
454- *Thompson, Bordwell, Film History, s.198.*

teknolojisinin başarılı bir şekilde geliştirilmesi, Amerika dışındaki kuramcıların, eleştirmenlerin ve sinemacıların tepkisini çekti. Thompson'a göre bu kişiler, bu sinemasal yeniliğin estetik potansiyellerini çekingen bir şekilde kabul etmelerine rağmen, aynı zamanda sesin yeni olgunlaşmış olan sessiz film sanatına ne getireceği konusunda evrensel bir korku hakimdi. Sesle ilgili ilk kuramsal görüşlerin arasında, 5 Ağustos 1928'de Eisenstein'ın yazdığı, Pudovkin ile Gregori Alexandrov'un da imzaladığı "Ses Üzerine Bildiri"nin önemli bir yeri vardır. Bu Sovyet sinemacıları, sesli sinema ile ilgili potansiyel tehlikeleri gördüler ancak bununla beraber sesi tamamen reddetmediler. Onlara göre ses, senkronize bir şekilde olmadan görüntüyle çatışmalı olarak kullanılırsa büyük bir etki elde edilebilirdi. Sovyet sinemacılarının bu bildirisi, sesin o zamana kadar diğer ülkelerde yapılan filmlerden çok daha radikal bir şekilde kullanımını öngörüyordu.[455] Ancak, dünya genelinde sinema seyircisi sesli filmi coşkuyla karşılamıştı. Paul Monaco'nun aktardığına göre, *Caz Şarkıcısı* filminden sonra, dünyanın herhangi bir yerinde sessiz film yapıp gösterime sokabilmek pratik olarak imkansızbir hale gelmişti.[456] Diğer yandan Hollywood, giderek daha açık bir şekilde senaryoya dayanan "edebi" filmler üretmeye doğru yöneldi.[457]

455- Kristin Thompson, "Early Sound Counterpoint", Yale French Studies, No. 60, Cinema/Sound (1980), s.115.

456- Charlie Chaplin 1931 yılında son sessiz filmi olarak değerlendirilen "City Lights" (Şehir Işıkları) filmini gerçekleştirdi. Chaplin, bu filmde diyalog kullanmaktan kaçındı ancak bununla birlikte film için müzik besteledi ve özenli bir şekilde ses efektleri kullandı. Senkronize sesin artık dünya genelinde seyirci açısından standart bir beklenti olduğu bu dönemde Chaplin, filmin kurulu bir merkezi karakteri olan "Serseri"nin (Little Tramp) çekiciliğine bel bağlamıştı. Bu durum Chaplin için bir riskti, çünkü bu karakter vodvil ve müzik salonu geleneğinden türemişti ve sessiz sinema komedilerinin uylaşımlarına aitti. O dönemde pek çok endüstri uzmanı ve film eleştirmeni, Chaplin'in "serseri" karakterini senkronize sesli film çağında gösterime sokmasının akıllıca olmadığını düşünüyordu. Bkz. Paul Monaco, A History of American Movies, s.32.

457- Paul Monaco, A History of American Movies, s.26.

1930'lu yılların sonlarına doğru Hollywood stüdyoları, giderek standartlaşan bir yapım ve pazarlama sistemi oluşturdular. Filmler, çok belirgin ve yönetilebilir bir teknik ve anlatısal uylaşımlar sistemi içinde yapılıyordu ve üzerinde uzlaşılmış ahlaki kodlara göre ele alınabilecek ya da kaçınılacak konu ve içerikler belirlenmişti.[458] Hollywood'un kurucuları ağırlıklı olarak eğlence ve ticaret kökenli kişilerden oluşuyordu. Bu kişilerin temel nosyonu, seyircinin ne istediğini ve onların sinemaya sürekli gelmesini saylayan unsurların neler olduğu belirlemek ve ona göre filmler üretmekti. Böylece büyük Hollywood stüdyoları, Edison'un yaptığı gibi film çekimi ve gösterimi için gerekli olan cihazları, patentleri, teknolojiyi ve ham film malzemesini kontrol altına alarak sinemayı tekelleştirmeye çalışmak yerine yapımı, dağıtımı ve gösterimi standartlaştırılmış ve seyirciye cazip gelecek filmlerin üretileceği bir sistem oluşurdular.[459] James Monaco'ya göre üretilen filmlerin ticari değeriyle ilgilenen Hollywood yöneticileri, yapılan filmlerin diğer filmlerden farklılaşmasını değil, aksine diğer filmlere benzemesini tercih ediyorlardı.[460]

Stüdyo sisteminin gelişmesiyle birlikte film yapımında otorite, giderek artan bir şekilde yönetmenlerinden elinden çıkıp yapımcılara geçmeye başladı. Yeni jenerasyon stüdyo menajerleri ve prodüksiyon yöneticileri film yapım pratiklerini ve standartlarını belirlemeye başladı.Sanat ve ticari kaygıların uyumsuzluğunu gösteren pek çok örneğe stüdyo sistemi içerisinde rastlamak mümkündür. Örneğin Eric Von Stroheim, Universal Film Stüdyosu için yaptığı üçüncü uzun metrajlı filmi olan *Foolish Wives*'ı tamamladığında, filmin süresi üç buçuk saati buluyordu. Stroheim, filmi iki parça olarak viz-

---

458- Fairservice, a.g.e., s.249.
459-Paul Monaco, a.g.e., s.5.
460- James Monaco, a.g.e., s.236.

yona sokmak istedi. Ancak Universal'in prodüksiyon yöneticisi olan Irving Thalberg, bu uzunluktaki bir filmin hem seyircinin hem de gösterimcilerin ilgisini çekmeyeceğini belirterek Stroheim'dan filmi kısaltmasını istedi. Stroheim ise filmi kısaltmayı reddetti. Bunun üzerine Thalberg, Stroheim'ın kurgu odasına girmesini yasaklayarak filmi kendi gözetiminde yeniden kurgulattı ve filmin süresini orijinal süreninin yarısı olan 107 dakikaya indirdi. Stüdyo sisteminde yönetmenlerin görevi, çoğunlukla çekimler bittikten sonra sona eriyor ve yönetmenler kurgu aşamasına dahil edilmiyorlardı. Örneğin Alfred Hitchcock, *Rebecca* ve *Öldüren Hatıralar (Spellbound)* filmlerinin kurgu aşamalarında yer almamış, filmlerin kurgusu ünlü yapımcı David O. Selznick'in kontrolü ve gözetiminde gerçekleştirilmiştir. Fairservice'e göre ticari film yapımında yaygın olan yapımcının tahakkümü, yönetmenin tercihlerini baskılayarak bir filmin yaratıcı bütünlüğüne zarar verir. Filmin biçim ve içeriğinin bazı yönlerinin ticari başarıyı etkilemesi söz konusu olduğunda, çok az film yapımcının kontrolü dışında tamamlanma şansına sahip olmuştur.[461]

Klasik Kurgu Biçimi: Devamlılık Kurgusu (Continuity Editing) ve Biçimin Görünmezliği

Film çalışmalarında, Amerikan anlatı sinemasının 20. yüzyıl boyunca ve günümüze kadar kullanmış olduğu bir takım egemen biçimsel teknikler olarak tanımlanan klasik Hollywood tarzı, en temel hedefini gerçekleştirebilmek için bir takım kurgu prensiplerine dayanır. Bu hedef, seyircinin perdede yaratılmış olan kurmaca dünyaya kendini kaptırması ve bir film seyretme eylemi içerisinde olduğunu unutarak aslında gerçekten olan bir şeye tanık olduğuna inanmasını sağlamak-

461- *Fairservice, a.g.e., s.249-253.*

tır.[462] Klasik Hollywood sineması, kurmaca hikaye anlatımında 1920'lerden itibaren dünya üzerinde hakimiyetini kurmuştur. Nichols'e göre gerçekçilik ve tür prensiplerine dayanan bu hakim hikaye anlatıcılığı biçimi, sinemanın temel çekirdeğini oluşturur. İnsanlar en çok bu tarzda bir film yapım pratiğine aşinadır.[463]

Kolker'e göre, aslında klasik Hollywood biçiminin stüdyo sisteminden daha önce gelişmeye başladığı göz önüne alınırsa, klasik anlatısal yapının stüdyo yapım ekonomisinin güçlenmesine katkıda bulunduğu düşünülebilir. Diğer bir değişle, anlatısal anlamın ekonomik bir görsel yapı aracılığıyla iletme yönteminin gelişimi, öykülerin kitlesel olarak üretiminin biçimlenmesi için bir takım uylaşımlar yaratmıştır.[464] Biçimsel pratiklerin standartlaşması, film yapım sürecini basitleştirip hızlandırarak daha fazla kar elde olanağı sağlamıştır.[465] Klasik Hollywood kurgu biçimini oluşturan ve aynı zamanda Hollywood dışındaki tüm ticari filmlerin de kurgu biçimlerini etkisi altına alan bu uylaşımlar, çalışmamızın ikinci bölümünde örnekleri ile ele alacağımız "devamlılık kurgusu" olarak bilinir. Devamlılık kurgusunun amacı, seyircinin filmi anlamasını ve filmsel anlatıya kendisini kaptırmasını sağlamaktır. Klasik Hollywood kurgusunun ana prensibi "şeffaflıktır". Bu şeffaflıkta kurgu teknikleri, seyirci motivasyonunun filmin nasıl gösterildiğine değil, filmsel öyküde ne olduğuna yoğunlaşmasına yönelik olarak düzenlenir. Bunun için çekimler, kurgunun

---

462- Ed Sikov, Film Studies: An Introduction, Columbia University Press, New York, 2010, s.61.

463- Nichols, Engaging Cinema, s.137.

464- Robert P. Kolker, "The film Text and Film Form", The Oxford Guide to Film Studies, Ed. W. John Hill, Pamela Church Gibson, Oxford, Oxford University Press, 1998, s.16.

465- David Bordwell, Janet Staiger, Kristin Thompson, The Classical Hollywood Cinema: Film Style & Mode of Production to 1960, New York, Columbia University Press, 1985, s.108.

doğasında var olan "kesinti" nin seyirci tarafından hissedilemeyecek bir yöntemle birleştirilmesini gerektirir. Kurgu, objelerin sahne uzamı içerisindeki konumları ve hareket yönleri açısından seyircinin kafasının karışmayacağı bir yolla gerçekleştirilir.[466]

Thompson'a göre devamlılık kurgusunun temelinde, ilk dönem sinemacıların çoklu çekimlerin yarattığı zamansal ve uzamsal "kesinti" etkisine karşı geliştirdikleri çözümler yatar. Sinemacılar bunu bütünlüklü bir anlatıyı en büyük öncelik sayarak, bir model inşa ederek ve bu model içinde geliştirilen belirli kılavuzları kullanıp film aracının yarattığı zamansal ve uzamsal problemleri kontrol ederek başarmışlardır.[467] Kolker, devamlılık konseptinin temel prensiplerinin, Griffith'in 1908 ve 1913 yılları arasında Biograph şirketi için yaptığı dört yüzün üzerinde film boyunca gelişmiş olduğunu belirtir.[468] Ancak Thompson, bir kişi ya da kişilere indirgenen bu yaklaşımı eksik bulur. Thompson'a göre klasik Hollywood biçimi 1909 ve 1911 yılları arasındaki periyotta formüle edilmiştir ve 1917 yılına gelindiğinde sistem tamamlanmış, primitif dönemi karakterize eden tüm biçimsel kalıplar ortadan kalkmıştır. Ancak bu yenilik sadecebir ya da bir kaç cüretkar sinemacının, diğerlerini etkilemesiyle gerçekleşmemiştir. Klasik Hollywood biçimi, yeni fikirleri kontrol edebilme yetisine sahip olan ve bu yeni fikirleri var olan normlara uydurup, standart prensipler oluşturan bir kurumlar bütünü tarafından geliştirilmiştir.[469]

Kolker'e göre klasik Hollywood biçiminin temel devamlılık prensipleri şunlardır: "Hikaye anlatımının belirgin bir şekilde kesintisiz ve akıcı olması, hikayenin ve karakterlerin mantıksal

466- Susan Speidel, "Film form and Narrative",Introduction to Film Studies, Ed. Jill Nelmes, 5.bs., New York, Routledge, 2012, s.99.
467- Bordwell, Staiger, Thompson, a.g.e., s.163.
468- Kolker, a.g.e., s.16-17.
469- Bordwell, Staiger, Thompson, a.g.e., s.157-158.

çerçeve içerisinde mantıksal bir sırayı takip ederek doğrusal bir şekilde ilerlemesi, kameranın aksiyonu dikkat çekmeyecek bir şekilde yakalaması için doğru pozisyona yerleştirilmesi ve en önemlisi de yaratılmak istenen duygusal bir tepkiyi (bu tepkinin oluşmasını sağlayan unsurları açıkça göstermeden) tam doğru zamanda ortaya çıkaracak bir sunum ve ifade hakimiyeti." Devamlılık biçiminin temel özelliği kendisini gizlemesi, bir şeyi kendini göstermeden gösterebilme yetisidir. Böylece hikaye kendi kendini anlatılıyor gibi gözükür.[470]

Kolker, klasik biçimin 1910'lu yıllarda Griffith ve diğerleri tarafından geliştirilmiş olan bir kaç biçimsel temel öğe çerçevesinde kurulduğunu vurgular:

1. Hikaye akışı, aksiyonun küçük parçalarının birleştirilmesiyle ancak bu birleştirmenin fark edilmediği, böylece aksiyonun kesintisiz bir şekilde ilerlediği bir yöntemle sağlanır.

2. Aynı zamanda ancak farklı mekanlarda gerçekleşen sahneler, çapraz bir şekilde kurgulanarak anlatısal gerilim oluşturulur.

3. Diyalog sahneleri, bir kişiden diğerine bir seri omuz üzerinden yapılan çekimlerle oluşturulur.

4. Seyircinin bakışı ile film karakterinin bakışı arasında bir bağlantı kurulur. Seyirci, film karakterinin gördüğü şeyi görür.

Bu yapılandırmanın sonucu olarak, anlatı zaman boyunca düz bir çizgide ilerler. Geriye dönüşler (flash back) gibi doğrusallığı bozan geçişler özellikle belirtilir ve bütün "anlatısal giysi", filmin sonunda kadar dikilmiş olur. Seyirci, anlatının içine çekilerek anlatısal uzamın bir parçası olur.[471]

470- Kolker, a.g.e., s.16-17.
471- A.e., s.17.

Kolker'e göre, klasik Hollywood biçimi ideolojik açıdan Eisenstein montajının kapitalist bir versiyonudur. Bu biçim, hikayeyi ve karakterleri ön plana çıkararak seyirciyi tatmin eder. Seyircide para ödeyerek aynı şeyi tekrar tekrar görme arzusu yaratır.[472] Kolker, Sovyet montajından farklı olarak, klasik Hollywood biçiminin onu geliştirip kullanan kişiler tarafından kuramsallaştırılmadığını belirtir. Bu biçimin kuralları, ilk dönem sinema yılları boyunca sezgiyle ve pragmatik olarak gelişmiştir. Devamlılık biçimi, işe yaradığı için gelişmiştir. Kolker'e göre bu biçimin işe yaraması, seyircinin bu biçimden hoşlanması ve daha fazlasını talep etmesiyle kanıtlanmıştır. Bu biçim ayrıca filmlerin üretimi için de ekonomik olan bir yoldur. Yirminci yüzyılın ilk yıllarında çekim ve kurgunun temel yöntemleri kurumsallaşmaya başladığından, bu yöntemleri kullanarak devam etmek kolay olmuştur. Hollywood stüdyolarının devamlılık biçimini kullanımda bazı küçük farklılıklar olsa da, temel prensipleri sabit bir şekilde herkes tarafından kullanılmıştır.[473]

Klasik Hollywood tarzı, biçime dikkat çekmekten kaçınır ve bir takım tekniklerle kesmeleri yumuşatmaya çabalar. Her bir sekansta uzamsal bütünlüğün sürdürülmesi amaçlanır. Ancak, aynı zamanda kullanılan bu tekniklerin de kendilerini gizlemesi hedeflenir. Bu biçimsel sistem, aynı zamanda "görünmez kurgu" (invisible editing) olarak da bilinir. Önceki kısımlarda tarihsel kökenlerini irdelemiş olduğumuz devamlılık kurgusu, çekimler arasında uzamsal ve/ veya zamansal devamlılığı ve bütünlüğü kuran bir dizi kurgu pratikleridir. Başka bir deyişle, devamlılık kurgusu, sinemacıların zamanda ve uzamda rahatsız edici kesintiler olmadan ve seyirciye aslında bir sanat çalışmasını izlediğini fark ettirmeden, anlatıla-

---

472- A.e., s.16.
473- A.e.

rını mantıksal ve pürüzsüz bir şekilde ilerletebilmeleri için kullandıkları çeşitli tekniklerdir.[474] Bu kurgu biçiminin nihai amacı, seyirciyi bir film seyretme eylemi içerisinde olduğunu unutturarak kendisini filmin öyküsüne kaptırmasını sağlamaktır.[475] Devamlılık kurgusu, aksiyonun kesintisiz ve anlaşılır olmasına öncelik verir ve uzamsal, zamansal, ritmik ve grafik ilişkilerin bir düzen içerisinde çekimden çekime sürdürülmesini sağlar. Kuhn ve Westwell'e göre devamlılık kurgusu üç ana prensibe dayanır. İlk olarak, kurgunun görevi film anlatısının farklı parçalarının birbirine bağlanmasına hizmet etmektir. İkincisi, seyirciye etkili ve stabil bir izleme pozisyonu yaratarak filmin kurmaca dünyasının uzamından hiç bir zaman kopmaması sağlanır. Üçüncü olarak, "kesmenin" gerekli, ancak potansiyel olarak "bozucu" olan ektisi gizlenir ve böylece devamlılık kurgusunun diğer bir karşılığı olan "görünmez kurgu" (invisible editing) kavramı ortaya çıkar.[476]

Sinema seyircisi yıllar boyunca bu kurgu biçiminin egemen olduğunu kabul etmeye ve bu şablonu ihlal eden ter türlü uygulamayı "hatalı" ve illüzyonu bozucu olarak değerlendirmeye şartlandırılmışlardır.[477] Klasik kurgu biçimini "sinemasal stilin sıfır noktası" olarak niteleyen Burch'a göre, devamlılık kurgusunda sıçramalı kesmelerden (jump cut), "kötü" ya da "belirsiz" eşleşmelerden kaçınılır. Çünkü bunlar çekimler arasındaki geçişlerin temelde "devamsız" olan doğasını, ya da sinemasal uzamın "belirsiz" doğasını ortaya çıkarırlar.[478]

474- Sikov, a.g.e.,s.63.

475- Elspeth Kydd, The Critical Practice of Film: An Introduction , Palgrave Macmillan, Hampshire, 2011, s.186.

476- Annette Kuhn, Guy Westwell, A Dictionary of Film Studies, Oxford University Press, Oxford, 2012, s.94.

477- Robert Edgar - Hunt, John Marland, Steven Rawle, The Language of Film, 2.bs., New York, Bloomsbury Publishing, 2015, s.184.

478- Burch, Theory of Film Practice, s.11.

Devamlılık kurgusu, çeşitli amaçları gerçekleştirmek için bir dizi kuralı takip eder. Bunlar:[479]

Bir öykü anlatmak: Her şey hikayeyi ilerletmek için kullanılmalıdır. Gerekli olmayan her şey atılmalıdır.

Uzamsal bütünlüğü oluşturmak ve korumak.

Zamansal devamlılığı sürdürmek.

Grafik ve ritmik ilişkileri yaratmak ve desteklemek.

Biçimi oluşturan öğeleri seyirciden gizlemek.

Devamlılık kurgusu, her sahnenin kesintisiz bir zaman ve uzamda geliştiği illüzyonunu yaratır. Oysa bu sahneler farklı zamanlarda çekilmiş olan çeşitli açı ve ölçeklerden yapılmış olan çekimlerin bir araya getirilmesiyle oluşturulmuştur. Bu illüzyonu elde edebilmek için çekimler kurgulanırken belirli kriterlerde eşleşmeleri gerekmektedir.[480] Devamlılık kurgusunun önemli önceliklerinden birisi de, seyirci üzerinde açık ve anlaşılır bir coğrafya algısının oluşturulmasıdır. Farklı çekimler bir biri ardına eklendiğinde seyirci üzerinde kafa karışıklığına yol açabilir. Bir sahneye yeni bir çekim eklendiğinde, görüntü parçalanır ve sahnenin bütünlüğünün potansiyel olarak bozulma riski vardır. Devamlılık kurgusunda bazı yöntemler kullanılarak bu parçalanma gizlenmeye çalışılır. Örneğin, çekimler belirli ve sistematik bir düzende sıralanır ve ekranda tutarlı bir istikamet sürdürülür. Bu gibi standart pratikler seyircinin sinemasal uzamı tutarlı ve bütünlüklü olarak algılamasını sağlar.[481] Nichols'e göre kurgunun standart formu olan devamlılık kurgusu, pürüzsüz bir akış duygusu yaratır

---

479- A.e.
480- Jon Lewis, Essential Cinema: An Introduction to Film Analysis, Boston, Wadsworth Cengage Learning, 2014, s.132.
481- Maria Pramaggiore, Tom Wallis, Film: A Critical Introduction, Londra, Laurence King Publishing, 2005, s.182.

ve böylece hikayenin kendisi hikaye anlatımını sağlayan mekaniklerin önüne geçer. Seyirciler, yapılan pek çok kesmenin farkına varmazlar. Dolayısıyla seyircinin dikkati karakterlere, aksiyona, durumlara ve olaylara yöneltilir.[482]

Modernist Sinemada Kurgu

II. Dünya Savaşı sonrasında özellikle Avrupa'da, standartlaşmış "eğlence" biçimlerine ilgisini kaybetmeye başlayan genç insanların sayısı giderek artmaya başlamış ve savaş sırasında yetişmiş olan yeni bir sinemacı kuşağı ortaya çıkmıştı. Avrupa'da sosyal ve entelektüel yaşam yeniden canlanmaya ve Avrupa filmleri uluslararası alanda ve film festivallerinde önemli başarılar elde etmeye başlamıştı. Sanatçılar, 20. yüzyılın başlarında gelişmeye başlayan modernist geleneğin devam etme olasılığını öngörüyorlardı. Her zaman "yeni olanın şoku" nu sunan modernizm*, yeniden inşa edilen Avrupa'da tekrar canlandırılıyordu. Thompson ve Bordwell'e göre bu koşullar, uluslararası bir sanat sinemasının ortaya çıkmasına yol açtı.[483] Bu sinema, popüler geleneklere arkasını dönerek kendisini edebiyat, resim, tiyatro ve müzikteki deneysellik ve yenilik-

---

482- Nichols, Engaging Cinema, s.40.

**19. yüzyılda din tarihi ve edebiyat eleştirisinde kullanılan bir terim olarak ortaya çıkmış olan "modernizm" kavramı, 1940 yılından itibaren edebiyat ve sanat tarihi alanında geniş bir şekilde yer edinmiştir. Modernizm terimi, sanat tarihinde ilk olarak Amerikalı sanat eleştirmeni Clement Greenberg tarafından sadece bir biçimi ya da belirli bir hareketi değil, aynı zamanda sanat tarihinde bir dönemi vurgulamak için de kullanılmıştır. Greenberg, bu terime Fransız ressam Manet ile başlayan tüm sanatsal hareketleri ve biçimleri dahil etmiştir. Ona göre modernizm, çağdaş dünya deneyimini gerçek bir şekilde ifade edebilme olanağı olan sanat hareketidir. Greenberg, modernizmin en önemli değerlerinin yeni ve farklı olmaktan daha ziyade gerçeklik ve güncellik olduğunu vurgular ve modernizmi aslında sanat tarihinin estetik geleneklerine yerleşmiş olan tarihsel bir olay olarak görür. Bkz.:András Bálint Kovács, Screening Modernism: European Art Cinema, 1950–1980, Chicago, The University of Chicago Press, 2007, s.11.*

483- Thompson, Bordwell, Film History, s.357.

lerle tanımladı. Bir bakıma, savaş sonrası sanat sineması 1920'lerde Fransız İzlenimciliği, Alman Dışavurumculuğu ve Sovyet montajında keşfedilen modernist dürtülerin yeniden canlanmasına işaret eder. Thompson ve Bordwell, modernist sinemanın daha önceki sinema hareketleriyle de bağlantılı olduğunu vurgular. Örneğin İtalyan Yeni Gerçekçi sineması, Sovyet sinemacıların yaptığı gibi profesyonel oyuncu olmayan sıradan insanlara ana rollerde yer vermiştir.[484]

"Modern sinema", bir konsept olarak 1940'lı yıllarda ortaya çıkmaya başlamış ve klasik ile modern film arasındaki karşıtlık II. Dünya Savaşı sonrasında belirmiştir. Kovács'a göre, II. Dünya Savaşı öncesinde sinemacıların belgesel, anlatısal ya da avangart film yapma seçenekleri vardı. Ancak "modern film", bir seçenek olarak ortada yoktu. Çünkü o zamana kadar zaten film yapmanın kendisi modern bir sanat biçimi olarak kabul ediliyordu. "Sanat filmi" ve "eğlence filmi" arasındaki ayırım, sinemacılar ve eleştirmenler tarafından daha sonradan ortaya atılmıştır. Kovács'a göre, "ticari eğlence filmi" ve buna karşıt olarak "sanat sineması" kavramlarından söz edildiğinde aslında estetik kaliteden değil, belirli türlerden, biçimlerden, anlatı yöntemlerinden, dağıtım ağlarından, yapım şirketlerinden, film festivallerinden, sinema dergilerinden, eleştirmenlerden ve seyirci gruplarından, kısaca bir takım kurumsallaştırılmış sinema pratiklerinden söz edilir. Söz konusu pratiklerin ürünü olan filmler, birbirlerinden daha iyi ya da kötü değildir ve doğal olarak "eğlendirici" ya da "sanatsal" değildir. Kovács', bu nedenle "sanat filmi" etiketinin, ticari sinemanın karşıtı olarak konumlandırıldığında bir kafa karışıklığına yol açtığını vurgular. Ticari eğlence filmleri kimi zaman ticari başarısızlığa uğrayabilir ve hiç bir şekilde "eğlendirici" de olamayabilir.

484- A.e

Bunun gibi, sanat filmlerini de "sanatsal" yapan şey, Kovács'a göre o filmlerin kalitesi değil, sanat filmi yapma arzusudur.[485]

Bordwell'e göre, klasik anlatı sineması 1920'den beri anlatısal yapı, sinemasal biçim ve seyirci aktivitesi üzerine bir takım varsayımlara dayanır.[486] Klasik sinemada anlatısal biçim, sinemasal temsili motive eder. Özellikle neden-sonuç mantığı ve öyküsel paralellik, psikolojik olarak tanımlanmış ve bir amaca odaklanmış olan film karakterleri aracılığıyla yansıtılan bir anlatıyı oluşturur. Anlatısal zaman ve uzam, neden-sonuç zincirini temsil etmek için yapılandırılır. Bu amaçla sinemasal temsil, kurgunun, mizansenin, sinematografinin ve sesin bir takım sabit figürlerine başvurur. Bu araçların önemi, anlatıyı geliştirme fonksiyonuna sahip olmalarında yatar. Klasik film, seyirciye gerçeğe benzeyiş, akla yakın olma, genele uygunluk ve kompozisyon bütünlüğü kriterleri üzerinden anlamlı gelir. Bordwell, bu çerçeveyi göz önünde bulundurarak sanat sinemasının bazı özelliklerine dikkat çeker. Ona göre,sanat sineması kendisini ilk olarak, açık bir şekilde klasik anlatısal yapıya karşıt olarak tanımlar. Sanat sineması özellikle, anlatısal olayların neden-sonuç bağlantısına karşı çıkar. Bu bağlantılar sanat sinemasında çok daha seyrek ve daha serbesttir. Örneğin Antonioni'nin *L'Avventura* filminde kaybolan kadın karakter asla bulunamaz. Ya da De Sica'nın *Bisiklet Hırsızları* filminin sonunda baba ve oğula ne olacağı belirsiz bırakılmıştır.[487]

Butler'a göre ise sanat sineması kavramı, ağırlıklı olarak Hollywood dışında yapılan ve ticari kar elde etmekten daha çok kişisel ifade aracı olarak yapılan filmleri tanımlamaktadır.

485- Kovács, a.g.e.,s.21-22.
486- David Bordwell, "The Art Cinema as a Mode of Film Practice", Film Criticism, Vol. 4, No. 1, Film Theory (Fall 1979), s.57.
487- A.e.

Bu filmler, çoğunlukla doğrusal olmayan bir anlatı çizgisine ve çözülmemiş ucu açık sonlara sahip olup, kesin ahlaki yargılarda bulunmazlar. Bu filmler klasik Hollywood sineması biçimini reddederler. Sanat sineması kavramı, aynı zamanda tartışmalı bir şekilde de olsa avangart, karşıt sinema ve bağımsız sinema kavramları ile de örtüşür.[488] Speidel'e göre, kar unsurunun öncelikli olduğu ticari sinemanın anlatısal uylaşımları sayesinde, estetik yenilikçilik ve kişisel ifade temelinde gelişen ve çeşitli kurumların desteğiyle gerçekleştirilen küçük ölçekli bağımsız yapımların uylaşımlarını tanımlamak mümkün olmuştur.[489]

Sanat sineması kavramı, "avangart" kavramı ile de yakın bir şekilde bağlantılıdır. Avangart sinema estetik açıdan çok, ekonomik ve kurumsal açıdan sanat sinemasından ayrılır. Avangart filmler çoğunlukla, film endüstrisinin yapısı dışında kalan film kulüpleri, sanat galerileri ve akademik etkinliklerde gösterim olanağı bulurlar. Çeşitli kaynaklardan ekonomik olarak desteklenen sanat sineması filmleri ise, ticari sinemalarda gösterilirler ve avangart filmlere göre daha fazla ticari başarı beklentisine sahip olmak durumundadır. İçerik ve biçim açısından birbirleriyle örtüşen kavramlar olan sanat sineması ve avangart, modernizmin yükselişi ile bağlantılıdır. Sanat sineması ve avangart, klasik Hollywood sinemasına karşı bir cevap ve tepki olarak düşünülebilir. Sanat sineması, kendi uylaşımlarını Hollywood'un karşıtı ya da açık bir şekilde "Hollywood olmayan" olarak açıklar. Speidel'e göre bu yaklaşım, sanat sineması uylaşımlarını ele almak için yararlıdır ancak, sanat sinemasının sadece bundan ibaret olmadığı da göz önünde bulundurulmalıdır. Modernizm ile olan bağlantısı ve farklı ulusal sinemalardaki varlığı nedeniyle sanat sineması

488- Butler, a.g.e., s.138-139.
489- Speidel, a.g.e., s.81-82.

çeşitlidir ve sadece "Anti - Hollywood" olmanın dışında da kendine ait uylaşımları vardır.[490]

Orpen'e göre ise sanat sineması, yanıltıcı bir genelleme olsa da, çoğunlukla "Avrupalı" olarak anılır. Sanat sineması, klasik anlatı sinemasının bir alternatifi olarak değerlendirilir. Örneğin -yukarıda Bordwell'in de vurguladığı gibi- filmlerin sonunda her zaman belirli bir çözüme ulaşılmaz.[491] Zaman zaman ana konunun dışına da çıkıldığından, anlatı gevşek bir şekilde yapılandırılır. Doğrusal anlatı çizgisinden sapılabilir. Örneğin geriye dönüşler (flashback) her zaman açık bir şekilde seyirciye işaret edilmez. Karakterlerin motivasyonları ve amaçları ise çoğunlukla belirsizdir. Orpen, sanat sinemasının kişisel izlerin ve vizyonların yansıtıldığı "yaratıcı sinema" olduğunu vurgular. En önemlisi ise, sanat sinemasında seyirciyi sarsmak amacıyla genellikle, kasıtlı olarak klasik devamlılık kurgusu kuralları ihlal edilebilir.[492] Örneğin, bir sahnede aksiyon bittikten sonra da çekim bir süre daha devam ettirilebilir ya da "hiç bir şeyin gerçekleşmediği" anların kurguda atılmasına karşı çıkılır. Thompson ve Bordwell'e göre pek çok modernist sinemacı tarz olarak, genellikle kamera hareketlerine dayanan uzun çekimlerden yanadır. Uzun çekimler, bir durumu kurgunun etkisi olmadan "gerçek zamanda" olduğu gibi sunabilme olanağı olarak savunulur.[493]

Yeni Gerçekçi Sinemada Kurgu ve Gerçekçi Kuram: Andre Bazin ve Siegfried Kracauer

II. Dünya Savaşı, pek çok ülkenin sinemacıları ve eleştirmenleri arasında daha ciddi ve sosyal içerikli filmler yapma

490- *A.e.*
491- *Valerie Orpen, Film Editing: The Art of the Expressive, Londra, Wallflower Press, 2003, s.60.*
492- *A.e.*
493- *Thompson, Bordwell, Film History, s.357.*

arzusunu körüklemiştir. Sklar'a göre, savaşın korkunç yüzünün belirgin olması ve yaşanılabilir bir dünya özlemi, savaş sonrasında gelip geçici eğlencenin standart yöntemlerine geri dönüşe bir nevi engel olmuştur. Savaş sırasında, haber ve propaganda filmlerinde belgesel ve kurmaca yöntemlerinin iç içe geçmesi ve savaş alanlarında omuzda taşınan kameraların kullanımı, sosyal gerçeklikle çok daha direkt bir şekilde yüz yüze gelmeyi ve de stüdyolarda yaratılan yapay atmosferin kırılmasını sağlamıştır. Bu koşullar, savaşta yenilmiş bir ülke olan ve daha önceden uzun yıllar boyunca dünya sinemasında adı pek anılmamış olan İtalya'da, tüm dünya sinemasını etkileyecek olan ve "Yeni Gerçekçilik" olarak anılan sinema hareketinin ortaya çıkmasını sağlamıştır.[494] Yeni Gerçekçi hareketin önde gelen sözcüsü ve senaristlerinden biri olan Cesare Zavattini'ye göre "ideal film, bir insanın sıradan ve önemsiz doksan dakikasını anlatan filmdir." Zavattini, 1942 yılında İtalyan sinemacıları faşist dönemin kaçınmacılığa*, gösteriye ve retoriğe dayanan yıldız sistemini, stüdyo yapaylığını ve olay örgüsünü reddederek, sadece sıradan insanların günlük yaşamlarındaki güncel gerçekliklere odaklanmaya teşvik etti.[495] Zavattini'ye göre, "Sinemanın gerçek fonksiyonu masallar anlatmak değildir. Sinema, gerçekliği bir hikayeymiş gibi anlatmalıdır: yaşam ve ekranda görünen arasında bir boşluk olmamalıdır ."[496]

"Yeni Gerçekçi" kavramı ilk olarak, eleştirmen Antonio Pietrangeli tarafından, Luchino Visconti'nin 1942'de çektiği *Tutku (Ossessione)* filmine yönelik olarak kullanılmıştır. Yeni

---

494- Sklar, a.g.e., s.282.
**Gerçekçi biçimde karşılanması gereken tedirgin edici durumlardan kaçınma eğilimi. Bkz.: http://www.tdk.gov.tr/index.php?option=com_bts&view=bts&kategori1=veritbn&kelimesec=176644*
495- Parkinson, a.g.e., s.150.
496- Sergio J. Pacifici, "Notes toward a Definition of Neorealism", Yale French Studies, No.17, Art of the Cinema (1956), s.51.

Gerçekçi biçim, 1940'lı yılların ortalarına doğru Visconti ile birlikte Roberto Rossellini ve Vittorio De Sica'nın Roma Açık Şehir *(Roma città aperta)*, *Kaldırım Çocukları (Sciuscià)*, *Hemşehri (Paisà)*, *Bisiklet Hırsızları (L"adri di biciclette)* ve *Yer Sarsılıyor (La terra trema)* filmleriyle en çok tanınan eserlerini gerçekleştirmiştir. Bu filmler sadece savaş öncesi İtalyan sinemasına hakim olan bayağılığa değil, aynı zamanda İtalya'nın bulunduğu sosyoekonomik koşullara da tepki olarak doğmuştur.[497]

Savaş sonrasında bütün Avrupa'da ve özellikle İtalya'da sinema sektörü büyük zarar görmüş, stüdyolar ve teknik donanım kullanılamaz hale gelmiş ve film yapmak için gerekli kaynaklara ulaşmak çok zorlaşmıştı. Bu koşullar, sinemacıları film üretmeyi sürdürebilmeleri için bir takım yeni yöntemler geliştirmeye zorladı. Yeni Gerçekçi sinemacıların amacı, yaşamı olabildiğince gerçeğe en yakın şekilde aktarmak olduğundan stüdyo yapaylığına, ünlü oyunculara ve klasik hikayelere karşıydılar. Ancak yine de maddi sıkıntılar, Yeni Gerçekçi sinemanın yalın ve açık bir anlatıma sahip olmasında etkili olmuştur. Abisel ve Eryılmaz'a göre bu karşılıklı belirleme bağlamında Yeni Gerçekçi sinemada içerik, biçime göre daha etkin bir konumda olmuştur: "Sokaktaki insanın günlük yaşamını anında saptayıp, gerçeğe daha çok yaklaşmak isteyen Yeni Gerçekçi yönetmen sokağa çıkmak zorundaydı."[498] Özellikle Yeni Gerçekçi hareketin ilk yıllarında, stüdyoların savaş sırasında hasar görmeleri nedeniyle, sinemacılar kameralarını sokağa çıkarmak durumunda kalmıştı.[499] Thompson ve Bord-

---

497- Bert Cardullo, André Bazin And Italian Neorealism, New York, Continuum, 2011, s.19.

498- Nilgün Abisel, Tuğrul Eryılmaz, "Sinemanın Çağdaşlaşması: Yeni Gerçekçilik, Yeni Dalga", Sinema Araştırmaları: Kuramlar, Kavramlar, Yaklaşımlar, Ed. Murat İri, 3.bs, İstanbul, Derin Yayınları, 2014, s.29-30.

499- Christopher Wagstaff, Italian Neorealist Cinema: An Aesthetic Approach, Toronto, University of Toronto Press, 2007, s.36.

well'e göre Yeni Gerçekçi filmleri "gerçekçi" yapan unsurlardan biri de, o zamana kadar yapılmış olan filmlerden farklı olmalarıdır. Savaş öncesi İtalyan filmleri, ihtişamlı stüdyo dekorlarıyla ün salmıştı. Savaş sırasında ünlü Cinecitta stüdyoları zarar görmüştü ve yüksek bütçeli filmlerin desteklenmesi mümkün olmuyordu. Böylece sinemacılar kameralarını sokağa ve kırsal alanlara taşıdılar. İtalyan sinema sektörünün yabancı filmlere İtalyanca dublaj yapma konusundaki uzun deneyimi, çekimlerin dış mekanda ses problemi yaşanmadan tamamlanıp, diyalogların daha sonra dublajla yerleştirilmesine olanak tanıyordu.[500] Dublaj yapma olanağı, sesli çekimin kısıtlayıcı etkileri olmadan kamera hareketlerinin ve mizansenin çok daha rahat bir şekilde planlanabilmesini sağlıyordu.[501] Yeni Gerçekçi sinemacılar minimal bütçelerle, profesyonel oyuncularla birlikte yerel halkı da kullanarak gerçek mekanlarda çalıştılar. Şartlar gereği, çekim sırasında senaryo değiştirilebiliyordu.[502] Rosellini, elindeki ham filmin kısıtlı olması nedeniyle çekimleri tekrarlayamamıştı. Bu nedenle, uygun olmayan çekimleri bile kullanmak zorunda kalmış ve sonuç olarak filmlerinde "...kurgunun kaba ve kesmelerin ani olmasından kaçınamamıştır."[503] Ancak bu durum, filmlerine kurmaca ve belgesel karışımı bir atmosfer katmak isteyen Rosellini'nin amacına uygun düşmüştür. "Çünkü izleyicisini anlatımsal akıcılıkla uyutmak istemiyor, hamlığı, bir haber filminin 'o andalığını' (immediacy) taklit için kullanıyordu."[504]

Yeni Gerçekçilik, pek çok sinema tarihçisi tarafından sadece politik tavrı ve dünya görüşü açısından değil, ama aynı za-

---

500- Thompson, Bordwell, Film History, s.360-361.
501- Sklar, a.g.e., s.283.
502- Cardullo, a.g.e., s.19.
503- Abisel, Eryılmaz, a.g.e., s.30.
504- Eric Rhode, A History of The Cinema, Londra, Penguin Books, 1978, s.457, Akt.: Abisel, Eryılmaz, a.g.e., s.30.

manda film biçimine getirdiği yenilikler açısında da etkili bulunur. Thompson ve Bordwell'e göre bu yeniliklerin çoğuna, Sovyet Sineması gibi daha önceki sinema hareketleri tarafından öncülük edilmiştir ancak, Yeni Gerçekçi hareketin uluslararası prestiji bu yeniliklere daha önce hiç olmadığı kadar dikkat çekmiştir. Tipik bir Yeni Gerçekçi filmin gerçek mekanlarda ve profesyonel oyuncu olmayan kişileri kullanarak, kabaca ve hazırlıksız bir şekilde oluşturulan kompozisyonlarda çekildiği düşünülür. Ancak Thompson ve Bordwell, çok az Yeni Gerçekçi filmin bu özelliklerin tümünü barındırdığını vurgular. Çoğu iç mekan çekimleri, özenle aydınlatılmış stüdyo dekorlarında çekilmiştir. Filmler yukarıda da belirttiğimiz gibi sessiz olarak çekilip, sonradan dublaj yapılarak senkronize edilmiştir. Örneğin, *Bisiklet Hırsızları* filminin ana karakteri, başka bir oyuncu tarafından seslendirilmiştir. Çekimler gerçek mekanlarda yapılmış olsa bile, sahneler pürüzsüz kamera hareketleri, keskin netliğe sahip görüntüler ve koreografik bir şekilde sahnelenmiş pek çok plan içerir. Yeni Gerçekçi filmlerde, tipik olarak bir sahnenin duygusal gelişimini vurgulamak için yaygın bir şekilde müzik kullanılır. Ayrıca Yeni Gerçekçi filmlerin kurgu yapılarında, klasik Hollywood biçiminin de etkileri de görülür. Thompson ve Bordwell'e göre bütün bunlar göz önüne alındığında, Yeni Gerçekçi sinema, diğer sinema biçimlerine göre daha az yapaylık içermez.[505]

Roma Açık Şehir şehir filminde zaman ve mekan atlamaları silme (wipe) ve zincirleme (dissolve) yöntemleri kullanılarak gerçekleştirilmiştir. Filmde, kamera hareketleriyle elde edilen uzun çekimler mevcuttur. Kesmeler, genellikle mekanlara giriş ve çıkışlarda yapılmıştır. Örneğin çekimler, Giorgo'yu

---

505- Thompson, Bordwell, Film History, s.362.

arayan askerlerin evin salonundan bir odaya girdiğinde ve o odadan çıkıp tekrar salona girdiğinde ya da salondan terasa geçtiklerinde değişmiştir. Filmde, kişilerin fotoğrafları gibi önemli detayları aktarmak için, orta ölçek çekimlerin aralarına yakın ölçek görüntülerin de yerleştirildiği görülmektedir. Ayrıca aksiyon uyumu kesmelerinin, Klasik Hollywood filmleri gibi kusursuz olmadığı da görülmektedir. Sklar'a göre, Rosellini'nin Yeni Gerçekçi biçiminin en büyük unsuru, uzun çekimlerden ya da kamera hareketlerinden ziyade montajdır. Rosellini'nin kurgusunun en çarpıcı örneklerinden biri, Alman askerlerinin Pina'yı öldürdükleri sahnedir. Bu sahne, yaklaşık olarak on dakika süren ve apartman binasının direnişçileri arayan Alman askerleri ve İtalyan faşistleri tarafından basıldığı sekansın sonunda gelir. Neredeyse belgesel bir gözlemci tarzı olan bu sekans, genel ve orta-genel ölçekte çekimlerle kurulmuştur. Daha az sayıda kullanılan orta ölçekli çekimlerle de karakter etkileşimleri verilmiş ve sekansın gerilimli tonu bazı mizahi dokunuşlarla yumuşatılmıştır.[506] Ancak, nişanlısı Franccesso'nun yakalandığını görüp ardından koşan Pina'nın vurularak yere düşmesiyle, filmin tonu alttan verilen müziğin de etkisiyle yeniden değişir. Filmin duygusal tonu bir anda gerilimden, komediye ve tekrar gerilime, en nihayetinde de şok ve üzüntüye dönüşür. Thompson ve Bordwell'e göre, filmin ana kadın karakteri olan Pina'nın ani ölümü, o dönemin seyircisi açısından beklenmedik bir şok yaratmıştır.[507]

De Sica'nın *Bisiklet Hırsızları* filminde de, *Roma Açık Şehir*'de olduğu gibi sahne geçişlerindeki zamansal ve uzamsal atlamalar zincirleme ve kimi zaman da silme (wipe) ve karamaaçılma yöntemleri kullanılarak gerçekleştirilmiştir. Diyalog sahnelerinin oluşturulmasında zaman zaman klasik anlatı si-

---

506- Sklar, a.g.e., s.286.
507- Thompson, Bordwell, Film History, s.365.

nemasının analitik kurgu yöntemine başvurularak, "açı-karşı açı" tekniği kullanılmıştır. Ricci ve oğlunun çalınan bisikleti aradıkları sekanslar boyunca, karakterlerin uzam içerisindeki hareketleri uzun kaydırmalı çekimlerle verilir. Filmde kimi zaman "açık çerçeve" uygulamasına gidildiği de görülür. Örneğin Ricci'nin ilk posterini duvara yapıştırdığı sahnede, kamera pan hareketi ile dilenci çocukları takip ederek Ricci ve o esnada konuştuğu bir kişiyi çerçeve dışında bırakır. Ricci ve diğer adamın konuşmaları çerçeve dışından duyulur. Bisikletin çalındığı sekansta da olduğu gibi, dramatik durumları vurgulamak için yoğun bir şekilde müzik kullanılmıştır. *Bisiklet Hırsızları* filminde çalınan bisikletin aranışı, sabahtan başlayıp, akşam üzerine doğru akan bir kronolojiyi takip eden doğrusal bir anlatım çizgisi ile verilir. Sahneler birbirlerine bağlanırken klasik Hollywood sinemasında olduğu gibi neden-sonuç ilişkisinden ziyade, olayların gelişim sırası göz önünde tutulur. "B" sahnesinin, "A" sahnesinin ardından gelmesinin nedeni, "A"nın , "B"nin oluşmasına yol açması değil, sadece "B" sahnesinin kronolojik olarak daha sonra gerçekleşmiş olmasıdır.[508] Filmin finalinde, Ricci'nin başka bir bisikleti çalıp çalmamak arasında kararsız kaldığı ve en nihayetinde bisikleti çaldığı sekans, yaklaşık üç dakika sürer. De Sica, bu sekansta Ricci'nin yaşadığı gerilim atmosferini, arka arkaya eklediği Ricci'nin boy ve bel ölçeğinde çekilmiş ileri-geri yürüdüğü çekimlerle, onun bakış açısından boş bisikletin göründüğü çekimler arasına, stadyumdan dağılan kalabalığın görüntülerini ekleyerek yaratmıştır. Abisel ve Eryılmaz'a göre Yeni Gerçekçi yönetmenler, risk taşımamak adına ilk defa kamera karşısına geçen ve profesyonel olmayan oyuncuları yakın ölçekler yerine, daha geniş ölçeklerle ile çekmeyi tercih etmişlerdir.[509]

508- A.e.

509- Abisel, Eryılmaz, a.g.e., s.30.

Visconti'nin *Yer sarsılıyor* filmi ise, yukarıda ele aldığımız diğer iki filme göre çok daha fazla alan derinlikli, mizansene dayalı ve uzun süreli çekimler içerir. Örneğin filmin başlarında, balıkçıların tuttukları balıkları tartıp sattıkları bir sahne iki dakikadan uzun süren bir plan-sekansla verilmiştir. Bu çekim, terazi üzerinde bulunan bir balığı yakın ölçekten göstererek başlayan kameranın, ileriye ve geriye kaydırma hareki ile balıkçıların arasında gezinmesiyle elde edilmiştir. Filme, belirli durum ve olguları açıklayan bir dış ses (voice over) kullanılmıştır. Sahne geçişlerindeki zaman ve mekan atlamaları, diğer filmlerde olduğu gibi zincirleme yöntemi kullanılarak yapılırken, zaman zaman da düz kesme ile gerçekleştirilmiştir. Visconti'nin çekimleri, olağan dışı bir şekilde uzundur. Bazı çekimlerin süreleri üç-dört dakikayı bulur. Visconti, bir mizanseni olay ya da olgunun gerektirdiği gibi düzenler. Örneğin, bir balıkçının sigara sarması, kesintisiz olarak bütünüyle verilir. Bunlar, Sovyet montajında olduğu gibi dramatik ya da sembolik bir anlama indirgenmez. Çekimler çoğunlukla sabit olan kamera ile yapılmıştır. Böylece karakterler çerçeve içine girip çıkarak, pozisyonlarını alırlar. Bununla birlikte Visconti, aşırı derecede geniş bir kavis üzerinde yapılan ve oldukça yavaş olan pan hareketi kullanma alışkanlığına da sahiptir.[510]

Fairservice'e göre Yeni Gerçekçi hareket, sinemayı stüdyo ve yapım yöntemlerinin temeli olan pek çok çekim ve kurgu uylaşımlarının sınırlamalarından özgürleştirmiştir.[511] Thompson ve Bordwell'e göre ise, Yeni Gerçekçi sinemanın biçimsel ve anlatısal yöntemleri, uluslararası modernist sinemanın oluşumunu etkilemiştir. Gerçek mekanlarda yapılan çekimler ve dublaj kullanımı, profesyonel oyucularla oyuncu olmayan sıradan insanların bir arada kullanılması, tesadüfi karşılaşma-

---

510- Cardullo, a.g.e., s.19.
511- Fairservice, a.g.e., s.314.

lara dayanan olay örgüsü ve farklı atmosferlerin aşırı bir şekilde karışımı gibi stratejiler, sonraki kırk yıl boyunca pek çok sinemacı tarafından benimsenmiş ve geliştirilmiştir.[512]

Yeni Gerçekçi sinemanın en büyük savunucusu Fransız film eleştirmeni ve kuramcısı André Bazin olmuştur.[513] Bazin'e Göre İtalyan Yeni Gerçekçi sineması, sinemaya gerçekliğin belirsizliğini kazandırarak montajın etkilerine başkaldırmıştır. Örneğin, "Rossellini'nin *Almanya Sıfır yılı* (*Allemania Anno Zero*) filminde bir çocuğun yüzündeki zihin meşguliyeti, Kuleşov'un Mozhukhin yakın çekimiyle zıtlık taşımaktadır."[514] Bazin, 1951'de yayınlanmaya başlayan ve yazarları arasında Godard, Truffaut, Chabrol, Rohmer ve Rivette'nin olduğu "Cahiers du cinéma" isimli dergide yaşamının sonuna kadar sinema yazıları kaleme almış ve sonradan bu yazılar, dört ciltten oluşan "Sinema Nedir?" isimli kitapta toplanmıştır.[515] Bazin'in kuramsal olarak gerçekçi sinemayı benimsemesi, İtalyan Yeni Gerçekçi sinemanın yükselişi ile aynı zamanlara denk gelir. Bazin'in kuramları, bu filmlerle birlikte ilgi çekmeye başlamış ve belirli bir izleyici kitlesi arasında popüler olmuştur.[516] Jean Renoir'ın 1930'lu yıllarda yaptığı filmlerle birlikte, Yeni Gerçekçi filmler sıklıkla Bazin'in gerçekçilik konseptine en uygun düşen filmler olarak anılır. Bazin, bir bakıma Yeni gerçekçi sinemayı "gerçekliğin sineması" ya da neredeyse "antisinema" olarak savunmuş olan Cesare Zavattini'nin yerini almıştır.[517] Dudley Andrew, İtalyan Yeni Gerçekçi sinemasının

---

512- Thompson, Bordwell, Film History, s.366.

513- Justin Horton, "Mental Landscapes: Bazin, Deleuze, and Neorealism (Then and Now)", Cinema Journal, Vol. 52, No. 2 (Winter 2013), s.24.

514- André Bazin, Sinema nedir?, Çev. İbrahim Şener, İstanbul, Doruk Yayınları, 2011, s.52.

515- Battal Odabaş, "Andre Bazin", Sinema Kuramları 1, Ed. Zeynep Özarslan, İstanbul, Su Yayınevi, 2013, s.155.

516- Andrew, Büyük Sinema Kuramları, s.226.

517- Daniel Morgan, "Rethinking Bazin: Ontology and Realist Aesthetics", Critical Inquiry, Vol. 32, No. 3 (Spring 2006), s.461.

Bazin'in kuramlarına mükemmel bir şekilde hizmet ettiğini belirtir. Bazin'e göre Yeni Gerçekçi sinema, günlük yaşam algımızı neredeyse bire bir kopyalayarak, bir deneyimin sinemacının retoriği aracılığı olmadan kendi kendini anlatabileceği koşulları sunar. Yeni Gerçekçi sinemacı, yaşamın belirli bir açısını seçerek yaşamda dağılmış olarak bulunan şeylere beyaz perdede konsantre olur. Böylece, seyirciye bütün gizemiyle bir konuya dikkatini verme olanağı sunulur.[518]

Bazin'den önceki kuramcılar, sinemanın kaba bir şekilde gerçekliğe başvurmasına karşı çıkıyorlardı. "Onların hepsi sinemanın insanın kendi zekâsıyla ve bilinçli olarak bu sessiz-maddeyi şekillendirmeye başladığı zaman sanat olduğunu, sinemanın gerçekliği dönüştürmesiyle sanat payesini kazandığını ileri sürdüler."[519] Andrew'a göre bu yönelim içerisinde en aşırı noktaya gitmiş olan Eisenstein ve Arnheim için sessiz sinema, içinde sözel dilin yerleşik kurallarına benzeyen, ancak sözel dilden daha fazla çağrışımlara dayanan sembolik bir sistemdi.[520] Bazin'in kuramının temeli ise "nesnel gerçekçilik"tir. Ona göre bozulmamış gerçeklik, en saf bir şekilde belgesel filmlerle verilebilir. "Kurguya karşı mizansene önem veren Bazin, gerçek sürekliliği ancak mizansen içindeki düzenlemelerle yaratılabileceğini savunmuş, bu açıdan Orson Welles'in alan derinliği çalışmalarına önem vermiştir."[521]

> *"Orson Welles'in yaptığı bütün devrim, alışılmamış bir alan derinliğinin sistemli kullanılışından yola çıkmaktadır. Klasik alıcının merceği birbiri ardından sahnenin farklı yerlerine çevrildiği halde Orson Welles'in alıcısı-*

518- Sklar, a.g.e., s.284.
519- Andrew, a.g.e., s.237.
520- A.e.
521- Odabaş, a.g.e., s.158.

nın merceği dramatik alanda bulunan bütün görsel alanı aynı seçicilikle kapsar. Artık, herhangi bir nesneye önsel bir anlam vererek, göreceğimiz nesneyi bizim için seçen kurgulama değildir; perdeyi kesit olarak alan sürekli gerçeğin paralel yüzünde sahneye özgü dramatik tayfı seçmek zorunda kalan seyircinin zihnidir."[522]

Hemen hemen yazdığı tüm makalelerde sinemanın gerçekliğe olan bağımlılığını vurgulayan Bazin'e göre, sinema gerçeğin sanatı olarak kendi tamlığına ulaşır. "Sinema her şeyden önce gerçeğin sanatıdır, çünkü nesnelerin uzamsallığını ve içinde bulundukları uzamı kaydeder."[523] Bazin, kurgu ile gerçekliğin manipüle edilmesine karşıçıkar. Andrew'a göre, Bazin'in kuramının merkezinde yatan sonuç şudur: "Bir sanatçının vizyonu gerçekliğin sanatçı tarafından dönüştürülmesinden değil de, gerçeklikten yaptığı (sorgulayarak) seçimden ortaya çıkarılmalıdır."[524]

Eisenstein ve Pudovkin gibi biçimcilerin sinema sanatının merkezine kurguyu yerleştirmiş olmalarına karşın Bazin, alan derinlikli uzun çekimlerle gerçekleştirilen mizansenin gerçekçi sinemanın dönüm noktası olduğunu ileri sürer. Bazin için alan derinliği, başka bir sinemasal araç olmaktan ziyade "...sinema dili tarihinde ileriye doğru atılmış diyalektik bir adımdır."[525] Ona göre, alan derinliği sayesinde seyirci görüntüyle gerçekliğin kendisine nazaran daha yakın bir ilişki kurar.[526] Bazin'e göre, II. Dünya Savaşı öncesine kadar Hollywood sinemasında kurgunun kullanımı "görünmez"dir. Amaç, bir sahnenin dra-

522- *Bazin, a.g.e., s.207.*
523- *Andrew, a.g.e., s.229.*
524- *A.e., s.249.*
525- *Monaco, Bir Film Nasıl Okunur, s.386.*
526- *A.e.*

matik mantığına uygun olarak çözümlenmesidir. "Bu sayede izleyici, açımlamasını yönetmenin bakış açısına göre yapacaktır."[527] Montajın kullanılma amacı, görüntülerin bileştirilmesi sayesinde duyguların ya da anlamların yaratılmasıdır. Bunu en iyi şekilde Kuleshov'un yaptığı deneylerde görürüz. "Bir gülümsemenin takip eden görüntülerde aldığı farklı şekiller montajın özelliklerini mükemmel bir şekilde özetler."[528]

Bazin, 1920 ve 1940 yılları arasında imgeye inanan sinemacılarla, gerçekliğe inanan sinemacılar arasında iki karşıt eğilim olduğunu vurgulayarak[529], bu çerçevede "sembolistik" olarak tanımladığı Kuleshov, Eisenstein ve Able Gance'nin filmlerinin kurgu biçimleriyle, Erich von Stroheim, F. W. Murnau ve Robert Flaherty gibi yönetmenlerin filmlerinde kullanılan kurgu biçimlerini karşılaştırır. Ona göre, Kuleşov, Eisenstein ve Gance'ın imgeye dayalı montaj yöntemleri, seyirciye bir olayı göstermek yerine, gerçekliğin seçilmiş parçalarını kurgulayarak sadece ima ederler. "Anlam görüntüde değil, izleyicinin zihnine ilişkin olarak kurgulanmış görüntü gölgesindedir."[530] Bazin'e göre montaj aracılığıyla görüntülere yüklenen anlamlar, seyircinin belirli çözümlemeler yapmalarını gerektirecek bir düzenle oluşturulmuştur. Ancak, Stroheim, Murnau ve Flaherty'nin filmlerinde gerçeklik fazlasıyla vardır. Bu gerçeklikten bir eleme yapmak, gerçekliğe zarar vereceği için bu sinemacıların filmlerinde montajın önemli bir yeri yoktur."Kamera aynı anda her şeyi göremez fakat seçilen kısmından hiçbir şey kaçırmaz."[531] Bazin, buna örnek olarak Flaherty' nin *Kuzeyli Nanook* filmini verir. Burada Flaherty için önemli olan, Nanook'un avlamak istediği fok balığı ile olan ilişkisi ve

---

527- Bazin, a.g.e., s.33.
528- A.e., s.34.
529- Odabaş, a.g.e., s.168.
530- A.e., s.34-35.
531- Bazin, a.g.e., s.36.

bekleyişin gerçek büyüklüğüdür. "Kurgunun zamanı tahmin ettirebilmesine karşın Flaherty bekleyişi bize göstermekle yetiniyor, avlanmanın süresi, onun gerçek nesnesi bizzat görüntünün özüdür."[532] Filmin tek çekimle elde edilmiş olan bu bölümünde Flaherty'nin amacı, avın uzunluğunu ve Nanook' un gerçek bekleme süresini göstermektir.[533] Abisel ve Eryılmaz'a göre"Bazin, kurguda otantik ve nesnel olma kuramının düşünürüdür."[534] Kurgu yöntemleriyle gerçekliğin yönlendirilmesini tehlikeli bulan Bazin, Jean Renoir'ın alan derinlikli uzun çekimlerini ve kaydırmalı kamera kullanımını yüceltir. Bazin, benzer biçimsel yaklaşımları olan Orson Welles, William Wyler ve İtalyan Yeni Gerçekçi sinemacılardan Rossellini ve Visconti'yi favorileri olarak gösterir.[535]

Bazin'e göre, analitik montaj seyirciyi bir rehberi izlemek zorunda kaldığı pasif bir duruma yerleştirir. Buna karşın gerçekliği daha fazla sağlayan alan derinlikli uzun çekimlerde ise, seyirci bu pasif konumdan kurtularak olayın katılımcısı konumuna geçer.[536] Bazin için alan derinliği, sinema tarihinde diyalektik bir ilerlemedir. "Bunun da biçimsel birilerleme olmadığını, iyi kullanılmış alan derinliğinin yalnızca daha ekonomik, daha basit ve hem de olayın değerlendirilmesinde daha anlaşılır bir biçim olmadığını söyleyerek sinemasal dilin yapıları sayesinde, görüntüyle izleyicinin entelektüel ilişkisini etkilediğini ve dolayısıyla gösterinin anlamını değiştirdiğini belirtiyor."[537]

Bazin'e göre sesin gelişi, sinemayı gerçekçiliğe yaklaştırmıştır. Sesli görüntünün sessiz görüntü kadar esnek olmaması

532- Odabaş, a.g.e., s.170.
533- Bazin, a.g.e., s.36.
534- Abisel, Eryılmaz, a.g.e., s.42.
535- A.e.
536- Bazin, a.g.e., s.50.
537- Odabaş, a.g.e., s.175.

nedeniyle montaj, hem plastik dışavurumculuğu hem de görüntüler arasındaki sembolik ilişkileri azaltmış ve dolayısıyla gerçekliği sağlamak mümkün olmuştur.[538] Sesli sinemayla birlik- te, nesnel anlatım yanılsaması yaratabilmek adına sembolik anlatımdan vazgeçilmek durumunda kalınmıştı.[539] Bu nedenle teknoloji, genellikle yeni türde uylaşımların oluşturulmasına değil, gerçekçiliğin mükemmelleştirilmesine yaramıştır. Andrew'a göre insanın teknolojik dürtüsü, Arnheim gibi geleneksel film kuramcılarını yanılgıya uğratmıştır.[540] Bazin'e göre hareketli görüntü ve senkronize ses teknolojilerinin, seyirciyi temsil edilen dünyanın gerçekliğine inanmaya mecbur bırakma kapasitesi vardı ve bu kapasitenin estetik seferberliği, insan psikolojisinin temel bir ihtiyacını tatmin ediyordu.[541]

II. Dünya Savaşı sonrası Fransa'nın en etkili eleştirmeni olan Bazin'in düşünceleri, birer anekdot olmanın ötesine geçerek sinemanın bir ifade aracı olarak olanakları ve sorumlulukları üzerine derin bir şekilde ışık tutmuştur.[542] Bazin, sinemanın diğer geleneksel sanat dallarından radikal bir şekilde farklı olma olasılığı üzerinde durmuştur. Sinemanın temel amacı, içinde olduğumuz katı dünyayı kaydetmek ve açığa çıkarmaktır. Bu düşünce tarzı, sinemayı günlük algının gerçekliğini kaydetmeye uygun olan "görüngüsel" bir sanat olarak ele almıştır. Bazin gibi düşünürler için İtalyan Yeni Gerçekçiliği, sinemanın insanları çevreleyen olgularla olan bağını ortaya çıkarma gücünün örneğini teşkil eder.[543] Bazin'in sine-

---

538- *Bazin, a.g.e., s.46.*
539- *Odabaş, a.g.e., s.176.*
540- *Andrew, a.g.e., s.242.*
541- *Prakash Younger, "Film As Art", The Routledge Companion to Film History, Ed. William Guynn, Oxon, Routledge, 2011, s.33.*
542- *Edwin Jahiel, "The French View of the Cinema as an Art", Books Abroad, Vol. 38, No. 3 (Summer, 1964), s.262.*
543- *Thompson, Bordwell, Film History, s.389.*

masal gerçeklik kuramları çok yaygın bir şekilde çözümlenmiştir, ancak Sklar'a göre Bazin'in 1949 yılında *Bisiklet Hırsızları* üzerine yazdığı makalede yaptığı bir vurgu göz ardı edilmemelidir: "Gerçekçiliğin, sanatta sadece diyalektik bir pozisyonu vardır - bir gerçek olmanın daha ötesinde, bir tepkidir."[544]

Sinemada gerçekçiliğin diğer bir savunucusu ise Alman kuramcı Siegfried Kracauer'dır. Kracauer, 1960 yılında yayınlanan "Theory of Film" (Film Kuramı) kitabı[545] ile sinemaya gerçekçi yaklaşımını ortaya koyar. Andrew'a göre Kracauer, kuramı içerisinde biçimci etkilere yer verse de, katı ve hatta fanatik bir şekilde gerçekçi safta yer alır.[546] Sinema kuramcısı olmasının yanında, felsefeci ve gazeteci kimliğiyle de bilinen Kracauer'ın film kuramının sosyolojik ve felsefi çözümlemelere dayanmasının temelinde, Frankfurt Okulu temsilcilerinden Theodor W. Adorno ve Leo Löwenthal ile olan yakın ilişkilerinin de etkisi vardır.[547]

Film kuramının gerçekçi ekolünden gelen Kracauer, Eisenstein'ın kuramlarına bütünüyle karşı çıkar. Sinemanın biçimsel ekolünü temsil eden Eisenstein, sinemasal sanatın film görüntüsünün gerçeklikten uzaklaşmasıyla oluşabileceğine inanıyordu. Eisenstein için filmin amacı, gerçekliğin kırılarak seyirci üzerinde mümkün olan en yüksek duygusal etkiyi oluşturabilmekti. Kracauer'e göre ise, sinema ancak fiziksel gerçekliği günlük yaşamda var olduğu gibi aktardığında kendisine özgü olabilir. Eisenstein film görüntüsünü gerçekliği bozmak için kullanırken, Kracauer var olan fiziksel gerçekliği gösteren görüntüleri önemsedi. Kracauer'e göre bu gerçekçi

---

544- Sklar, a.g.e., s.284.
545- Andrew, a.g.e., s.192.
546- A.e., s.218.
547- Zeynep Özarslan, "Siegfried Kracauer", Sinema Kuramları 1, Ed. Zeynep Özarslan, İstanbul, Su Yayınevi, 2013, s.187.

görüntüler, sinemanın nihai amacı olan "insanın doğayla yeniden bütünleşmesini" sağlayabilirdi.[548] Eisenstein'ın *Potemkin Zırhlısı* ve Pudovkin'in *Asya Üzerinde Fırtına*filmleri, Kracauer'in aradığı türdeki fiziksel gerçekliği tümüyle yok eden hızlı bir montaja dayanır.[549]

Kracauer, Sovyet montajı ile İtalyan Yeni gerçekçi sinemasını karşılaştırır. Örneğin Rossellini'nin kurgu biçimiyle, *Potemkin Zırhlısı* ve diğer erken dönem Sovyet filmlerinde kullanılan montaj yöntemleri arasında uçurum derecesinde farklılıklar vardır. Soyyet yönetmenler, montaj yöntemleriyle mesaj iletmeyi hedeflerken, Rossellini bu yöntemlere sırtını döner. *Hemşehri (Paisan)* filmi, sıradan insanların "insani" varlığıyla ilgilenirken, Potemkin'de kendilerini devrime adamış sıradan insanlar gösterilir. Potemkin'de kullanılan tüm montaj teknikleri sadece tarihsel bir isyanı gösterebilmek için değil, bu isyanı Marksist bir doktrin çerçevesinde verebilmek için kullanılır. Filmde rahibin yüzü çarlık rejimini, gemi mürettebatı ise proletaryanın öncülerini sembolize eder. İtalyan Yeni Gerçekçi sinemada ise bu şekilde bir sembolleştirme yapılmaz. Aksine, Rossellini anlatısını böyle sembolik anlamlar kullanmak zorunda kalmayacağı bir şekilde oluşturur. Kracauer'a göre Eisenstein'ın montaj kullanarak heyecan ve coşkuyla inşa ettiğini, Rossellini sabırlı bir şekilde gözlemleyerek yapar.[550]

Kracauer için sanat, biçim ve içerik arasındaki bir savaştır. Ona göre sinema, bu savaşta içeriğin galip geldiği tek sanattır.[551] Bu iki farklı eğilimin kökenleri ise katı bir şekilde ger-

---

548- Thomas F. Wylie, "Eisenstein, Kracauer and Marx: Socio-political Influence in Film Theory", Journal of the University Film Association, Vol. 30, No. 3 (Summer 1978), s.15.
549- Wylie, a.g.e.,s.17.
550- Siegfried Kracauer, Siegfried Kracauer's American Writings: Essays on Film and Popular Culture, Ed. Johannes von Moltke, Kristy Rawson, Berkeley, University of California Press, 2012, s.155.
551- Andrew, a.g.e., s.197.

çekçi olan Lumière' kardeşler ile hayal gücünü özgür bir şekilde kullanan Méliès'in yaptıkları filmlere kadar uzanır. Kracauer'a göre bu filmler, bir bakıma sinemanın tezi ve antitezini oluşturmuşlardır.[552]

Kracauer, gazetecilik yaptığı yıllarda yazdığı ve sonradan "Kitle Süsü" isimli kitabını oluşturan yazılarında sinemayı hem bir sanat hem de bir kitle iletişim aracı olarak görür.[553] Kitleyi yaratan kapitalist sistem içerisinde "gerçeklik" görünmezdir. İdeal estetik ve sanatın görevi, gerçekliğin görünmez olduğu bu sistem içerisinde "gerçekliği" göstermektir.[554] Kracauer, klasik anlatı sinemasının katı olay örgüsü yerine, yaşamda var olan boşlukların da var olduğu açık uçlu bir anlatıyı yeğler. Ona göre seyirci filmin dışında da kendi zihninde filmi okumaya devam eder. "Nasıl şans ve tesadüfler hayatımızın akışını değiştiriyorsa, filmlerde de bu akış gösterilmelidir, kader gibi keskin, belirlenmiş bir yapı olmamalıdır."[555] Kracauer'a göre sinema, eğer geleneksel sanatın yolunu takip ederse "biricik karakterini" yitirecektir. [556]

Sinemayı fotoğrafın bir uzantısı olarak gören Kracauer için sinemada önemli olan, fiziki gerçekliğin açığa çıkarılmasıdır: "Filmler, gözlerimizin önündeki dünyaya nüfus ettiğinde gerçektir".[557] Sinemanın temelinde, kurgu ya da diğer biçimci süreçlerden daha fazla olarak "fotoğrafçılık" yatar.[558] Kracauer'a

---

552- Siegfried Kracauer, "From Theory Of Film: Basic Concepts", Film Theory and Criticism: Introductory Readings, Ed. Leo Braudy, Marshall Cohen, Oxford, Oxford University Press, 2009, s.149.

553- Özarslan, a.g.e., s.189.

554- A.e., s.190.

555- A.e., s.204.

556- Andrew, a.g.e., s.201.

557- Siegfried Kracauer,Theory of Film: The Redeption of Physical Reality, First Princeton Paperback Printing, New Jersey, Princeton University Press, 1997, s.xlvii., Akt.: Özarslan, a.g.e., s.204.

557- Andrew, a.g.e., s.218.

558- Özarslan, a.g.e., s.204.

göre sinemanın hammaddesi fizik gerçekliktir. Diğer sanat dalları içinden çıktıkları hammaddeleri tüketerek oluşurken, sinema bu fiziki gerçekliği sergilemek zorunda olduğundan, ham maddesini korur ve bu nedenle de diğer sanat dallarından ayrılır.[559] Bilimde doğanın parçalara ayrılıp mikroskopla görünmez olanın görünür kılınması gibi, sinema da yakın ölçekli çekimler aracılığı ile bize "görünmezi" görünür kılarak, "bulunmuş gerçekliği" açığa çıkarır. Sinema sadece çok küçük detayları değil, genel ölçekli çekimlerin kullanımıyla da kalabalıklar ve kitleler gibi daha büyük şeyleri de gösterir. Sinema gerçekliği açığa çıkararak görünür kılar. Diğer sanat dallarında olduğu gibi gerçekliği biçimlendirmeye, değiştirmeye yönelmez. Sinema görünmeyeni görünür kıldığı için, perdede görünen "kurtarılmış" bir gerçekliktir. "İşte sinemayı diğer sanat dallarından ayıran, eşsiz bir sanat yapan da bu gerçeğin kurtarılmasıdır."[560]

Fransız Yeni Dalga Sinemasında Kurgu ve Biçimci Yaklaşım: Bela Balazs ve Noël Burch

Fransız sinema tarihinin belirli bir dönemindeki belirli filmlerle ilişkilendirilen "Nouvelle Vague" (Yeni Dalga) ifadesi, aslında başlangıçta özellikle sinemayla bağlantılı olarak kullanılmamıştı. "Yeni Dalga" tanımı, II. Dünya Savaşı sonrasında ortaya çıkan yeni bir kuşağın sosyolojik olarak araştırılmasıyla ortaya çıktı. Bu araştırma, Françoise Giroud'un haftalık "*L'Express*" dergisi için yazdığı bir dizi makale ile başladı ve popüler oldu.[561] Ancak bu ifade, aynı zamanda 1950' lerin sonlarında ortaya çıkan yeni jenerasyon genç sinemacıları ve onların klasik geleneklere aykırı biçim ve yöntemlerle yaptıkları filmler içinde kullanıldı. Bordwell ve Thompson'a göre

---

560- A.e., s.218.
561- Michel Marie, The French New Wave: An Artistic School, Çev. Richard Neupert, Oxford, Blackwell Publishing, 2003, s.5.

bu yönetmenler, yenilikçilikleri ve gençlik enerjileri nedeniyle gazeteciler tarafından "Yeni Dalga" olarak adlandırıldılar.[562] Böylece, 1950'li yılların sonlarına doğru dünya sinema sahnesinde "Fransız Yeni Dalga Sineması" olarak bilinen yeni bir film hareketi doğmuş oldu.[563]

Fransız Yeni Dalgası, sinema tarihinin en önemli ve etkili film hareketlerinden biridir. Yeni Dalga, 1950'lerin sonu ve 1960'ların başlarında Fransa sinemasını yeniden canlandırarak II. Dünya Savaşı sonrasında İtalyan Yeni Gerçekçi Sinemanın yaptığı etkiyi hatırlatır bir şekilde uluslararası sanat sinemasına olduğu kadar, film kuramı ve eleştirisine de hareket getirmiştir.[564] Sklar'a göre Yeni Dalga hareketinin en sıra dışı özelliği, yönetmen olarak tanınmadan önce eleştirmen olarak bilinen kişiler tarafından başlatılan bir hareket olmasıdır. Bu isimlerin pek çoğu, "Cahiers du Cinéma" dergisinin sayfalarında 1950'li yılların Hollywood filmlerine yeni bir perspektifle yaklaşan yazarlar olarak biliniyorlardı.[565] Abisel ve Eryılmaz, Yeni Dalga sinemacılarını üç gruba ayırır. İlk grupta Bazin tarafından yayınlanan "Cahiers du Cinéma" dergisi etrafında toplanan ve Bazin'in kuramlarından önemli ölçüde etkilenmiş olan Claude Chabrol, Francois Truffaut, Jean-Luc Godard, Jacques Rivette ve Eric Rohmer gibi genç eleştirmenler yer alırken, İkinci grubu ise ise "Sol Kıyı" (Rive Gauche) sinemacıları olarak bilinen Georges Franju, Agnes Varda, Alain Resnais, Jacques Demy, Chris Marker, Jean Rouch ve Jacques Rozier gibi isimler oluşturur. Bu sinemacıların hiçbiri, film yapmaya başlayana kadar ticari sinemada çalışmamışlardır. Sinema eğitimlerini kısa filmler ve belgeseller çekmenin yanı

562- Bordwell, Thompson, Film Sanatı, s.475.
563- Sklar, a.g.e., s.366.
564- Richard Neupert, A History Of The French New Wave Cinema, 2. Baskı, Wisconsin, The University of Wisconsin Press , 2002, s. xv.
565- A.e.

sıra, Fransız sinemateğinin arşivlerinden de beslenerek sağlamışlardır. Üçüncü grupta ise sinemaya asistanlıktan ya da senaristlikten gelen ve ticari başarı yakalamış olan Roger Vadim, Louis Maile ve Alexandre Astruc gibi yönetmenler yer alır.[566]

1959 yılı, modern sanat sineması tarihi açısından en önemli dönüm noktalarından biri olmuştur.[567] O yılda Rivette *Paris Bizimdir (Paris nous appartient)*, Godard *Serseri Aşıklar (À bout de souffle)*, Chabrol ise ikinci uzun metrajlı filmi olan *Kardeş Çocukları (Les Cousins)* filmlerini gerçekleştirdiler.[568] Truffaut'un *400 Darbe (Les quatre cents coups)* filmi ise aynı yılın Mayıs ayında yapılan Cannes Film Festivalinde "En iyi Yönetmen" ödülünü kazanarak[569], Yeni Dalga hareketinin uluslararası arenada dikkat çekmesine yol açtı. Chabrol, Truffaut, Godard, Rivette ve Rohmer1959 ve 1965 yılları arasında toplamda 32 uzun metrajlı film yaptılar.[570]

Yeni Dalga sineması, temelde Fransız Sinemasındaki "Kalite Geleneğine"* tepki olarak doğmuştur. Abisel ve Eryılmaz'a

---

566- Abisel, Eryılmaz, a.g.e., s.43-44.
567- Kovács, Screening Modernism, s.291.
568- Bordwell, Thompson, Film Sanatı, s.475.
569- Marie, a.g.e., s.13.
570- Bordwell, Thompson, Film Sanatı, s.475.
**II. Dünya Savaşı sonrasının ilk on yılında Fransa'da hakim olan sinema anlayışı, 1953 yılında bir eleştirmen tarafından "Kalite Geleneği" ya da "Kalite Sineması" (cinéma de qualité) olarak tanımlandı. İlk başlarda geniş bir anlamda kullanılan bu tanım, daha sonraları belirli yönetmenler ve senaristlerle ilişkilendirildi. Bir "prestij sineması" olmayı amaçlayan "Kalite Geleneği", ağırlıklı olarak klasik edebiyat uyarlamalarına dayanıyordu. Senaristler, çoğu zaman yaratıcı anlamda yönetmenle eşit önemde, hatta kimi zaman yönetmenden daha üstün konumda görülüyordu. Oyuncular, önde gelen tiyatrolardan ya da yıldız oyuncular arasından seçiliyordu. Filmler, çoğunlukla savaş öncesi Şiirsel Gerçekçilik filmlerinde olduğu gibi yoğun bir romantizm içeriyordu. Bu filmlerde aşıklar kendilerini sürekli duygusuz ve tehdit edici sosyal çevrelerde buluyor ve çoğunlukla ilişkileri trajik bir şekilde sona eriyordu. Kadınlar sürekli bir şekilde idealize edilerek, gizemli ve ulaşılamaz olarak resmediliyordu. "Kalite Geleneği" filmlerinin pek çoğu biçimsel olarak Hollywood romantik dramalarına benzemektedir. Bkz. Thompson, Bordwell, Film History, s.375.*

göre bu sinemacılar, Yeni Dalganın düşünsel temellerini birlikte atmış olsalar da, her biri son derece kişisel anlatım yolları ve tekniklerini ortaya koymuştur. Ancak yine de, hepsinde belirgin bir şekilde ortak olan kimi biçimsel özellikler vardır. Filmlerinde doğrusal zamana karşı çıkarak zaman içerisinde ileri ya da geri büyük sıçramalar yaparlar. Eksiltili bir anlatımı tercih ederek, öykünün bazı öğelerini anlamı bozmadan dışarıda bırakırlar. Aynı film içinde belgesel ve kurmaca stillerini kullanırlar. Çekim sırasında doğaçlamaya ağırlık verirler.[571] Bordwell ve Thompson'a göre ise, Yeni Dalga sinemasının en belirgin yönü, filmlerin rastgele bir şekilde çekilmiş olarak görünmeleridir. Yeni Dalga yönetmenleri başta Rossellini olmak üzere Yeni Gerçekçi yönetmenlere büyük hayranlık duyuyorlardı ve onlar gibi stüdyo yerine gerçek mekanlarda çekim yapmayı kural haline getirmişlerdi.[572]

Yeni Dalga sinemacıları temel bir kural olarak, taşınabilir ekipmanla belgesel ve televizyon yapım yöntemlerini kullanarak çekimleri mümkün olduğunca çabuk bir şekilde tamamlayıp, daha canlı ve modern görüntü ve ses elde edebilmek adına ana akım ticari filmlerinin sahip olduğu kontrol ve cazibeden feragat ettiler. Bu yönetmenler için görkemli aydınlatmalar ve yumuşak vinç çekimleri gibi pahalı unsurlar sadece ulaşılmaz değil, "aynı zamanda kibirli ve umutsuz bir sinemanın silah deposuydular."[573] Giderek daha fazla yapımcı ve yönetmen, böyle düşük bütçeli filmleri yapmanın sadece"mümkün olduğunu" değil, ama aynı zamanda hem kar elde edip hem de olumlu eleştiriler alınabileceğini gördüler. Böylece, bu dönemde ilk uzun metrajlı filmini çeken genç yönetmen sayısında büyük bir patlama yaşandı. Neupert'e göre

571- Abisel, Eryılmaz, a.g.e., s.44.
572- Bordwell, Thompson, Film Sanatı, s.476.
573- Neupert, a.g.e., s.xvii.

1959 ve 1960 yılları arası, o zamana kadarki sesli sinema tarihinde küçük ölçekli yapımcı ve deneyimsiz yönetmenler tarafından en fazla filmin yapıldığı dönemdir.[574]

Yeni Dalga sinemacılarının kısıtlı bütçelerle idare etmek zorunda kalmaları, çekim ve kurgu tarzlarını gevşeten teknikbir yaratıcılığın ortaya çıkmasına yol açtı.[575]Ancak Yeni Dalga filmlerinin en dikkat çeken özelliği, kurgu biçimleridir. O döneme kadar, geleneksel sinemada kurgunun amacı temelde filmlerin akıcı bir devamlılığa ve belirli bir ritme sahip olmasını sağlamaktı. Kurgu, bir takım kurallar bütününe uyularak seyircinin fark etmeyeceği "görünmez" bir biçime sahip olmalıydı. Ancak bu, Yeni Dalga yönetmenlerinin karşı çıktığı ilk şeylerden biriydi. Onlar klasik stilin tam tersine kendilerine özgü biçimin "fark edilmesi" ve tartışılması için çaba harcıyorlardı. Onlara göre seyirci, bir filmin yapımında kullanılan tekniklerin farkında olmalıydı.[576] Böylece, film görüntüsünün sinema perdesinde olduğu seyirciye sürekli hatırlatılacak ve seyirci de gördüğünün sadece bir film olduğunun bilincinde olacaktı.[577]

Biçimin, kasıtlı olarak seyirce fark ettirilme çabası en belirgin bir şekilde Godard'ın *Serseri Aşıklar* filminde görülür. *Serseri Aşıklar*, zamansal ve uzamsal "devamsızlığı" ilk çekimlerinden itibaren teşhir etmeye başlar.[578] Truffaut'un bir hikayesinden uyarlanmış olan bu film, Yeni Dalga ile ilişkilendirilen bütün biçimsel özellikleri barındırır ve Yeni Dalga hareketinin

---

574- A.e.
575- William Wolf, "The Legacy of The New Wave" New York Magazine, January 9,1984, C.17, s.68.
576- Joshua Price, "10 Reasons Why The French New Wave Is The Most Influential Cinema Movement Ever", 10 Kasım 2015, (Çevrimiçi) http://www.tasteofcinema.com/2015/10-ways-french-new-wave-changed-cinema-forever/ , 4 Nisan 2017.
577- Abisel, Eryılmaz, a.g.e., s.54.
578- Orpen, a.g.e.,s.61.

en etkili filmi olarak kabul edilir.[579] Godard bu filmle klasik kompozisyon kurallarını yıkarak, filmin başlarındaki araba takibi sekansında [580] olduğu gibi, aksiyon sahnelerinde "sıçramalı kesmelerle" (jump cut) sağlanan "kısaltılmış" bir kurguyu öne çıkarır. Godard, sıçramalı kesme yöntemini diyalog sahneleri de dahil olmak üzere film boyunca zamansal ve uzamsal kırılmaları yaratmak adına yoğun bir şekilde kullanır. Bu yöntemin en çok hafızalarda kalan kullanımı, filmin ana karakterleri olan Michel ve Patricia'nın otomobille Paris caddelerinde dolaştıkları sahnede yapılmıştır. Ayrıca bu sahnede Michel'in Patricia'nın güzelliği hakkında yaptığı yorum, dış ses olarak verilmiştir. Ancak Godard, kimi zaman farklı bir yönde hareket ederek, Michel'in gazete satan Patricia ile Champs-Elysées'de yürüdükleri diyalog sahnesinde olduğu gibi uzun tek bir çekim kullanır.[581] Ancak bu çekimler Bazin'in "gerçekçi" olarak niteleyebileceği statik çekimler değildir. Bu çekimlerde kamera sürekli hareket halindedir.[582]

Godard, *Serseri Aşıklar*'da klasik biçimin hemen hemen tüm yönlerini reddeder. Örneğin film, kurucu bir genel çekim yerine yakın plan bir gazete çekimiyle başlatılır. Filmin başlarında Michel'in polisi vurduğu sahnede çekimler arasında grafiksel uyum ve devamlılık yoktur. Michel ve polisin hiç bir şekilde aynı çerçeve içerisinde gösterilmedikleri bu sahne, kurguyla oluşturulmuştur. Filmde, sahne geçişleri genellikle kesme ile gerçekleştirilirken, bir kaç yerde geçme ile kararma-açılma, bir yerde de "iris" yönteminin kullanıldığı görülür. Godard, bir sekansın geleneksel ve alışılagelmiş süresini 3-4 katı kadar uzatmakta da hiç bir şekilde tereddüt etmez: Filmin

---

579- Parkinson, a.g.e., s.188.
580- Bu sekansın Karel Reisz tarafından yapılan çekim-çekim çözümlemesini görmek için Bkz.: Reisz, Millar, The Technique of Film Editing, s.292-295.
581- Marie, a.g.e., s.92.
582- Orpen, a.g.e., s.79.

merkezinde yer alan ve Patricia'nın odasında geçen oldukça uzun diyalog sekansında olduğu gibi. Marie'e göre bu sekansın uzunluğu, Godard'ın devamlılık kurgusu ile oluşturulmuş olan uylaşımsal kısıtlamaları umursamadığını göstermektedir.[583] Aynı şekilde Reisz da, Godard'ın sanki seyirciyi sıkmanın ya da gücendirmenin tehlikelerini hiç duymamış gibi davrandığını belirtir. Reisz'a göre Godard, bir sahneden diğerine seyirciye bir ipucu vermeden sert ve ani şekilde keser. Bir aksiyonun kendisini ilgilendirmeyen kısımlarını acımasızca kesip atar.[584] Marie'e göre Godard, uylaşımsal kuralları coşkuyla yıkmış ve böylece 1920'lerin Sovyet montajının şiirsel keşiflerini yeniden ortaya çıkararak modern montajı yaratmıştır.[585]

Marie, Godard'ın sinemasal ifadenin pek çok olasılıklarını keşfederek Yeni Dalga sinemasının en yenilikçi yönetmeni olduğunu ileri sürer. Ancak Jacques Rivette ve Jacques Rozier' de, kendi biçimlerini montajın ve "devamsızlık kurgusunun" üzerine kurmuşlardır. Bu yönetmenlerin, çekim aşamasında elde ettikleri bol miktarda ham malzeme, bir senaryonun sağlayamayacağı ya da öngöremeyeceği bütünlüğe ancak kurgu aşamasında ulaşabilmelerini sağlamıştır.[586] Truffaut'nun *400 Darbe* filmi ise, diğer Yeni Dalga filmlerine göre çok daha uzun süreli kesintisiz çekimlerden oluşur. Filmde, aksiyon mümkün oldukça uzun, kesintisiz orta ölçekli çekimlerden oluşur. Kesmeler, karakterlerin bir odadan çıkmaları ya da merdivenlerin ucundan kaybolmaları gibi kaçınılmaz durumlarda gerçekleşir. Burada Truffaut'nun Bazin'in etkisi altında kaldığı açık bir şekilde görülmektedir. Ancak Truffaut, eğer bir çekim gereğinden uzunsa ve bu çekimin başı ve sonu önemliyse, söz ko-

---

583- Marie, a.g.e., s.92.
584- Reisz, Millar, a.g.e., s.291.
585- Marie, a.g.e., s.92.
586- A.e.

nusu uzun çekimin ortasını kesip atmakta tereddüt etmez. Truffaut bunu, filmin başkarakteri Antoine'nin arkadaşının evinde saklandığı sahnede, arkadaşının babası yemek masasından kalkıp mutfağa gittiğinde uygulamıştır.[587] Bu çekim dikkatli bir şekilde seyredildiğinde, çekimin ortasında bir kesmenin yapıldığını görmek mümkündür. *Piyanisti Vurun (Tirez Sur Le Pianiste)* filminde ise, Truffaut'nun kurgusunun Bazin etkisindeki uzun çekimlerle, devamsızlık montajı arasında gidip geldiği görülür. Toplamda 566 çekimden oluşan bu filmin ortalama çekim uzunluğu dokuz saniyedir. Filmin geriye dönüş (flashback) bölümünde, filmin başkarakteri Edouard'ın, müzik prodüktörü Lars Schmeel'in ofisinin zilini çalması farklı açı ve ölçeklerden yapılan sekiz çekime bölünerek oluşturulmuştur. Burada montajın kullanımı, hem sinemasal zamanın genişletilmesini, hem de Edouard'ın kendine güvensizliğinin diyalog kullanılmadan vurgulanmasını sağlamıştır.[588] Yeni Dalga hareketinin "Sol Kıyı" yönetmenlerinden olan Alain Resnais ise, *Hiroşima Sevgilim (Hiroshima Mon Amour)* ile film biçiminin her yönünü yeniden şekillendirir. Filmin çekimleri ve kurgusu, Neupert'e göre bir yandan çok kişisel ve karmaşık bir enformasyon derinliği yaratırken, diğer yandan ise zaman ve uzamın uylaşımsal sunumunu etkisiz bırakmaktadır.[589] Reisz'a göre, Resnais'in yöntemi insan zihninin hareketlerine ayna tutma çabasıdır.[590] Resnais, gerçekliği ve fanteziyi bulanıklaştıran anlaşılmaz ve bilmece gibi olan devamsızlık kurgusu stratejilerini *Geçen Yıl Marienbad'da (L'Année Dernière à Marienbad)* ve *Ölümsüz (l'Immortelle)* filmlerinde de sürdürür. Örneğin bir çekimdeki aksiyon ya da karakter hareketine yapılan kesme sonrasında, ardından gelen çekimde aynı aksiyon

---

587- Reisz, Millar, a.g.e., s.278.
588- Neupert, a.g.e., s.196.
589- A.e., s.312.
590- Reisz, Millar, a.g.e., s.309.

ya da hareket, tam kaldığı yerden ancak tamamen farklı bir zaman, uzam ya da dekorda devam eder.[591]

Dudley Andrew'ün üretken ve yol açıcı olarak nitelediği biçimci kuram, ona göre iki ana döneme ayrılır. Birincisi 1920 ile 1935 yılları arasındaki sessiz sinema dönemindeki kuramsal yaklaşımlar, diğeri ise 1960'lardan itibaren başlayıp günümüze kadar devam eden ve akademik ilginin sinemaya yöneldiği dönemdir.[592] İlk dönemdeki biçimci kuramcılar, çalışmamızın sessiz sinema kısmında da ele almış olduğumuz Eisenstein, Arnheim ve Munstenberg'dir. Bu kuramcılar bir sanat olarak sinemanın işlevinin salt geçekliği yansıtmanın ötesinde, gerçekliği kendine özgü yöntemlerle dönüştürmek olduğunu vurguladılar. Andrew'a göre bu biçimci kuramcıların tümü, sinemanın gerçekliği basitçe yeniden üreterek sadece sembolik bir fonksiyona hizmet edeceğine inanıyorlardı. Ancak sinema, bizi belirli bir gerçekliğe kendi doğal olmayan teknikleriyle katılmaya zorladığı zaman, estetik bir fonksiyona hizmet eder.[593]

Asıl adı Herbert Bauer olan Macar kuramcı Béla Balázs, sinemayla ilgilenmeden önce edebiyat ve tiyatro alanında şair ve oyun yazarı olarak çalışmalarda bulunmuştur. Balázs, bir ritüel olarak hayatın dramını aramış ve onu sinemada bulmuştur. Balázs için sinema, kültürün, ritüelin, ifadenin ve deneyimin yeni ve ideal bir bütünlüğünü temsil eder.[594] Balázs'ın çalışmaları, 1960'lı yılların ortalarına kadar sürmüş olan klasik film kuramı dönemine aittir. Balázs'ın sinema kuramı, uzun bir süre Bazin ve Kracauer'ın gölgesi altında kalmıştır. Bunun

---

591- Neupert, a.g.e., s.315.
592- Andrew, Büyük Sinema Kuramları, s.154.
593- A.e., s.159.
594- Hanno Loewy, "Space, Time, and "Rites de Passage": Béla Balázs's Paths to Film", October, Vol. 115 (Winter, 2006), s.61

nedeni ise, onun sadece son film kuramı kitabı olan "Film Kultúra"nın (Film Kuramı) ve bir kaç yazısının İngilizceye çevrilip, "Screen" gibi sinema dergilerinde yayınlanmış olmasıdır. Ancak bu yayınlar, Balázs'ın sinema kuramının çok kısıtlı bir yönünü yansıtabilmiştir. Balázs'ın 1924 yılında yayımlanan ilk film kuramı kitabı olan "Der sichtbare Mensch" (Görünür İnsan) ve 1930 yılında yayınlanan "Der Geist des Films" (Filmin Ruhu) isimli kitapları, Erica Carter editörlüğünde İngilizceye çevrilip birleştirilerek, "Béla Balázs: Early Film Theory" adıyla yayınlanmış ve böylece Balázs'ın kuramlarının tanınması sağlanmıştır. Balázs'ın kuramı, çoğunlukla sessiz sinema, fizyonomi ve yakın çekimle ilişkilendirilse de, Balázs sesli sinemaya ve sesin sinemanın sanat olma potansiyeline etkileri üzerine de eğilmiştir.[595] Balázs, bu derlemedeki ikinci kitap olan "Der Geist des Films"de (Filmin Ruhu), kurgu üzerine "Montaj" ve "Kesmeden Montaj" isimli iki bölüm ayırmıştır. "Montaj" bölümünde kurgu kavramına genel olarak eğilirken, "Kesmeden Montaj" bölümünde ise geçme ve kararma-açılma gibi geçiş efektlerinin kullanım ve etkilerini irdelemiştir.Balázs, son film kuramı kitabı olan"Film Kultúra"nın (Film Kuramı) 10. bölümünü de kurguya ayırmıştır.

Balázs'a göre sinemanın hammaddesi gerçekliğin kendisi değildir. Sinemanın hammaddesi, insan deneyimini sunan "filmsel konudur." Filmsel konu ise kendisini sinemaya aktarabilmenin yollarını sunar.[596] Filmsel konular, montaj ve yakın çekim gibi yeni teknik buluşlardan faydalanılmasını gerektiriyordu. "Bir biçim-dil hızlı bir şekilde böylesi tekniklerden

595- *Tyson Namow, "Béla Balázs: Early Film Theory – Visible Man and The Spirit of Film, (Edited by Erica Carter, Translated by Rodney Livingstone)", (Çevrimiçi) http://www.screeningthepast.com/2011/04/bela-balazs-early-film-theory---visible-man-and-the-spirit-of-film-edited-by-erica-carter-translated-by-rodney-livingstone/, 11 Nisan 2017.*

596- *Andrew, a.g.e., s.168.*

ortaya çıktı ve bu dilin kendisi sinemaya uygun öykülerinve konuların türlerini dikte etmeye başladı."[597] Balázs'a göre Griffith, yeni bir sinema dilini sahneleri parçalara (çekimlere) bölerek yarattı. Griffith, bu yeni dili çekimden çekime kameranın açısını ve uzaklığını değiştirerek oluşturdu. Bu dil, sahnelerin birbirine eklenmesiyle değil de, çekimlerin montajıyla oluşmaya başlamıştır.[598]

Balázs', kurgunun İngilizce karşılığı olan "editing" kelimesini sevmediğini, bunun yerine Fransızca karşılığı olan "montage" (montaj) kelimesinin daha uygun bulduğunu belirtir. "Montage", Fransızcada "parçaları birleştirmek" anlamına gelir ve gerçekte kurguda olan şey de budur. Çekimler kurgucu tarafından, tıpkı bir teknisyenin makine parçalarını birleştirerek ortaya güçlü bir makine çıkarması gibi, istenilen belirli bir etkiyi oluşturabilmek adına önceden belirlenmiş bir sıra ile birleştirilirler.[599] Balázs'a göre bir filmde en anlamlı mizansen bile,bir çekimin anlamını tümüyle iletmede yetersiz kalır. Çekimin anlamı, en nihai çözümlemede diğer çekimlerin arasındaki pozisyonuyla oluşturulur ve dolayısıyla bir filmin en hassas aşaması kurgudur.[600] Ancak bununla birlikte Balázs', sinemada en küçük temel taşı olan tek bir çekimin bile, diğer sanat dallarının en küçük birimlerinden (nota, kelime) farklı olarak bir ifade gücü olduğunu vurgular:

> *"Bir tabloda renk noktası, bir melodideki nota, bir cümledeki kelime - bunların hepsi değerlerini, fonksiyonla-*

597- A.e.
598- A.e.
599- Béla Balázs, Theory Of The Film: Character And Growth Of a New Art, Çev. Edith Bone, Londra, Dennis Dobson Ltd. 1952, s.118.
600- Béla Balázs, Béla Balázs: Early Film Theory, Ed. Erica Carter, Çev. Rodney Livingstone, New York, Berghahn Books, 2011, s.122.

rını, anlamlarını sadece bağlamları aracılığıyla elde ederler. Ancak film görüntüsünde bağlamın önemi, anlamı oluşturmada çok daha olağanüstü gözükür. Ne renk, ne nota, ne de kelimenin tek başlarına bir önemi yoktur. Buna karşılık film görüntüsü ise (bir tablo gibi) hali hazırda bir temsildir ve kendi içinde bir melodiyi ya da gelişkin bir cümlenin ifade gücünü içerebilir.

Örneğin bir gülümseme çekimi bize çok açık bir şey ifade edebilir. Ancak daha sonra o gülümsemeyi tetikleyen şeyi görürüz. Sevilen birinin gülümsemesi ya da alternatif olarak bir tabancanın düşmanca bir şekilde doğrultulmuş namlusunu. Bu bağlamların her birinde, aynı gülümse sadece anlam olarak değişmekle kalmayıp aynı zamanda tümüyle farklı görünecektir."[601]

Balázs'a göre kurgu ile ortaya çıkan çağrışım ve anlam, hem çekimlerin birbirleriyle olan ilgisinden, hem de bizim herhangi bir sanat çalışmasında bir anlam oluşturma amacı güdüldüğünü varsaymamızdan kaynaklanır. Kurgusu rastgele ve anlamsız olan filmlerde bile, çekimlerden öyle ya da böyle bir sonuç çıkarırız çünkü yapılan bu şeyin ardında bir düşünce olduğunu varsayarız. Çekimler sadece birbirine eklenmiş film parçaları değildir, aynı zamanda bir ilişkiler zincirinin karşı konulmaz süreciyle de oluşurlar. Balázs'a göre, montajın sahip olduğu gücün kaynağı budur. Biz hoşlansak da, hoşlanmasak da böyle bir güç vardır. Önemli olan bu gücü bilinçli bir şekilde kullanmaktır.[602]

Eğer kurgulanan çekimlerin her biri tek başlarına iletilmek istenen anlamı içeriyorsa, böyle bir durumda Balázs'a göre

---

601- A.e.
602- A.e., s.123.

montajın katacağı hiç bir şey yoktur. Montaj burada sadece hazır olan anlamları, aksiyonun anlaşılabileceği bir mantık çerçevesinde sıralama işlevi görür. Dolayısıyla burada montajın çağrışım yaratacak ve bizi anlamı yorumlamaya davet edecek derin gücüne yer yoktur. Balázs'a göre montaj, çekimlerin tek başlarına ifade etmedikleri anlamın ortaya çıkmasını sağladığında "yaratıcı" olur. Balázs, yaratıcı montajı açıklamak için basit bir örnek verir: Bir adamın odadan çıkışını görürüz. Daha sonra odayı, içeride eşyaların dağılmış haliyle görürüz. Sonrasında da, koltuğun kenarından düşen kandamlalarını görürüz. Burada ne bir kavgayı, ne de bir kurbanı gördük. Ancak çekimlerin birleşimiyle çağrıştırılan anlamı tahmin edebiliyoruz. Balázs'a göre, hem gizli bağlantıları ima eden bu montaj teknikleri hem de seyircinin doğru çıkarımları elde etme becerisi büyük aşamalar kaydetmiştir. Seyirci en ince detaylar arasında ilişki kurup bunları birleştirmeyi öğrenmiştir.[603]

Eisenstein'a ve Sovyet Sineması'na hayran olan Balázs', "Der sichtbare Mensch" (Görünür İnsan) kitabıyla kurgunun önemini vurgulayan ilk kuramcılardan biri olmuştur. Ancak buna rağmen Balázs', Eisenstein'ın aksine "hiyeroglif film" ya da "ideogram" olarak niteleyip önemsiz bulduğu entelektüel montajın geleceğine inanmamıştır.[604] Andrew'a göre "...konu metaforik ve entelektüel montajın uç noktalarına geldiği zaman, Balazs geri çekilir ve Eisenstein'da aşırı olduğunu düşündüğü unsurlara açıkça saldırarak yapar bunu."[605] Balázs', ikinci film kitabı olan "Der Geist des Films" (Filmin Ruhu) de, bu tür ileri derecede soyut ya da sürrealist denemeleri, sinemanın özünü temsil etmeden, onun olanaklarını keşfetmeye çalışan "stüdyo denemeleri" olarak nitelendirir. Balázs' bu tür

603- *A.e., s.124.*
604-*Loewy, a.g.e., s.68.*
605- *Andrew, a.g.e., s.173.*

denemeleri, içeriği "hiçbir şey" olan bir biçim olarak nitelendir. O, bu tür "süslenmiş hiçliğin" sinemanın geleceği olduğunu savunmak yerine, daha çok anlatı (olay örgüsü) ile metaforik hayal gücü arasındaki gerilimle oluşturulan deneyimlerle ilgilenmiştir.[606]

Sinemada biçimci yaklaşımın diğer bir önemli ismi ise Noël Burch'dur. "Yeni biçimci" sinema kuramının[607] öncüsü olarak görülen Amerikalı kuramcı Noël Burch, genç yaşlarda Fransa'ya yerleşmiş ve sinema çalışmalarını orada sürdürmüştür. Burch, yeni biçimci yöntemini sinemada zamansal ve uzamsal bağlantılar üzerine kurmuştur. Ancak bunu yaparken içeriği geri planda bıraktığı için eleştirilmiştir.[608] "Yeni-biçimcilik, filmde zaman ve mekan bağlantıları üzerinden kuramını geliştirirken, yeni-biçimci eleştiri de, bu bağlam üzerinden filmleri çözümlemeye yönelmiştir."[609] Burch'un yaklaşımı, bir yönetmenin filmde mekan ve zamanı ne şekilde kullandığının analiz edilmesi için başvurulan bir yöntem olmuştur.[610]

Burch, Cahiers du Cinéma dergisinde yazmış olduğu makalelerden oluşan ünlü "Praxis du cinēma" kitabının ilk bölümünden iki kısmı kurguya ayırmıştır: "Uzamsal ve Zaman-

---

606- Loewy, a.g.e., s.68.

607- Tarihsel olarak özellikle Arnheim ve Eisenstein üzerinden şekillenmiş ve en etkili örneklerini 1915-1935 yılları arasında vermiş olan biçimci kuram, sesli sinemaya geçişle birlikte sekteye uğramıştır. Biçimci yaklaşım, Noël Burch'un Cahiers du Cinéma dergisindeki yazılarından oluşan "Praxis du cinéma" (İngilizce versiyonu "Theory of Film Practice - Film Pratiğinin Kuramı" olarak yayınlanmıştır), ve David Biçimci kuram, Bordwell ve Thompson'un "Film Sanatı" isimli çalışmalarıyla "Yeni - Biçimcilik" adıyla yeniden canlanır. Yeni biçimciler, öncelikli olarak anlatı formuyla ilgilenip daha sonra semantiğe yönelmiş olsalar da, daha çok anlatı formunu önemsemişlerdir ve aynı zamanda üretim tarzı ile anlatı formunun etkileşimi üzerinde durmuşlardır. Bkz. Hakan Erkılıç, "Noël Burch ve Yeni - Biçimci (Neo-Formalist) Kuram: Praksis Olarak Sinema", Sinema Kuramları 2, Ed. Zeynep Özarslan, İstanbul, Su Yayınevi, 2013, s.246.

608- Erkılıç, a.g.e., s.249.

609- A.e., s.250.

610- A.e.

sal Bağlantılar" ile "Plastik Bir Sanat olarak Kurgu." Burch, "Uzamsal ve Zamansal Bağlantılar" isimli ilk kısımda, film terminolojisinin ve diğer yazılarında "bitmiş bir filmin temel yapısı" olarak tanımlamış olduğu "dekupaj"ın açıklamasını yapar. Burch'a göre bu anlamın farkında olmak, sinemanın, çekim aşamasında elde edilen uzamsal parçalarla, kurgu ile elde edilen zamansal parçaların yakınsaması olarak kavramlaştırılmasına yardımcı olur. Diğer bir değişle, yapısal bir konsept olan dekupaj, kurgunun çok daha geniş bir bağlam içerisinde ele alınmasını sağlar.[611]

Burch, bu ilk kısımda iki çekimin birleştirilmesiyle beş zamansal (zamansal süreklilik, zamansal atlama ya da zaman kısaltımı, süresi belirsiz atlama, geriden alma ve süresi belirsiz geriye dönüş) ve üç uzamsal bağlantının (uzamsal devamlılık veuzamsal devamsızlığın iki alt türü) oluşturulabileceğini ve bu bağlantıların kombinasyonuyla sınırsız sonuçların ortaya çıkabilmesine karşın, on beş temel yöntem olduğunu belirtir.[612] Burch, ilk bağlantı türü olan zamansal sürekliliğe basit bir örnek olarak açı ve karşı açılı diyalog sahnesi kurgusunu gösterir. Bir kişi konuşurken onu dinleyen kişinin çekimine kesme yapıldığında, bir önceki çekimde konuşan kişiye ait olan ses devam eder ve dolayısıyla zamanda kesintisizlik yaratılır. Zamanda süreklilik, ayrıca düz "uyum kesmesi" ile de yaratılır. Burch, bununla ilgili olarak şu örneği verir: A çekiminde kapıya doğru yönelen birisi kapı kolunu tutup çevirmeye başlar ve kapıyı açar. Kapının diğer tarafından yapılmış olan B çekiminde ise A çekimindeki aksiyon tam kaldığı yerden kesintisiz olarak devam eder. Burch'a göre kurgulanan filmde tam bir devamlılık edebilmek için tek yapılması gereken, kurgu ma-

611- Orpen, a.g.e., s.2.
612- Noël Burch, Theory of Film Practice, Çev. Helen R. Lane, New Jersey, Princeton University Press, 1981, s.11-12.

sasında A çekiminin sonu ile B çekiminin başının birleştirilmesidir.[613]

Burch, iki çekim arasındaki "zamansal atlama" ya da "zaman kısaltması" olarak tanımlanabilecek ikinci tür bir zamansal ilişki olasılığı olduğunu belirtir. Tekrar yukarıda verilen örnek üzerinden açıklanırsa, iki çekimin birleştirilmesinde aksiyonun bir kısmı göz ardı edilir: A çekimde birisi kapı kolu çevrilir, B çekimine geçildiğinde ise kapının diğer tarafından açık olan kapıyı kapatır. İki çekimin arasında bir boşluk vardır. Burch'a göre en konvansiyonel filmlerde bile, gereksiz aksiyonu elimine etmek için bu teknik kullanılmaktadır.[614] Yukarıda verilen kapı açma örneğinde, uzamsal devamlılık sürdürüldüğü için, seyirci zamansal bir atlamanın ya da boşluğun hem farkına varır hem de bu boşluğun süresini ölçebilir.[615]

Üçüncü tür zamansal bağlantı ve ikinci tip zaman kısaltımı, "süresi belirsiz atlama"dır. Süresi belirsiz atlama, bir saati ya da bir yılı içerebilir. Atlanan zaman miktarı kesin olarak bir replik, ara yazı, saat, takvim yahut da kostüm stilindeki değişim gibi dışsal unsurların yardımıyla ölçülebilir. Anlatının gerçek süre aralığı ile filmin süresinin aynı olmamasına rağmen, iki süre aralığı mantıksal ve diyalektik olarak birbiriyle ilişkilendirilebilir.[616] Dördüncü tür zamansal bağlantı ise "geriden alma" dır. Yine aynı kapı açma örneğine dönersek, bu kez A çekiminde bütün aksiyon tamamlanır: adam kapıyı açıp, çıkar. B çekiminde ise aksiyon, kapının açıldığı yerden kasıtlı bir şekilde ve yapay bir yöntemle tekrarlanır. Burada geriye almanın süresi belirlidir ve bir önceki çekimden dolayı hangi zaman aralığının tekrarlandığı belirgindir. Örtüşmeli kurgu

---

613- A.e., s.5.
614- A.e.
615- A.e., s.6.
616- A.e., s.6-7.

olarak da tanımlanabilecek bu yöntem, Eisenstein'ın "Ekim" filmindeki köprü sekansında ve Truffaut ve Luis Buñuel gibi modernist yönetmenlerin filmlerinde kullanılmıştır.[617] Zamansal bağlantının beşinci ve son türü ise, "süresi belirsiz geriye dönüş"tür. Bir geriye dönüş'ün (flashback) zaman aralığını, tıpkı "süresi belirsiz atlama"da olduğu gibi dışsal bir ipucu olmadan ölçmek zordur. Burch'a göre "geriye dönüş", dış ses (voice over) gibi sinemanın romandan ödünç almış olduğu kullanışlı bir anlatı yöntemidir.[618]

Burch'a göre iki çekim arasında mümkün olan üç tür uzamsal bağlantı mevcuttur. Bunların, yukarıda açıklanan zamansal bağlantılarla belirli benzerlikleri olsa da, onlardan ayrı ve bağımsızdır. İki çekim arasında olabilecek ilk tür uzamsal bağlantı, zamansal sürekliliğe benzer olan ve uzamsal sürekliliğin korunduğu "uzamsal devamlılık"tır. Bu uzamsal devamlılık, zamansal devamlılıkla birlikte ya da onsuz gerçekleşebilir. Aynı kapı örneğini ele alırsak A çekiminde tümü yada bir parçası görünen uzamsal bir unsur, aynı zamanda B çekiminde de görünür. Diğer uzamsal bağlantı türü ise "uzamsal devamsızlıktır." Burch, "uzamsal devamsızlık"ı iki alt gruba ayırır. Birinci grupta A ve B çekimlerinde tamamen farklı uzamlar gösterilirken, ikinci grupta ise A çekiminde görünen bir uzam parçası, B çekiminde çok yakın bir ölçekten gösterilir.[619]

Burch, bir biçimci olarak sinemanın plastiği üzerinden biçemine odaklanır. "Zaman ve Mekan bağlantıları ile anlatı içeriği arasında kurulacak olan sürekli bir ilişkinin filmin biçimsel yeni formlar oluşturmasını sağlayacağını ileri sürmektedir."[620] Burch'a göre modernist kurgu, mizanseni ve de-

---

617- A.e., s.7.
618- A.e., s.8.
619- A.e., s.8-9.
620- Erkılıç, a.g.e., s.255.

vamlılık kurgusunu hedef alır. Bu yaklaşımı, onu kuramsal açıdan Bazin'in karşıtı olarak konumlandırır.[621]

Burch, sinemasal uzamın anlaşılabilmesi için, çerçeve içi ve çerçeve dışından oluşan iki tür alanın varlığının göz önüne alınması gerektiğini vurgular. Çerçeve içi alan basitçe, perdede gözle algılanan her şeydir. Çerçeve dışı alan ise daha karmaşıktır ve altı parçaya ayrılır. Çerçeve dışı alanın ilk dört parçası, perdenin dört farklı kenarı tarafından belirlenir. Beşinci çerçeve dışı alan, kameranın arkasında kalan bölgedir ve karakterler, çerçevenin sağından ya da solundan çerçeve içi uzama giriş yaparlar.

Altıncı çerçeve dışı alan ise film setinin ötesinde kalan bir bölge ya da bir objedir. Film karakterleri bu alana, kapıdan çıkarak, sokakta köşeyi dönerek ya da bir sütünün ya da başka bir karakterin arkasında kaybolarak ulaşırlar. Burch, altıncı çerçeve dışı alanın en dış sınırının ufkun arkası olduğunu belirtir.[622] Burch' a göre çerçeve dışı uzam, ses ya da kamera devinimi aracılığıyla çerçeve dışı uzama dönüşür.[623] Sinemasal uzam, seyircinin perdede gördüğü ve görmediği alanların toplamıdır ve bu bölünmenin yarattığı gerilim seyircinin filme katılımını sağlar.[624]

Burch'a göre, sinemanın tarihsel evrimi boyunca üretim süreçlerindeiki farklı temsil türü oluşmuştur. Burch bunları, "Kurumsal Temsil Tarzı" (KTT) ve "Primitif Temsil Tarzı" (PTT) olarak adlandırır. Burch'a göre sinemanın ilk dönemlerinde iki temsil tarzının da var olmasına rağmen, sinemanın giderek endüstrileşmesi ve kurumsallaşması nedeniyle üretim süreçlerinde "Kurumsal Temsil Tarzı" (KTT) hakim olmaya

621- *A.e.*
622- *Burch, a.g.e., s.17.*
623- *Erkılıç, a.g.e., s.255.*
624- *Pascal Bonitzer, Bakış ve Ses, Çev. İzzet Yasar, İstanbul, Yapı Kredi Yayınları, 1995, s.11. Akt:Erkılıç, a.g.e., s.255.*

başlamıştır.[625] Burch, illüzyonist Hollywood sinemasını ve pek çok ulusal film endüstrisini "Kurumsal Temsil Tarzı" (KTT) olarak adlandırır.[626] "KTT", psikolojik olarak motive edilmiş karakterlerin ve devamlılık kurgusunun ön plana çıkarıldığı bir temsil tarzı olarak 1907 ve 1928 yılları arasında Amerika ve Avrupa'da gelişmiştir. "KTT", karmaşık bir şekilde burjuva sınıfının taleplerinin yükselen egemenliğiyle bağlantılıdır. Burjuva sınıfı sinemada sadece neyin anlatılacağını değil, aynı zamanda nasıl anlatılacağını da belirlemiştir.[627] Filmde anlatılan dünyanın seyirci açısından inandırıcı olabilmesi ve seyircinin karakterle özdeşleşebilmesi için, biçimin görünmez olması gerekir. Bu da Burch'un sinemaya kazandırmış olduğu kavramlardan biri olan "sinema stilinde sıfır noktası" ile sağlanır.[628] Stilde sıfır noktası ise, 180 derece kuralı, 30 derece kuralı, uyum kesmesi ve açı-karşı çekimleri gibi klasik devamlılık kurgusu teknikleriyle sağlanır.[629] "Bu tarz seyirciyi merkeze alan, illüzyonist bir sinemadır ve ideolojik olarak orta sınıfın dünyasını yaratır".[630]

Burch, "KTT"nin karşıtı olarak sinemada 1985 ve 1914 yılları arasında, ancak özellikle 1909 yılı öncesine kadar olan dönemdeki üretim tarzı olan "Primitif Temsil Tarzı" (PTT) kavramını ortaya koyar.[631] "Primitif Temsil Tarzı" (PTT), doğrusal ve kapalı anlatımı olmayan, psikolojik olarak motive edilmiş karakterleri ve belirli devamlılık kuralları olmayan

---

625- Noël Burch, Life to Those Shadows, Çev. Ben Brewster, Londra, BFI Publishing, 1990, s.y. Akt: Erkılıç, a.g.e., s.257.

626- David Bordwell, On the History of Film Style, 2.bs., Cambridge, Harvard University Press, 1999, s.95.

627- Donald Kirihara, "Reconstructing Japanese Film", Post-Theory: Reconstructing Film Studies, Ed. David Bordwell, Noël Carroll, Wisconsin, The University of Wisconsin Press, s.504.

628- Erkılıç, a.g.e., s.257.

629- Burch, Life to Those Shadows, s.224-225, Akt: Erkılıç, a.g.e., s.258.

630- Erkılıç, a.g.e., s.258.

631- Burch, Life to Those Shadows, s.186, Akt: Erkılıç, a.g.e., s.258.

anti illüzyonist bir sinema tarzıdır. Burch'a göre, seyirci ve film arasında farklı bir mantıksal ilişkinin bulunduğu, görüntü ve sunumun farklı bir şekilde sıralandığı "Primitif Temsil Tarzı", "Kurumsal Temsil Tarzı" nın bir anti tezidir.[632] Burch, bazı Biograph filmleriyle birlikte Edwin Porter'ın ilk dönem filmlerinde "KTT"nin yanı sıra "Primitif Temsil Tarzı"nı da içerdiği için, onları Grifftih'in filmlerinden üstün tutar. Burch'a göre, özellikle II. Dünya Savaşı öncesi Japon sineması ve 1920'li ve 30'lu yılların Sovyet sineması, "Primitif Temsil Tarzı"nın sunduğu başlıca alternatifleri oluşturur. [633] Erkılıç'a göre, popüler halk biçimleriyle burjuva temsil biçimlerinin çatışması içerisinde, primitif biçimlerin avangart ve modernist sinemayla olan ilişkisine vurgu yapmış olan Burch, [634] "... yeni ve modernist sinemanın izlerini tarihsel olarak biçim üzerinden araştırmaya çalışmıştır.[635]

Modern Fransız Film Kuramı: Jean Mitry ve Chiristian Metz

Andrew'a göre sinemada kuramsal eğilimlerin merkezinde Fransa yer alır. Andrew, bunun nedenini de Bazin'in kuramsal çalışmalarının etkilerine dayandırır. Bazin'in sinema üzerine tartışmaları, yeni kuramsal çalışmaların temelini oluşturmuştur. Fransa'da II. Dünya savaşı sonrasında sinema kulüpleri, Sinematek, sinema enstitüleri ve "Cahiers du cinéma" gibi etkili sinema dergileriile arka arkaya yayınlanan sinema incelemeleri aracılığıyla köklü bir kuramsal gelenek oluşmuştur.[636] Böyle bir ortamda Fransız üniversitelerinde sinemaya olan il-

632- *A.e.*
633- *Erkılıç, a.g.e., s.259.*
634- *A.e., s.261.*
635- *A.e., s.262.*
636- *Andrew, Büyük Sinema Kuramları, s.283.*

ginin giderek yoğunlaşmasıyla birlikte, Andrew'un deyimiyle sinema, kulüp çağından çıkıp akademik çağa geçmiştir. Andrew'a göre bu geçişte en çok etkisi olan isim ise Jean Mitry'dir.[637] Sinemanın üniversitelerde yoğunlaşmasının en önemli sonucu ise Christian Metz olmuştur.[638]

Jean Mitry, 9 Eylül 1936 yılında kurulmuş olan ünlü Fransız Sinemateği'ni (Cinémathèque Française) Henri Langlois, Georges Franju, ve Paul-Auguste Harlé ile birlikte hayata geçirmiş olan kişilerin arasında yer alır. Yaklaşık yirmi civarında deneysel ve belgesel kısa film yapmış olan Mitry, yönetmen ve kurgucu olarak gerçekleştirdiği ilk kısa filmi olan *Pasific 231* filmi ile 1949 yılında yapılan Cannes Film Festivali'nin kısa film kategorisinde "En İyi Kurgu" ödülünü kazanmıştır. Mitry'nin yaptığı tek uzun metrajlı filmi ise, Aitken'e göre ironik bir şekilde başarısız bir roman uyarlaması olan 1959 yılı yapımı *Énigme aux Folies-Bergères*'dir. Mitry ayrıca, Alexandre Astruc'un 1952 yılında çektiği *Le Rideau cramoisi* filminin de kurgusunu yapmıştır.[639] Mitry, 1960'lı yıllarda yayınlamış olduğu üç kitapla Fransız film çalışmaları alanında saygın bir yer edinmiştir. Mitry'nin 1963 ve 1965 yıllarında iki cilt olarak çıkardığı ve film çalışmalarının kuramsal bir sentezi olan Esthétique et psychologie du cinéma (Estetik ve Sinemanın Psikolojisi), pek çok jenerasyon için film kuramında temel başvuru kaynağı olmuştur.[640] Andrew'a göre Mitry, bu çalışmasıyla modern sinema kuramının öncüsü olmuştur.[641] Mitry, yine 1965 yılında sinemaya adanmış genel bir sözlük olan "Dictionnaire ducinéma" yı çıkarmıştır.[642] Andrew, Mitry'nin

637- *A.e., s.285.*
638- *A.e., s.286.*
639- *Ian Aitken, Ed., The ConciseRoutledge Encyclopedia of the Documentary Film, Oxon, Routledge, 2013, s.640.*
640- *A.e., s.640-641.*
641- *Andrew, a.g.e., s.289.*
642- *Aitken, a.g.e.,s641.*

sinema kuramının film yapım pratiğine yakın olmasının nedenini, yönetmen ve kurgucu olarak çalışmış olduğu kısa deneysel filmlere bağlar. Ona göre "Büyük Sinema Kuramları" kitabında ele almış olduğu kuramcılar arasında "...montaj odasında harcadığı zaman ve enerji açısından Mitry'yi geride bırakabilen tek kişi Eisenstein'dır."[643]

Mitry, kurguya olan yaklaşımında bazı yönlerden Bazin'e yaklaşıp, Eisenstein'dan uzaklaşırken bazı yönlerden de bunun tam tersi gerçekleşir. Mitry, özellikle Eisenstein'ın son filmlerinin tarzında olan dışavurumcu sinemayı yadsır. Mitry'ye göre, sinemacıların perdede yaratmaya çalıştıkları estetik dünyaya olan aşırı ilgileri, kullanılan imgelerin yaşamdaki gerçekliği gölgede bırakması sonucunu doğurur. Andrew'a göre Mitry, bu açıdan sinematografik görüntü anlayışını geliştirir ve dolayısıyla bu noktada Bazin'e yaklaşır. Ancak iki kuramcı arasındaki farklar, Mitry'nin kurguya ve imgelerin sekansla anlatılması sorunlarına eğilmesiyle belirginleşir.[644] Mitry'ye göre ham görüntü, görülmek için var olduğundan doğal bir anlama sahiptir. Ancak kurgulanmış görüntü bir anlamdan çok daha fazlasına sahiptir. Kurgulanmış görüntün, yönetmenin hayali ama temsili dünyası içinde bir amacı vardır.[645] "Mitry'ye göre, yalnızca duyularımızın nesnelere gerçek bir konum atfederek onları algılaması değildir söz konusu olan; bunun yanı sıra duyularımız bu nesneleri uzam ve zaman içinde yayar ve birbirleriyle karşılıklı ilişkiler içinde oldukları bir dünya kurar." Bu zihinsel işlemin filmsel karşılığı kurgu sürecidir.[646] Andrew'a göre, bu noktada Mitry kurgu sürecini kendisinden önceki kuramcılardan, hatta Eisenstein'dan bile daha geniş bir perspektifle tanımlamak durumunda kal-

643- Andrew, a.g.e., s.289-290.
644- A.e., 296-297.
645- A.e., s.297
646- A.e.

mıştır: "Montaj tekil görüntülere bir bağlam kazandırmanın, ham maddeden bir film evreni yapmanın, nesneler ve anlamlı benzerlerinin doğal eğiliminden insan için anlam türetmenin yöntemlerini kapsar."[647]

Mitry'ye göre bir çekimin süresi, önemli ölçüde o çekimin içeriğine bağlıdır. Bir filmin kurgusu, psikolojik ya da anlatımsal unsurlar göz önüne alınmadan yapılamaz. Çünkü bunlar çekimin süresi ve hareketin algılanması üzerinde belirleyicidir.[648] Bir çekimin süresi, içeriğinin ifade edilebilmesinin gerektireceği kadar olmalıdır. Bir çekim, sadece içeriğin süresi aracılığıyla "bir süre" olarak algılanabilir, örneğin bir "hareket" ya da "aksiyonun zamanı" gibi. Çekim, eğer iletilmek istenen anlamın gerektirdiğinden çok daha uzun olursa, o zaman "uzun" olarak algılanır. Bunun tam tersi olan durumda da, bir çekimin süresi iletilmek istenen anlamı ya da ifadeyi veremeyecek kadar kısaysa, o çekim "kısa" olarak algılanır.[649]

Mitry, "refleksif montaj" adını verdiği bir kurgu türünden yana olduğunu belirttiğinde, bu kez Bazin'den uzaklaşarak Eisenstein'a yaklaşır. Refleksif montajda yönetmen, kendi hikayesini anlatıp ve aynı zamanda anlattığı bu hikayenin dünyasına saygı gösterirken, farklı bir anlam hattını anlatısal olanın tarafında kurmayı başarır. "Öyküdeki nesneler arasında sembolik karşılıklı-bağımlılıklar kurabilir; öyküdeki nesnelerin birbirlerine karşı duran şekillerini bozarak onlarla oynayabilir; görüntülerin ışıklandırılması veya hareketine tepki olarak, bunlarla uyum içinde filmini kesebilir."[650] Eğer bütün bunlarla, öyküye ve öykü tarafından oluşturulan mantıksal dünyaya

---

647- A.e., s.298.

648- A.e. s,302.

649- Jean Mitry, The Aesthetics and Psychology of the Cinema, Çev. Christopher King, Boloomington, Indiana University Press, 1997, s.166-167.

650- Andrew, a.g.e., s.309.

saygı gösteriliyorsa, film ilerlemiş olur.[651] "Refleksif montaj", dünyaya ilişkin algımızın uçlarını temel alır ve bu nedenle de Mitry, refleksif kurguda her tür aşırılığı olağan karşılar. "Yönetmen, aralarında çok uzak bağlantılar kurarak da olsa, filme alınan dünyanın doğal parçaları oldukları sürece çekimleri birleştirmekte özgürdür."[652]

Andrew'a göre film kuramının kısa tarihinde Mitry'nin pozisyonu, felsefe tarihinde Hegel'in aldığı pozisyon gibidir. Gerçekçilik ve biçimcilik arasında diyalektik bir etkileşim kuran Mitry'nin çalışmaları, kendisinden önceki kuramsal çalışmaların toplamı ve uzlaşımı olmaya çabalamıştır. Mitry'nin çalışmaları, Andrew'a göre bir kuram olmanın yanı sıra, aynı zamanda kuramın tarihi olma özelliğini de taşır. Bu, kendisini bir son nokta olarak gören, büyük, anlaşılır ve idealist bir kuramdır.[653] Mitry'nin 1988'de ölümü üzerine André Gaudreault, Tom Gunning'e şunu söylemiştir: "Mitry'nin ölümü, aynı zamanda sinemada kurgunun başladığı günlerde doğmuş olan tarihçilerin de ölümüne işaret eder." Gunning'e göre, Mitry'nin sinema tarihine, kuramına ve pratiğine katkısı günümüzde hala tazeliğini sürdürmektedir.[654]

Modern Fransız film kuramının Mitry ile birlikte diğer bir temsilcisi ise Chiristian Metz'dir. Metz, film çalışmalarına hem yapısalcılığı hem de psikanalizi getirerek film kuramının gelişime katkı sunmuştur. Metz, sinemanın ne olduğunu sormak yerine, filmlerin anlamı nasıl yarattığını keşfetmeye çalışmıştır. Böylece akademilerde sinemaya olan yaklaşımları devrimci bir şekilde etkilemiştir. Metz, sinemanın evrensel söz dizimini

---

651- A.e.
652- A.e., s.310.
653- Dudley Andrew, Concepts in Film Theory, Oxford, Oxford University Press, 1984, s.13.
654- Tom Gunning, "Jean Mitry: 1904-1988", Cinema Journal, Vol. 28, No. 1 (Autumn, 1988), s.18.

anlayabilmek amacıyla, Claude Lévi-Strauss ve Roland Barthes'in çalışmaları nedeniyle o dönemde moda haline gelmiş olan Ferdinand de Saussure'nin dil kuramlarını sinemaya uygulamıştır.[655] 1964 yılından beri üç kitap ve sayısız makale yazmış olan Metz, Bazin'den sonra gelen en önemli film kuramcıları arasında sayılmıştır. Metz, Bazin'in "Sinema Nedir? sorusuna, "sinema bir dildir" diye cevap vermiştir. Bu cevabı veren ilk kişi olmasa da, bunu modern dilbilimin sofistike yaklaşımıyla yapan ilk kuramcı olmuştur.[656] Aitken'e göre Metz'in 1968 yılında yazdığı "Essais sur la signification au cinéma" (Film Dili) kitabı, yapısalcı ve semiyotik metodolojinin film analizine en sistematik bir şekilde uyarlandığı çalışmadır. Metz'in bu çalışmadaki yaklaşımı, onu daha önceki Rus biçimciliği gelenekleri ve Lévi-Straus'un yapısalcılığı ile ilişkilendirir. Metz'in ana ilgisi, sinemayla ilgi olarak neyin "sinemasal" olduğunu ve temel birimlerin derin yapılarını ortaya çıkararak, bunların filmlerin anlam yaratmasını olanaklı kılan kombinasyon prensiplerini açığa çıkarmak üzerineydi. Aitken'e göre Metz, Saussure'nin yeni bir bilim dalı olarak gelişen semiyolojiye çağrısına uyarak, çalışmasının film dilinin doğru ve sistematik bir sınıflandırılmasının temellerini atmasını amaçlıyordu.[657]

Andrew'a göre ise Metz'in amacı, sinemada anlamın gelişiminin tam bir tanımını yapabilmekti. Metz, Charles Peirce ve Saussure'yi temel aldığı bu girişime "sinemanın semiyotiği" adını vermiştir.[658] "Semiyoloji, tanımı gereği, sinemanın

---

655- "*Overview: Christian Metz (1931 – 1993), (Çevrimiçi) http://www.oxfordreference.com/view/10.1093/oi/authority.20110803100154425, 22 Nisan 2017.*

656- *Alfred Guzzetti, "Christian Metz and the Semiology of the Cinema", Journal of Modern Literature, Vol. 3, No. 2, Film as Literature and Language (Apr.,1973), s.292.*

657- *Ian Aitken, European Film Theory and Cinema: A Critical Introduction, Edinburgh, Edinburgh University Press, 2001, s.107.*

658- *Andrew, Büyük Sinema Kuramları, s.322.*

niteliğine ilişkin bir inanç olmaktan ziyade sinema eserlerinin gizemini çözme yöntemidir ve bu bağlam bilim adamını dayandığı bir dizi varsayıma götürür."[659] Andrew'a göre sinema göstergebilimi, sinemada anlamın nasıl kurulduğunu ya da seyirciye ne anlam ifade ettiğini açıklayabilen kapsamlı bir model önerir:"Semiyoloji, bir filmin seyredilmesini mümkün kılan yasaları saptamaya ve her tekil filme veya sinema türüne özel karakterini kazandıran özgün anlam kalıplarını ortaya çıkarmayı amaçlar."[660]

Metz'in dil ve sinema benzeşimi konusunda vardığı temel sonuç, dilbilimsel yöntemin direkt olarak sinemaya uyarlanamayacağıdır. Çünkü Metz'e göre sinemada, dilin sahip olduğu şekilde belirgin ses birimler yapısına karşılık gelen bir yapı yoktur. Dilde, bir grup sesbirimin kombinasyonuyla sonsuz sayıda anlamlı birimler meydana gelebilir. Ancak sinema görüntüsü bu şekilde, dilde olduğu gibi parçalara bölünemez.[661] "En temel düzeyde, sinemanın en küçük birimleri yoktur."[662] Çünkü Metz'e göre bir görüntü, dilin aksine temsil ettiği obje ile çok yakından ilintilidir. Görüntüde anlam sabittir, dilbilimsel ses birimlerde olduğu gibi değişebilir değildir. Sinema bir takım uylaşımlardan, temel birimlerden ve bu birimlerin kombinasyonlarını belirleyen bazı kurallardan oluşan bir tür dilden meydana gelse de, dilbilimsel anlamda bir dile sahip değildir.[663] Metz'e göre sinemanın bir grameri de yoktur.[664] "Çünkü sinemada bir tümcenin sahip olduğu özne, yüklem ve tümleç görevi yapan imgelerle karşılaşabilmek olanaksız bir şeydir."[665] Sinemada bir takım kuralların olmasına karşın bun-

---

659- A.g.e., s.323-324.
660- A.g.e., s.324.
661- Aitken, European Film Theory and Cinema, s.108.
662- Andrew, Büyük Sinema Kuramları, s.328.
663- Aitken, a.g.e., s.108.
664- Andrew, a.g.e., s.329.
665- Oğuz Adanır, "Göstergebilimsel Film Kuramı", s.17.

lar, sözel dillerde olduğu gibi katı ve karmaşık değildir. "Sinemacının yanlış cümle kurmasından veya yanlış seçmesinden söz edilemez."[666] Ancak yine de, Metz'e göre sinema bir dil yetisine benzemektedir.[667] Öykülü sinema, dile benzeyen bir dizimselliğe dayanmaktadır. "Dil düzeyinde sözcükler nasıl sesbirimlerin, tümceler sözcüklerin, paragraflar tümcelerin, bölümler paragrafların, bir roman ya da öykü filmlerin yan yana getirilmesiyle oluşturuluyorsa, öykülü filmler de planlar bir araya getirilerek sahneler, sahneler bir araya getirilerek sekanslar, sekanslar bir araya getirilerek bölümler ve bölümler bir araya getirilerek öykülü filmler oluşturulmaktadır."[668]

Metz'e göre sadece hareketli görüntüleri elde etmeyi sağlayan "sinematograf" aşamasından, "sinema" aşamasına geçilmesini sağlayan en önemli unsurlardan birinin "kameranın özgürleştirilmesi" ya da "kameranın hareketlenmesi" olduğu gerçeğini tüm sinema tarihçileri ve kuramcıları kabul etmiştir.[669] Kameranın özgürleştirilmesi, Metz'e göre 1900 ve 1915 yılları arasında ortaya çıkmış olan George Albert Smith, James Williamson, Edwin S. Porter, Thomas Ince ve özellikle D.W. Griffith gibi öncü isimler sayesinde gerçekleşmiştir.[670] Metz'e göre, kamera iki şekilde hareket kazanabilirdi: Birincisi en basit varsayım olarak kameranın kendisinin hareketlendirilmesidir. İkincisi ise farklı açı ve ölçeklerden çekilen aynı sahneye ait planların önce bölünmesi ve sonrada belirli bir düzene göre arka arkaya eklenmesi olan kurgudur. "Bu ikinci yöntem bir anlamda daha dolaylı bir yoldan geçerek birinciyle aynı sonuca ulaşmaktadır, çünkü kamera genel bir kural olarak çekim

---

666- *Andrew, a.g.e., s.329.*
667- *Adanır, a.g.e., s.17.*
668- *A.e., s. 18.*
669- *ChiristianMetz, Sinemada Anlam Üstüne Denemeler, Çev. Oğuz Adanır, İstanbul, Hayalperest Yayınevi, 2012, s.83.*
670- *A.e.*

sırasında hareket halinde değildir, kameranın "hareketlendirilmesi" değişik noktalara konularak art arda yapılan çekimlerle mümkün olmaktadır."[671] Metz'e göre kameranın özgürleşmesinde, kamera hareketlerinden ziyade kurgu ve kurgunun zorunlu sonucu olan dekupajın etkisi çok daha fazla olmuştur.[672] "Sinematograftan sinemaya geçiş sürecinde sanki tüm sorunlar, "kamera hareketi" gibi imgeyle ilgili ek bir yöntemden çok imgelerin art arda sıralanmasıyla ilgilidir."[673] Metz, sinemanın öncelikle arka arkaya sıralanan imgeler üzerine kurulu bir sanat dalı olduğunu vurgulayıp, bu imgelerin düzenlenerek bir söyleve dönüştürülebildiğini vurgular. "İmge tek başına bir gerçeklik parçasıyla yalnızca fotoğrafik bir benzerlik ilişkisi kurabilirken sinema tam bu noktada başlamakta ve art arda dizilen imgeler bir dilyetisi oluşturmaktadırlar..."[674] Metz'e göre, fotoğraf sadece gerçeğin bir benzeri olmakla sınırlıdır, ancak film ise öncelikle söze benzer. Sinemanın bu özelliği sayesinde, göstergebilimin merkezinde kurgunun olduğu ortaya çıkar. "Böylelikle kendi başına bir amaçtan çok, bir anlatım zorunluluğu olduğunu daha iyi anladığımız "kamerayı hareketlendirme" girişiminin kamera hareketlerinden çok (daha erken bir tarihte) kurgu sayesinde başarıya ulaşabildiğini görmek sorunu daha hızlı bir şekilde çözmek demektir."[675]

Metz'e göre kurgu, sinemanın temel taşlarından biri olmayı sürdürecektir. Renk, müzik, dekor, ışık, gerçek sesler, ve hatta oyunculuk gibi hiç bir sinemasal unsur, Metz'e göre sinemasal anlamın nasıl oluştuğunu kurgu kuralları ya da sesli filmde sözlerin oynadığı rol kadar belirgin bir şekilde gösteremez.

671- A.e.
672- A.e., s.84.
673- A.e.
674- A.e.,s.85.
675- A.e.,s.86.

"İçinde yaşamakta olduğumuz XX. Yüzyılda kurgunun önemini en açık seçik şekilde gösteren kanıtlardan biri fotoğraf ve sinemanın toplumsal yazgılarındaki farklılıklardır."[676]

Metz, 1960'larda kendinden önceki sinema tarihçileri, eleştirmenler ve kuramcıların yaptıkları analizlerden yola çıkarak sinemaya ait büyük birimler seviyesinde kodlaştırılmış, anlamlı düzenlemeleri içeren ve "İmge Şeridinin Büyük Dizimseli" adını verdiği bir sinema dilbilgisi geliştirmiştir.[677] James Monacoya göre ise Metz bu dizimsel ile bütün farklı kurgu kuramlarının bir sentezini yapmaya çalışarak, sekiz kurgu tipinin mantıksal olarak nasıl birbirleriyle ilişkili olduklarını göstermeyi denemiştir.[678] Adanır'a göre ise, "Film görüntüleri belli bir çerçeveleme ve kurgulama yöntemine boyun eğdiklerinden bu biçimsel kurallar aynı zamanda o görüntülerin algılanma biçimlerini de belirlemektedir, yani görüntüler yalnızca görüntü değil belli bir bağlama oturtulmuş anlamlı görüntülerdir."[679] Metz'in "İmge Şeridinin Büyük Dizimseli"ni oluşturan dizimsel tipler şunlardır:[680]

1. Özerk Parça (Plan Sekans ve dört tip araya giren parça) ve dizimsel bağıntılar. Dizimsel bağıntılar, "Zaman Dizinsel" ve "Zaman Dizinsel Olmayan" dizimsel bağıntılar olarak ikiye ayrılır. "Zaman Dizinsel Olmayan" bağıntılar ise:

2. "Paralel Dizimsel Bağıntı" ve

3. "İki Seçenekli Noktalama" olarak ikiye ayrılır. "Zaman Dizinsel" bağıntılar ise:

676- A.e.
677- Adanır, a.g.e., s.22-23.
678- Monaco, Bir Film Nasıl Okunur?, s.211.
679- Adanır, a.g.e., s.23.
680- A.e.

4. "Betimleyici Dizimsel Bağıntı" ve "Anlatımcı Dizimsel Bağıntı" olarak ikiye ayrılır. Bu bağıntılar ise kendi içlerinde:

5. "Art Arda Dönüp Gelen" (anlatıcı) ve "Çizgisel Anlatıcı" dizimsel bağıntılar olarak ikiye ayrılır. "Çizgisel Anlatıcı" dizimsel bağıntılar kendi içlerinde ise:

6. "Sahne" ve "Sekanslara" ayrılırlar. Sekanslar ise ikiye ayrılır.:

7. "Bölümlü Sekans" ve

8. "Sıradan Sekans"

Monaco'ya göre Metz'in "İmge Şeridinin Büyük Dizimseli", "...karışık olmasına rağmen kurgunun karmaşık sistemini anlama yönündeki en son girişimdir."[681] Monaco, Metz'in sistemini sinemanın karmaşık ve anlaşılması zor olan söz dizimini anlayabilmek için yaralı bir rehber olarak değerlendirir:[682]

Bir film Parçası ya özerktir ya da değildir.

Ya zaman dizinseldir ya da değildir.

Ya betimleyicidir ya da anlatıcıdır.

Ya çizgiseldir ya da değildir.

Ya devamlıdır ya da değildir

Ya organizedir ya da değildir.

Adanır'a göre sinema, bir şeyler anlatabilmek ve anlaşılır olabilmek adına Metz'in bir nevi kurgu türleri olarak da nitelenebilecek "İmge Şeridinin Büyük Dizimseli"nden yararlanmak zorundadır.[683] Ancak bununla birlikte, sinema göster-

---

681- Monaco, a.g.e., s.211-212.
682- A.e., s215.
683- Adanır, a.g.e., s.25.

gebilimi 1980'li yılların sonundan itibaren entelektüel gücünü ve etkisini giderek yitirmeye başlamıştır. Adanır'a göre, sinema göstergebiliminin önemini tam olarak olmasa da önemli ölçüde yitirmesinde Metz'in 1983 yılında ölümü de neden olmuştur.[684]

Postmodern Sinemada Kurgu ve MTV Stili

Her ne kadar kısa ve genel bir tanımlamasını yapmak çok zor olsa da postmodernizm, 1960'lardan itibaren ortaya çıkan ve felsefe, sanat, mimari ve eleştiri alanında modernizmden kopuşa işaret eden genel bir hareket olarak özetlenebilir. "Sonrası" anlamına gelen "post" eki postmodernizmin, modernizme karşı bir isyan boyutu taşıdığını göstermektedir. "Herhangi bir tanıma indirgenemeyecek bir karmaşıklığa, düzensizliğe sahipse de, postmodernizm öncelikle modernlikle bir hesaplaşma demek..."[685]

Postmodernizm, yeni bir kültürel oluşum olarak modernizmin tek ve evrensel olduğu düşüncesine karşı bir mücadele biçimidir. Modernizmin her şeyi "büyük anlatılarla" açıklayabileceğini reddeden Postmodernizm, bu büyük ve üst anlatılara kuşkuyla yaklaşır ve karşı koyar.[686] Postmodernizmi kısaca "üst anlatılara inanamamak" olarak tanımlayan Lyotard'a[687] göre modern "büyük anlatıların" çöküşü, küçük anlatıların gündelik hayatı çoğaltması ya da biçimlendirmesi

---

684- A.e., s.31.
685- Necmi Zekâ, "Yolları Çatallanan Bahçe, Aynalı Gökdelenler, Dil Oyunları ve Robespierre", Jameson, Lyotard, Habermas: Postmodernizm, Haz. Necmi Zeka", Çev. Gülengül Naliş, Dumrul Sabuncuoğlu, Deniz Erksan, 2.bs., İstanbul, Kıyı yayınları, 1994, s.10.
686- Dilek Özhan Koçak, "Sinemada Postmodernizm", Beykent Üniversitesi Sosyal Bilimler Dergisi / Journal of Social Sciences, (5),2, 2012, s.67.
687- David Harvey, Postmodernliğin Durumu, Çev. Sungur Savran, 2.bs, İstanbul, Metis Yayınları, 1999,s.60, Akt: Koçak, A.e.

karşısında bir engel değildir.[688] Postmodernizmin "amaç olarak modernizm olmadığını" vurgulayan Lyotard'a göre, postmodernizm "...oluşum olarak modernizmdir ve bu oluşum sürekli bir durumdur." [689]

Sanatta postmodern anlatı ise, yüksek derecede alıntı yapma, ödünç alma, göndermede bulunma, kopyalama ve daha önceden yapılmış çalışmaları bir tür "geri-dönüşüm" işlemiyle yeniden kullanma yöntemleriyle kendisine biçimsel olarak dikkat çeker. Postmodernizm, modernizmin ticari olmayan çoğu elit kalitelerinden yoksundur. Popüler ve yüksek sanatın referanslarını, geleneklerini ve uylaşımlarını harmanlayarak kurmaca dünyanın yapaylığına vurgu yapar.[690] Postmodernizmde gündelik yaşam ve sanat arasındaki sınırlar ortadan kalkar ve böylece her şeyin sanat olabileceği ve her türlü aktivitenin sanatın alanı içinde yer bulabileceği düşüncesi gelişir. Yüksek kültür ve kitle kültürü arasındaki sınırlar yumuşayarak, bunların harmanlanmasıyla parodinin, pastişin, ironinin, oyunculuğun ve yüzeysel kültürün olumlandığı melez bir biçim ortaya çıkar. Postmodernizmde sanat yaratıcısının özgün kişiliği önemsizleşir ve sanatın aslında sadece yinelemeden ibaret olduğu varsayımı öne çıkar.[691] Postmodernizm, gerçekçiliğin radikal bir dönüşümünü temsil ederek, modernist elitizmi reddeder. Modernizmden farklı olarak postmodernizm, sanatı ticari bir metaya dönüştüren sürece ironik ve alaycı bir tavır almasına karşın, piyasayı kucaklar.[692]

688- Barry Smart "Postmodern Toplum Teorisi", Çev. Mehmet Küçük, Modernite versus Postmodernite, Haz. Mehmet Küçük, Ankara: Vadi Yayınları, 2000, s.333, Akt: Koçak, A.e.

689- J. F. Lyotard, Postmodern Durum, Çev. Ahmet Çiğdem, Ankara, Vadi Yayınları, 1994, s.156.

690- Bill Nichols, Engaging Cinema: An Introduction to Film Studies, New York, W. W. Norton & Company, 2010, s.200.

691- Ali Karadoğan, "Postmodern Sinema mı Film mi?", İletişim : Araştırmaları Dergisi, C.3, S.1, 2005, s.142-143.

692- Nichols, a.g.e., s.200.

Postmodernizm çoğunlukla, modernist eserlerin anlaşılmasını zorlaştıran karmaşık öznelliği reddeder. Nichols'e göre gerçekliğe öznel bir estetik biçim verme amacında olan modernizme karşın postmodernizm, gerçekliği filmlerden, internet sitelerinden, karikatürlerden ve resimlerden oluşan ve en nihai amacı geri-dönüştürülmek olan kültürel bir yığıntı olarak ele alır.[693]

Postmodernizm, diğer sanat dallarında olduğu gibi sinemada da etkisini göstermiştir. Aitken'e göre, postmodern felsefeyle postmodern sinema arasında bazı kavramsal benzerlikler açık bir şekilde görülmektedir. Postmodern felsefe, yaratıcılığı, düşünce özgürlüğünü ve kesin değer yargılarına varmaktan kaçınmayı vurgular. Çözümleyici olmaktan kaçınır, yaratıcı kimliği (auteur) ve büyük anlatıları reddeder. Postmodern sinema da, benzer bir şekilde yüksek sanat ve popüler sanat arasındaki ayrımları ortadan kaldırıp, tarzları ve türleri harmanlayarak (metinler-arası) mevcut beğeni anlayışının otoriter kurallarına meydan okur. Yönlendirici kavramsal çözümleme yerine ironiyi, pastişi ve tarihsel belirsizliği barındırır.[694] Jameson pastişi, bireysel öznenin yitirilmesi ve bunun biçimsel sonucu olarak kişisel tarzın kaybolmaya başladığı ve neredeyse evrensel olan bir uygulama olarak açıklar.[695] Dolayısıyla postmodern sinemayı, modernist sinemadan ayıran en belirgin özelliklerden biri de "auteur" kavramının reddedilmesidir.[696] Postmodern sinemanın en bilinen bazı örnekleri arasında şu filmler sayılabilir: *"Gençlik Yılları" (American Graffiti,*

693- A.e., s.204.

694- Aitken, European Film Theory and Cinema, s.155.

695- Fredric Jameson, "Postmodernizm ya da Geç Kapitalizmin Kültürel Mantığı", Jameson, Lyotard, Habermas: Postmodernizm, Haz. Necmi Zeka, Çev. Gülengül Naliş, Dumrul Sabuncuoğlu, Deniz Erksan, 2.bs., İstanbul, Kıyı yayınları, 1994, s.76.

696- Koçak, a.g.e., s.73.

George Lucas-1973), "Çin Mahallesi" (Chinatown, Roman Polanski-1974), "Diva" (Jean-Jacques Beineix-1981), "Metro" (Subway, Luc Besson-1985), "Bıçak Sırt" (Blade Runner, Ridley Scott- 1982), "Ucuz Roman" (Pulp Fiction, Quentin Tarantino -1994), "Katil Doğanlar" (Natural Born Killers, Oliver Stone-1994) "Kayıp Otoban" (Lost Highway, David Lynch-1997) ve "Koş Lola Koş" (Lola rennt, Tom Tykwer-1998)

Pek çok postmodern filmin kurgusu, 1981 yılında yayına başlamış olan ve müzik videoları gösteren Amerikan televizyon kanalı "MTV"[697] ile ilişkilendirilen ve "MTV tarzı" olarak anılan bir kurgu biçimine dayanır. Müzik albümlerinin promosyonunu yapmak ve satışlarını arttırmak amacıyla bir şarkının çeşitli görsel öğelerle sunulduğu bu 3 ila 30 dakika arasında değişen sürelere sahip olan müzik videoları, hızlı ve uyarıcı kurgu tarzlarıyla genç izleyicilerin ilgi odağı haline gelmişti.[698]

Seksenli yıllardan itibaren popülerleşen bu kurgu biçimi, göz alıcı ve baş döndürücü bir etki sağlamak adına hızlı kesmelere, sıçramalı kurguya (jump cut), hızlandırılmış hareketlere ve çoklu kamera açılarına dayanır.[699] MTV tarzı kurgu, Jameson'un "Postmodernizm ya da Geç Kapitalizmin Kültürel Mantığı" çalışmasında da işaret ettiği gibi, postmodern kültürün genel bir karakteristiğini ortaya koyar.[700] Aslında postmodern sinemayla ilişkilendirilen bu hızlı kurgu tekniklerinin kullanımı seksenli yılların çok öncesinde, Fransız Yeni Dalga sinemasında da görülmüştür. Örneğin Godard'ın *Serseri Aşık-*

697- Steve Peake, "Profile and History of '80s Cable Network and Music Tastemaker MTV", 21 Şubat 2017, (Çevrimiçi) https://www.thoughtco.com/history-80s-cable-network-mtv-9994, 27 Nisan 2017.
698- Dancyger, The Technique Of Film And Video Editing, s.184.
699- Dixon, Foster, A Short History of Film, s.387.
700- M. Keith Booker, Postmodern Hollywood: What's New in Film and Why It Makes Us Feel So Strange, Westport, Praeger Publishers, 2007, s.1.

lar filmindeki ünlü sıçramalı kesmeleri (Jump Cut) ya da Truffaut'nun *Jules ve Jim* filminin hızlı "pan" ve "zoom" hareketleri ile hızlı kesmeleri gibi.[701] Dancyger'e göre MTV tarzı doğrusal anlatıya, olay örgüsüne ve karaktere odaklamış olan bir takım klasik anlatı amaçlarından vazgeçerek, bunları çok katmanlı bir yaklaşımla değiştirir: Bir hikayesi ya da tek bir karakteri olabilir, ancak müzik videolarının en temel katmanı çoğunlukla mekan, duygu ya da atmosferdir. Zaman ve uzamın kullanımı, klasik anlamda sinemasal zaman ve uzamın oluşturulduğu uylaşımlardan daha farklı bir şekilde yapılır. Pek çok müzik videosu, gerçeklik ve sinemasal zaman arasında kendi referans noktalarını oluşturmaya çalışır. Bunun anlamı, zamanda ve uzamda büyük atlamaların yapılması ve bunun sonucu olarak ortaya çıkan imgelerin canlılığın yeni bir korelasyon sağlamasıdır. Müzik videosu dünyasında gerçek uzamın çok fazla bir önemi yoktur, daha önemli olan örneğin bilimkurgu ya da korku filmleri gibi diğer tür ve biçimlere yapılan referanslardır.* Müzik videolarında zaman ise, "herhangi bir zamandır". Zaman ve uzamda belirli zorunlulukların ve kuralların ortadan kalkması, film ve video sanatçılarının kendi düşsel dünyalarını özgür bir şekilde tasarlamalarına olanak sağlamıştır. Hedeflenen genç ve isyankar seyirci, özgürlüğün bir nevi simülasyonu olan bu yaklaşımı ve dolayısıyla geleneksel anlatının reddini coşkuyla karşılamıştır.[702]

Robert Altman'ın 1992 yılı yapımı *Oyuncu (The Player)* filminin ünlü açılış sahnesinde, büyük film stüdyolarından birinin güvelik şefi bir repliğinde son dönem filmleriyle ilgili şöyle bir şikayette bulunur: "*Şimdiki filmlerin hepsi MTV gibi: kes, kes, kes!...*" Booker'a göre, bu replikte vurgulandığı gibi 20. yüzyı-

---

701- A.e.

** Michael Jackson'un "Thriller" isimli şarkısı için çekilmiş olan ve yaklaşık 14 dakika uzunluğunda olan müzik videosu buna örnek gösterilebilir.*

702- Dancyger, a.g.e., s.184.

lın sonlarına doğru film kurgusu giderek hızlanmış ve bu kurgu tarzı, önemli ölçüde MTV müzik videolarının parçalanmış görsel tazından etkilenmişti.[703] Bu coşkulu ve parçalanmış MTV tarzı kurgu, genç izleyicileri sinemaya çekmek için tasarlanmıştı.[704] Spike Jonzeve Michel Gondry gibi postmodern olarak nitelenen pek çok yönetmen, kariyerlerine müzik videoları çekerek başlamıştı.[705]

Booker'a göre MTV müzik videoları postmodern kurgu tarzının simgesi olarak kabul edilse de, unutulmamalıdır ki MTV'in kendisi de küresel bir olaydır. Bu nedenle MTV tarzı kurgunun en belirgin örneklerinden bazılarının Amerika dışından gelmesine şaşırmamak gerekir. Bunun en bilinen örneklerinden biri de, 1998 yapımı Alman filmi *Koş Lola Koş (Lola rennt)* filmidir.[706] Uzatılmış bir müzik videosunu andıran ve 81 dakika uzunluğunda olan bu film, MTV sonrası yetişmiş olan izleyiciye tanıdık gelen hemen hemen tüm kurgu tekniklerini içerir: Hızlı çekim, yavaş çekim, hızlı pan ve zoom hareketleri, çok hızlı kesmeler, sıçramalı kesmeler, bölünmüş ekranlar, zaman zaman renkli görüntüden siyah beyaza ya da canlı görüntüden çizgi film görüntüsüne geçişler. Bütün bu teknikler filmin çılgın aksiyon duygusunu arttırmak için kullanılmıştır. Ancak bütün bunlara rağmen filmin olay örgüsü çok basittir ve Booker'a göre aslında filmde çok az şey olur. O kadar az ki, filmde aynı hikaye her birindeçok farklı sonuçlanacak şekilde üç kez arka arkaya gösterilir. Booker'a göre bu film, çoğunlukla kendi olay örgüsünün inşa edilmiş doğasını öne çıkarır.[707] *Koş Lola Koş,*açık bir şekilde hem postmodern kurgu tekniklerini hem de postmodern sinemada anlatının kü-

---

703- Booker, a.g.e., s.1.
704- A.e., s.2.
705- A.e., s.6.
706- A.e., s.7.
707- A.e., s.7.

çültülmesini temsil ederek, Lyotard gibi kuramcıların postmodernizmde merkezi bir unsur olarak gördükleri "büyük anlatılara şüpheyle yaklaşımın" bir örneğini gösterir.[708]

Quentin Tarantino'nun 1994 yılı yapımı *Ucuz Roman (Pulp Fiction)* filminde ise, olayların oluş sıraları değiştirilerek, anlatısal birlik kırılır. Olay örgüsünün belirli bir gerilim üzerine oturtulmadığı bu filmde, merkezsiz bırakılmış olan seyirci filmi belirli bir konumdan seyredemez. Karakterlere göre şekillenmiş farklı olay örgülerine sahip olan film, tek bir anlatı çizgisini takip ediyor gibi görünmesine karşı, anlatının merkezi sürekli değişir.[709] *Ucuz Roman* filminin kurgusu üç hikaye, bir giriş ve bir sonuç etrafında organize edilmiştir. Filmin giriş kısmının devamı, zamansal olarak filmin sonuç kısmında gösterilir. Dancyger'e göre filmin zamansal çerçevesi düz bir çizgiden ziyade bir daireye benzer. Tarantino, bu dairesel zaman çerçevesini seyircinin gangster türünde zamanın doğrusal olarak ele alınma beklentisini kırmak için kullanır.[710] Karadoğan'a göre ise filmin bu parçalı ve bölünmüş anlatı yapısına aslında seyirci yabancı değildir: Seyirci televizyonda sürekli reklamlarla kesilen bölünmüş öyküleri izlemeye alışkındır.[711] Cannes Film Festivali'nde "Altın Palmiye" ödülünü kazanmış olan *Ucuz Roman* ticari olarak da çok başarılı olmuş ve bağımsız sinema ile Hollywood sineması arasındaki sınırları neredeyse yok etmiştir. Booker'a göre *Ucuz Roman,* parçalı anlatısı ve kültürel geçmişin parçalarından inşa edilen bir tür yamalı yapısıyla ve aynı zamanda yüksek derecede ticari olmasıyla postmodernizmin önde gelen örneklerinden biridir.[712]

708- A.e., s.8.
709- Karadoğan, a.g.e., s.151.
710- Dancyger, a.g.e., s.228-229.
711- Karadoğan, a.g.e., s.151.
712- Booker, a.g.e., s.13.

MTV tarzı kurgunun en beligin özelliklerini taşıyan diğer bir film ise *Ucuz Roman* ile aynı yıl gösterime girmiş olan ve Oliver Stone'un yönettiği *Katil Doğanlar (Natural Born Killers)* filmidir. Booker'a göre filmin çok hızlı ve müdahaleci kurgusu, seyircinin dikkatini konunun şiddetinden uzaklaştırmak ve muhtemelen filmi şiddeti eleştirmek yerine, şiddetin yüceltticisi olarak görünme tehlikesinden korumak için tasarlanmıştır.[713] Aslında yoğun bir şekilde kurgulanmış olması, filmi anlaşılır bir anlatı yerine bir tür postmodern imaj akışı haline getirmiştir. Oliver Stone, seyircinin olay örgüsüyle özdeşleşmesini önlemek adına kurgunun olanaklı kıldığı tüm efektleri kullanmıştır. Filmin öyküsü sürekli bir şekilde kesilerek araya diğer filmlerden, televizyondan ve hatta çizgi filmlerden elde edilen görüntüler sokulmuş ve aynı zamanda farklı kaynaklardan elde edilen sahnelere ait görüntüler sıklıkla, filmin ana anlatısını veren sahnelerin arka planlarına yansıtılmıştır. Filmde renkli ve siyah beyaz görüntüler ile film ve video çekimleri birbirini izler. Kullanılan tuhaf kamera açıları ve kamera hareketleri, renkli filtreler, yavaş ve hızlı çekimler gibi unsurlar şaşırtıcı etkiler yaratmayı sağlar. Aynı zamanda farklı kaynaklardan derlenmiş çeşitli müziklerin kullanımı ise filmin yaratmaya çalıştığı kaos ve parçalanmışlık duygusuna yardımcı olur.[714] Dancyger'e göre filmin sekanslarına genel bir şekilde bakıldığında, müzik videolarına ne kadar çok benzedikleri hemen fark edilir. Filmde müzik baştanbaşa şekillendirici bir araç olarak kullanılmıştır.[715]

713- A.e., s.41.
714- A.e.
715- Dancyger, a.g.e., s.194.

İKİNCİ BÖLÜM

KURGU TEKNİKLERİ

Bir film, tesadüfen bir araya gelmiş unsurlar bütünü değildir. "Bütün sanat yapıtları gibi, filmin de bir biçimi vardır."[716] Bordwell ve Thompson, film biçimini en geniş anlamıyla bir filmin tümünde yer alan unsurlar arasında algıladığımız bütün bir ilişkiler sistemi olarak açıklar.[717] Bu unsurlar arasındaki ilişkilerin kurulmasını sağlayan belirli ilkeler olmalıdır. Bilimde ilkeler, fiziksel yasalar veya matematiksel önermelerdir. Bu ilkeler bilim adamlarına neyin olanaklı olduğu konusunda kılavuzluk yaparlar. "Örneğin, bir uçağı tasarlayan mühendisler aerodinamiğin temel yasalarına uymak zorundadırlar."[718] Bununla birlikte Bordwell ve Thompson'a göre sanatta, bütün sanatçıların uymak zorunda olduğu kesin biçimsel ilkeler yoktur. Sanat eserleri kültürün ürünleri oldukları için,"sanatsal biçimin pek çok ilkesi bir uylaşım meselesidir."[719] Roman, tiyatro, çizgi roman ve epik şiir gibi diğer an-

716- Bordwell, Thompson, Film Sanatı, s.57.
717- A.e.
718- A.e., s.67.
719- A.e.

latısal alanlar gibi sinema da, hikayeleri bir takım uylaşımlar çerçevesinde düzenler. Sinemacıların bildiği bu uylaşımlar, seyirci tarafından da tanınır. Böylece seyirci izlediği filmlere sadece kendi gerçek yaşam deneyimleri üzerinden değil, aynı zamanda izlemiş olduğu diğer filmler tarafından da biçimlenmiş olan beklentileri üzerinden de tepki verir. Film anlatıları bu beklentileri karşılayarak anlam kazanır. Ya da, bilinçli bir şekilde bu beklentileri yaratmış olan uylaşımlara karşı çıkarak biçimini öne çıkarır. Dolayısıyla sinemasal anlatı uylaşımlarının tarihsel evrimi, "klasik Hollywood" ya da ana akım olarak bilinen sinema ile, Avrupa kökenli "sanat sineması" kavramları arasında belirgin bir ayrım yapılabilmesini olanaklı kılmıştır.[720]

Sinemada kurgu, bir filmin biçimsel yapısını belirleyen en önemli araçlardan biridir. Birinci bölümde ele almış olduğumuz sinemanın tarihsel evrimi boyunca çeşitli kurgu uylaşımları gelişmiş ve bu uylaşımların özellikle Hollywood öncülüğündeki tecimsel sinema filmlerinde -seyircinin daha önce görmüş olduğu filmlerle şekillenmiş olan beklentilerini karşılamak amacıyla- hemen hemen standart bir şekilde kullanılmalarından dolayı "klasik kurgu" olarak tanımlanan bir olgu ortaya çıkmıştır. Tecimsel sinemanın dışında kalan ve temelde biçimin öne çıkmasını amaçlamış olan sanat sineması filmlerinde ise bu amaç doğrultusunda genellikle klasik kurgu uylaşımları reddedilir ve bu uylaşımlara alternatif bir kurgu anlayışı geliştirilir. Çalışmamızın bu bölümünde, klasik kurgu uylaşımlarının temel tekniklerini popüler Hollywood filmlerinden örnekler göstererek ele alacağız. Bu doğrultuda çekimler arası geçiş türlerini, sahne ya da sekans bazında sinemasal zaman ve uzamım inşasını, kurguda ritmi ve son olarak da klasik biçime alternatif kurgu yöntemlerini irdeleyeceğiz.

720- Speidel, a.g.e., s.81.

Analitik Kurgu

Klasik kurguda sahneler, çoğunlukla olayın geçtiği uzamı kapsayan kurucu bir uzak yada genel bir çekimle başlayıp, devamlılığı sürdürecek olan daha küçük ölçekte çekimlerle devam eder.[721] Devamlılık kurgusu prensiplerine göre, uzak çekim, genel çekim, orta çekim ve yakın çekim olarak uzaktan yakına doğru ilerleyen bir sıralama takip edilir.[722]

Orta ve yakın ölçekli çekimler, bir sahnenin değişebilen perspektiflerde sunulabilmesi için, açı - karşı açı tekniğine göre düzenlenir. Kurguda, belirli bir uzamda geçen bir sahnenin farklı karakterlerin değişen görüş açılarından verildiğine işaret etmek için bir açı ya da ölçekten, farklı bir açı ya da ölçeğe kesme yapılması "analitik kurgu" olarak adlandırılır.[723] Bordwell'e göre analitik kurgu, açı-karşı çekimleri, omuz üzeri açıları ve tekli çekimler gibi, kökü uzun bir geçmişe dayanan klasik devamlılık kurgusunun gerektirdiği bütün yöntemleri sergiler.[724] Analitik kurgunun standart çekim şablonu, seyircinin sahnenin düzenlenmesine ve uzamsal karakteristiğine uyum sağlaması amacıyla kullanılır. Bir sahne, daha önceki sahnelerle ilişkili olarak o sahnenin nerede ve ne zaman geçtiğini açık bir şekilde belirtmek ve bütün düzenlemenin bir görünümünü sunabilmek için, tipik olarak kurucu bir çekimle, çoğunlukla bir genel çekimle başlar.

721- Paul Monaco, The Sixties:1960-1969, New York, Charles Scribner's Sons, 2001, s.85
722- Ayşen Oluk, Klasik Anlatı Sineması, İstanbul, Hayalet Kitap, 2008, s.124.
723- Monaco, A History of American Movies, s.7.
724- David Bordwell, Figures Traced in Light: On Cinematic Staging, Berkeley, University of California Press, 2005, s.22.

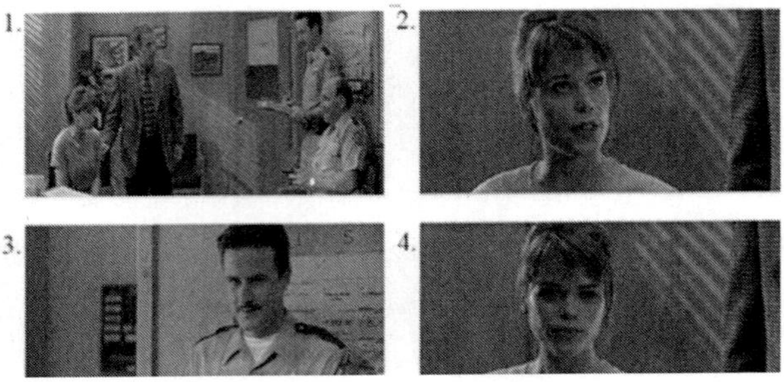

Şekil 2.1: Analitik Kurgu.
Kaynak: *Wes Craven (Yönetmen), Scream [Film], ABD: Dimension Films, 2012.*

Bu kurucu genel çekimde seyirciye karakterlerin sahnenin neresinde pozisyon aldıkları açık bir şekilde belirtildikten sonra, önemli detayları vurgulayabilmek adına daha yakın ölçekteki çekimlere keseme yapılabilir.[725] Yakın ölçekli çekimler, kurucu genel çekimde verilmiş olan karakterlerin ve objelerin oryantasyonunu sürdürürler ve seyircinin dikkatini anlatısal ve psikolojik enformasyona yöneltirler.[726] Kurucu genel çekim, hem seyircinin sahnenin uzamına tekrar uyum sağlaması, hem de sahnenin kapanışını yaparak bir sonraki sahnenin yolunu açması amacıyla sahne sonunda yeniden kullanılabilir.[727] Kurucu bir genel çekimle başlayıp daha yakın ölçekli çekimlerle devam eden çoğu Hollywood film sahnesinde, bir karakter hareket ettiğinde ya da sahneye yeni bir karakter girdiğinde tekrar genel ölçekli bir çekime dönülür. Klasik sinemada kurucu genel bir çekimin olmadığı sahneler çok nadirdir.[728]

725- Pramaggiore, Wallis, a.g.e., s.213-214.
726- Guynn, "The Stages Of The Film Production Process", s.57.
727- Pramaggiore, Wallis, a.g.e., s.213-214.
728- David Bordwell, Narration in the Fiction Film,Wisconsin, The University of Wisconsin Press, 1985, s.163-164.

Geçiş Türleri

Geçiş, en basit anlamıyla bir çekimin ardından diğer bir çekimin gelmesidir. Kurguda iki temel geçiş türü vardır: Kesme (cut) ve Geçme (transition). Kesme, bir çekimden diğerine ani bir geçişken, geçme iseart arda gelen iki çekim arasındaki geçişin aşamalı olarak ve belirli bir sürede gerçekleşmesidir. Pek çok farklı geçme türü olmasına karşın, en temel geçme "zincirleme" (dissolve) dir. Sinemanın erken dönemlerinden günümüze dek, film dili grameri pek çok yönden dönüşüm geçirmiştir. Ancak temel geçiş türleri hep aynı kalmıştır. Çünkü her bir geçiş türünün amacı değişmemiştir. En önemlisi ise dünyanın her yerinde, seyirci bu grameri anlayacak durumdadır ve filmin bir yerinde herhangi bir geçiş kullanıldığında, bunun ne anlama geldiğini öğrenmiştir.[729] Çalışmamızın bu kısmında kurguda kullanılan temel geçiş türlerini örnekleriyle birlikte irdeleyeceğiz.

Kesme (Cut)

Kesme, teknik olarak bir çekimin ardından direkt olarak diğer bir çekimin gelmesidir: Bir çekimin son karesinin hemen ardından diğer çekimin ilk karesi gelir ve böylece iki çekim arasındaki değişim ani bir şekilde gerçekleşir.[730] Özön'e göre kesme, sinemada diğer geçiş türlerine göre en çok kullanılan bir noktalama işlemidir..[731] Ancak bir çekimden diğerine yapılacak olan kesmenin kabul edilebilir olması için göz önünde bulundurulması gereken bazı noktalar vardır. Reisz'a göre her kesmenin bir amacı olmalıdır. Seyircinin dikkatini bir görüntüden diğerine çekmenin belirli bir nedeni olmalıdır.[732]

729- *Roy Thompson, Christopher J. Bowen, Grammar of the Edit, 2.bs., Massachusetts, Focal Press, 2009, s.6.*
730- *A.e.*
731- *Özön, Sinema Sanatına Giriş, s.179-180.*
732- *Reisz, Millar, a.g.e., s.4.*

Diğer geçiş türlerine göre en sık kullanılan bir geçiş yöntemi olan kesme, belirli kriterlere göre doğru bir zamanda gerçekleştirildiğinde seyirci tarafından fark edilmez. Kesme, sinemanın tarihsel evrimi boyunca seyircinin görsel gerçekliğin bir biçimi olarak kabul ettiği geçiş yöntemidir. Kesme çoğunlukla şu durumlarda gerçekleştirilir: Aksiyonun devamlı olduğu durumlarda, seyirci üzerinde yeni bir etki yaratılmak istendiğinde, seyirciye yeni bir enformasyon verilmesi gerektiğinde ya da uzam değişimlerinde.[733]

Temel Kesmeler

Temel Kesmeler,hemen hemen her filmde uygulanan yaygın kesmelerdir.[734] Bu temel kesmeler, "açı ve karşı açıya kesme", "öznel çekime (point of view) kesme", ve "ayrıntı çekimine kesme" dir.

Açı ve Karşı Açıya Kesme

Açı ve Karşı açıya kesme, farklı karakterlerin çoğunlukla diyalog ya da başka bir etkileşimde bulunduğu çekimlerine karşılıklı olarak kesmelerin yapıldığı, en genel ve seyirciye en tanıdık gelen kurgu şablonlarından biridir. Devamlılık kurgusunda çekimler, çoğunlukla çerçeve yönünü korumak amacıylakarakterlerin omuzları üzerinden yapılır.

733- *Thompson, Bowen, Grammar of the Edit, s.76.*
734- *A.e., s.1.*

Şekil 2.2: Açı ve Karşı Açıya Kesme.
Kaynak: Sam Mendes (Yönetmen), Skyfall [Film], İngiltere - ABD: Eon Productions, 2012.

Örneğin tipik bir diyalog sahnesin açı-karşı açı kurgusunun ilk çekiminde kamera çerçevenin sağına doğru bakmakta olan A karakterinin arkasında olup, B karakterinin A karakterine söylediklerini gösterir. İkinci çekimde ise çerçevenin soluna doğru bakmakta olan B karakterinin arkasında olan kamera bu kez A karakterinin B'ye verdiği cevabı gösterir.[735] Devamlılık kurgusunun sürekli kullanılan tekniklerinden biri olan açı ve karşı açı yöntemi, seyircinin her bir karakterin nerede olduğunu ve ne gördüklerini anlamasını ve aynı zamanda karakterler arasındaki etkileşime yakınlaşmasını sağlar.[736]

Monaco'ya göre açı ve karşı açı tekniği, seyirciye bir diyalog sahnesindeki konuşmanın içinde olduğu hissini uyandırır.[737] Pramaggiore ve Wallis'e göre ise, bu kurgu şablonu bir sahnenin duygusal dinamiğini iki belirli yöntemle oluşturur: İlk olarak kesmelerin zamanlaması diyaloglara uygun bir şekilde yapılır. Böylece seyircinin dikkati, karakterlerin konuşmalarına olan tepkilerine yöneltilir. Bu kurgu şablonu filmlerde o kadar çok yaygın kullanılır ki, seyirci bu yöntemin ifade gücünü çok olağan karşılar.[738] Sinemacıların açı ve karşı

735- *Richard Barsam, Dave Monahan, Looking at Movies: An Introduction to Film, 3. bs., New York, W. W. Norton & Company, 2010, s.340.*
736- *Speidel, a.g.e., s.99.*
737- *James Monaco, Bir Film Nasıl Okunur?, s.203.*
738- *Pramaggiore, Wallis, a.g.e., s.209.*

açı kesmelerinin ifade edici potansiyelini kullandıkları ikinci yöntem ise tekrarlama ve değişim şablonlarını kullanmaktır. Tipik olarak arka arkaya gelen açı ve karşı açı çekimleri bir tür tekrarlama şablonu yaratır: Bir açı kullanıldıktan sonra, onun karşı açısı olarak yukarıdaki örnekte de gördüğümüz gibi aynı ya da ona yakın ölçekte bir çekim kullanılır. Ancak kurguda, bu şablon bir anda değiştirilerek bir sahnenin duygusal dinamiklerinde meydana gelecek değişimlere işaret edilebilir.[739]

Öznel Çekime (Point Of View) Kesme

Öznel Çekim (Point Of View), bir sahnedeki karakterin gördüğü şeyi seyirciye gösteren çekimdir. Açı ve Karşı açıya kesme bir karakterin nereye baktığını gösterirken, öznel çekime yapılan kesme ise karakterin ne gördüğü sorusuna cevap verir.[740] Karakteri bir şeye bakarken gösteren bir çekimin ardından, onun bakış açısından gördüğü şeyi gösteren çekime kesme yapılır. Öznel çekime kesme, bir sahneyi tam olarak karakterin o sahneyi gördüğü gibi gösterme tekniğidir.[741] Öznel çekimde, kurucu genel çekimde gösterilmiş olan uzamın ya bir parçası, ya da ona yakın bir uzam gösterilir.[742] Kameranın perspektifi karakterin perspektifiyle eşleşir. Öznel çekimler, karakterin görsel perspektifini seyirciyle paylaşarak, seyircinin karakterle duygusal yönden özdeşleşmesini sağlar.[743]

Öznel çekime kesme tekniğini en çok kullanan yönetmenlerden biride, Alfred Hitchcock'dur. Hitchcock'un *Arka Pencere (Rear Window)* filmi, öznel çekime kesmenin filmin anlatısına

---

739- A.e.

740- Gael Chandler, Film Editing: Great Cuts Every Filmmaker and Movie Lover Must Know, Studio City, Michael Wiese Productions, 2009, s.5.

741- Barsam, Monahan, a.g.e., s.347.

742- Bordwell, Staiger, Thompson, The Classical Hollywood Cinema, s.301.

743- Nichols, Engaging Cinema, s.42.

uygun bir şekilde en etkili olarak kullanıldığı filmlerden birisi olarak bilinir.[744]

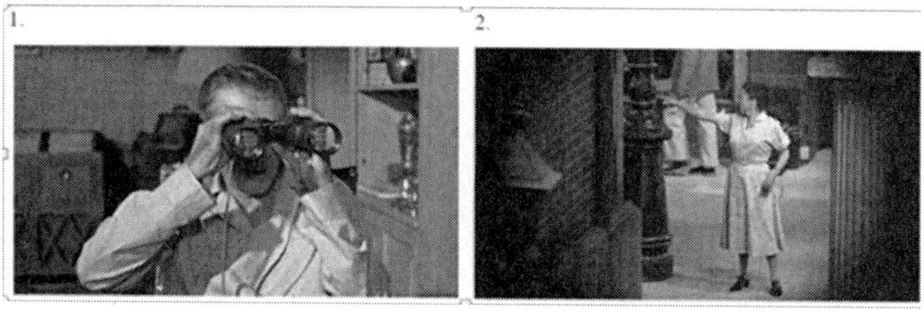

Şekil 2.3: *"Arka Pencere" de Öznel Çekime Kesme.*
Kaynak: *Alfred Hitchcock (Yönetmen), Rear Window [Film], ABD: Paramount Pictures, 1954.*

Öznel çekime kesme tekniği, ancak daha geniş bir çekimler zinciri yapısı içerinde gerçekleştirilse anlam yaratabilir. Bu teknikte, "tekrarlama" kritik bir rol oynar.[745]

Tepki Çekimine Kesme

Tepki çekimi, bir sahnede karakter ya da karakterlerin o anda meydana gelen bir olaya verdiği tepkiyi gösteren çekimlerdir. Bir tepki çekimine, ya da bir dizi tepki çekimlerine yapılan kesmeler, hem karakterlerin duygu ve düşüncelerini ilettiğinden hem de seyircinin duygusal tepkisini yönlendirdiğinden kurguda güçlü etkiler oluşturabilirler.[746] Chandler'e göre, seyirci için genellikle sahnede olan bir olaya karakterlerin verdiği tepkiyi görmek, olan şeyi görmekten daha önemlidir.[747] Klasik devamlılık kurgusunda tepki çekimine kesme,

---

744- Orpen, a.g.e., s.21.
745- A.e., s.22.
746- Chandler, a.g.e., s.9.
747- A.e., s.10

diyalog sahnelerinde sıklıkla kullanılırlar. Bu tür tepki çekimlerinde, konuşmayı dinleyen karakterin konuşan karakterin söylediklerine karşı yüz ifadesi ve mimikleriyle verdiği tepki gösterilir.

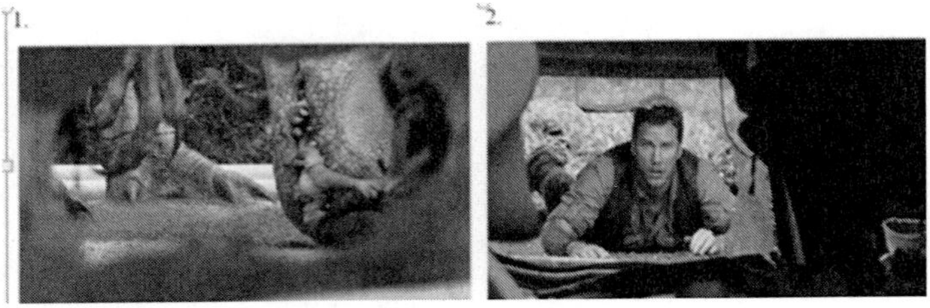

Şekil 2.4: *Tepki Çekimine Kesme.*

Kaynak:*Colin Trevorrow (Yönetmen), Jurassic World [Film], ABD: Universal Pictures, 2015.*

Ayrıntı Çekimi (Insert) ve
Bağlayıcı Çekime(Cutaway) Kesme

Ayrıntı çekimi (insert) ve bağlayıcı çekimler (cutaway), bir sahnede önemli bir detayı gösteren çekimleri açıklayan terimlerdir. Seyirciye gerekli enformasyonun iletilmesini sağlayan bu çekimler, genellikle birbirlerinin yerine kullanılırlar.[748]

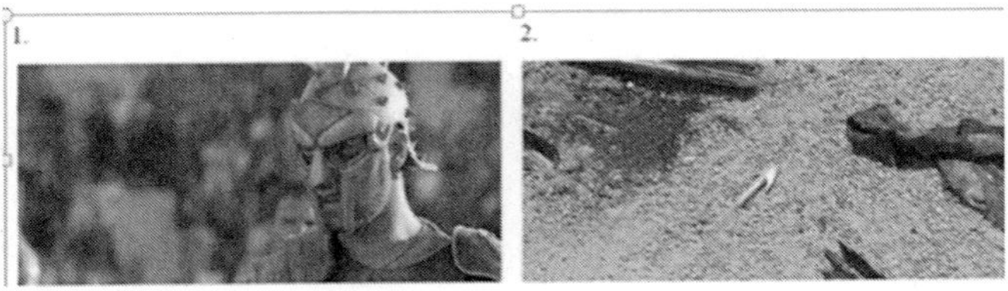

Şekil 2.5: *Ayrıntı / Bağlayıcı Çekime Kesme*

Kaynak: *Ridley Scott (Yönetmen), Gladiator [Film], ABD - İngiltere: DreamWorks, 2000.*

748- Chandler, a.g.e., s.15-16.

Pramaggiore ve Wallis'e göre, seyircinin dikkatini mizansendeki belirli detaylara çeken bu çekimler, bir filmin olay örgüsünü etkiler ya da temasını geliştirir. Ayrıntı çekimleri ve bağlayıcı çekimler, öznel çekimler gibi karakter merkezli değildir. Bu çekimlere yapılan kesme, bir önceki çekimde karakterin detay çekimindeki nesneyi görüyor olmasına bağlı değildir.[749] Eğer sahnedeki karakter ayrıntı çekiminde bulunan nesneyi görmeden kesme yapılırsa, bu durumda seyirciye karakterin henüz sahip olmadığı bir enformasyon verilir. Kesme, karakter objeyi gördükten sonra yapılırsa karakter ve seyirci söz konusu enformasyona aynı anda sahip olurlar.

Chandler'e göre bu çekimler, seyirciye sahnenin nerede ve ne zaman geçtiği hakkında bilgi vererek bir sahneyi tanıtmak ya da yada sahneler arası geçişi sağlamak amacıyla da kullanılırlar.[750] Bu çekimlere yapılan kesmeler ayrıca, kurguda zamanı kısaltmak için ya da birbiriyle uyumsuz iki çekim arasında köprü işlevi görmeleri için gerçekleştirilir.[751]

Uyum Kesmeleri

Klasik devamlılık kurgusunda bir çekimden diğerine pürüzsüz bir şekilde geçilmesi ve geçişin seyirci tarafından hissedilmemesi için, bir çekimin içerdiği bazı unsurların kesmeyle geçilen diğer çekimde de bir takım uyum kriterlerine göre sürdürülmesi gerekir .[752] Buna genel olarak "uyum kesmesi" ya da "eşlemeli kurgu" (match cut) denilir. Uyum kesmesinde, iki çekim arasında kesintisiz bir devamlılık duygusu oluşturabilmek için bir çekimden diğerine kesme yaparken

749- Pramaggiore, Wallis, a.g.e., s.209.
750- Chandler, a.g.e., s.17.
751- A.e., s.19.
752- Nichols, Engaging Cinema, s.40.

göz hizası uyumu, aksiyon uyumu, ölçek ve açı uyumu gibi bir takım unsurlar göz önünde bulundurulur.

Göz Hizası Uyumu

Göz hizası, bir sahnedeki karakterin bakışı ile baktığı obje arasındaki bağlantıyı kuran hayali bir çizgidir.[753] Göz hizası uyumu, seyircinin bir sahnenin coğrafyasını algılayabilmesini sağlar. Bu uyum kesmesi, kesme noktasını belirlerken karakterin görüş hizasını kullanır. Bu kesmede ilk çekim, bir karakteri çerçeve dışında bulunan bir objeye yada diğer bir karaktere bakarken gösterir. Bunu takip eden ikinci çekimde ise karakterin baktığı belirli bir obje ya da diğer karakter gösterilir. Bu yöntem, seyircinin hem sahnedeki uzamsal ilişkileri açık bir şekilde anlamasını, hem de karakterin düşünce sürecine dahil olmasını sağlar. Sinemacılar bazen ilk önce bir obje ya da karakteri, daha sonra ise ona bakan kişiyi gösterirler. Ancak iki durumda da göz hizası uyumu tekniği kullanılarak, seyirciye karakterin dikkatini çeken unsuru anlaması sağlanır.[754]

Göz hizası uyumu, özellikle diyalog sahnesi kurgusunda sıklıkla kullanılır. İki karakterin konuştuğu sahnelerde, bir karakterin yüzü ya da gözleri diğer karakterin ilgi noktasıdır. Dolayısıyla göz hizası, A karakterinin gözleri ile B karakterinin yüzü ya da gözleri arasındaki çizgidir.

753- Thompson, Bowen, Grammar of the Edit, s.48.
754- Pramaggiore, Wallis, a.g.e., s.210.

Şekil 2.6: Göz Hizası Uyumu.
Kaynak: Robert Zemeckis (Yönetmen), Forrest Gump [Film], ABD: Paramount Pictures, 1994.

Yakın ölçekteki ilk çekimde A karakterinin ilgi noktası çerçeve dışındadır. B karakterinin bulunduğu ikinci çekime kesme yapıldığında göz hizası uyumlu olmalıdır. Seyirci, A karakterinin bakışını B karakterine bağlayan hayali çizgiyi kesmeyle birbirinin yerine geçen iki çekim boyunca takip edebilmelidir. Eğer göz hizası uyumu iki çekim arasındaki kesme noktasında doğru bir şekilde sürdürülemezse, seyirci bir şeylerin yanlış gittiğini sezecektir.[755] Biçimi gizleme amacı taşıyan klasik devamlılık kurgusunda, göz hizası uyumu tekniği doğru bir şekilde uygulandığında, seyirci kesmeyi hissetmeyecektir.

Açı ve Ölçek Uyumu

Ölçek, bir obje ya da karakterin çerçeve içerisinde kapladığı alandır. Açı ise, bir çekimde kameranın obje yada karakterin hangi tarafına yerleştirildiğini açıklayan bir terimdir. Açı uyumu, benzer açılara sahip olan yakın ölçekli çekimlerle yapılan uyum kesmeleridir. Açı uyumu tipik olarak diyalog sahnelerinin kurgusunda uygulanır. Bu uygulamada aynı zamanda göz hizası uyumu da korunmaktadır.[756] Diyalog sahnesi

---

755- Thompson, Bowen, Grammar of the Edit, s.48.
756- Chandler, a.g.e., s.30.

kurgusunda arka arakaya gelen ve A ve B karakterlerini gösteren yakın ölçekli çekimlerin açıları, aynı ya da birbirine yakın olacak şekilde uyumlu olmalıdır.

Aynı şekilde birbirini takip eden çekimlerin ölçeklerinde de bir uyum aranır. Diyalog sahnelerinde kurucu bir genel çekimden, karakterlerden birini odağa alan yakın ölçekte (omuz üzerinden orta yakın ölçek gibi) bir çekime kesme yapılır.

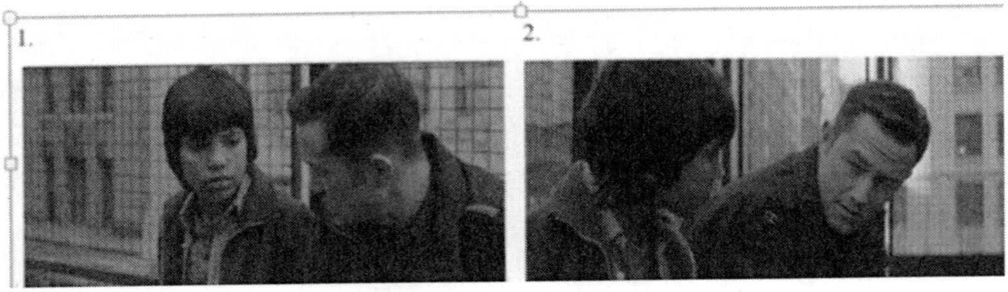

Şekil 2.7: *Açı ve Ölçek Uyumu.*

Kaynak: *Christopher Nolan (Yönetmen), The Dark Knight Rises [Film], İngiltere - ABD: Warner Bros, 2012.*

Bunun karşı açısı olan ve diğer karakteri odağa alan çekimin bir önceki çekimle aynı yada benzer ölçekte bir çekim olması gerekir. Aynı şekilde, omuz üzerinden orta yakın çekimden, yakın çekime kesme yapıldığında da bunun karşı açısı olan çekim aynı yada benzer bir ölçeğe sahip olmalıdır. Bununla birlikte aynı obje ya da karakteri gösteren iki farklı çekim arasında yapılacak bir kesmeyi seyircin hissedemeyeceği bir şekilde gerçekleştirebilmek için, iki çekim arasında belirgin bir ölçek farkı olması gerekir.

Sokolov'a göre eğer ölçekler arasında belirgin bir fark olmazsa, kesme seyirci tarafından kolayca algılanır. Ancak iki çekim arasındaki ölçek farklılığı, seyircinin adaptasyonunu bozacak ve iki çekimdeki obje ya da karakterin aynı olduğu algısını kaybetmesine yol açacak kadar büyük olmamalıdır.[757] Örneğin, uzak çekimden çok yakın çekime kesme yapılmamalı, ikisi arasında orta ölçekte bir çekim bulunmalıdır.

Aksiyon Uyumu

Aksiyon uyumu, bir çekimde başlayan bir obje ya da karakter hareketinin, tam kaldığı yerden bir sonraki çekimde grafiksel olarak eşleşerek devam etmesidir. Bordwell ve Thompson'a göre aksiyon uyumu, sinemada uzamsal devamlılığı sağlamada kullanılan son derece güçlü bir araçtır.[758] Bu uyum kesmesi, sahnenin uzamsal ve zamansal sürekliliğini sağlar. Aksiyon uyumu kesmesinde kullanılan çekimler farklı ölçek ve/veya açıya sahip olmalıdır. Kesmenin görünmez olabilmesi için, belirli bir hareket esnasında gerçekleştirilmesi gerekir.

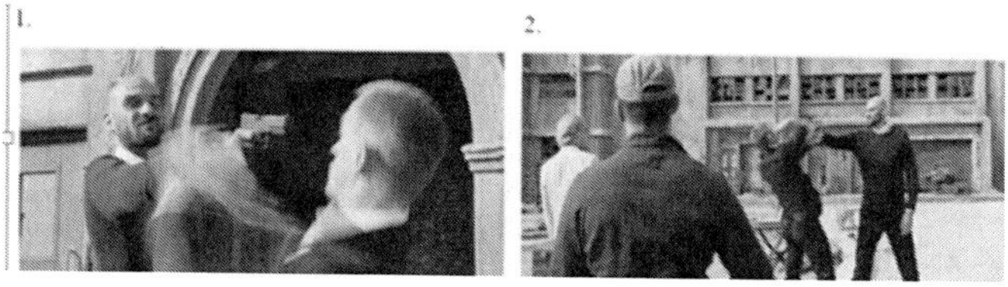

Şekil 2.8: *Aksiyon Uyumu.*
Kaynak: *Sam Mendes (Yönetmen), Skyfall [Film], İngiltere - ABD: Eon Productions, 2012.*

Chandler'e göre en dinamik ve en çok kullanılan uyum kesmesinin gücü, seyirci gözünün hareketi takip etmesinden kaynaklanır. Karakter ya da objenin hareketine odaklanmış olan seyirci gözü, kesme eylemini fark etmez. Bununla birlikte ak-

757- Bordwell, Thompson, Film Sanatı, s.475.
758- Chandler, a.g.e., s.30.

siyon uyumu, hikayeyi ileriye taşır ve aynı zamanda bir sahnenin ritmini de belirler.[759]

Çok hızlı gerçekleşen aksiyonlarda -örneğin kavga sahnelerindeki yumruk sallama eylemi gibi- aksiyonun seyirci tarafından kesintisiz bir şekilde algılanabilmesi için genellikle ikinci çekimdeki aksiyon, tam olarak birinci çekimin bıraktığı yerden değil, bunun bir kaç kare gerisinden başlatılır. Yukarıda örnek olarak verdiğimiz *Skyfall* filmindeki aksiyon uyumu kesmesinde ikinci çekim, ilk çekimin bıraktığı yerin üç kare gerisinden başlatılmıştır. Aksiyon uyumu kesmelerinde göz önünde bulundurulması gereken diğer önemli nokta ise, birbirini takip eden çekimlerde devinim halinde olan karakter ya da objelerin hızlarının eşit olması gerektiğidir. Örneğin ilk çekimde koşmakta olan bir karakterin koşma hızı, kesme ile geçilen bir sonraki çekimdeki koşma hızı ile uyumlu olmalıdır.[760]

Renk ve Işıklandırma Uyumu

Renk ve ışıklandırma uyumu, kesme ile bir birbirine eklenen çekimlerde renk ve ışıklandırma tutarlılığının sağlanmasıdır.[761] Bir sahnenin çekim süreci boyunca değişebilen hava, aydınlatma ve renk düzenleri nedeniyle çekimler arasında bir denge sağlanamayabilir. Bu nedenle kurgu aşamasında bir çekimden diğerine kesme yaparken renk ve ışıklandırma uyumu gözetilir. Ayrıca her bir sahnenin de kendi içinde bu açıdan uyumlu olması gerekir. Chandler'e göre çekimler arasında olabilecek renk ve ışıklandırma uyumsuzlukları, seyirci üzerinde uzamın ya da zamanın değiştiği algısını yaratabilir.[762] Soko-

---

759-Chandler, a.g.e., s.30.
760- Sokolov, a.g.e., s.102
761- Chandler, a.g.e., s.37.
762- A.e.

lov'a göre ise bu uyumsuzluk,seyirci üzerinde hem tatsız bir izlenim doğurur, hem de seyircinin film karakterinin bir anda tamamen farklı bir uzama taşındığını düşünmesine yol açar.[763]

Gladiator filmindeki bir diyalog sahnesinde, yakın çekimde gösterilen karakterlerin yüzlerinde düşen ışık miktarı ve düzenlemesi uyumludur. Sahnedeki belirli bir kaynaktan (sahnenin daha önceki genel ölçekli çekimlerinde görülen yanan meşaleler) gelen ışık, karakterlerin yüzlerinde uyumlu bir şekilde dağılmaktadır. Ayrıca bu sahne boyunca sıcak sarı renk tonu sürdürülür.

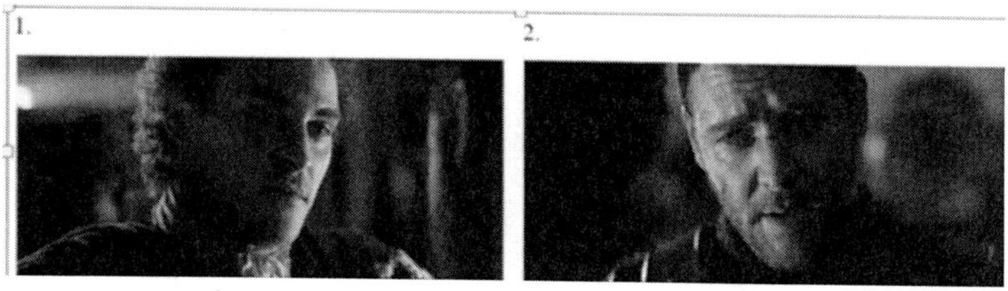

Şekil 2.9: *Renk ve Işıklandırma Uyumu.*

Kaynak: *Ridley Scott (Yönetmen), Gladiator [Film], ABD - İngiltere: DreamWorks, 2000.*

Dancyger'e göre, çekimler arasındaki renk ve ışık farklılıkları devamlılığı bozabilir.[764] Bu unsurlar aslında temel olarak çekim sırasında görüntü yönetmeninin kontrolündedir. Ancak çekimler arasında olabilecek farklılıklar kurgu aşaması için problem teşkil eder. Kurguda amaç her zaman çekimler arasında renk ve ışık uyumluğunu sürdürmektir, ancak çekim aşamasında yapılmış kötü ve yanlış ışıklandırma sorunlarına kurgu aşamasında bulunabilecek çözümler kısıtlıdır.[765]

763- *Sokolov, a.g.e., s.113.*
764- *Dancyger, a.g.e, s.369-370.*
765- *A.e.*

180 Derece Kuralı Uyumu

Seyirci üzerinde bir sahnenin uzamsal devamlılıkalgısını sürekli kılabilmek için karakterlerin ya da objelerin konumlarında, bakış ya da hareket yönlerinde zıtlık oluşturacak çekimleri kullanmaktan kaçınmak gerekir.[766] Sinemanın erken dönemlerinde yönetmenler, farklı açı ve ölçeklerden yapılan çekimler -özellikle de takip sahnelerindeki aksiyon çekimleri- arasında objelerin ve karakterlerin çerçeve içerisinde tutarlı bir yönde hareket etmelerini sağlamanın yollarını aradılar.Bunu sağlayabilmek için 180 derece kuralı denilen bir sistem geliştirdiler. Bu sisteme göre, bir sahnedeki ana karakterler arasından geçtiği varsayılan hayali bir çizgi düşünülür. Kamera, farklı açı ve ölçeklerden yapılacak olan tüm çekimlerde karakterler arasından geçen bu çizginin belirlenen bir yönünden çizilen bir yarım daire (180 derece) etrafında herhangi bir konuma yerleştirilir. Bu yönteme göre elde edilen tüm çekimlerde karakterlerin çerçeve içerisindeki konumları, bakış ve hareket yönleri uyumlu olur.[767] Kamera bu çizginin diğer tarafına yerleştirilmez. Eğer buna uyulmaz ve kamera çizginin diğer tarafına yerleştirilirse, bu kamera pozisyonundan elde edilen çekimler kurguda kullanılamaz. Çünkü ilk kamera pozisyonundan elde edilen çekimlerden bu çekimlere kesme yapıldığında, karakterlerin çerçeve içindeki pozisyonları, bakış ve hareket yönleri değişirve dolayısıyla seyircinin uzamsal devamlılık algısı bozulmuş olur.[768] Bu kurala genel olarak 180 derece kuralı ya da aksiyon ekseni, veya aksiyon çizgisi denilir.[769]

Bu kurala uygun olarak yapılan çekimlerin kurgusunda, kesmeler arasında tutarlı bir çerçeve yönü ve açık bir uzam al-

---

766- Butler, a.g.e., s.25-26.
767- Barsam, Monahan, a.g.e., s.339.
768- Bordwell, Thompson, Film Sanatı, s.237.
769- Barsam, Monahan, a.g.e., s.339.

gısı sağlanır. Ancak çerçeve içindeki karakterler yer değiştirdiğinde ya da kamera hareket ettiğinde aksiyon ekseni de değişir ve yeniden düzenlenir. Barsam ve Monahan'a göre, 180 derece kuralı devamlılık amacına ulaşmada üç faktöre dayanır:[770]

1. Bir sahnedeki aksiyon,aksiyonu kameranın belirli bir yönünde tuttuğu varsayılan bir çizgi boyunca devam etmelidir.

2. Kamera, sürekli olarak bu çizginin belirli bir yönüne yerleştirilmelidir.

3. Tüm çekim ekibi özelikle de yönetmen, görüntü yönetmeni, kurgucu ve hatta oyuncular bu kuralı bilmeli ve buna uymalıdır.

Yukarıda ele aldığımız "*açı ve karşı* " ile "*göz hizası uyumu*" kesmeleri, temel olarak 180 derece kuralına dayanır.

30 Derece Kuralı Uyumu

180 derece kuralıyla birlikte, çekimler arasında aksiyonun pürüzsüz bir şekilde akışını sağlayan devamlılık kurgusu prensiplerinden biri de "30 derece kuralı"dır. Aynı obje ya da karakteri gösteren birbirinin aynı ya da benzer ölçekte iki çekim arasında yumuşak bir geçişin sağlanabilmesi için, bu çekimler arasında en az 30 derece bir açı farkı bulunması gerekir. Arka arkaya gelen benzer ölçekteki iki çekim arasında en az 30 derece bir açı fark bulunduğunda, bu çekimlerin içerdiği objenin görüş açısı ya da perspektifi "yeterince farklı" olarak kabul edilir. Aynı aksiyonu içeren her bir çekim, seyirciye yeni bir enformasyon sağlamak zorunda olduğundan 30 derece kuralına uymakla aynı içeriğin birbirine çok benzeyen iki ayrı çe-

---

770- A.e.

kimle verilmesi önlenir.[771] Eğer benzer ölçeklerde iki çekim arasındaki açı farkı 30 dereceden daha azsa, bu çekimler kesmeyle birbirlerine eklendiğinde açılar birbirine çok yakın olduğundan bu, fark edilebilir bir sıçramaya neden olur.[772] Biçimin görünmezliğini temel alan devamlılık kurgusu prensiplerine göre 30 derece kuralına uyularak bu durumdan kaçınılır.

Kural Dışı Kesmeler

Klasik anlatı sinemasında, yukarıda irdelemiş olduğumuz zamansal ve uzamsal devamlılık ile çekimler arasındaki yumuşak geçişleri sağlayan uyum kesmeleri prensipleri dışında kalan ya da bunları ihlal edecek uygulamalardan uzun yıllar boyunca kaçınılmıştır. Ancak 1950 ve 60'larda Fransız Yeni Dalga akımı ve MTV müzik videoları ile televizyon reklamlarının etkisiyle "uyumsuz kesmeler", "sıçramalı kesme" (jump cut), örtüşmeli kesme ve "180 derece kuralı ihlali" gibi klasik devamlılık kuralları dışında kalan uygulamalar, klasik Hollywood filmleri kurgusunda da yer almaya başlamıştır. Özellikle "sıçramalı kesme" (jump cut), Alfred Hitchcock, Steven Spielberg ve Martin Scorsese gibi klasik anlatı sinemasının usta yönetmenleri tarafından etkili bir şekilde kullanılmıştır. Chandler, kural dışı kesmelerin devamlılıkta kırılmaya yol açsada kurguda aksiyon, ses efektleri, müzik ya da diyalog gibi diğer unsurların yaratıcı bir şekilde kullanılmasıyla bu kırılmaların "görünmez" hale getirilebileceğini belirtir.[773] Reisz'a göre ise iyi bir film kurgusunda iki çekim arasındaki mekanik uyum, sadece ikincil bir faktördür: "Bir çekimden diğerine fi-

---

771- *Thompson, Bowen, Grammar of the Shot, s.106.*
772- *Hunt, Marland, Rawle, a.g.e., s.152.*
773- *Chandler, a.g.e., s.50.*

kirlerin yumuşak bir akışı, yani bir dizi çekimin bilinçli olarak arka arkaya eklenmesi en temel gerekliliktir."[774] Walter Murch ise uyum kesmelerini, "ideal bir kesme" için önem sırasına göre belirttiği altı kriterin (rule of six) son üç sırasına yerleştirmiştir.[775]

Uyumsuz Kesme

Uyumsuz kesme, iki çekim arasında aksiyon, göz hizası, ışıklandırma, kamera çerçevelemesi ya da konumu, dekor, hava durumu, kostümler ya da makyaj gibi unsurların uyumsuzluğu nedeniyle devamlılıkta kırılmaya neden olan kesmedir.[776] Bir filmin kurgu aşamasında çoğunlukla farklı zamanlarda, farklı yerlerde ve farklı ekiplerle filme alınmış görüntüler kesilir ve sonuç olarak çekimler arasında bir takım uyumsuzlukların olması muhtemeldir.

Şekil 2.10: *Uyumsuz Kesme.*

Kaynak: *Quentin Tarantino (Yönetmen), Pulp Fiction [Film], ABD: Miramax, 1994.*

774- Reisz, Millar, a.g.e., s.4.193.

775- Walter Murch'a göre "ideal bir kesme", önem sırasına göre belirlediği altı kriteri karşılamalıdır. Bunlar: 1. Duygu: Kesme o anın duygusuna uygun olmalıdır. 2. Hikaye: Yapılan kesme hikayeyi ilerletiyor mu? 3. Ritim: Kesme, ritmik olarak ilginç ve doğru bir zamanda yapılmalıdır. 4. Göz takibi: Kesme, çerçeve içerisinde seyircinin dikkat noktasının hareket ve konumuna uygun olmalıdır. 5. Sahnenin iki boyutlu düzlemi: Kesme, 180 derece kuralı ile belirlenen iki boyutlu düzlemi koruyor mu? 6. Aksiyonun üç boyutlu alanı: Kesme, sahnenin üç boyutlu devamlılığını (karakterlerin sahnedeki pozisyonları ve birbirleriyle bağlantıları) koruyor mu? Bkz. Murch, a.g.e., s.18.

776- Chandler, a.g.e., s.50.

Ancak Chandler'e göre bu uyumsuzluklar, sinemacıların iki çekimi birbirine bağlarken devamlılığın kırıldığının farkına varmamalarından değil, dikkatlerini hikayenin ulaşacağı ve seyircinin odaklanacağı noktaya vermelerinden dolayı ortaya çıkar. Sinemacılar bir tür sihirbaz gibi davranarak, bu uyumsuzlukları ve devamlılığı bozan diğer unsurları mümkün olduğunca seyircinin dikkatini canlı tutmak ve hikayeyi ilerletmek amacıyla iyileştirirler.[777]

Yukarıda Quentin Tarantino'nun *Ucuz Roman (Pulp Fiction)* filminden vermiş olduğumuz uyumsuz kesme örneğinin birinci çekiminde, Butch Coolidge karakteri otomobiliyle kırmızı ışıkta durduğunda, daha önceden aldatmış olduğu patronu Marsellus Wallace ile karşılaşınca gaza basarak ona çarpar. Çarpmanın etkisiyle arabanın üzerinden yuvarlanan Wallace halen çerçeve içindeyken, yapılan kesme ile geçilen genel ölçekteki ikinci çekimde Wallace görünmez. Normal bir aksiyon uyumu kesmesinde, ikinci çekimde Wallace'ın çerçeve içerisinde bulunması gerekirdi. Ancak burada aksiyonun, kısa süreli çekimlerin ve de ses efektleri gibi unsurların etkisiyle bu uyumsuz kesmeyi ilk görüşte fark etmek zordur. Ancak dikkatli bir ikinci izleme ya da kara kare incelemeyle görülebilir. Sonuç olarak bu uyumsuz kesme pratikte devamlılıkta bir kırılmaya yol açsa da, Chandler'in de yukarıda belirttiği gibi bu kırılma diğer unsurlarında etkiyle "*görünmez*" hale getirilmiştir.

Sıçramalı Kesme (Jump Cut)

Sıçramalı kesme (Jump Cut), kurguda objelerin, karakterlerin ya da kompozisyonların arka arkaya gelen ve birbirleriyle aynı ya da birbirine benzer açı ve/veya ölçeklerdeki iki çekimle gösterilmesidir. Sıçramalı kesme ya tek bir çekimin

---

777- A.e., s.49.

içerisinden belirli bir bölümün atılmasıyla[778], ya da 30 derece kuralının ihlal edilmesiyle oluşur. 30 derece kuralına uyulmadığında, arka arkaya gelen iki çekim birbirine çok yakın olur ve yapılan kesme seyirci tarafından fark edilir.[779] Bu kesme biçiminin "sıçramalı" olarak adlandırılmasının nedeni, benzer açı ve ölçeklerdeki çekimlerde objelerin, karakterlerin ya da kompozisyonların kesmeden sonra çerçeve içerisindeki pozisyonlarının aniden değişmesinden ve ayrıca aksiyonun zamansal ve uzamsal devamlılığında atlamaya yol açmasından kaynaklanır. Bir aksiyonun zamanda ve uzamda ani, açıklanamayan ve herhangi bir geçiş yöntemi kullanılmadan gerçekleştirilen değişimi sıçramalı kesmeye neden olur.[780] Zamanda ve uzamda atlamaya neden olan sıçramalı kesme, ya kasıtlı olarak gerçekleştirilir ya da sinemacıların devamlılık prensiplerine uymamalarından kaynaklanır. Bu nedenle sıçramalı kesme kimi zaman da, kurguda "anlam yaratıcı" bir teknik olmaktan daha çok, bir "hata" olarak algılanır.[781]

Şekil 2.11: *Sıçramalı Kesme (jump Cut).*
Kaynak: *Bryan Singer (Yönetmen), The Usual Suspects [Film], ABD - Almanya: PolyGram Filmed Entertainment, 1995.*

778- Raymond Spottiswoode, Film and Its Techniques, 11. bs., Berkeley, University of California Press, 1968, s.154.
779- Kydd, a.g.e., s.191.
780- Pramaggiore, Wallis, a.g.e., s216.
781- Barsam, Monahan, a.g.e., s.347.

Sıçramalı kesmenin erken dönem sinemada "kamera durdurma tekniği" ile insanların ve objelerin yok edildiği ya da aniden ortaya çıkarıldığı hileli filmlerde ne şekilde kullanıldığını ve bu kesme biçiminin Fransız Yeni Dalga akımıyla ve özellikle Godard'ın *Serseri Aşıklar* filmi ile popülerleştiğini, çalışmamızın birinci bölümünde ele almıştık. Klasik kurguda uzun yıllar kaçınılmış olan sıçramalı kesme, Yeni Dalga akımının etkisiyle 1960 sonrası Hollywood filmlerinde, örneğin Arthur Penn'in 1967 yılı yapımı *Bonnie and Clyde* ve Sam Peckinpah'ın 1969 yılı yapımı*The Wild Bunch* filmlerinde yeni bir sinemasal teknik olarak kullanılmıştır.[782] Bordwell ve Thompson'a göre sıçramalı kurgu, günümüz ana akım sinema filmlerinde yaygın bir şekilde kullanılmaktadır. Özellikle, montaj sekanslardaki şaşkınlık ve şiddet anlarında sıçramalı kesmenin yaygın bir şekilde kullanıldığı görülür. Bu kesme tekniği, örneğin Ridley Scott'ın *Matchstick Men* filminde, Godard'ın *Serseri Aşıklar* filminde olduğu kadar yoğun bir şekilde kullanılmıştır.[783] Yukarıda Bryan Singer'ın *Olağan Şüpheliler* filminden verdiğimiz örnekte, filmin başlarında şüphelilerden birinin polis tarafından göz altına alınma eylemini hızlandırılmış bir şekilde vermek amacıyla, aynı açı ve ölçekteki üç çekimle aksiyonun belirli bölümleri atlanarak sıçramalı kesme tekniği kullanılmıştır.

Örtüşmeli Kesme

Örtüşeli kesme, bir çekimin sonundaki aksiyonun bir bölümünün, ardından gelen farklı açı ve/veya çekimin başında tekrar gösterilmesi tekniğidir. Örtüşmeli kesme, seyircinin aksiyonun belirli bir bölümünü farklı açı veya ölçekten yeniden

782- A.e., s.349-350.
783- Bordwell, Thompson, Film Sanatı, s.259.

görmesini sağlar. Böylece filmin öykü zamanı da genişletilmiş olur. Çoğunlukla çok fazla hareket içeren aksiyon filmlerinde belirli bir anın önemini vurgulamak için kullanılır. Birinci bölümde Eisenstein'ın bu tekniği sıklıkla kullanmış olduğundan söz etmiştik. Örneğin Potemkin Zırhlısı filminin başlarında denizci askerin isyan ederek tabağı kırması, tek bir çekim yerine farklı ölçek ve açılardan tekrar tekrar kullanılmıştır. Eisenstein, Ekim filminin ünlü köprü açılışı sahnesinde de, o anın önemini vurgulamak için örtüşmeli kurgu tekniğine başvurmuştu.

***Şekil* 2.12:** *Örtüşmeli Kesme*

Kaynak: *John Woo (Yönetmen), Mission: Impossible II[Film], ABD - Almanya: Paramount Pictures, 2000.*

Yukarıdaki örnekte, birinci çekimdeki oyuncunun ateşlediği silahtan çıkan merminin 2. çekimdeki motosikletin camını parçalaması anı, farklı bir kamera konumundan yapılmış olan 3. çekimde tekrardan gösterilmiştir.

Gizli Kesmeler

Gizli kesmeler, iki ayrı çekimin çeşitli yöntemler kullanılarak kesintisiz tek parça bir çekim olarak algılanmasını sağlayan kesme türleridir. Chandler'a göre başarılı bir şekilde uygulanmış gizli kesmenin fark edilmesi kolay değildir.[784] Bu kesme türünün uygulandığı en ünlü filmlerden biri Alfred Hitchcock'un *İp (Rope)* filmidir. Hitchcock, gizli kesmeler kullandığı bufilmin neredeyse hiç kesme yapılmamış gibi algılanmasını sağlamıştır. 80 dakika uzunluğundaki *İp*, süreleri 4 dakika 40 saniye ile 10 dakika arasında değişen toplam 10 çekimden oluşur. Filmdeki kesmelerden altı tanesi gizli kesmedir ve neredeyse fark edilmezler. Hitchcock bu gizli kesmeleri şu şekilde gerçekleştirir: İlk çekimde kamera, karakterlerin gövdelerine ya da mobilyaların arkalarına doğru hareket ettirilerek çerçevenin tamamen siyaha düşmesi sağlanır. Kesme bu noktada gerçekleştirilir. İkinci çekim ise, yine aynı karakterin gövdesi ya da bir mobilyanın arkası ile doldurulmuş siyah çerçeve ile başlar ve kamera buradan geriye doğru hareket ettirilerek, aksiyon ilk çekimde tam kaldığı yerden devam eder.

Şekil 2.13: *İp Filminde Gizli Kesme.*

Kaynak: *Alfred Hitchcock (Yönetmen), Rope [Film], ABD: Warner Bros., 1948.*

784- Chandler, a.g.e., s.46.

Gizle kesmenin yakın dönem sinemada, yeni teknolojilerin sağladığı olanaklarla kullanıldığı örnek ise, Alejandro González Iñárritu'nun yönetmenliğini yaptığı 2014 yılı yapımı Oscar ödüllü film olan *Birdman or (The Unexpected Virtue of Ignorance)* filmidir. Filmin tümünde gizli kesme yöntemi kullanılarak, bütün filmin kesintisiz tek bir çekimden oluştuğu izlenimi yaratılır. Ancak bu kesmeler, "Rope" filminde kullanılanlardan çok daha farklı yöntemlerle gerçekleştirilmiştir. Bu kesmeler, karakteri takip eden kameranın başka bir yöne ani ve hızlı bir biçimde "pan" ya da "tilt" hareketleri (whip pans -tilts) yapması esnasında gerçekleştirilir. İlk çekimde hızlı pan ya da tilt hareketiyle çerçeve karakterden ayrılır ve görüntüde "hareket bulanıklığı" (motion blur) oluşur ve kesme tam bu noktada gerçekleşir.

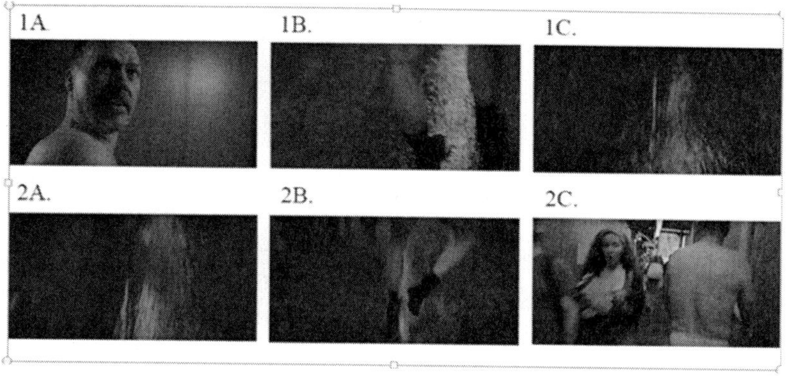

Şekil 2.14: *Birdman Filminde Gizli Kesme.*

Kaynak: *Alejandro González Iñárritu (Yönetmen), Birdman or (The Unexpected Virtue of Ignorance) [Film], ABD: New Regency Pictures, 2014.*

İkinci çekim, aynı "pan" ya da "tilt" hareketinin "hareket bulanıklığı" devamı görünümünde başlar ve ilk çekimde çerçeveden çıkan karakter tekrar çerçeveye girer. Böylece iki çekim, kesintisiz tek bir çekim olarak algılanır. Burada, "hareket bulanıklığı" sayesinde iki çekim arasındaki kesme noktasını belirlemek zordur. Bu filmdeki kesme noktaları, filmin çekim aşamasında yönetmen Iñárritu, görüntü yönetmeni Chivo Lubezki ve filmin kurgucuları olan Douglas Crise ve Stephen Mirrione tarafından titiz bir şekilde planlanmıştır.[785]

Geçme (Transition)

"Kesme" (cut), yukarıda görmüş olduğumuz gibi bir çekimin ilk karesinin ardından diğer çekim son karesinin gelmesi ve dolayısıyla çekimler arasında ani bir değişim oluşmasıdır. Buna karşılık "geçme" (transition) ise, bir çekim çeşitli yöntemlerle belirli bir süre içerisinde aşamalı olarak kaybolurken, aynı anda başka bir çekimin aşamalı olarak belirmesidir. Sinemada bir çekimden diğerine geçişlerde çoğunlukla kesme (cut) kullanılsa da, kimi zaman sahneler arası geçişlerde çeşitli geçme efektleri kullanılır.[786] Geçmeler çoğunlukla iki çekim arasında belirli bir zamansal atlamaya işaret ederler. Dijital video teknolojilerinin sağladıkları olanaklarla geçme türleri sınırsız sayıya ulaşmış olsa da, sinemada kullanılan en temel geçme türleri şunlardır: Zincirleme (Dissolve), kararma - açılma (fade out - fade in), silme (wipe) ve noktalı kararma - açılma: (iris out - iris in).

Zincirleme (Dissolve)

Zincirleme (dissolve), sinemada en sık kullanılan geçme yöntemlerinden biridir. Zincirlemede A çekimi belirli bir süre içerisinde aşamalı olarak giderek silikleşirken, aynı anda B çekimi belirmeye başlar. Geçme tamamlandığında A çekimi ta-

---

785- V. Renée, "A Closer Look at the Hidden Editing Techniques Used in 'Birdman'", 16 Ekim 2015, (Çevrimiçi) http://nofilmschool.com/2015/10/a-closer-look-hidden-editing-techniques-in-birdman, 9 Haziran 2017.
786- Chandler, a.g.e., s.67.

mamen kaybolur ve B çekimi tamamen ortaya çıkar. Geçme efekti süresi boyunca iki çekim geçici olarak birbirinin üzerine binmiş olarak görünür.[787] Özön, zincirlemenin çoğunlukla zamansal atlamalara ya da uzamın değişimine işaret etmek için kullanıldığını belirtir. [788] Zincirleme, aynı zamanda A ve B çekimleri arasındaki bir bağlantıya ya da bir ilişkiye işaret etmek içinde kullanılır. Hızlı zincirlemeler, kurguda zamanda hızlı değişimleri ya da iki çekim arasındaki dramatik karşıtlığı vurgulamak için kullanılırken, yavaş zincirlemeler zamanda aşamalı değişime işaret eder.[789] Zincirleme ayrıca, 30 derece kuralına uyulmadan yapılmış olan iki çekimin sıçramalı kesmeye (jump cut) yol açmasını önlemek için de kullanılabilir.[790]

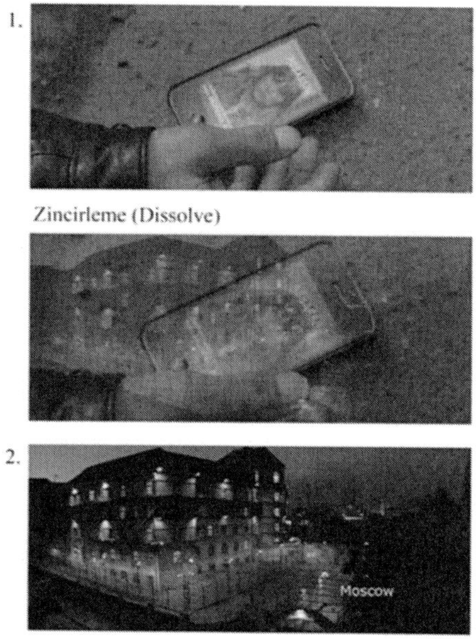

Şekil 2.15: Zincirleme (Dissolve).
Kaynak: *Brad Bird (Yönetmen), Mission: Impossible - Ghost Protocol [Film], ABD - Birleşik Arap Emirlikleri - Çek Cumhuriyeti Paramount Pictures, 2011.*

787- Pramaggiore, Wallis, a.g.e., s.197.
788- Özön, Sinema Sanatına Giriş, s.180.
789- Barsam, Monahan, a.g.e., s.351.
790- Chandler, a.g.e., s.70.

Zincirlemenin temel işlevi, iki çekim arasındaki geçişi kolaylaştırmaktır. Zincirleme, en basit biçimiyle seyirciyi bir uzamdan diğerine ya da bir zaman diliminden bir başkasına taşımayı sağlar. Dmytryk'e göre zincirleme, sinemacılara Hollywood kurgusu gibi karmaşık yapılarda seyirciyi "bir zaman makinesi" gibi zamanda ya da uzamda diledikleri şekilde ileriye ya da geriye götürmelerine olanak sağlar. [791]

Kararma -Açılma (Fade Out -Fade In)

Kararma (fade out), bir görüntünün belirli bir süre içerisinde, aşamalı olarak kararmaya başlaması ve nihayetinde görüntünün tamamen siyaha düşmesidir. Açılma (fade in) ise, kararmanın tam tersi bir şekilde görüntünün tamamen siyah olan bir çerçeveden belirli bir sürede, aşamalı olarak ortaya çıkması ve sonunda tam olarak belirmesidir.[792]

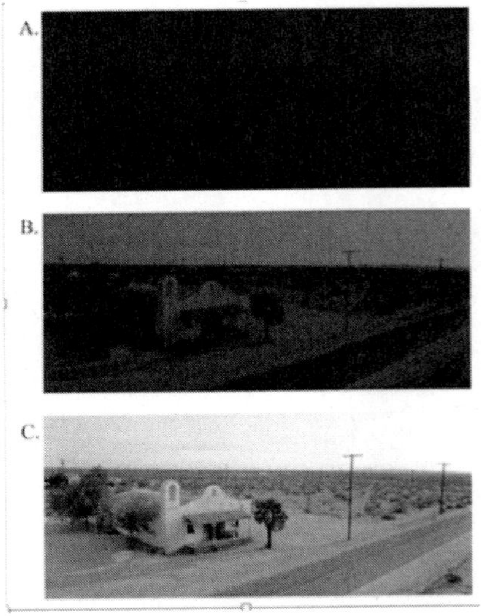

Şekil 2.16: *Açılma (Fade In).* **Kaynak:** *Quentin Tarantino (Yönetmen), Kill Bill: Vol. 2 [Film], ABD: Miramax, 2004.*

791- *Edward Dmytryk, Jean Porter Dmytryk, Sinemada Yönetmenlik, Oyunculuk, Kurgu, Çev. İbrahim Şener, 3. bs., İstanbul, Doruk Yayımcılık, 2011, s.361.*
792- *Thompson, Bowen, Grammar of the Edit, s.6.*

Dmytryk'e göre kararma her zaman bir sekansın ya da filmin bir bölümünün sonunda kullanılır.[793] Günümüz filmlerinin eskiye göre daha sıkı öykü yapılarına sahip olmalarından dolayı kararma ve açılmalar filmlerin başları ve sonları dışında nadir olarak kullanılmaktadır. Ancak, eğer bir film birbirinden belirgin bir şekilde ayrılmış bölümlere sahipse, bu bölümleri kararma ve açılma ile birbirlerine bağlamak Dmytryk'e göre seyirciye zihnini toparlayabileceği bir duraklama sağlaması açısından faydalıdır: "Tıpkı uzun bir romanın çoğunlukla Birinci Bölüm ve İkinci Bölüm olarak ayrılabilmesi gibi, bir film de açılma kararmalarla ayrı ayrı bölümlere ayrılabilir."[794] Crittenden'e göre ise, kararma ve açılmanın her zaman birlikte kullanılması gerekliliği katı bir kural değildir: Örneğin bir sahnenin sonunun yavaşça kararmasından sonra, ardından gelen sahnenin ani bir kesme ile başlamaması için hiç bir sebep yoktur. Bir çekimin sonu karartılabilir, bir süre siyahta bekletilip sonraki çekime düz kesme ile geçilebilir.[795]

Silinme (Wipe)

Yukarıda görmüş olduğumuz geçiş türlerine göre günümüz sinemasında çok daha az kullanılmakta olan silinme (wipe) geçişi, B çekiminin çerçevenin her hangi bir tarafından ortaya çıkıp, belirli bir süre içerisinde ve aşamalı olarak A çekiminin üzerini örterek çerçeveden silinmesine yol açar. Bu geçme türünde, B çekiminin bir parçası çerçevenin herhangi bir yönünde belirir ve geçmenin sonunda A çekiminin üzerini tümüyle kaplar.[796] Zincirleme ve kararma- açılma gibi silinme de, iki çekim arasında çoğunlukla zaman ve uzam değişimine

---

793- Dmytryk, Dmytryk, a.g.e., s.362.
794- A.e.
795- Crittenden, a.g.e., s.141-142.
796- Pramaggiore, Wallis, a.g.e., s.197.

işaret eden bir geçiş yöntemidir B çekimi, A çekiminin üzerini yatay, dikey ya da çapraz olarak örterek silinmesine yol açabilir. Kimi zaman silinme geçmesi sırasında çekimler, birbirlerinden yumuşak ya da sert bir çizgi ile (border) ayrılabilirler.

Silinme, İtalyan Yeni Gerçekçi filmlerde sahneler arası geçiş yöntemi olarak sıklıkla kullanılmıştır. Barsam ve Monahan'a göre, bu geçme türü sinemanın erken dönemleriyle ilintili olsa da, yönetmenler silinmeyi kullanmaya devam etmektedirler. Özellikle George Lucas, *Yıldız Savaşları (Star Wars)* filminin sahneler arası geçişlerindesilinmeyi sık sık kullanmıştır.[797]

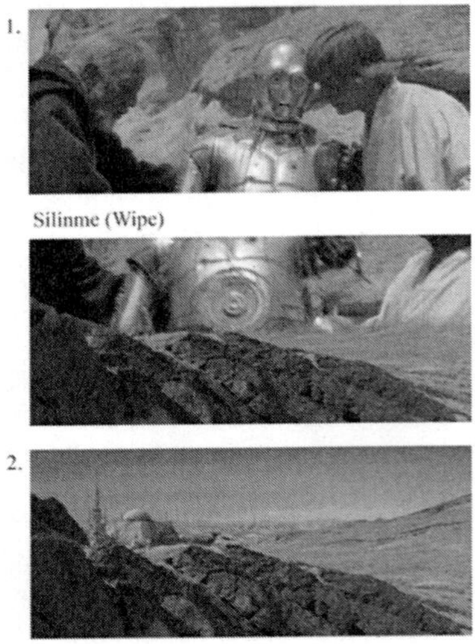

Şekil 2.17: *Silinme (Wipe).* ***Kaynak:*** *George Lucas (Yönetmen), Star Wars: Episode IV - A New Hope [Film], ABD: Lucasfilm, 1977.*

Noktalı Kararma - Açılma: (Iris Out - Iris İn)

Noktalı kararma (iris out), görüntünün büyük bir çemberden başlayarak belirli bir sürede aşamalı olarak küçülerek bir noktaya dönüşmesi ve en nihayetinde görüntünün tamamen siyaha düşmesidir. Noktalı açılmada (iris-in) ise bunun tam tersi olarak, görüntü siyah çerçeve içerisinde küçük bir nokta

797- *Barsam, Monahan, a.g.e., s.351.*

olarak başlar ve belirli bir sürede aşamalı olarak bir çember şeklinde büyür ve en sonunda görüntü tüm çerçeveyi kaplar.[798]

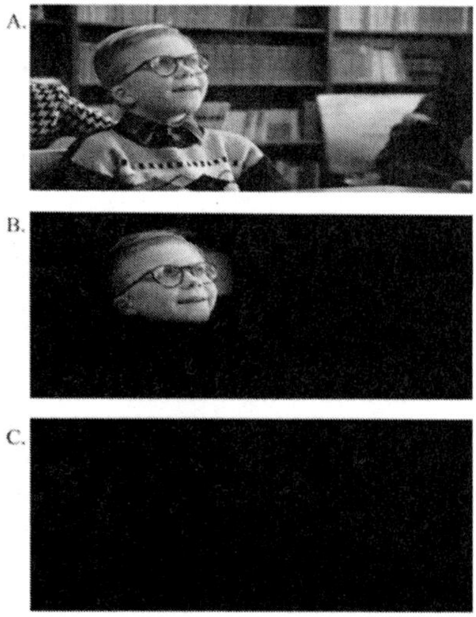

Şekil 2.18: *Noktalı Kararma (Iris Out).*
Kaynak: *Bob Clark (Yönetmen), A Christmas Story [Film], ABD - Kanada: Metro-Goldwyn-Mayer, 1983.*

Noktalı kararma ve açılma yöntemi, zincirleme ve silinme yöntemleri ile benzer işlevleri yerine getirirler ve tipik olarak bir sahneden diğerine geçiş olarak kullanılırlar.[799] Barsam ve Monahan'a göre, günümüz sinemasında nadiren kullanılmakta olan noktalı kararma ve açılma, Steven Spielberg, Francis Ford Coppola, ve Martin Scorsese gibi bazı yönetmenler tarafından D. W. Griffith ve diğer erken dönem sinemacılarına bir saygı duruşu amacıyla kullanılmıştır.[800]

798- Özön, Sinema Sanatına Giriş, s.182.
799- Pramaggiore, Wallis, a.g.e., s.198.
800- Barsam, Monahan, a.g.e., s.352

Ses Kurgusu

Sinema, insanın iki duyusuna, görme ve işitme duyularına hitap eder. Barzam ve Monahan'a göre, sinemada görüntünün diğer unsurlara göre öncelikli olduğu konusunda genel bir yaklaşım olmasına karşın, bir sahnede ne duyduğumuz da en az ne gördüğümüz kadar önemlidir. Ses, sinemasal biçimin diğer anlatısal unsurları kadar ifade gücüne sahip olabilir. [801] Sinemada ses, diyalog, müzik ve ses efektlerinden oluşur. Ancak zaman zaman bu kategoriler birbirinin yerine geçebilir. Örneğin müzik, bir ses efekti olarak da kullanılabilir.[802] Sinemacılar çoğunlukla görüntü ve sesin ayrı ayrı kaydedilmesinin avantajından yararlanırlar. Yönetmen, ses kuşağını oluştururken seyircinin filmin belirli bir anında ne duyacağını ve ses unsurlarından hangisinin (diyalog, müzik ya da ses efektleri) daha fazla vurgulanacağını göz önünde bulundurmalıdır. Diyalog, çok fazla enformasyon iletebilmesinden dolayı ana akım sinemada en fazla vurgu yapılan ses unsurudur. Ses efektleri ve müzik nadiren diyaloğa karşı baskındır. Çok fazla ses efektlerinin kullanıldığı aksiyon filmlerinde bile gerçeklikle bağdaşmasa da, karakterler arasındaki konuşmaların çok açık bir şekilde duyulması sağlanır.[803]

Bir sahnede bir çekimden diğerine yapılan kesme, gerçek yaşamda dikkatin bir noktadan başka bir noktaya ani bir şekilde yöneltilmesine benzer. Reisz'ın verdiği örnekte, kitap okurken kapıdan içeriye giren birisine baktığımızda dikkatimizi ani bir şekilde kitaptan kapıya doğru yöneltiriz. Gözlerimiz geçici olarak kitap ve kapı arasındaki objeleri kaydeder ancak biz onların bilincinde olmayız. Çünkü kitap ve kapı arasındaki objeleri görmekle ilgilenmeyiz. Reisz'a göre bu ne-

801- A.e., s.368.
802- Bordwell, Thompson, Film Sanatı, s.272.
803- Pramaggiore, Wallis, a.g.e., s.241.

denle sinemada bakış açısı değişimini gerçekleştirmenin uygun yolu normal olarak "pan" hareketi yerine "kesme" dir.[804] Ancak, sesin algılanması görüntülere göre farklıdır. Kulak, gözden farklı olarak her yönden gelen ve uyarıcı etkisi yeterince güçlü olan seslere karşı hassas bir organdır. Sürekli olarak farklı yönlerden gelen çeşitli sesler duyarız. Duyabilme menzilimize yeni bir ses eklendiğinde bu yeni ses, var olan diğer sesleri bastırmaz. Duyabildiğimiz diğer seslere eklenir ve ses bütününün bir parçası olur. Reisz'a göre bu nedenle bir ses kuşağından diğerine "kesme" yapmak, doğal sesi iletmenin yapay bir yoludur ve sesin sinemada gerçekliği oluşturmaya yapmış olduğu katkıyı etkisizleştirir. Dolayısıyla ses kurgusunda farklı bir yaklaşım uygulanır. Eğer sesin görüntüye gerçekçi bir şekilde eşlik etmesi amaçlanıyorsa, ses kuşağını oluştururken normal duyma eyleminin mekanizmaları göz önünde bulundurulmalıdır.

Bir görüntüye gerçek yaşamda eşlik eden tüm sesleri, ses kuşağına eklemek gerekli değildir. Nasıl ki bir şeye odaklanmışken saatin tıklamasının farkına varmıyorsak, seyirci de bir sahnede onun dikkatini çekecek bir aksiyon olduğu sürece çerçevede tıklamayan bir saat olmasına itiraz etmez ya da bunun farkına bile varmaz. Ancak Reisz'e göre, bu prensibin belirli bir uygulanma sınırı vardır ve bunu şu örnekle açıklar: İki karakterin bir arabaya binip konuşmaya başladıkları bir sahnede, aksiyonun gerçek bir arabada geçtiği algısını oluşturabilmek için seyircinin motorun çalışma sesini duyması sağlanır. Eğer ilk defa arabaya kesme yaptığımızda burada motor sesi yoksa, seyirci hızlı bir şekilde bir şeylerin yanlış olduğunun bilincine varır. Ancak iki karakter konuşmaya başladıklarında, diyalog daha ilginç olduğundan motor sesine gerek yoktur. Gerçek

---

804- Reisz, Millar, a.g.e., s.216.

yaşam deneyiminde de, benzer bir durumda motor sesi önemsizleşir ve bu sesiz farkında olmayız. Ancak motor sesinden konuşmaya kesme yapmak olanaklı değildir. İnsan zihni sesteki ani değişimlere karşı hassastır. Kesme, dikkati kendisine çeker ve bunun sonucu olarak yapay bir durum oluşur. Bunun yerine motor sesi aşamalı olarak (fade down) düşürülür ve duyulabilir en düşük seviyede diyalog sesinin altında devam eder.[805] Dancyger'e göre de, ses kurgusunun amacı "inanılırlığı" sağlamaktır. Eğer bu sağlanamazsa görüntülerin etkisi zayıflayacak ve seyirci filmden kopacaktır. "İnanılır" ses kuşağı oluşturmak, film yapım sürecinde merkezi bir öneme sahiptir.[806] Bununla birlikte ses kurgusu, görüntü kurgusu gibi anlatıyı açıklamaya yardım etmeli ve sahnenin duygusal karakterini desteklemelidir.[807] Yönetmen, görüntü kurgusunda uyguladığı yöntemleri seste de kullanabilir. Bordwell ve Thompson'a göre, ses kuşağının oluşturulması görüntü kurgusunda olduğu kadar seçime ve kontrole dayanır.[808] Sinemacı, görüntü kurgusunda yaptığı seçme ve düzenlemeyi ses için de yapmalıdır.[809] Belirli türdeki seslerin düzenlenmesi, seyircinin zaman ve uzam duygusunu sürdürmesini ve uzamlar arasında edilen hareketlere açıklık getirir. Ses, gerçeklik duygusunu yaratabilmeli ve film boyunca sürdürebilmelidir. Ses ayrıca görüntülerin yaptığı gibi, belirli bir dramatik fikri desteklemelidir.[810]

Ses kurgusunda Dancyger'in vurguladığı "inanılırlığı" sağlayan en önemli unsurlardan biri de sesin devamlılığıdır. Eğer bir aksiyon aynı zaman ve uzamda gerçekleşiyorsa, ses bir çe-

---

805- A.e.
806- Dancyger, a.g.e, s.383.
807- A.e, s.390.
808- Bordwell, Thompson, Film Sanatı, s.275.
809- Özön, Sinema Sanatına Giriş, s.144.
810- Dancyger, a.g.e, s.390.

kimden diğerine devam etmelidir. Reisz'ın da yukarıda vurgulamış olduğu gibi ses kuşağında yapılacak bir kesme seyirciye rahatsızlık verecektir. Thompson ve Bowen'in verdiği örnekte, ilk çekimde gökte havalanmış bir uçak seyirci tarafından görülüyor ve sesi duyuluyorsa, takip eden çekimde de bu uçağın sesi duyulmalıdır. Eğer ikinci çekimde uçak görünmüyor olsa bile, uçağın sesi filmdeki karakterler tarafından duyulmaktadır, dolayısıyla ikinci çekimde bu sesi seyirciler de duymalıdır.[811]

Diyalogların ve diğer seslerin seviyeleri kurgulanan sahne boyunca tutarlı olmalıdır. Filmsel uzam içerisinde objelerin kameraya uzaklığı göz önünde bulundurularak ses seviyeleri alçaltılmalı ya da yükseltilmelidir. Bütün uzamların arka plan gürültü seviyesi vardır. Çerçevede görülen mekana bağlı olarak, gürültülü, alçak, yumuşak ya da derin olabilir. Bu sesler genel olarak "ambiyans sesi", "atmosfer sesi" ya da "doğal sesler" olarak bilinir. Bu sesler bir sahnede diyalog ya da diğer belirgin ses efektleri altına yerleştirilerek tutarlı bir ses tonu işlevini görürler ve bir çekimden diğerine kesme yapıldığında ses geçişinin yumuşak bir şekilde olmasını sağlarlar. Bu sesler, ya çekim sırasındakaydedilir (Room Tone) ya da diğer kaynaklardan elde edilir.[812]

Görüntünün yanında sesin de varlığıhem ses ile kurgu, hem de ses ile mizansen arasında pek çok olası ilişkiyi yaratır. Örneğin ses efektlerinin ve müziğin ritmi, kurgunun ya da mizansen içerisindeki hareketlerin ritmine uyumlu ya da karşıt olabilir. Ses efektleri, inandırıcı olabilir ya da kaynakları olduğunu düşündüğümüz nesnelerle uyumsuz olabilir.[813]

811- Thompson, Bowen, Grammar of the Edit, s.70.
812- A.e.
813- Speidel, a.g.e., s.101.

1 2.

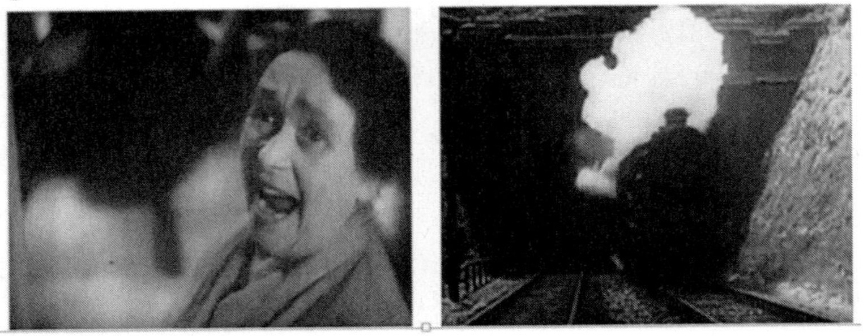

Şekil 2.19: 39 Basamak Filminde Sesin Yaratıcı Kullanımı.
Kaynak: *Alfred Hitchcock (Yönetmen), The 39 Steps [Film], İngiltere: Gaumont British Picture Corporation, 1935.*

Speidel, sesin kurguda etkileyici bir sahne geçişine kullanımına örnek olarak Alfred Hitchcock'ın *39 Basamak* filminden bir sahne geçişine örnek verir. Burada çığlık atan bir kadının görüntüsünden, tünelden çıkan bir lokomotife kesme yapılır. Ancak lokomotifin çığlığı andıran düdük sesi, önceki çekimde çığlık atan kadının sesi yerine kullanılır.[814]

Sinemada sesler, ses kaynağının çerçeve içerisinde belirgin olup olmamasına göre "senkron" ya da "asenkron" sesler olarak, ayrıca bir sahnede yer alan seslerin o sahnenin öykü evrenine ait olup olmamasına göre "diegetik ses" ya da "diegetik - olmayan ses" olarak ayrılır.

Senkron ve Asenkron Ses

Senkron ses, sesin kaynağının çerçeve içerisinde görünür olmasıdır. Diyalog sahnelerindeki konuşmalar, çerçevede görünen nesnelerin çıkardıkları sesler, görünen müzik enstrümanlarından gelen sesler senkrondur. Ancak sinemada ses, çok çeşitli kaynaklardan gelir ve bu seslerin çoğunluğu çekim

814- A.e.

aşamasında kaydedilmeyip, sonradan düzenlenerek eklenir. Başka bir deyişle senkronize ses, gerçekte çıktığı düşünülen kaynağa ait olmayabilir, ancak görüntü ve ses eşlemeli olarak oynar. Dolayısıyla, "doğal ses" olarak düşünülen senkronize ses çoğunlukla tamamen yapaydır.[815] Bordwell ve Thompson'a göre de sesin senkron olması, sesin orijinal olarak çekim aşamasında elde edilmesiyle ilgili değildir. Yönetmen, farklı bir etki yaratabilmek adına havlayan bir köpek görüntüsüne, kedi miyavlama sesi ekleyebilir. Bu ses gerçekte görüntüye ait değildir ancak sesin kaynağı, seyirci tarafından öykü evreni içerisinde olduğu düşünülüyor ve bu kaynakla eş zamanlı olarak oynuyorsa bu ses senkron bir sestir.[816]

Asenkron ses ise, belirli bir kaynağa sahip olmayan ya da kaynağı çerçeve içinde görünür olmayan sestir. Reisz'e göre, kulaklarımız -görüş alanımızın içinde olsun ya da olmasın-pek çok yönden gelen sesleri algılar. Gerçek yaşam deneyimimizde, kaynağını görmediğimiz pek çok sesin bilincindeyizdir. Dolayısıyla bir sahnede inandırıcı bir etki yaratılmak isteniyorsa, asenkron sesler ses kuşağında senkron seslerle bir arada kullanılmalıdır.[817] Reisz, yaratıcı kullanım açısından asenkron sesin bir bakıma senkron sesten daha önemli olduğunu vurgulayarak şu örneği verir:[818]

> *"Eğer bir yokuştanyukarıya doğru yürüyorsam ve de yukarıdan da bana doğru bir otomobil geliyorsa, aynı zamanda bu otomobilin motor sesini duyuyor olmam gerçeği benim dış dünyanın farkındalığına varmama yeni bir şey eklemez. Ama diğer yandan, başka bir oto-*

815- Gabriele Jutz, "Audiovisual Aesthetics in Contemporary Experimental Film", The Oxford Handbook of Sound and Image in Western Art, Ed. Yael Kaduri, New York, Oxford University Press, 2016, s.399.
816- Bordwell, Thompson, Film Sanatı, s.275.
817- Reisz, Millar, a.g.e., s.217.
818- A.e.

mobil aşağıdan, benim arkamdan geliyorsa, otomobili görmeden önce sesini duyarım. Bu durumda ses, dikkatimi daha önceden bilmediğim bir şeye - arkamdan bir otomobilin gelmesine- yöneltir. Burada asenkron ses açık bir şekilde senkron sese göre çok daha büyük bir öneme sahiptir."

Reisz'e göre genel olarak senkron seslerin farkına varmayız. Ancak asenkron ses dikkatimizi çekmeye meyillidir. Çünkü daha önceden farkında olmadığımız bir şeyi, bundan da ötesi duymak istediğimiz bir şeyi bize söylerler.[819]

"Diegetik" ve "Diegetik - Olmayan" Ses

"Diegesis" kavramı, figürler, hareketler, renkler ve seslerden oluşan filmsel hikayenin bütün evrenine karşılık gelir. Bu kavramdan türeyen "diegetik" ise "öykü içinde yaşanan olaylara" karşılık gelir.[820] "Diegetik ses" ise, kaynağı öykü evreni içinde bulunan sestir. Diyaloglar, öykü evreninde bulunan nesnelerden gelenya da öykü mekanında bulunan müzik enstrümanlarından gelen sesler diegetik seslerdir. Bordwell ve Thompson'a göre filmsel dünyanın içinden geliyormuş gibi görünen diegetik sesi fark etmek kolay değildir.[821] Digetetik seslerin çoğu, seyirciye kaynaklandığı çekimin hem uzamsal hem de zamansal boyutlarının farkına varılmasını sağlar.Digetetik ses ya dahili ya da harici*, ya çerçeve içi ya da çerçeve

---

819- A.e.
820- Bordwell, Thompson, Film Sanatı, s.284.
821- A.e.
**Dahili ses karakterlerin kendi içsel düşüncelerini açığa vurduğu ve sadece seyircinin duyduğu, sahnedeki diğer karakterlerin duymadığı sestir. Harici ses ise, filmin öyküsel evreninden gelen ve filmin karakterleri tarafında da duyulan sestir. Bkz.: Barsam, Monahan, a.g.e., s.378.*

dışı, ya görüntünün çekildiği anda kaydedilmiş ya da yapım sonrası aşamasında eklenmiş olabilir. Barzam ve Monahan'a göre sinemada en bilindik ses, diegetik, çerçeve içi ve görüntüyle senkron olan sestir. Bir sahnedeki aksiyona ya da konuşmaya eşlik eden tüm sesler - ayak sesleri, kapı tıklaması, telefon zili, silah sesi- diegetiktir.[822]

"Diegetik-olmayan ses" ise film karakterlerinin içinde yaşadığı kurmaca dünyanın içinden gelmeyen sestir. Film müziği ve film karakterlerinin duymadığı dış sesler (voice over) diegetik olmayan sesin en yaygın biçimleridir.[823] Diegetik-olmayan ses çerçeve dışıdır, filme sonradan eklenir ve film karakterleri tarafından duyulmadığı farz edilir.[824] Bordwell ve Thompson'a göre de, seyirci film müziğinin bir uylaşım olduğunu ve kaynağının filmin öyküsel evreninde bulunmadığını kabul eder. Ancak bazen diegetik ve diegetik-olmayan ses arasındaki sınır yaratıcı bir şekilde bulanıklaştırılır[825]. Örneğin Nuri Bilge Ceylan'ın "İklimler" filminde karakterlerin arabayla yolculuk yaptığı bir sahne boyunca devam eden film müziği, karakterlerden birinin otomobilin radyosunu kapatmasıyla aniden kesilir. Böylece "diegetik-olmayan ses", bir anda "diegetik ses" e dönüşür.

Ses Köprüsü:L Cut ve J Cut

Çekimler arasında kesintisiz bir ses devamlılığı sağlamak, görsel devamlılığı sürdürmekten bile daha önemlidir. Çünkü ses kuşağında meydana gelebilecek en küçük bir devamsızlık bile, seyirciyi görsel bir hataya oranla çok daha fazla rahatsız edecektir. Kurguda kesintisiz ses devamlılığını sağlamanın en

---

822- Barsam, Monahan, a.g.e., s.376.
823- Speidel, a.g.e., s.100.
824- Barsam, Monahan, a.g.e., s.376.
825- Bordwell, Thompson, Film Sanatı, s.284.

yaygın yolu bir çekime ait ses kuşağının, ardından gelen çekimde devam ettirilmesi ya da kendinden önce gelen çekimin altında başlatılmasıdır. Dolayısıyla bu yöntemde görüntü ve ses kuşağında yapılan kesmeler farklı zamanlarda gerçekleştirilir.[826] Sesin yönlendirmesiyle seyirci bir çekimden diğerine geçiş anının farkına varmaz, böylece bu yöntem kurgunun "gizlenmesine" yardımcı olur. Bu yöntem genel olarak ses köprüsü (sound bridge), bölünmüş kurgu (split edit) ya da "L Cut" olarak adlandırılır. Reisz bu yöntemi "ses örtüşmesi" (overlapping of sound) olarak adlandırırken[827], Bordwell ve Thompson ise "diyalog örtüşmesi" terimini kullanmayı tercih ederler.[828] Biz bu çalışmada hemen hemen aynı anlama gelen bu kavramların işaret ettiği yöntem için, genel kabul görmüş olan "ses köprüsü" terimini kullanmayı tercih ediyoruz. Ancak "ses köprüsü" terimi, daha çok sesin sahneler arasındaki geçişlerdeki kullanımını açıklar. Bir sahnenin sonunda yer alan ses, bir sonraki sahnenin başında da devam ederek sahneler arasındaki geçişin yumuşatılması sağlanır.[829]

Şekil 2.20: L Cut.

826- Michael Wohl, *Editing Techniques with Final Cut Pro*, Berkeley, Peachpit Press, 2002, s.56
827- Reisz, Millar, a.g.e., s.227.
828- Bordwell, Thompson, *Film Sanatı*, s.276.
829- Lewis, a.g.e., s.153

"L Cut" kavramı ise çoğunlukla diyalog sahnelerinin kurgusunda sesin örtüşmeli olarak kullanımını açıklar."L Cut", kurguda bir çekimden diğerine kesme yapılırken, bir önceki çekime ait sesin, bir sonraki çekimin görüntüsü altında bir süre daha devam etmesidir. Yukarıdaki şekilde görüldüğü gibi, yapılan kurgunun şekli (ses ve görüntü kuşaklarındaki kesmelerin pozisyonları) "L" hafini andırdığından bu kurgu yöntemi "L Cut" olarak adlandırılır.Ya da tam tersi olarak, ikinci çekime ait olan sesin birinci çekimin altında başlaması, diğer bir ifadeyle ikinci çekime ait olan sesin bu çekime yapılan kesmeden önce duyulmasıdır. Burada da kurgunun şekli "J" harfini andırdığından dolayı bu yöntem de "J Cut" olarak adlandırılır.

Şekil 2.21: J Cut.

Bordwell ve Thompson'a göre, bir yönetmen klasik devamlılık prensiplerine sadık kalarak açı ve karşı açı tekniğiyle kurguladığı bir diyalog sahnesinde çekimler arasındaki geçişleri yumuşatmak için, diyalog örtüşmesi yöntemini yoğun bir şekilde kullanır.[830] Böylece yapılmış olan kesmelere rağmen diyaloğun kesintisiz olarak sürdürülmesi sağlanır. Bir diyalog sahnesinde kullanılan bölünmüş kurgu (split edit), ses devamlılığı sağlayarak seyircinin dikkatini yapılan kesmelerden uzak

830-Bordwell, Thompson, Film Sanatı, s.276-277.

tutar. Genel olarak bölünmüş kurgu yöntemi sadece diyalog sahnelerinde konuşmaların kurgulanmasında değil, aynı zamanda ses efektleri ve ortam seslerinde de kullanılır.[831] Reisz'e göre de diyalog sahneleri kurgusunda gerçekleştirilen bölünmüş kurgu (split edit) sadece dramatik sebeplerden dolayı tercih edilmez, aynı zamanda akıcı bir kurgu için de gereklidir. Diyalog sahnelerinde bir karakterin durağan bir çekiminden diğer bir karakterin durağan çekimine görsel olarak pürüzsüz bir kesme yapabilmek için ihtiyaç duyulan bir hareket olmadığında, bölünmüş kurgu bu problemi çözmede yardımcı olabilir.[832]

Sinemasal Zaman ve Sinemasal Uzamın İnşası

Uzun metrajlı sinema filmleri, çoğunlukla 90 ve 180 dakika arasında değişen sürelere sahiptir. Bu süreler, "oynama süresi" ya da "ekran süresi" olarak adlandırılır. Ancak, filmde anlatılan olayları kapsayan "öykü süresi" ise nadiren bu uzunluktadır.[833] Tek çekimden oluşan ve "gerçek zamana" (real time) sahip, başka bir ifadeyle ekran süresi ile öykü süresinin aynı olduğu, Aleksandr Sokurov'un *Rus Hazine Sandığı (Russian Ark)* ve Sebastian Schipper'in *Victoria* filmleri buna istisnadır. Sinemada, karakterlerin yaşamlarının her anı seyirciye gösterilmeyip, önemli bir kısmı dışarıda bırakılır. Tek bir kesme ya da kararma ile, günler, aylar ve hatta yıllar geçebilir. Sinemacılar, belirli olayları seçip diğerlerini atlarlar. Hikaye anlatımının bu görünürde çok bariz olan prensibinin anlatı biçimi açısından çok önemli olmasından dolayı, Rus biçimci edebiyat kuramcıları, öykü ve öykünün seyirciye sunumu

---

831- A.e.
832- Reisz, Millar, a.g.e., s.227.
833-Pramaggiore, Wallis, a.g.e., s.65.

arasındaki farkı açıklayabilmek için "fabula" ve "syuzhet" olarak adlandırdıkları iki ayrı terim ortaya atmışlardır. Bordwell'e göre bu önemli ayırımın kökenleri aslında Aristoteles' e kadar uzanmaktadır, ancak bütünüyle Rus Biçimcileri tarafından kuramsallaştırılmıştır.[834]

Rusça olan "Fabula - Syuzhet" ayrımı, genellikle "öykü (story) - olay örgüsü (plot)" olarak çevrilir. Bordwell, "fabula"yı, neden sonuç zincirine bağlı olayların, belirli bir sürede ve uzamsal alanda kronolojik olarak meydana gelmesi olarak açıklar.[835] Fabula ya da öykü başka bir ifadeyle, bir anlatıdaki sadece gördüklerimiz ve duyduklarımız değil, ayrıca meydana gelmiş olduğunu farz ettiğimiz olayları da kapsayan, başından sonuna kronolojik bir sırayla meydana gelen olaylar bütünü olarak da açıklanabilir.[836] Olay örgüsü (syuzhet) ise, Bordwell'e göre öykünün (fabula) film içerisinde düzenlenmesi ve sunumudur. Olay örgüsü bir sistemdir, çünkü öyküdeki olayları ve durumları belirli prensiplere göre düzenler.[837] Rus biçimci kuramcılarına göre, bir yazar (ya da senarist) bir bütün halinde ve kronolojik olan öyküyü (fabula), perde ya da sahnede seyirciye sunmak için kısaltılmış ve yeniden organize edilmiş bir versiyona (syuzhet) dönüştürür. Olay örgüsü (syuzhet) , aksiyonların perdede görüldüğü şekliyle seçilmesi ve sıralanmasına karşılık gelir. Kronolojik anlatı olan öykü (fabula) ise, gizli bir şekilde olay örgüsünde gösterilen olayların ardında durur. Olay örgüsü (syuzhet) içerisinde ima edilen ancak bariz bir şekilde gösterilmeyen olaylar ve ayrıca karakterlerin olay örgüsü başlamadan önceki deneyimleri de öyküye (fabula) dahildir. Bazı sinema araştırmacıları "fabula" ve "syuzhet" yerine "öykü" (story) ve "olay örgüsü" (plot) te-

---

834- Bordwell, Narration in the Fiction Film, s.49.
835- A.e.
836- Sikov, a.g.e.,s.120.
837- Bordwell, Narration in the Fiction Film, s.50.

rimlerini kullanmayı tercih eder. Ancak Pramaggiore ve Wallis'e göre seyircinin, "öykü" (story) ve olay örgüsü (plot) arasında ayırım yapmadan iki kavramı da "anlatı" (narrative) olarak kabul etmesinden dolayı, film analizlerinde doğru bir terminoloji için sözkonusu Rusça terimlerin (fabula-syuzhet) kullanılması daha uygundur.[838] Ancak Türkçe'de bu kavramlar arasındaki farkın belirgin olması nedeniyle, biz bu çalışmada "öykü" ve "olay örgüsü" terimlerini kullanmayı tercih ediyoruz.

Öykü ve olay örgüsü arasındaki farkın önemi sadece bazı olayların dışarıda bırakılmasından kaynaklanmaz. Asıl önemli olan yapılan seçimlerin filme etkisidir. Olay örgüsünü oluştururken yapılan seçimler, bir karakterin seyirci tarafından algılanmasını ve aksiyonun akışını etkiler. Olay örgüsü, sadece öykü olayları arasından seçim yapılması değil, ayrıca bu olayların seyirciye veriliş sıralarının da yeniden düzenlenmesidir. Olay örgüsü, öykünün -sonu da dahil olmak üzere- her hangi bir yerinden başlayabilir.[839] Örneğin, Gaspar Noé'un yönettiği "Dönüş Yok" (Irreversible -2002) filmi, öykünün sonundan başlayıp geriye doğru ilerler.

Öykü zamanı ile olay örgüsü zamanı arasındaki ayırım, gerçek yaşamın takvim ve saatlerle bölünmüş doğrusal ve kesintisiz zamanı ile, kurmaca evrende hakim olan zaman arasındaki farka dayanır.[840] Bu, "sinemasal zamandır". Sinemasal zaman, gerçek zamanın bilinçli bir şekilde ve belirli prensiplere göre yeniden organize edilmesidir.[841] Bir aksiyonu farklı açı ve ölçeklerden yapılmış olan çekimlere bölmek, her çekimi gerçek zamanın farklı bir parçası haline getirir. Kurgu aşama-

---

838- Pramaggiore, Wallis, a.g.e., s.66.

839- A.e.

840- Oluk, a.g.e., s.28.

841- John Howard Lawson, "Zaman ve Mekan", Filmde Zaman ve Mekan, Haz. Yalçın Demir, Eskişehir, Turkuaz Yayıncılık, 1994, s.34.

sında bu çekimlerden bazıları elenir, diğerleri ise aksiyonu özgün bir şekilde yeniden oluşturabilmek için kurgulanır. Kurgulanan çekimlerin farklı sürelerinden yeni bir zamansal sıralama oluşur.[842] Pudovkin'e göre sinemasal zaman, yönetmen tarafından aksiyonun sinemasal sunumu için seçilmiş çekim parçalarının sayısı ve bu parçaların süreleriyle kontrol edilir.[843] Sinemada kurgu, aksiyonu ileriye taşırken filmin sürekliliğinde bir kesinti olmadığı halde, çekimler arasında kurulan ilişki "gerçek zaman" devamlılığında kesintilere yol açar. Kurguda çekimler birleştirilirken, olay örgüsünde gerekli görülmeyen zaman aralıkları atılarak zamanda ileriye atlanır. Bunu sağlayan ise yukarıda irdelemiş olduğumuz çekimler arası geçiş yöntemleridir.[844] Çoğu klasik anlatı filminde kesme ve diğer kurgu yöntemleri, anlatının akışını vurgular ve görüntülerin grafiksel olarak kesintisiz gerçek zamanda değil, insan tarafından yaratılmış bir sinemasal zamanda meydana geldiğine işaret eder. Seyirci olarak bizler bir filmi izlerken, gördüğümüz olayların şimdiki zamanda geçtiğini düşünürüz. Ama aynı zamanda sinemasal zamanın kurgu ve diğer sinemasal araçlarla manipüle edildiğini de biliriz. Ancak sinemanın bu manipüle edici uylaşımlarını bilmemize rağmen klasik Hollywood kurgusu, kendine dikkat çekmeden bu uylaşımları gizlemeyi başarır.

Klasik Hollywood kurgusu bundan da öteye giderek, bizleri gerçeklik ve illüzyon arasında götürüp getirerek ve geçmiş, gelecek ve şimdiki zaman arasında hareket ettirerek insan bilincinin doğal zihinsel süreçlerini yansıtmaya kalkışır.[845] Sinemasal zaman ayrıca kurgu yoluyla uzatılabilir. Bir aksiyon, gerçek zamanda sürdüğünden çok daha uzun bir zamanda da

---

842- Lewis Jacobs, "Zaman ve Mekanın Anlatımı", Filmde Zaman ve Mekan, Haz. Yalçın Demir, Eskişehir, Turkuaz Yayıncılık, s.34.

843- Pudovkin, a.g.e., s.87.

844- Yalçın Demir, "Filmsel Zamanın Yaratılmasında Filmsel Araçların Zamanı Etkilemedeki Rolleri ", Filmde Zaman ve Mekan, Haz. Yalçın Demir, Eskişehir, Turkuaz Yayıncılık, s.56.

gösterilebilir. Bu uzatma, Jacobs'a göre genellikle perdedeki uzamın uzatılmasıyla sağlanır. Eisenstein'ın *Pomtemkin Zırhlısı* filmindeki ünlü Odesa merdivenleri sekansında, çarlık rejimi askerlerinin merdivenlerden düzenli inişleri gerçek zamanda iki ya da üç dakika sürebilecekken, gerilimi yükseltmek amacıyla tekrarlarla ve diğer unsurlara kesmeler yapılarak on dakikadan daha uzun bir süre gösterilir.[846] Eisenstein, benzer yöntemi *Ekim* filmindeki ünlü köprü açılışı sekansında da uygulamıştır. Sinemada zaman, bir yandan kesintisiz sürekliliğini diğer yandan ise doğrusal olma özelliğini kaybeder. Zaman geriye döndürülebilir, ileriye atlatılabilir, tekrarlanabilir ya da tamamen dondurulabilir. Aynı anda meydana gelen olaylar arka arkaya, ya da farklı zamanlarda meydana gelen olaylar aynı çerçevede bir arada gösterilebilir. Sinemada zaman ve uzam birbirlerine sıkı sıkıya bağlı olan iki kavramdır. Uzamsal bir değişim, aynı zamanda zamansal bir değişime de yol açar. Bu zamansal ilişkilere neredeyse uzamsal bir özellik kazandırır. Uzam da, böylelikle zamanla ilgili özelliklere sahip olur. Dolayısıyla sinema, zaman ve uzamda süreklilik içeren bir zaman ve uzam sanatıdır.[847] Sinemada kurgu, var olmayan bir zaman ve var olmayan bir uzam yaratılmasını sağlar. Kuleshov'un kurgu aracılığıyla var olmayan bir uzam yaratmanın nasıl olanaklı olabileceğini göstermeyi amaçladığı "*Yaratıcı Coğrafya*" deneyinin de gösterdiği gibi, sinemasal zaman ve sinemasal uzam sinema sanatının temelini oluşturur.[848]

Demir'e göre, hem gerçek yaşamda hem de plastik ve sahne sanatlarında uzam sabit ve değişmezdir. Sinemayı diğer sanatlardan ayıran en belirgin özelliği, sinemasal uzamın da sinemasal zamanda olduğu gibi dinamik olmasıdır. Uzamın

845- Barsam, Monahan, a.g.e., s.131.
846- Jacobs, "Zaman ve Mekanın Anlatımı", s.38.
847- Yalçın Demir, "Filmde Zaman ve Mekan üzerine", Filmde Zaman ve Mekan, Haz. Yalçın Demir, Eskişehir, Turkuaz Yayıncılık, 1994, s.7-8.
848-Robert Edmonds, "Filmin temel Yapı Taşları ve Bir Film Formu", Filmde Zaman ve Mekan, Haz. Yalçın Demir, Eskişehir, Turkuaz Yayıncılık, 1994, s.80.

parçaları, zamansal bir sıra içerisinde düzenlenerek zamansal bütünün bir parçası haline gelir ve zaman da bu yapı içerisinde uzamsallaşır.[849] Sinemada sadece uzam içerisinde bulunan nesneler ve insanlar değil, ayrıca uzamın kendisi de hareket halindedir. Kameranın hareket ve odaklanma özellikleri ve farklı çekimlerin kurgulanabilmesi, uzamın çözümlenebilmesini sağlar. Uzam içerisinde yer değiştirmek, ilerlemek, geriye dönmek, yakınlaşmak ve uzaklaşmak mümkündür. Bunlara ek olarak geçişler, hızlı ve yavaş çekimler ve geriye oynatmalarla birlikte, sinema diğer sanatların asla ulaşamayacağı olanaklara sahip olur.[850] Jacobs'a göre, gerçek yaşamda fiziksel uzam somuttur ve kolayca denetlenemez. Uzam içerisinde ani bir kesinti yoktur, gerçekleşen her aksiyon kesintisiz bir uzamsal sırayı izler. Jacobs'un verdiği örnekte, bahçeden mutfağa gitmek isteyen bir kişi, belirli sayıda ara mekanlardan geçmek zorundadır. Gerçek yaşamda kesintisiz olan uzam bölünemez ya da değiştirilemez. Sinemasal uzam ise Jacobs'a göre çekimlerin zaman içerisindeki düzeni, sıralanması ve birbirleriyle olan ilişkileri sonucu ortaya çıkar. Sinemasal uzam, sinemasal zamanın gerçek zamanı bozma yöntemlerine benzeyen yöntemlerle gerçek uzamı bozar. Farklı açı ve ölçeklerden yapılmış olan çekimler, uzamsal gerçeğin farklı bir bölümünü gösterir.[851]

Eksilti Kurgusu

Klasik devamlılık stilinin amacı temelde, kullanılan tekniklerin gizlenmesi ve kesintisiz bir zaman akışı illüzyonunun yaratılması olsa da, kurgu aracılığıyla öykü zamanı çoğunlukla

---

849- Yalçın Demir, "Film Niçin Zaman ve Mekan Sanatıdır? ", Filmde Zaman ve Mekan, Haz. Yalçın Demir, Eskişehir, Turkuaz Yayıncılık, 1994, s.11.
850- A.e.
851- Jacobs, "Zaman ve Mekanın Anlatımı", s.38.

kısaltılır, kimi zaman da uzatılır (genişletilir). Bütün anlatılarda, anlamı güçlendirmek, ironileri sergilemek ve kısa zamanda çok şey söyleyebilmek için elde bulunan malzemeler seçilir, sıkıştırılır ve belirli bir şekilde sıralanır. Sinemanın tarihsel gelişimi boyunca bir takım ekonomik anlatım yöntemleri, seyirciye öğretilmiş, kabul ettirilmiş ve buna paralel olarak da bu yöntemler giderek gelişmiştir.[852] Sinemada, bir karakterin A noktasından B noktasına varışını sadece iki çekimle göstermek yaygın bir uygulamadır. Bir karakterin otomobiline binerek evinin önünden ayrılıp, uzak bir şehirde otomobilini park edip inmesini sadece iki çekimde gösterebiliriz. Ancak bununla birlikte yine bir karakteri işyerindeki bir ofisten, başka bir ofise geçmesini on ya da daha fazla çekimle de gösterebiliriz. Burada önemli olan soru, karakterlerin bu yolculuklarından ne kadar detayın gösterilmesi gerektiğidir. Bu sorunun cevabı ise,"sadece dramatik olarak gerekli olanın gösterilmesidir". Bir karakteri bir yerden, başka bir yere ulaştırırken gerekli olmadığı düşünülen zaman ve uzamın üzerinden atlanır. Fazlalık olduğu düşünülen zaman ve uzamın dışarıda bırakılması "eksilti kurgusu" olarak adlandırılır.[853]

Film öyküsünün daha geniş dünyasından yapılan kesmelerle (belirli bölümlerin atılmasıyla) seyircinin olay örgüsü içerisinde gezdirilebilmesini sağlayan eksilti kurgusu, sinemasal zamanın yönetilmesi açısından son derece önemli bir tekniktir. Bu yöntem sinemacıya, belirli olayları ya da durumları atlayarak filmsel öyküyü seyirciye aktarırken zamandan tasarruf etmesini sağlar.[854]

852- Michael Rabiger, Mick Hurbis-Cherrier, Directing: Film Techniques and Aesthetics, 5.bs., Oxon, Focal Press, 2013, s.190.
853- A.e.

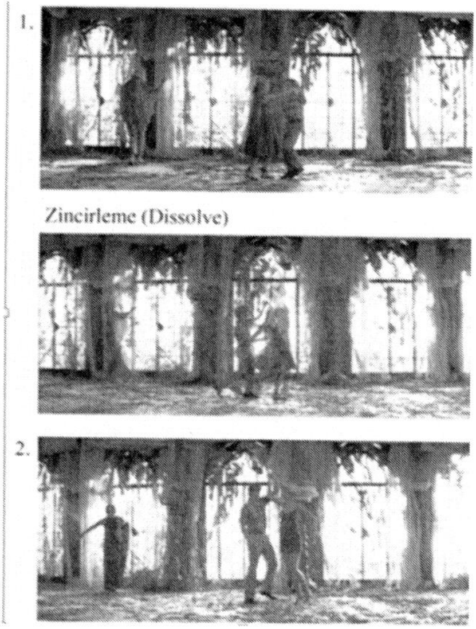

Şekil 2.22: Eksilti Kurgusu Örneği.

Kaynak: *Alfonso Cuarón (Yönetmen), Great Expectations [Film], ABD: Art Linson Productions, 1998.*

Yukarıda gösterilen eksilti kurgusu örneğinde, *Büyük Umutlar (Great Expectations)* filminin yaklaşık olarak on yıl civarında olan uzun bir öykü zamanı dışarıda bırakılmıştır. Birinci çekimde çocuk yaşlarda gördüğümüz filmin baş karakterlerini, aynı mizansende zincirleme ile geçilen ikinci çekimde yine dans ederken, ancak bu kez onları büyümüş olarak ve yaklaşık yirmili yaşlarında görürüz. Eksilti kurgusu aracılığıyla atlanan olay ya da durumlar, anlatının gelişimine katkısı olmayan anları içerir. Klasik anlatı sinemasında, genellikle karakterlerin uyuma, yemek yeme, yıkanma eylemleri atlanır.

854- *Lewis, a.g.e., s.127.*

Örneğin bir karakterin sabah uyanıp iş yerinde çalışmaya başlaması, film öyküsünde bir saatlik bir zaman dilimini kapsasa da, bu eylemler olay örgüsü içerisinde bir kaç saniyede anlatılır ya da tümüyle dışarıda bırakılır.[855] Olay örgüsü sinemasal zamanı manipüle ederek film öyküsündeki bazı olayları vurgulayıp, diğerlerini önemsizleştirebilir. Öykünün önemsiz anları, olay örgüsünden tümüyle çıkarılır.[856] Oluk'a göre, eğer organik bütünlüğe sahip iyi bir klasik Hollywood filminden bir sahne ya da olay çıkarılırsa, hem filmin bütünlüklü yapısının, hem de olay örgüsünün neden sonuç ilişkisinin bozulmasına neden olur. Bu, söz konusu filmde eksilti kurgusu yapıldığını ve dolayısıyla filmin anlatı için gerekli olmayan bir olay ya da anı içermediğini gösterir.[857]

Burch, eksiltiyi "belirli eksilti" ve "belirsiz eksilti" olmak üzere iki türe ayırır. Belirli eksiltide, eksiltinin oluşumu ve ölçüsü, potansiyel olarak tamamen kesintisiz olabilecek görsel ya da işitsel bir aksiyonun az ya da çok farkedilebilir bir şekilde kesilmesiyle işaret edilir. İlk çekimde bir binanın dış kapısından giren karaktere yapılan kesmeyle ikinci çekimde karakterin binanın en üst katındaki daireye girişini gösterdiğimizde, seyirci karakterin merdivenleri çıktığı anın atlandığını bilir.[858] Burch'a göre "belirli eksilti", sadece algılanabilir değil aynı zamanda ölçülebilir niteliği olan bir eksilti türüdür. İki çekim arasındaki uzamsal fark, hem seyircinin zihinsel olarak kesintisiz aksiyonun bir parçasının dışarıda bırakıldığını bilmesine, hem de dışarıda bırakılan kısmın miktarını "ölçebilmesine" yol açar. Ancak, bir çekimden diğerine geçildiğinde iki farklı uzam arasında belirgin bir ilişki kurulamadığında,

855- Oluk, a.g.e., s.140.
856- Speidel, a.g.e., s.81-82.
857- Oluk, a.g.e., s.141.
858- Burch, Theory of Film Practice, s.6.

seyirci aradan geçen öykü zamanını belirleyemez. Burch, bu tür eksiltileri "belirsiz eksilti" olarak adlandırır. Burch'a göre, seyircinin belirsiz eksiltilerin miktarını ölçebilmesi için diyaloglar, yazılar ("beş yıl sonra" gibi), saat, takvim ya da karakterlerin giyim şeklindeki farklılıklar gibi dışsal olan bir takım araçlar kullanılır.[859]

Bordwell ve Thompson'a göre bir yönetmen eksilti kurgusunu üç yöntemle yaratabilir.[860] Bir karakterin bir kat merdivenden yukarı çıkarılması gerektiği, ancak bütün merdiven çıkma eyleminin gösterilmesinin istenmediği durumlarda yönetmen zincirleme, silinme ya da kararma-açılma gibi klasik geçiş yöntemlerini kullanabilir. Karakterin merdivenlere baktığı çekimden zincirleme ile, merdivenlerin son basamağına gelişi gösterilir. Klasik anlatı sinemasında bu geçiş yöntemleri belirli bir öykü zamanın dışarıda bırakıldığına işaret eder.[861] Bordwell'e göre sesli filme geçişle birlikte, kararma-açılma ve zincirlemeler sinemada zamansal eksiltinin en yaygın işaretleri olmuşlardır.[862] İkinci seçenek ise şudur: İlk çekimde karakter yürüyerek çerçeveden çıkar, kesme ile geçilen ikinci çekimde ise merdivenlerin üst kısmında çerçeveye girer. Birinci çekimin sonu ve ikinci çekimin başında bulunan boş çerçeveler, zamansal eksiltiye işaret ederler. Üçüncü eksilti yöntemi ise iki çekim arasında ayrıntı ya da bağlayıcı (cutaway) bir çekim yerleştirilmesiyle elde edilir. Birinci çekimde karakter merdivenleri çıkmaya başlar, araya mutfakta çalışan bir kadının çekimi yerleştirilir, üçüncü çekimde ise karakterimiz merdivenin sonuna gelir. Başka bir olayın çekimi, süreleri eşit olmasa bile eksilti yapılan aksiyon parçasının yerine kullanılabilir.[863]

859- A.e.
860- Bordwell, Thompson, Film Sanatı, s.233.
861- A.e.
862- Bordwell, Staiger, Thompson, The Classical Hollywood Cinema, s.44.
863- Bordwell, Thompson, Film Sanatı, s.233.

Paralel Kurgu

Sinemada kurgu, aynı anda gerçekleşen birden fazla aksiyonu seyirciye aktarabilme yetisine sahiptir. Pek çok sinema literatüründe aynı zamanda "çapraz kurgu" (cross-cutting)* olarak da geçen "paralel kurgu", farklı uzamlarda ancak çoğunlukla eş zamanlı olarak gerçekleşen iki ya da daha fazla olayın yapılan kesmelerle arka arkaya kurgulanmasıdır. Paralel kurgu, çoğunlukla bir sahne ya da sekansta gerilimi yaratmak için kullanılır. Aksiyon filmlerinde, araba takipleri ya da kurtarma sekansları gibi farklı uzamlarda gerçekleşen, ancak nihayetinde ortak bir uzamda birleşecek olan birden fazla aksiyonu verebilmek için kaçınılmaz olarak paralel kurgu tekniği kullanılır. Sinemacılar kimi zaman iki farklı aksiyon hattını birbirleriyle karşılaştırabilmek için de paralel kurguyu kullanırlar.[864] Bordwell ve Thompson'a göre önemli ölçüde D. W Griffith tarafından geliştirilmiş olan paralel kurgu, anlatıyla

---

** Paralel kurgu ve çapraz kurgu (cross-cutting) terimleri pek çok sinema literatüründe aynı anlamda ya da birbirlerinin yerine kullanılsa da, bazı yazarlar bu kavramların birlerinden farklı olduklarını vurgularlar. Örneğin Bordwell'e göre, farklı uzamlarda meydana gelen olaylar arasında eşzamanlılık ilişkisi yoksa bu "paralel kurgu"dur. Ancak aksiyonlar eş zamanlı olarak meydana geliyorsa "çapraz kurgu"dur (cross-cutting). Bordwell buna örnek olarak, zenginlik ve yoksulluk görüntülerinin aralarında zamansal bir ilişki olmadan arka arkaya kurgulanmasını gösterir. Ama örneğin zengin bir adam bir restoranda yemek yerken, aynı restoranın dışında yemeklere bakan bir dilenciye kesme yaptığımızda burada eş zamanlılık söz konusudur ve bu çapraz kurgudur. Griffith'in "Hoşgörüsüzlük" (Intolarance) filminde iki yöntem de kullanılır. Paralel kurgu ile filmde geçen dört dönem arasındaki soyut benzerlikler işlenirken, çapraz kurgu ile her bir dönem içerisinde eş zamanlı olarak meydana gelen aksiyonlar işlenir. Bkz.: Bordwell, Staiger, Thompson, The Classical Hollywood Cinema, s.48. Ancak Barsam ve Monahan ise paralel kurgu ve çapraz kurgu arasındaki farkı, farklı bir şekilde açıklarlar. Onlara göre paralel kurgu, aynı zamanda ancak farklı uzamlarda gerçekleşen olayların arka arkaya kurgusuyken, çapraz kurgu ise aynı zamanda ve genellikle aynı uzamda meydana gelen en az iki farklı aksiyonun arka arkaya kullanılmasıdır. Bkz. Barsam, Monahan, a.g.e., s.131. Bununla birlikte paralel kurgu ya da çapraz kurgu, kimi Türk yazarlar tarafından yazılan sinema kitaplarında ve yabancı kitapların Türkçe çevirilerinde "almaşık kurgu" olarak da kullanılmış ya da çevrilmiştir.*

864- Pramaggiore, Wallis, a.g.e., s.205.

ilgili tüm bilginin seyirciye aktarılmasını ve seyircinin de filmdeki her olayı bilmesini sağlayan üstün bir tekniktir.[865] Paralel kurgu, seyirciyi bir yerdeki aksiyondan, başka bir aksiyona taşıyarak seyirciye filmsel öyküyle ilgili nedensel, zamansal ya da uzamsal bilgiler verilmesini sağlar.[866]

Kuzuların Sessizliği (The Silence of the Lambs) filminde, gerilimi arttırmak ve seyirciyi şaşırtmak amacıyla paralel kurgu yöntemi etkili bir şekilde kullanılmıştır. Filmde detektif Jack Crawford liderliğindeki FBI ajanlarının, seri katil Buffalo Bill'e ait olduğunu düşündükleri eve yapılan baskın sekansı paralel kurgu yöntemiyle oluşturulmuştur. FBI ajanlarının evin etrafını sarması ve evin içerisinde Buffalo Bill ile esir aldığı kadın arasındaki konuşmalar arka arkaya verilir. Burada evin dışında ve içinde gelişen iki ayrı aksiyonun eş zamanlı oluşu barizdir. FBI ajanlarından biri kapı zilini çalar veBuffalo Bill bu ses zilini duyar.

Bu, seyirci üzerinde FBI ajanlarının Buffalo Bill'i yakalamak üzere olduğu beklentisini güçlendirir. FBI ajanları kapı ve pencereleri kırarak evi basarlar. Ancak yapılan kesme ile,Buffalo Bill'in evin kapısını açması gösterilir. Karşısından filmin ana karakteri olan genç ajan Clarice vardır. Clarice'e yapılan kesme ile hem seyirci, hem de detektif Jack Crawfordile diğer FBI ajanları, basılan evin Buffalo Bill'e ait olmadığını ve dolayısıyla yanlış adrese gelindiğini aynı anda öğrenirler.

Seyircinin şaşırtıldığı bu dramatik durum, tümüyle paralel kurgu yöntemi aracılığıyla oluşturulur. Gunning'e göre sinemasal anlatım, kurgu aracılığıyla uzamı hem bölüp, hem de birleştirerek bir aksiyonu olduğu gibi iletmek yerine ona müdahale eder. Paralel kurgu, seyircinin beklentilerinin gerçek-

865- Bordwell, Thompson, Film Sanatı, s.248.
866- A.e.

leşmesini geciktirerek anlatıya merak ve heyecan uyandırıcı bir özellik katar.[867]

Kuzuların Sessizliği filminde farklı uzamlarda ve eş zamanlı olarak gelişen iki aksiyon paralel olarak kurgulanmıştır. Ancak çok daha fazla aksiyonun paralel kurgu ile seyirciye iletilmesi mümkündür. Örneğin *Baba (The Godfather)* filminin sinema tarihine geçmiş ünlü vaftiz sekansı buna örnektir. Vaftiz eylemi ile beş ayrı mafya patronunun infaz eylemleri paralel olarak kurgulanmıştır. Burada paralel kurgu ile yapılmak istenen vurgu, vaftizin ve infaz eylemlerinin aynı zamanda ya da birbirlerine yakın zamanlarda gerçekleştiğidir. Bununla birlikte, burada paralel kurgunun sağladığı iki anlamsal etki daha vardır. Birincisi, filmin ana karakteri Michael'ın vaftiz eyleminde tanrıya bağlılığını deklare ettiği görüntülerle, dinsel olarak günah sayılan öldürme eylemlerinin görüntülerin paralel kurgulanmasıyla yaratılan ironidir. Gunning, iki kişi ya da iki durum arasındaki tematik karşıtlık üzerinden ahlaki yargıların ifade edilmesini "karşıtlık kurgusu" (contrast edit) olarak adlandırır.[868] Burada ironiyi güçlendiren diğer bir etken de, vaftiz eylemine ait olan ses kuşağının infaz eylemlerine ait görüntülerin altında devam etmesidir. Diğer anlamsal etki ise, aileye yeni bir üyenin törensel olarak katıldığı vaftiz eyleminden, yapılan infazlarla bir suç ailesinin güçlenişi ve bu ailenin yeni liderinin artık Michael olduğu gerçeğine yapılan göndermedir.

Montaj sekans

Klasik devamlılık kurgusunda öykü zamanını kısaltmak için kullanılan diğer bir yöntem ise montaj sekanstır.Montaj

---

867- Gunning, D.W. Griffith and the Origins of American Narrative Film, s.77.
868- A.e.

sekans, herhangi bir devamlılık taşımayan, genelde müzik eşliğinde kısa ve çarpıcı çekimlerin bir araya getirilmesiyle bir fikrin anlatılması olarak tanımlanabilir. Genellikle film içinde bir yerden bir yere olan yolculuğu, önemli bir etkinliğin hazırlık sürecini, geçen uzun yılları ya da saatleri (gerçek zamanda çok uzun bir sürede gerçekleşecek belirli durumları) sinemada kısa bir zamanda özetleyerek anlatabilmek için kullanılır. Örneğin, John Avildsen'in yönetmenliğini yaptığı 1976 yapımı *Rocky* filminde, ana karakterin finale doğru güçlü bir rakiple yapacağı boks müsabakasına hazırlanma süreci montaj sekans yöntemiyle oluşturulmuştur. Ana karakterin film öyküsünde haftalarca sürecek olan antrenmanlarla güç ve dayanıklılık kazanıp müsabakaya hazır hale gelmesi, sadece 2 dakika 44 saniye süren ve bir şarkının eşlik ettiği montaj sekansla özetlenir.[869]

Filmin olağan akışı içerisinde, belirli bir anda müzik başlar ve kısa, aralarında zamansal ve uzamsal devamlılık bağlantısı olmayan antrenman görüntülerinin bir kaç dakika arka arkaya sunumundan sonra, seyirciye filmin başkarakterinin büyük müsabakaya artık hazır olduğu iletilir. Montaj Sekans denildiğinde akla gelen diğer ünlü bir örnek ise, *Yurttaş Kane* filminde başkarakterin ilk evliliğinin çöküş sürecinin yaklaşık olarak 2 dakikada ve 33 çekimle (geçiş çekimleri dahil) özetlendiği sekanstır. Reisz, çekim-çekim çözümlemesini yaptığı bu montaj sekansın, konvansiyonel kullanımlardan farklı olduğunu vurgular.[870] Bu montaj sekans, hepsi bir kahvaltı masasında geçen ve müziğin eşlik ettiği diyaloglu kısa sahnelerden oluşur. Bu sahnelere zincirlemeyle bağlanan ve bir takım pencerelerin üzerinden hızlı bir pan hareketiyle geçen çekimler, söz konusu kısa sahneleri birbirine ekleyerek montaj

---

869- Lewis, a.g.e., s.127.
870- Reisz, Millar, a.g.e., s.89.

sekansı meydana getirir. Reisz'e göre bu şekilde birbirine eklenen bu kısa sahneler, bir çerçeve şablonu oluşturur ve birlikte kendi içinde bütünlüklü olan bir sekansı meydana getirir. Her bir kısa sahnenin kendi başlarına çok az önemi vardır. Sekansın dramatik açıdan önemi, seyirciye iki karakterin bu kısa sahneler boyunca aşama aşama tutkulu bir aşktan, düşmanlığa doğru evrilen ilişkilerini özetleyerek sunmasıdır.[871] Reisz, modern montaj sekansın kökenini erken dönem Sovyet montaj denemelerine kadar dayandığını ve zaman içerisinde aşamalı olarak gelişerek günümüzdeki biçimine ulaştığını vurgular. Ancak, Sovyet montajı ile günümüzde kullanılan montaj sekanslar arasındaki benzerlik, ikisinde de kısa ve birbirleriyle bağlantısı olmayan çekimlerin kullanılmasıyla sınırlıdır. Reisz'ın tanımlamasıyla modern montaj sekans, en genel kullanımıyla öykü için gerekli olan, ancak bütünüyle gösterilmesi çok uzun ve zahmetli olabilecek, bununla birlikte çok az duygusal öneme sahip bir dizi olayın kolay bir şekilde sunulma yöntemidir.[872]

Bordwell'e göre montaj sekans tekniği tipik olarak, büyük miktarda bir zaman dilimini ya da uzamı sıkıştırır, geniş çaplı bir olayı özetler ya da bir sürecin temsil edici anlarını seçer.[873] Montaj sekansın klişe örnekleri arasında, uçuşan takvim yaprakları, bir dedektifin görgü tanığı aramasının kısa görüntüleri, bir şarkıcının çeşitli performans görüntüleriyle yükselen şöhreti, tatil beldesi magnetlerinin mutfak duvarında hızlıca birikmesi ya da hızlı bir şekilde hareket eden gazete başlıkları yer alır. Basit montaj sekans örneklerine 1910'lu yıllarda ve 1920'li yılların sonlarında yapılan Hollywood filmlerinde rastlanır. 1927'ye gelindiğinde ise montaj sekansların kullanımı

871- A.e.
872- A.e., s.87.
873- Bordwell, Staiger, Thompson, The Classical Hollywood Cinema, s.44.

yaygınlaşmıştır. Günümüz sinemasında da farklı biçimlerde kullanılmaya devam edilmektedir.[874]

Montaj sekans, düz yazı anlatısındaki uylaşımları sinemaya taşır. Bordwell, Jean-Paul Sartre'ın, *Yurttaş Kane* filmindeki montaj sekansları, düz yazı anlatısındaki "tekrarlamalı yüklemlere" örnek gösterdiğini aktarır.[875] Kane'in ikinci eşini ünlü bir şarkıcı yaptırmaya çalıştığı montaj sekans, "karısına Amerika'nın bütün konser salonlarında şarkı söyletti" cümlesinin sinemasal karşılığıdır. Bununla birlikte montaj sekans devamlılığı hedefler, çekimleri diegetik olmayan müzikle birlikte sunar. Ancak yine de montaj sekans, Bordwell'e göre anlatısal varlığın büyük ölçüde öne çıkmasına yol açar: Aşırı yakın planlar, eğik açılar, siluetler, hızlı panlar ve diğer göze çarpan teknikler kullanıldığından, düz ve basit bir sahneden farklılaşır. Bir anda ekranda hızlıca dönerek giren gazete başlıklarının, onları okuyabilmemiz için durduklarında ya da takvim yaprakları ekranda hızlıca döküldüklerinde, burada Bordwell'e göre seyirciye normal anlatısal zaman ve uzamdan özgür olan bir güç hitap eder. Titiz bir şekilde düzenlenen montaj sekans, temelde hikayeyi ilerleten ve çok bariz olan bir tekniktir. Borwell'e göre montaj sekans, klasik anlatı sinemasının "en çok kabul görmüş retorik süsüdür."[876]

Plan Sekans

Sinemada kimi sahne ya da sekanslar, aksiyonun zaman ve uzam bütünlüğünü bozmadan kesintisiz tek bir uzun çekimle verilir. Bir aksiyonu başından sonuna kadar vererek bir sahne ya da sekansı oluşturan tek ve uzun çekimlere "plan sekans"

874- A.e.
875- A.e.
876- A.e.

denir. Plan sekans, kesintisiz tek bir çekimin filmde bir sekans işlevi görmesidir.[877] Plan sekanslar, öykü zamanı ile olay örgüsü zamanının eşit olmasını sağlar. Andrew'a göre, sinemada belirli olayların doğası, onların "...plan sekansa dayanan bir sinemasal biçimle..." aktarılmalarını gerektirir.[878] Mercado'ya göre ise plan sekans, içerdiği aksiyonun önemini ve çekimdeki unsurlar arasındaki zamansal ve uzamsal ilişkilerin ifade edebilmesini sağlayan güçlü bir anlatısal araçtır. Bu nedenle sıklıkla, bir filmin geri kalanının anlaşılabilmesi için gerekli olan ve kritik öneme sahip bir dizi olayı sergilemek için kullanılırlar.[879] Sikov, çeşitli enformasyon parçalarının tek bir çekim içerisinde düzenlenip sıralandığı plan sekanları, bir nevi "çekim içerisinde kurgu" olarak nitelendirir.[880]

Plan sekanslar, çoğunlukla hareketli çekimlerden oluşur. Vinç çekimleri, kaydırma çekimleri, zum çekimleri veya karakterleri yada objeleri takip etmek için kameranın elde ya da steadicam gibi araçlarla taşındığı çekimlerin kullanıldığı plan sekanslarda çekim ölçekleri çok yakın çekimden, uzak çekime kadar çeşitlilik gösterebilir.[881] Plan sekanslar genellikle bir dakikadan, bir saate varabilen çekim uzunluklarına sahip olduğundan, gerçek zamanı, uzamı ve oyuncuların performanslarını koruyarak, sahneye gerçeklik, gerilim ve dramatik vurgu yüklerler. Ancak bu gerçek zamanlılık özelliği, Mercado'ya göre direkt olarak "gerçekçiliği" çağrıştırmaz. Çünkü bu çekimlerin çoğunlukla yönetmen tarafından bir virtüöz gibi stilistik bir şekilde oluşturulduğu seyirci açısından aşikardır.[882]

877- Jacques Aumont, v.d., Aesthetics of Film, Çev. Richard Neupert, Austin, University of Texas Press, 1992, s.42.
878- Andrew, Büyük Sinema Kuramları, s.265.
879- Gustavo Mercado, The Filmmaker's Eye: Learning (and Breaking) the Rules of Cinematic Composition, Massachusetts, Focal Press, 2011, s.173.
880- Sikov, a.g.e.,s.48.
881- Mercado, a.g.e., s.173.
882- A.e.

Sinema tarihinin en ünlü plan sekans örneklerinden birisi ise Orson Welles'in ülkemizde *Bitmeyen Balayı* adıyla çevrilmiş olan 1958 yapımı *Touch of Evil* filminin açılışında kullanılan ve toplam 3 dakika ve 20 saniye süren plan sekanstır. Kameranın bir kamyonetin arkasına konulan vinçe yerleştirilmesiyle elde edilen bu plan sekans, yakın çekimde bir saatli bomba görüntüsü ile başlar. Yükselme, alçalma, yakınlaşma, uzaklaşma ve takip etme gibi çeşitli kamera hareketleriyle, bombanın bir otomobilinin bagajına yerleştirilmesi ve sonrasında patlamasına kadar olan gelişmeleri çeşitli açı ve ölçeklerde kesintisiz olarak verir. Mercado'ya göre, bir dizi olayı şaşırtıcı ve kusursuz bir şekilde yaklaşık üç dakika uzunluğundaki kesintisiz tek bir çekimle içeren bu plan sekans, çekimin başında saatli bombanın kurulmasıyla oluşturulan gerilimi giderek arttırır ve aksiyonun açılımının gerçek zamanlı olmasını sağlar.[883]

Geriye Dönüş (Flashback) ve
İleriye Atlayış (Flashforward)

Sinemada, çeşitli dramatik amaçlar açısından film öyküsünün "şimdiki zamanından" geriye ya da ileriye sıçramalar yapmak mümkündür. Film öyküleri, her zaman olayların kronolojik olarak meydana geliş sırasına göre anlatılmazlar. "Geriye dönüş" (flashback) ve "ileriye atlayış" (flashforward) teknikleri, sinemasal zamanı manipüle etmenin diğer yöntemlerinden bazılarıdır.[884] Münsterberg'e göre bu yöntemler, insan zihninin doğrusal olmayan doğasını temsil ederler.[885] "Geriye dönüş", seyirciyi filmde kurulmuş olan şimdiki zaman çerçevesinden geriye götüren bir çekim, sahne ya da sekanstır.[886]

883- A.e.
884- Sikov, a.g.e.,s.140.
885- Butler, a.g.e., s.14.
886- Sikov, a.g.e.,s.140.

Kracauer'e göre, seyircinin perdede gördükleri kaçınılmaz olarak "şu anda" olanlara karşılık gelir. Sinemada geçmişi ifade etmenin tek yolu ise geriye dönüştür.[887] Geriye dönüş, edebiyatta olduğu gibi sinemada da karakterin o andaki yaşamından daha öncesine gidip, geçmişte yaşanan bir periyodu anlatmak için kullanılan bir araçtır.[888] Burch'un da vurguladığı üzere, sinemada zamanı geriye almanın olağan bir biçimi olan geriye dönüşler, eksilti kurgusunda da olduğu gibi bir kaç saniyeden, yüzlerce yıla kadar geriye doğru zamansal atlamayı gerçekleştirebilir.[889] Seyirci, sinemada yaygın bir kullanımı olan geriye dönüşlerin işlevini içgüdüsel olarak kabul eder.[890] Bordwell'e göre, seyirci geriye dönüş sekanslarını tanır çünkü sinemada, edebiyatta, tiyatroda ya da çizgi romanda olayların kronolojik sıralarının değiştirebileceğini bilir.[891] Ancak yine de sinemada geriye dönüş sekanslarının başlama ve bitişlerini işaret eden görsel ve işitsel kodlar kullanılır. Geriye dönüşlere çoğunlukla, bir karakterin yüzünden yapılan kararma- açılma ya da zincirleme gibi geçme efektleriyle geçildiğinde, seyirci o karakterin geçmişine götürüldüğünü bilir.[892]

Geriye dönüşün tam tersi bir etkiyi yaratan "İleriye atlayış" (flashforward) ise, seyirciyi filmde kurulmuş olan şimdiki zaman çerçevesinden ileriye (geleceğe) götüren bir çekim, sahne ya da sekanstır.[893] Lewis'e göre, geriye dönüşler düşünme ve hatırlama gibi olağan aktiviteleri yansıtırken, "İleriye atlayış" (flashforward) ise, doğa üstü öngörüleri aktarır. Sinemada geriye dönüşlere göre çok daha nadiren kullanılan

---

887- Kracauer,Theory of Film: The Redeption of Physical Reality, s.234
888- Hayward, a.g.e., s.169.
889- Burch, Theory of Film Practice, s.8.
890- Lewis, a.g.e., s.24.
891- Bordwell, The Way Hollywood Tells It, s.15.
892- Hayward, a.g.e., s.170.
893- Sikov, a.g.e.,s.140.

ileriye atlayışlarda, çoğunlukla anlatının mantıksal akışı çok kısa bir an için kesilir.[894] Örneğin, Dennis Hopper'ın 1969 yapımı *Easy Rider* filminde karakterlerin bir geneleve gittikleri sahnede, karakterlerden biri hayat kadınını beklerken duvarda şu yazıyı görür: "*Ölüm sadece bir insanın şanını sonlandırır ve onun iyi ya da kötü olduğunu belirler*". Daha sonra havadan yapılmış uzak bir çekimde, otoban kenarında yanan bir nesnenin yaklaşık bir saniye süren çok kısa görüntüsüne kesme yapılır ve sonrasında yine karakterin yakın plan görüntüsü gösterilir. Araya girilen görüntüdeki yanan nesnenin aynı karakterin motosikleti olduğu filmin finalinde anlaşılır. Cobley'e göre ileriye atlayışların en ilginç yönü, bu yöntemin genellikle olayların sunumundan daha çok karakterlerin psikolojilerini yansıtmasıdır.[895]

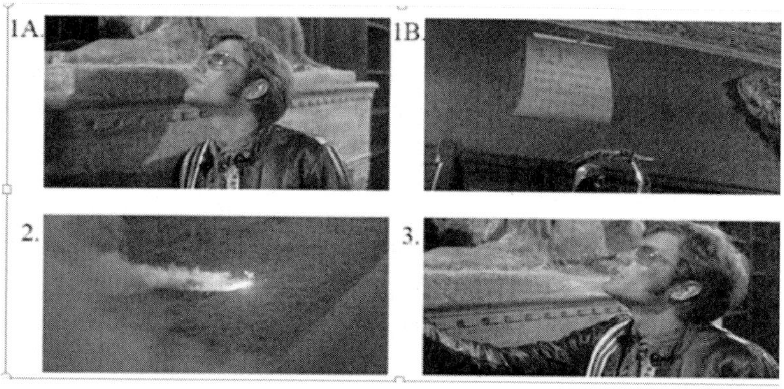

Şekil 2.23: *Easy Rider Filminde İleriye Atlayış (Flashforward) Örneği.*
Kaynak: *Dennis Hopper (Yönetmen), Easy Rider [Film], ABD: Pando Company Inc., 1969.*

894- *Lewis, a.g.e., s.24.*
895- *Paul Cobley, Narrative, 2.bs.,Oxon, Routledge, 2014, s.145.*

İleriye atlayışların aşırı denebilecek derece kullanıldığı bir örnek ise, Christopher Nolan'ın sahneleri sondan başa doğru düzenlendiği *Akıl Defteri (Memento)* filmidir. Caldwell'e göre, bu filmdeki her bir sahne etkili bir ileriye atlayıştır, çünkü her bir sahnede gösterilen olay bir önceki sahnede gerçekleşen olaydan hemen önce meydana gelmiştir.[896] Bu filmde anlatı, geriye doğru açımlanır. Film, öykünün sonu ile başlayıp, öykünün başı ile biter. Bu anlatım tarzı, filmin ana karakterinin hafıza problemi olmasından dolayı filmin yapısına uygundur.[897]

Yavaş Çekim ve Hızlı Çekim

Sinemada, gerçek zamanı manipüle ederek sinemasal zamanı oluşturmak için kullanılan yöntemlerden bir diğeri ise, kameranın çekim hızına müdahale edilerek elde edilen "yavaş çekim" (slow motion) ve "hızlı çekim" (fast motion) efektleridir. Kamera, gerçek zamanlı bir görüntü hızı elde edebilmek için genellikle saniyede 24 kare kaydeden bir hızla çalışır.* Çekilen görüntüler, aynı hızla (saniyede 24 kare) perdede gösterildiğinde, insanların ve objelerin hareket hızları gerçek zamanlı olarak belirir. Kameranın çekim hızı yükseltilip, örneğin saniyede 100 kare çekip, bu çekimi saniyede 24 karelik normal gösterim hızıyla oynattığımızda insanların ve objelerin hareketleri yavaşlamış olarak belirir ve zaman genişletilmiş olur. Bu teknik "yavaş çekim" (slow motion) olarak adlandırılır. Eğer kameranın çekim hızını normalin altına düşürüp,

---

896- *Thomas Caldwell, Film Analysis Handbook: Essential Guide to Understanding, Analysing and Writing on Film, 2.bs., Victoria, Insight Publications, 2010,s.100.*

897- *A.e.*

* *Televizyon için yapılan çekimlerde 25 kare ya da 30 kare gibi çekim formatları da mevcuttur.*

söz gelimi saniyede 10 kare çekim yapıp, bunu saniyede 24 karelik normal gösterim hızıyla oynattığımızda, insanların ve objelerin hareketleri hızlanır ve zaman sıkıştırılmış olur. Bu teknik ise "hızlı çekim" (fast motion) olarak adlandırılır. Bu efektler kameranın çekim hızının değiştirilmesiyle elde edilebileceği gibi, son yıllarda dijital video teknolojilerinin sağladığı olanaklarla normal hızda çekilmiş olan görüntülere de kurgu aşamasında "yavaş çekim" (slow motion) ve "hızlı çekim" (fast motion) efektleri verilerek istenen etki yaratılabilir.

Boggs ve Petrie'ye göre yavaş çekim yönteminin en genel kullanım amacı, seyircinin nispeten kısa olan bir aksiyona konsantre olmasını sağlamak ve bu zaman parçasının genişletilerek, yaratılmak istenen duyguyu yoğunlaştırmaktır.[898] Martin Scorsese, *Kızgın Boğa (Raging Bull)* filminde yavaş çekim tekniğini, filmin açılış jeneriğinden başlayarak tüm film boyunca yoğun bir şekilde kullanır. Scorsese, hem filmin ana karakteri olan boksör Jake LaMotta'nın, hem de rakiplerinin müsabakalarda yüzlerine aldıkları darbelerin şiddetini etkili bir şekilde verebilmek için, bunları normal hızda çekimlerle göstermek yerine, yavaş çekim tekniğini kullanmıştır. Scorsese ayrıca, paranoyaklık derecesinde kıskanç olan LaMotta karakterinin bu özelliğini vurgulamak için, LaMotta'nın karısının diğer erkeklerle olan karşılaşma ve konuşma görüntüleri ile LaMotta'nın bunlara tepki çekimlerini yavaş çekimde gerçekleştirmiştir. Bu sahnelerde görüntüler yavaş çekimle verilirken, ses kuşağı gerçek zamanlı olarak devam etmiştir. Barsam ve Monahan'a göre Scorsese, filmlerinde karakterlerin bir şeye veya başka birisine karşı olan farkındalık ve hassasiyetlerini güçlendirmek için yavaş çekim yöntemini sıklıkla kullanır.[899]

898- Joseph M. Boggs, Dennis W. Petrie, The Art of Watching Films, 7.bs., New York, McGraw-Hill, 2008, s.210.
899- Barsam, Monahan, a.g.e., s.257.

Hızlı çekimler ise, genellikle komik bir etki yaratmak ya da bir olayın zamanını sıkıştırmak amacıyla kullanılırlar. Örneğin Stanley Kubrick, *Otomatik Portakal" (A Clockwork Orange)* filminde, Alex karakterinin odasında iki kadınla seviştiği sahneyi komik bir etki yaratmak için hızlı çekim tekniğiyle gerçekleştirmiştir. Hızlı çekim tekniğinin aşırı bir biçimi ise "hızlandırılmış fotoğraf" (time-lapse photography) tekniğidir. Bu teknikte her bir film karesi belirli aralıklarla - örneğin 30 dakika ya da daha fazla- kaydedilir. Bir çiçeğin açması ya da bir yapının inşası gibi gerçek zamanda saatler ya da günlerce sürebilecek bir olay, bu teknik sayesinde bir kaç saniyede aşırı hızlı bir şekilde gösterilebilir.[900]

Kurguda Ritim ve Tempo

Kurgu, diğer unsurların yanında bir çekimin süresinin, dolayısıyla seyircinin o çekimde var olan enformasyonu özümseme süresinin kontrol edilebilmesini sağlar.[901] Bu kontrol, filmin bilinçli bir şekilde oluşturulan belirli bir ritme sahip olmasına yol açar. Kurguda sahnedeki çekimlerin sürelerini çeşitlendirerek bir filmin ritmi ve dolayısıyla temposu ve vurgusu kontrol edilebilir.[902] Genel olarak, sinema literatüründe "ritim" ve "tempo" kavramları arasında bir karmaşa göze çarpmaktadır. Pearlman'a göre çoğu kez "tempo" (pace) ve ayrıca "zamanlama" (timing) kavramları sıklıkla "ritim" kavramıyla karıştırılır ya da bu kavramın yerine kullanılır.[903] "Ritim" ve "tempo" kavramları Türkçede de genellikle aynı anlamda kullanıldıklarından, öncelikle bu kavramlara bir açık-

900- Boggs, Petrie, a.g.e., s.157.

901- Barsam, Monahan, a.g.e., s.331.

902- A.e.

903- Karen Pearlman,Cutting Rhythms: Shaping the Film Edit, Massachusetts, Focal Press, 2009, s.43.

lık getirmek faydalı olacaktır. "Cutting Rhythms: Shaping the Film Edit" isimli kitabıyla, sinemada ritim konusunda kapsamlı bir çalışma yapmış olan Karen Pearlman'a göre sinemada ritim, "gerilim ve rahatlama döngüsü yaratmak amacıyla zamanın, hareketin ve enerjinin zamanlama ve tempo ile şekillenmesidir."[904] Pearlman'a göre "zamanlama" ve "tempo", kurguda ritmi yaratmak için kullanılan araçlardır.[905] Zamanlama, kurguda kesmelerin ne zaman meydana geleceğini belirlerken ortaya çıkan ritmin bir özelliğidir. Pearlman'a göre kurguda ritim konusu ele alınırken, zamanlamanın üç yönü göz önünde bulundurulmalıdır. Bunlar, kesme yapılacak karenin belirlenmesi, çekim süresinin belirlenmesi ve çekimin nereye yerleştirileceğinin belirlenmesidir.[906] Tempo ise, Pearlman'a göre tek bir çekimin içerisinde ve ayrıca kurgulanmış bir dizi çekim boyunca meydana gelen "hareketin" sıklığı ve miktarı ile yaratılan "hareket deneyimidir." Ritmi şekillendiren bir araç olan tempo, filmin ortaya çıkacak olan hızını belirler. Tempo, seyircinin "hızlı" ve "yavaş" algısını şekillendirmek amacıyla kurguda hızın manipüle edilmesidir. "Tempo" kavramı, "zamanlama" kavramında olduğu gibi üç işleme karşılık gelir. Bunlar, kesmelerin meydana gelme sıklığı, hareketin sıklığı ya da çekim ya da sekans içindeki değişimi, ve hareketin ya da olayların bütün bir film boyunca oluşma sıklığıdır.[907]

Bir filmin ritmi oluşturulurken çerçevedeki insanların ve objelerin hareketleri, kameranın hareketi, kullanılan müzik, diyaloğun temposu ve olay örgüsünün kendi temposu gibi pek çok faktör birlikte ya da ayrı ayrı işlev görürler. Tüm bu faktörler, filmin bütününe yansıyan kendine özgü bir ritmi oluşturur. Ancak bu, ham malzemenin doğasından filme yan-

---

904- Pearlman, a.g.e., s.xviii.
905- A.e., s.43.
906- A.e., s.44.
907- A.e., s.47.

sıyan doğal bir ritimdir. Bu doğal ritim ayrıca, kurguda kesmelerin sıklığı ve kesmeler arasındaki çekimlerin sürelerinin çeşitlendirilmesiyle de şekillenir. Boggs ve Petrie'ye göre kesmelerle oluşturulan ritim farklıdır, çünkü kesmeler devamlılık ve akışı bozmadan filmi belirli sayıda parçalara ayırırlar. Kurgu, bir filme dışsal olarak kontrol edilebilen ritmik kalite sağlar.[908] Pek çok filmde tempoda çeşitliliği sağlamak için uzun ve kısa çekimler bir arada kullanılırlar. Aksiyon sahneleri, heyecan duygusunu oluşturmak için çok kısa süreli çekimleri kullanmaya meyilliyken, aynı filmdeki romantik sahneler ise daha uzun süreli çekimlerle oluşturularak daha yavaş bir tempo sağlanır.[909] Günümüz filmlerinde ortalama çekim uzunluğu, eski dönem filmlerine göre çok daha kısadır. Pramaggiore ve Wallis' e göre, örneğin *Hızlı ve Öfkeli (The Fast and the Furious-* 2001*)* gibi modern aksiyon filmlerinin çok hızlı tempolu kurgusu ile, *Casablanca* (1943) filminin temposu arasındaki fark çok barizdir.[910]

Pearlman'a göre tempo, sadece kesmelerin hangi sıklıkta yapılmasıyla ilgili değildir. Bununla birlikte tempo ayrıca, hareketin meydana gelişi ya da değişiminin sıklığı ile de ilgilidir. Pearlman'ın verdiği örnekte, 5 saniye süresi olan bir çekimde şu hareketler meydana gelir:

- Kapı açılır
- Vazo düşer
- Aşçı çığlık atar
- Hırsız kaçar

908- Boggs, Petrie, a.g.e., s.201.
909- Pramaggiore, Wallis, a.g.e., s.196.
910- A.e., s.196.

Bu çekime yapılan kesmeyle geçilen ve ilk çekimle yine aynı sürede (5 saniye) olan ikinci çekimde ise şunlar meydana gelir:

- Hırsız köşeye sıkıştırılır
- Hırsız, polisi tekmeler
- Köpek, hırsızı ısırır ve hırsız duvarın üzerinden atlar

Pearlman'a göre, 10 saniyelik bu sekans tek bir kesme içermesine rağmen yüksek bir tempoya sahipmiş gibi görülür. Eğer kurguda bütün bu hareketler 10 saniyelik tek bir çekim yerine, ayrı ayrı çekimlerle gösterilecek olsaydı, her üç saniyede bir kesme yapmak gerekecekti ve dolayısıyla sekansın süresi "24 saniyeye" uzayacaktı. Burada, yapılan kesme sayısının artmasına rağmen bunun sekansın bütününe olan etkisi, temponun yavaşlamasıdır.[911] Reisz'e göre ise sinemada temponun çeşitliliği, seyircinin perdede gördüğü şeye olan ilgisini canlandırdığı ya da söndürdüğü için önemlidir. Ancak, kurguda görüntülerin daha hızlı bir şekilde arkaya arkaya gelmesini sağlayarak mekanik olarak yaratılan tempoyla, anlatılmak istenen öykünün kendi doğasında var olan tempo arasında ayırım yapmak gerekir. Bir sekans, Reisz'e göre ikinci sınıf western filmlerinin sonlarındaki takip sekanslarında olduğu gibi, hızlı bir ritme sahip olup sıkıcı olabilir, ya da bazı ünlü Hitchcock filmlerinde olduğu gibi yavaş bir ritimle seyircide gerilim yaratabilir.[912]

Kurguda tempoyu belirlemenin en bariz yolu, çekimlerin sürelerini kontrol etmektir. Uzun süreli çekimler bir sahnenin temposunu yavaşlatırken, kısa süreli çekimler tempoyu hızlandırır ve yoğunlaştırır.[913] Kurguda kesmelerle yaratılan ritim

---

911- Pearlman, a.g.e., s.48.
912- Reisz, Millar, a.g.e., s.201.
913- Pramaggiore, Wallis, a.g.e., s.196.

sinemanın doğal bir parçasıdır. Seyirci çoğunlukla bir sahne içerisindeki kesmelerin farkına varmazken, yaratılan tempoya bilinçsiz olarak uyum sağlar. Seyircinin duygusal durumu, çoğunlukla dikkatinin değişme sıklığına bağlıdır. Dolayısıyla yavaş kesmeler sakinliği, hızlı kesmeler ise heyecanı sağlar.[914] Reisz'e göre de, hızlı ve heyecanlı bir aksiyon etkisi, genellikle bir sahneyi kısa süreli çekimlerden oluşturarak elde edilir: Öyküye olan ilgiyi güçlendirmek için, çekimlerin süreleri giderek artan bir şekilde kısaltılır ve buda yüksek heyecan etkisi yaratır .[915] Ancak, kesmeleri hızlandırırken söz konusu çekimlerin içeriği dikkate alınmalıdır. Çekimlerin içeriklerini değerlendirmeden, bunları sadece sürelerini göz önünde bulundurarak kısaltmaya kalmak anlamsızdır. Örneğin, dört saniyelik çekimlerden oluşan bir sahne, belirli koşullarda sekiz saniyelik çekimlerden oluşan bir sahneye göre daha yavaş bir ritme sahipmiş gibi görülebilir.[916] Pearlman'ın da yukarıda vurgulamış olduğu gibi az kesme oranına sahip filmler bile, çekimlerin içerdiği hareketin yoğunluğundan dolayı yüksek tempo duygusunu sağlarlar. Enerjili karakterlerin arasında dolaşan bir dizi hareketli kamera çekimlerinden oluşan bir filmin görsel ve duygusal olarak yüksek yoğunlukta hareketi içermesi, yüksek tempo duygusunu yaratır.[917] Orson Welles'in *Bitmeyen Balayı (Touch of Evil)* filminin açılışındaki plan sekans, hiçbir kesme içermemesine rağmen kameranın hareketli karakterlerin arasında sürekli dolaşması nedeniyle hızlı bir tempoya sahiptir. Aynı şekilde az sayıda kesmeden oluşan Hitchcock'un *İp (Rope)* filmi de kamera ve karakter hareketlerindeki değişim sıklığı oranının yüksek olmasından dolayı yüksek tempolu bir film olarak kabul edilir. Pearlman'a göre, hızlı diyaloglara ama

914- *Boggs, Petrie, a.g.e., s.201.*
915- *Reisz, Millar, a.g.e., s.201.*
916- *A.e., s.201-202.*
917- *Pearlman, a.g.e., s.50.*

çok az kesme sıklığına ve kamera hareketlerine sahip filmler bile, eğer karakterlerin yaşamlarında bir seri olay ya da değişim gerçekleşiyorsa yüksek tempolu olarak değerlendirilirler.[918]

Reisz'e göre, her bir çekim kendi hikayesini anlatır ve bu nedenle çekimler ayrı ayrı değerlendirilmelidir. Bir çekim, anlamını kısa bir süre içerisinde iletebilirken bu bazı çekimler için daha uzun sürer. Bu göz önünde bulundurulmadığında, sinemacı anlaşılmama tehlikesi ile karşı karşıya kalır. Bir sahnede ritmi hızlandırarak seyircinin ilgisinin çekilmesi amaçlansa bile, her bir çekim anlaşılabilecek uzunlukta tutulmalıdır.[919] Dancyger'e göre de, çoğunlukla bir çekimin içerdiği görsel enformasyon o çekimin süresini belirler.[920] Reisz'ın verdiği örnekte, eğer yönetmen sahnede bir mektup detayını göstermek isterse, bu çekim en az ortalama seyircinin mektubun içeriğini okuyabileceği uzunlukta tutulmalıdır. Çekimi bu süreden daha az tutmak, seyircinin enformasyonun bir kısmına ulaşmasına engel olmaya, daha uzun tutmak ise bir sonraki çekimi bekleyen seyircinin sıkılmasına yol açar. Bir katilin elinde tuttuğu tabancanın yakın çekim detay görüntüsü, sadece ve sadece katilin elinde tabanca olduğu bilgisini yansıtır ve bütün bu anlamı iletebilmek için Resisz'e göre birkaç saniye yeterlidir.[921]

Eğer bir çekimin içerdiği enformasyon yeniyse, seyircinin bu yeni olguyu tanıyabilmesi için bu çekimlerin daha uzun tutulması gerekecektir. Kameranın hareketli olduğu çekimler, seyircinin sürekli değişen görsel enformasyonu algılamasını sağlamak için, sabit çekimlere nazaran daha uzun tutulurlar. Dancyger'e göre, olay örgüsü için önemli olan bağlantı çekim-

---

918- A.e.
919- Reisz, Millar, a.g.e., s.202.
920- Dancyger, a.g.e., s.376.
921- Reisz, Millar, a.g.e., s.202.

leri de, bu önemlerinin vurgulanması için daha uzun sürelerde tutulurlar. Sabit çekimler ve tekrarlanan çekimlerin süreleri ise daha kısa tutulur. Çekimin içerdiği görsel enformasyon seyirciye bir kez verildiğinde, aynı içeriğin ikinci ve üçüncü gösterimlerinde, ilk çekimdekiyle eşit süreye sahip olmasına gerek yoktur.[922]

Sinemada çekimlerin uzunluklarını belirlemede etken olan diğer bir faktör ise çekim ölçekleridir. Genel ölçekli çekimler çok fazla enformasyon içerebildiğinden, seyircinin aksiyonu algılayabilmesi için görece daha uzun bırakılır. Yakın çekimler ise, içeriklerini daha çabuk iletip, daha hızlı anlaşılabilir olmalarından dolayı genellikle uzun çekimlere oranla daha kısa sürelerde tutulurlar. Ancak Reisz'e göre bunlar çok kesin olarak belirlenmiş kurallar değildir.[923]

Bütün bunlarla beraber, Reisz'ın önerisi her bir çekimin anlaşılır olabilmesi ve içerdiği bütün anlamı iletebilmesi için, belirli bir sürede tutulmasıdır. Bu süre, her bir durumda çekimin içeriği, ölçeği ve çekim içerisindeki hareketin miktarı ve bağlamı ile belirlenir. Ancak Reisz'e göre, bunlar bir çekimin sahip olması gereken "kesin sürenin" hesaplanabileceği anlamına gelmez. (Bu mümkün olsa bile, ayrıca Reisz'e göre böyle bir hesaplama yapılmamalıdır da.)

Reisz'ın üzerinde durduğu önemli nokta, bir sahnenin aşırı derecede yüksek bir tempoyla kurgulanması istendiğinde, her bir çekimin yukarıda sözü edilen belirli karakteristiklerinin dikkate alınması gerektiğidir.[924]

Dancyger'e göre de sinemada ritim, kişisel ve sezgisel bir meseledir. Bir film, düzensiz bir ritme sahip olduğunda seyirci bunu hisseder. Ancak filmin uygun bir ritmi olduğunda,

922- *Dancyger, a.g.e.*, s.376.
923- *Reisz, Millar, a.g.e.*, s.202.
924- *A.e.*

kurgu akıcı olarak görünür ve seyirci kendisini öyküye ve karakterlere kaptırır.[925]

Kurguda çekim sürelerini minimumda tutmak, hız duygusunu yaratmanın tek yolu değildir. Kesintisiz ve hızlı bir aksiyon etkisi oluşturulmak istendiğinde, çoğunlukla çekimlerin değişme sıklığını sabit tutmak yerine ritmi çeşitlendirmek daha doğru bir tercihtir. Eğer sahnenin bütünündeki ritim, doruk noktasındaki ritimle aynı olursa, sahnenin bu sabit temposu eninde sonunda tek düze olmaya başlar. Giderek yükselen bir ritim, süreleri çok kısa ama değişme sıklığı sabit olan çekimlerle kurulmuş bir sekansa göre çok daha fazla "hızlı aktivite" duygusunu çağrıştırır.[926] Dancyger' göre de temponun çeşitliliği, seyircinin filme karşı olan duygusal tepkisini yönlendirir.[927] Reisz'e göre, çekimlerin değişme sıklığının seyirci üzerindeki etkisi, ayrıca çekimlerin birleşmelerinin doğası ile de belirlenir. En hızlı kesmelerin kullanıldığı bölümler genellikle, farklı aksiyonların paralel olarak kurgulandığı sekanslardır. Burada seyirci, devamlılık şablonunu tanımaya başlar ve "kovalayan kişiden, kovalanan kişiye" yapılacak olan kesmeyi bekler. Her bir kesme, izleyicinin hemen kavrayacağı bir noktaya işaret eder ve böylece kesmelerin aşırı derecede hızlı olabilmesinin önü açılır.[928] Reisz'a göre, kurguda uygun bir ritmin sürdürülmesi sorunu sadece yukarıda belirtilenlerle sınırlı değildir. Bir sahnedeki kesme sıklığını kontrol etmenin yanı sıra, bir sahneden diğerine geçerken kullanılan geçiş yöntemi de - kesme, zincirleme ya da kararma-açılma - filmin ritmini etkileyecek olan unsurlara dahildir.[929] Sahnelerin kesmeyle birbirine eklendiği bir film, sahneler arasındaki geçişlerin "geç-

---

925- Dancyger, a.g.e., s.376.
926- Reisz, Millar, a.g.e., s.202.
927- Dancyger, a.g.e., s.373.
928- Reisz, Millar, a.g.e., s.203.
929- A.e.

melerle" (zincirleme, kararma-açılma, silinme vb.) gerçekleştirildiği filmlere göre daha yüksek bir tempoya sahiptir.

Alternatif Kurgu Biçimleri

Sinemada egemen bir biçim olan ve bir takım prensiplere dayanan klasik devamlılık kurgusunun temel amacı, seyircinin perdede görmüş olduğu kurmaca dünyaya kendini kaptırarak bir film seyretme eylemi içerisinde olduğunu unutmasını sağlamak ve gördüklerinin "gerçek" olduğuna inandırmaktır. Sikov'a göre seyircinin perdede gördüğü şey, film karakterleri arasındaki romantik bir ilişki de olsa, doğa üstü güçlere sahip bir kahraman ya da korkunç bir canavar da olsa, klasik biçim filmin süresi boyunca seyirce gördüklerinin gerçekliğine inandırmaya çalışır.[930] Klasik biçim, belirli kurgu prensiplerinin uygulayıp, kesmeleri yumuşatarak kendisine dikkat çekmekten kaçınır. Her bir sekansta zamansal ve uzamsal bütünlüğün korunarak, anlatının mantıksal ve pürüzsüz bir şekilde ilerlemesi ve böylece biçimin "görünmez" olması sağlanır.[931] Klasik biçimi bir tür kaçış sineması olarak değerlendiren Fairservice'e göre, klasik biçimin hakimiyeti ve etkisi çok geniş çaplı olmuştur. Amerikan Stüdyo sitemi tarafından kurumsallaştırılan ve evrensel olarak "anlaşılabilir" olan bu biçim, bir filmin içeriğinin çok yüksek sayıda seyirciye kolayca iletilebilmesini sağlar.[932]

Klasik devamlılık biçimi, Kolker'e göre dünya genelinde hep egemen olmuştur ve bu egemenliğini günümüzde de sürdürmektedir. Ancak çeşitli dönemlerde kimi sinemacılar bilinçli bir şekilde bu sisteme karşı tavır alıp, onun yapısal ve

---

930- *Sikov, a.g.e.,s.112-113.*
931- *A.e., s.114.*
932- *Fairservice, a.g.e., s.314.*

anlamsal kodlarını yeniden gözden geçirmişlerdir. Bu sinemacılar, kesintisiz uzun çekimleri, doğrusal olmayan ya da zaman dışı anlatıları ve de Hollywood'un klasik melodram ve şiddet öykülerinden farklılaşan konuları tercih etmişlerdir. Seyircinin dikkatini kullandıkları yöntemlere çekmiş, mizansenin sunduğu olanaklardan faydalanmış ve seyircinin, "biçimin içeriği yarattığının, biçim olmadan hikayelerin de var olamayacağının" farkına varmalarını istemişlerdir.[933] Kolker'e göre bu yönetmenler yaptıkları filmlerle, klasik devamlılık kurallarına karşı çıkmanın ve alternatif kurgu biçimlerini kullanmanın yollarını göstermişlerdir. Bu sinemacıların filmlerinde seyirci ile öykü arasına mesafe oluşturularak, seyircinin dikkatinin öykünün anlatılma biçimine yöneltilmesi amaçlanır.[934] Kolker, klasik devamlılık biçimine karşı alternatif arayışların, daha klasik biçimin kendini keşfetme sürecindeyken bile başlamış olduğunu vurgular.[935] Sinemada devamlılık kurgusunun hakimiyetine ilk önemli tepkiler, birinci bölümde kapsamlı olarak ele almış olduğumuz "montaj" kavramını geliştiren devrim sonrası Rus sinemacılarından gelmiştir. Vertov, klasik anlatı sinemasını "halkların afyonu" olarak değerlendirmiştir.[936] Fairservice göre klasik anlatı sinemasında karakterlerin motivasyonları, nadiren insanların yaşamlarını etkileyen ve davranışlarını belirleyen dışsal sosyal koşullarla bağlantılıdır.[937] Eisenstein ise her ne kadar filmlerinde tutarlı öyküler anlatmış olsa da, çekimler arasındaki devamlılıktan daha çok, her bir çekimin kendi içinde ve çekimler arasında var olan karşıtlık ve çatışmaya önem vermiştir. Eisenstein'a göre montaj, seyircinin birbiriyle ilgisi olmayan iki farklı çekim arasında

---

933- *Kolker, "The film Text and Film Form", s.19.*

934- *Robert Kolker, Film, Biçim ve Kültür, Çev. Fırat Ertınaz v.d., Ankara, Deki Yayınevi, 2009, s.128.*

935- *Kolker, Film, Biçim ve Kültür, s.128.*

936- *Vertov, a.g.e., s.85.*

937- *Fairservice, a.g.e., s.314.*

duygusal, entelektüel ve politik olarak bir bağlantı kurmasını sağlayan bir yöntemdir. Montaj, sermaye ve işçiler arasındaki çatışma gibi çeşitli güçler ve durumlar arasındaki karşıtlıkları görsel olarak ortaya koyarak, sosyal gerçekliğin Marksist bir çözümlemesinin yapılmasını sağlayan bir araçtır.[938] Bordwell ve Thompson'a göre devamlılık kurgusuna kasıtlı olarak karşı çıkan Eisenstein, filmlerinin kurgusunu çekimler arasında ve sekanslar arasında mümkün olan en yüksek çatışmayı elde edecek şekilde gerçekleştirmiştir. Seyircinin filmi anlama sürecinde aktif olarak katılımını amaçlayan Eisensten'a göre, bunun sağlanabilmesi için seyircinin bu çatışmalardan bir sentez çıkarmaya zorlanması gerekir.[939]

Sinemada klasik biçime karşı alternatif anlatı biçimleri arayışı, Sovyet sinemasından sonra İtalyan Yeni Gerçekçi akımıyla da devam eder ve Fairsevice'e göre Fransız Yeni Dalga sinemasında - özellikle Godard'ın çalışmalarında-zirveye ulaşır.[940] Bernardo Bertolucci, Pier Paolo Pasolini, Wim Wenders ve Rainer Werner Fassbinder gibi Avrupalı yönetmelerle, Martin Scorsese, Arthur Penn ve Robert Altman gibi Amerikalı yönetmenler Godard'ın klasik anlatı biçimini reddediş tarzından yoğun bir şekilde eklenmiştir. Bu yönetmenler de, sinemasal biçimin esnek olmayan, belirlenmiş ve kalıplaşmış olarak ele alınmasını reddedecek olan yeni kuşak yönetmenleri etkilemişlerdir. Fairsevice'e göre bu yeni kuşak yönetmenler arasında en dikkat çeken isim olan Quentin Tarantino, içerik ve biçimi sinemanın "gözlemlenebilir bir yapıntı" olarak ele alınmasında ısrar edecek şekilde birleştirmesiyle, çok açık bir şekilde Godard'ın etkisinde kaldığını itiraf eder. Tarantino'nun *Ucuz Roman* filmi, Fairsevice'e göre, Godard'ın ünlü *"bir filmin*

938- Nichols, Engaging Cinema, s.137.
939- Bordwell, Thompson, Film Sanatı, s.262.
940- Fairservice, a.g.e., s.315.

başı, ortası ve sonu olmalıdır ancak bunlar belirtilen bu sıra ile olmak zorunda değildir" sözünün mükemmel bir örneğidir.[941]

Kendisini görünmez kılan klasik biçime karşı duran modernist sinemacılar, klasik devamlılık prensiplerini kasıtlı olarak ihlal ederek biçimin "görünür" olmasını amaçlarlar. Oluk'a göre modernist sinemacılar filmin yapaylığını vurgulayıp, seyircinin tepkilerinin birileri tarafından yönlendirildiği gerçeğini açığa çıkarırlar ve bunu yaparak seyircinin film seyretme alışkanlıklarını sorgulamasını sağlamayı amaçlarlar.[942] Oluk, klasik devamlık kurgusuna karşı geliştirilen alternatif yaklaşımların kökeninde, Alman şair, tiyatro yazarı ve yönetmeni olan Bertolt Brecht'in özdeşleşme ve katarsise dayalı olan klasik dram sanatına alternatif olarak geliştirdiği "yabancılaştırma" kavramına dayalı bir estetik anlayışın yattığını vurgular.[943] Brecht'e göre sanat yapıtı, biçimini ve kendisinin bir yapıntı olduğu gerçeğini gizlememelidir. Biçimin görünmez kılınması seyirciyi aptallaştırır ve seyirci aptallaştıkça ondan daha fazla yararlanılır. Eğer biçim gizlenmez ve "görünür" kılınırsa, seyirci biçimin ve ideolojinin ne şekilde işlediğini daha iyi anlar ve böylece sanat yapıtı seyircinin kültürdeki daha büyük güç ve iktidar ilişkilerini görmesini ve anlamasını sağlayacak bir araç haline dönüşür.[944]

Fairservice'e göre sinema tarihi, filmlerin biçim ve içeriklerinin Hollywood'un yaygın ve egemen tarzına boyun eğmek zorunda olmadıklarını ve bunun dışında da çoğunlukla kışkırtıcı olan ve kendini gizlemeyen alternatif sinemasal yöntemlerin kullanılarak öyküleri ve fikirleri seyirciye aktarmanın uygulanabilir, ilginç ve meydan okuyucu yolları olduğunu

---

941- A.e.

942- Oluk, a.g.e., s.151.

943- A.e., s.152.

944- Robert Kolker, Film, Form, and Culture, New York, McGraw-Hill Companies, 1999, s.138., Akt.: Oluk, a.g.e., s.152.

göstermiştir.[945] Genellikle "sanat filmi" olarak nitelenen bu tarz filmler, anlamın üretimi için seyircinin aktif zihinsel katılımını gerekli kılarlar. Bu da seyirciye, özdeşleşme ve gerilimi merkeze alan klasik anlatının ötesinde, daha farklı ve zengin bir haz ve anlamlandırma olanağı sağlayabilir. Ancak Fairservice'e göre bu, bir takım zorlukları da beraberinde getirebilir. Objektif olmak adına seyirci ile arasına mesafe koyan ve klasik biçimle ilişkilendirilen hazların tümüyle reddeden bir sinema anlayışı, "sıkıcı olma" ve dolayısıyla seyircinin filmi seyretme isteğinin yok olması riskini de beraberinde barındırır.[946]

Ana akım sinema ve sanat sineması filmlerinin kurgu biçimleri arasında çok kesin çizgilerle bir ayırım yapılamaz. Sanat filmlerinin, klasik devamlılık kurgusu prensiplerini tümüyle uygulamaktan kaçındığı söylenemez. Bir sanat filminde, uyum kesmeleri, 180 derece kuralı ya da paralel kurgu gibi klasik devamlılık uylaşımlarının da kullanıldığı görülebilir. Aynı şekilde, anaakım bir filmde de alternatif ve yenilikçi kurgu biçimlerinin kullanımına rastlanabilir. Örneğin, son yıllarda sıçramalı kurgunun kullanımı popüler filmler arasında da yaygınlaşmıştır. Bununla birlikte, klasik kurgu biçimine karşı duran alternatif yaklaşımlar iki temel başlıkla ele alınabilir. Bunlar, klasik devamlılık kurallarının ihlal edildiği ve sinema literatüründe genellikle "devamsızlık kurgusu" (discontinuity editing) olarak adlandırılan alternatif biçim ile kurgunun asgari bir şekilde kullanımıyla, mizansene dayalı yavaş bir ritme dayanan ve de son yılların akademik sinema çalışmalarında ele alınmaya başlayan "yavaş sinema" kavramıdır.

945- *Fairservice, a.g.e., s.314-315.*
946- *A.e.*

Devamsızlık Kurgusu (Discontinuity Editing): Zamansal ve Uzamsal Devamsızlık

Devamsızlık kurgusu, Bordwell ve Thompson'un tanımlamasıyla, çekimleri klasik devamlılık kurgusu prensiplerine aykırı bir şekilde birbiri adına ekleyen her türlü yönteme karşılık gelir. Örneğin çekimler arasındaki zamansal ve uzamsal uyumsuzluk, 180 derece kuralının ihlali ve çekimler arasındaki grafiksel ilişkilere odaklanma, devamsızlık kurgusunun özellikleri arasında yer alır.[947] Barsam ve Monahan'a göre ise devamsızlık kurgusu, sinemacıların çekimleri kasıtlı olarak sert, devamsız ya da uyumsuz olacak bir şekilde birleştirmeleri, diğer bir deyişle kurgunun "görünmez" bir şekilde öyküyü ilerletmek yerine, dikkati biçime çekmesidir.[948]

Devamsızlık kurgusu temelde, zamanın ve uzamın alternatif bir şekilde kullanımına dayanır. Sinemacıların bir öyküyü klasik devamlılık prensiplerine bağlı kalmadan anlatabilmek için, "zamansal ve uzamsal devamsızlık" olarak adlandırılan alternatif kurgu biçimlerini kullandıklarını vurgulayan Bordwell ve Thompson'a göre, zamansal ve uzamsal devamsızlığı sağlayan üç yöntem vardır. Bunlar:[949]

Uzamsal devamlılığı "belirsiz" bir biçimde kullanmak.

Sıçrama. (jump Cut)

Diegetik olmayan ekleme. (insert)

Uzamsal devamlılığı belirsiz bir şekilde kullanmanın yolu 180 derece kuralının ihlalinden geçer. Yasujirō Ozu ve Jacques Tati gibi yönetmenler, 180 derece kuralı yerine Bordwell ve Thompson'un, "360 derece kuralı" olarak adlandırılabileceğini belirttikleri bir sistem kullanır. Bu sistemde aksiyon, 180 de-

947- Bordwell, Thompson, Film Sanatı, s.491.
948- Barsam, Monahan, a.g.e., s.335.
949- Bordwell, Thompson, Film Sanatı, s.257-259.

rece kuralında olduğu gibi bir çizgi olmak yerine bir dairenin merkez noktasıdır ve kamera bu daire içerisinde arzu edilen her konuma yerleştirilebilir. Bordwell ve Thompson'a göre, bu sistemle yapılan çekimler kurgulandığında, bir olayın birden fazla uzamsal perspektifi elde edilir. Yasujirō Ozu'nun filmlerinde tutarlı kamera konumlandırmaları, çerçeve yönlendirmeleri ve bakış uyumu bulunmaz.[950]

Şekil 2.24: *Tokyo Hikayesi Filminde 180 Derece Kuralı İhlali.*
Kaynak:*Yasujirô Ozu (Yönetmen), Tôkyô monogatari [Film], Japonya: Shôchiku Eiga, 1953.*

Ozu'nun *Tokyo Hikayesi* filminden alınan yukarıdaki örnekte gösterilen iki çekimde 180 derece kuralı, klasik devamlılık kurgusunun kabul etmeyeceği bir şekilde ihlal edilir. Birinci çekimde çerçevenin sağında bulunan erkek karakter çerçevenin soluna doğru yönelmişken, ikinci çekimde ise çerçevenin sağına doğru yönelmiştir.

Bordwell ve Thompson'a göre, klasik devamlılık kurgusu tarihsel olarak sinemada egemen olsa da, iddia edildiği gibi bir öykünün seyirciye açık ve anlaşılır bir şekilde aktarılmasının tek yolu değildir ve sanatsal açıdan da bir zorunluluk taşımaz.[951] Ozu ve Tati'nin filmlerinde klasik devamlılık

950- A.e., s.258.
951- A.e.

kurallarının ihlal edilmesi anlatısal karışıklığa yol açmaz. Bordwell ve Thompson'a göre her ne kadar bu filmler, klasik anlatı filmleri kadar pürüzsüz ve kafa karıştırmadan ilerlemese de, bu filmlerde nedensel gelişmeler hep açık ve nettir.[952]

Devamsızlık kurgusunun diğer bir yöntemi de, zamansal ve uzamsal devamlılığı sağlayan "sıçrama"dır. Klasik devamlılık kurgusunda sıçramalı kesmelerden kaçınılır ve sıçramaları önlemek için "30 derece kuralı" ve "açı - karşı" tekniklerinden yararlanılır. Jean-Luc Godard, *Serseri Aşıklar* filminde sıçrama kesmelerini kullanarak zamansal, uzamsal ve grafiksel devamlılık kurallarını sistematik bir şekilde çiğner.[953] Fairservice' göre Godard'ın klasik devamlılık biçimlerinin pürüzsüzlüğüne karşı saldırısının en belirgin sonucu, zaman içerisinde gelişen aksiyonun "görünmez" bir biçimde kurgulanmak zorunda olmadığı gerçeğinin kabulü olmuştur.[954]

Şekil 2.25: "Serseri Aşıklar" Filminde Sıçrama.
***Kaynak:** Jean-Luc Godard (Yönetmen), À bout de souffle [Film], Fransa: Les Films Impéria, 1960.*

952- *A.e.*
953- *A.e.*
954- *Fairservice, a.g.e., s.315*

Örneğin, katı klasik devamlılık kurallarına göre bir sahnenin sonunda çerçevede görünen bir karakterin, kesme ile geçilen diğer sahnede de çerçeve içerisinde olması kabul edilemez. Çünkü bu, zamansal sıçramaya yol açarak anlatısal akışı bozar. Klasik kurgu, ikinci sahneye yapılacak olan kesmenin karakterin yeniden belireceği kapı arkası, duvar köşesi gibi yeni bir görüş açısından ya da kameranın hareket ederek nihayetinde karakteri çerçeve içerisine alacağı yeni bir görüş alanından başlamamasını gerekli kılar.[955] Ancak Godard, *Serseri Aşıklar* filmi boyunca yukarıdaki örnekte de görüldüğü üzere sahne geçişlerinde yaptığı kesmelerin iki ucunda da aynı karakterleri çerçeve içerisinde bırakır. Fairservice'e göre bu yöntem, filmde bir kez uygulandıktan sonra artık film boyunca bir sahneden diğerine yapılan kesmeyle oluşan zamansal boşluk içerisinde aynı karakterin iki çerçevede de görünmesinden kaynaklanan herhangi bir devamsızlık, şaşırtıcı bir şekilde fark edilmez olmuştur ve geleneksel film dili gramercilerinin endişelerinin aksine, seyirci sıçramalı kesmeyle zamansal ve uzamsal bir geçiş meydana geldiği sonucunu çıkarmakta zorluk yaşamamıştır. Fairservice göre "sıçrama", sinemasal bir anlatı aracı olarak anlatının daha hızlı ilerlemesini ve seyirci ilgisinin sürdürülmesini sağlamıştır.[956]

Klasik devamlılık kurgusunun ihlal edildiği diğer bir yöntem ise "diegetik olmayan ekleme"dir. "Diegetik olmayan ekleme", bir sahnede ya da sahneler arasında filmin öyküsel dünyasına ait olmayan, metaforik ya da sembolik bir görüntünün kullanılmasıdır. Eisenstein ve Godard, filmlerinde bu yöntemi sıklıkla kullanmışlardır.[957] Eisenstein, *Grev* filminde işçilerin katledildiği sahnenin arasına, sembolik olarak bir

---

955- *Fairservice, a.g.e., s.315.*
956- *Fairservice, a.g.e., s.315.*
957- *Bordwell, Thompson, Film Sanatı, s.259.*

mezbahada kesilen hayvanların görüntülerini eklemiştir. Andrey Tarkovski de, *Ayna* filminde sahneler arasında belgesel görüntüler kullanır. Oluk'a göre klasik devamlılık kurgusuna karşıt duran bu biçim, öyküsel devamlılığı sürdürmekten daha çok seyircinin "...duygusal ve düşünsel zamanını dikkate alır."[958] Godard, *Çinli Kız" (La Chinoise)* filminde, film karakterlerinin anlattıklarını sembolize etmek için diegetik olmayan eklemeleri sıklıkla kullanır. Bordwell ve Thompson'a göre filmin öyküsel dünyasına ait olmayan bu çekimler, aksiyon üzerinde akıcı ve kimi zaman ironik olan yorumlar yaparak, seyirciyi bu yolla gizlenen anlamları bulmaya zorlarlar.[959] Nichols'e göre ise diegetik olmayan ekleme yöntemi, sinemacılara filmin öyküsel evrenine karşı ayrıksı bir tavır ya da perspektif kurmalarını sağlar.[960]

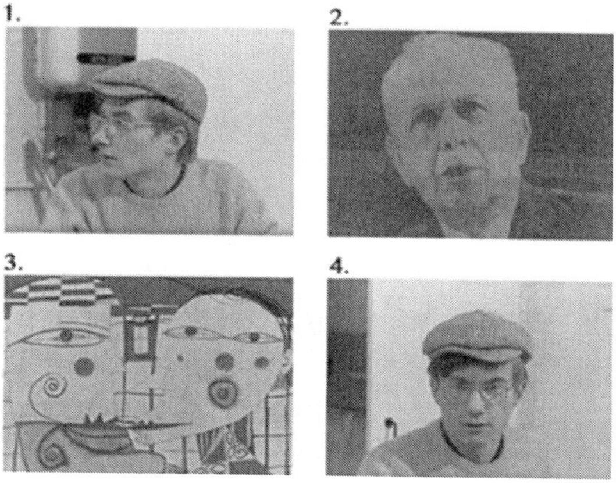

Şekil 2.26: *"Çinli Kız" Filminde Diegetik Olmayan Ekleme*
Kaynak: *Jean-Luc Godard (Yönetmen), La chinoise [Film], Fransa: Anouchka Films, 1967.*

958- Oluk, a.g.e., s.150.
959- Bordwell, Thompson, Film Sanatı, s.259.
960- Nichols, Engaging Cinema, s.49.

Ingmar Bergman'ın *Persona* filminin belirli bir anında görüntü birden bire yırtılarak, yanmaya başlar ve filmi gösteren projeksiyon makinesinin bozulması efekti yaratılır. Bunun ardına geriye doğru okunan bir ses izi üzerinde filmin öyküsel dünyasına ait olmayan sembolik görüntüler yerleştirilir. Bergman, burada uyguladığı bir tür yabancılaştırma efektiyle seyirciyi sarsıcı bir şekilde bir anda filmin kurmaca dünyasından çıkararak seyirci ile film arasına mesafe koyar. Bergman, bunu yaparak seyircinin gördüğü şeyin aslında bir yapıntı olduğunun farkına varmasını ister.

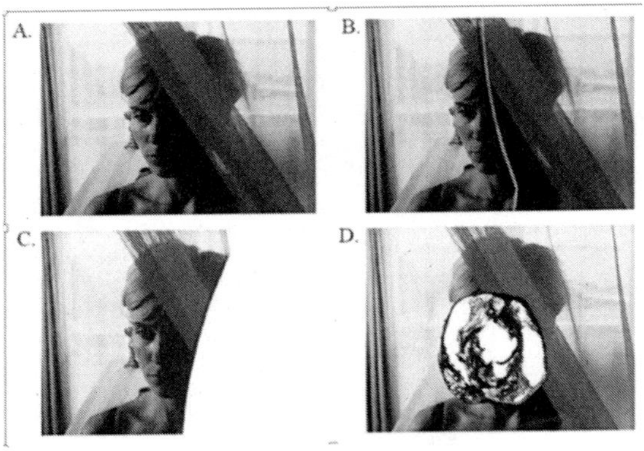

Şekil 2.27: *"Persona" Filminde Yabancılaştırma Efekti.*
Kaynak: *Ingmar Bergman (Yönetmen), Persona [Film], İsveç: Svensk Filmindustri (SF), 1966.*

Bordwell ve Thompson'a göre devamsızlık kurgusunun bu yöntemleri, "...anlatı içerisinde kusursuz bir anlaşılabilirlik yakalanabileceğini göstermiştir."[961] Ancak bununla birlikte uzamsal belirsizlik, sıçrama ve diegetik olmayan ekleme yöntemleriyle oluşturulan zamansal devamsızlıklar, filmsel öyküye ait konvansiyonel kavramları zorlayabilir ve çekimler arasında muğlak ilişkiler kurulabilir.[962] Barsam ve Monahan'a

961- *Bordwell, Thompson, Film Sanatı, s.262.*
962- *A.e.*

göre ise "devamlılık" ve "devamsızlık" kurguları kesin çizgilerle belirlenmiş biçimler değildir. Bir Hollywood filminin genel çizgileri klasik devamlılık biçiminde olsa da, filmin kimi kısımları devamsızlık kurgusu yöntemleri ile oluşturulmuş olabilir. Benzer şekilde çoğunlukla devamsızlık kurgusu yöntemlerine dayalı bir avangart film de, klasik devamlılık kurgusuyla oluşturulmuş sahneleri içerebilir. Örneğin Michel Gondry'nin *Sil Baştan (Eternal Sunshine of the Spotless Mind)* filmi ile Fernando Meirelles ve Kátia Lund'un *Tanrı Kent (City of God)* filmleri hem klasik devamlılık uzlaşımlarını, hem de "devamsızlık kurgusu" öğelerini bir arada barındırır.[963] Aynı şekilde Ozu'nun, *Tokyo Hikayesi* filminde de zaman zaman aksiyon uyumu kesmelerini uyguladığı görülür.

Yavaş Sinema: Kurgunun Minimal Kullanımı

Klasik devamlılık kurgusuna karşı çıkan sinemacıların kullandıkları alternatif yöntemlerdenbiri de, alan derinlikli ve mizansene dayalı uzun çekimler aracılığıyla kurguya minimal bir şekilde başvurulmasıdır. Bazin'e göre klasik kurgu biçiminin en belirgin özelliklerinden biri olan analitik kurguda, sahneler seyirciye fark ettirilmeden farklı açı ve ölçeklerde çekimlere bölünerek, seyirci kendisine kabul ettirilen belirli bir zihinsel süreci takip etmeye yönlendirilir.[964] Sahnenin uzamı içerisinde seyircinin neye bakacağı, çeşitli açı ve ölçekte çekimlerin kurgusuyla dikte ettirilir. Bazin için kurgu, sinemasal biçimin yok edilmesi ve dolayısıyla sinemanın özünün yok edilmesidir. Sinemanın estetik özünün temelinde, kameranın dünyaya kesintisiz bakışı yatar. Kolker'e göre eğer Eisenste-

963- *Barsam, Monahan, a.g.e., s.335.*
964- *André Bazin, Çağdaş Sinemanın Sorunları, Çev. Nijat Özön, Ankara, Bilgi Yayınevi, 1966, s.81, Akt.: Oluk, a.g.e., s.125.*

in'ın estetiği köken olarak "politikse", Bazin'in estetiği "inançsaldır" ve sinemasal görüntünün kamera önündeki dünyanın zamansal ve uzamsal gerçekliğini ortaya koyabileceği inancına dayanır. Baizn'e göre kurgu, bu inancı reddeder çünkü sinemacının ve seyircinin zamanın ve uzamın bütünlüğünü ve devamlılığını görme fırsatına engel olur.[965] Kolker'e göre kurgu manipüle edicidir. Seyirciyi, sinemacının göstermek istediği şeyi görmeye zorlar. Ancak alan derinlikli uzun bir çekim ise, algılamada bir tür demokrasi sağlayabilir. Seyirci, sinemacının yaptığı kesmelerle kendince önemli olduğunu düşündüğü objeleri ve yüzleri görmeye zorlanmak yerine, alan derinlikli uzun çekimlerde çerçeve içerisinde istediğince göz gezdirmekte özgürdür.[966] Oluk'a göre, alan derinlikli uzun çekimlere dayanan modernist filmlerde, seyirci mizansenin belirli bir noktasına bakmaya yönlendirilmez. Bu uzun çekimlerde seyirci, düşünebilme ve mizanseni oluşturan parçalar arasında bağlantı kurabilme zamanına ve fırsatına sahip olur. Seyircinin algısı, kurguda yapılan kesmelerle yönlendirilmez. Alan derinlikli uzun çekimlerle, seyirciyle film arasında belirli bir mesafenin korunarak seyircinin zihinsel olarak aktif olması amaçlanır.[967]

İkinci Dünya Savaşı'ndan beri küresel sanat sineması genellikle "yavaş" olarak kabul edilmiştir[968], ancak alan derinlikli uzun çekimlere dayalı sinema estetiği, yakın dönem sinema literatüründe "yavaş sinema" kavramı ile karakterize edilmeye başlanmıştır. De Luca ve Jorge'ye göre "yavaşlık" kavramı daha önceki dönemlerin filmleri ve akımlarının belirleyici bir zamansal özelliği olsa da, son yıllarda yeni bir eleş-

---

965- Kolker, *"The film Text and Film Form"*, s.14.
966- *A.e.*
967- *Oluk, a.g.e.*, s.125.
968- *Ira Jaffe, Slow Movies: Countering the Cinema of Action, New York, Wallflower Press, 2014, s.17.*

tirel önem kazanmıştır. "Yavaşlığın sineması" ifadesini ilk kullananlardan biri, 2003 yılında 46. Uluslararası San Francisco Film Festivali'nde yaptığı konuşmada bu eğilimin temsilcilerine örnek olarak Béla Tarr, Tsai Ming-liang ve Abbas Kiyarüstemi gibi yönetmenleri örnek göstermiş olanFransız film eleştirmeni Michel Ciment'dir.[969] Yavaş sinema" kavramı, Carruthers'e göre ise bir takım belirgin açılardan ana akım ticari sinemadan farklılaşan bir dizi ayırt edici özellikleriyle çağdaş festival filmleriyle ilişkilendirilen bir sinema pratiği tarzına karşılık gelir. Bu tarz filmlerin "yavaşlığı", uzun çekimlerin yanı sıra çok yavaş olan hareketli kameralarla da sağlanır. Statik çerçeve, durağanlık duygusunu derinleştirmek amacıyla kullanılır.[970] Romney ise "yavaş sinemayı", olay ve aksiyonu önemsizleştirerek bunun yerine duygu durumu ve atmosfere önem veren sade ve minimalist bir sinema olarak açıklar.[971] Bu filmlerde mizansen, uzatılmış çekim süresinin seyirci tarafından dikkatlice incelenmesine olanak sağlayacak şekilde oluşturulmuştur. Anlatısal ve dramatik aksiyonlardan vazgeçilip bunun yerine, önemsiz ve sıradan rutinlerin yavaş bir şekilde açılımı ön plana çıkarılmıştır. [972]

2008 yılında yazdığı "Çağdaş Sinemada Yavaşın Estetiğine Doğru" (Towards an Aesthetic of Slow in Contemporary Cinema) isimli makalesiyle Ciment'in "yavaşlığın sineması" kavramını kuramsal olarak irdeleyen Matthew Flanagan'a göre,

---

969- Tiago de Luca, Nuno Barradas Jorge, "Introduction: From Slow Cinema To Slow Cinemas", Slow Cinema, Ed. Tiago de Luca , Nuno Barradas Jorge, Edinburgh, Edinburgh University Press, 2016, s.1.
970- Lee Carruthers, Doing Time: Temporality, Hermeneutics, and Contemporary Cinema, Albany, State University of New York Press, 2016, s.7.
971- Jonathan Romney, "In Search of Lost Time", Sight and Sound, 20/2 (February), 2010, s. 43–44, Akt.: Emre Çağlayan, "The Aesthetics of Boredom: Slow Cinema and theVirtues of the Long Take inOnce Upon a Time in Anatolia", Projections: The Journal for Movies and Mind, Volume 10, Issue 1, Summer 2016, s.64.
972- Carruthers, a.g.e., s.7.

yerleşik anlatı biçimleri her ne kadar ulusal sinemalar tarafından değişikliğe uğratılmış olsa da, klasik devamlılık biçimi ve marjinal sanat sineması arasında "hız" ve "kurgu" ilişkisine dayanan dikkat çekici bir ikilem, yakın dönemde giderek daha belirgin hale gelmiştir.[973] Son yıllarda Amerikan ana akım sinemasının giderek hızlanan ritmine karşı çıkıp, "durgun" ve "düşünceli" bir film biçimi savunan sinemacıların sayısı giderek artmıştır. Flanagan'a göre çoğunlukla film festivallerinde gösterime sunulan bu "yavaşlığın sineması", biçimin ve zamansallığın vurgulandığı ve egemen olan hızlı anlatısal nedenselliğin yerini "yavaşlatılmış ritme" bıraktığı benzersiz bir "yansıtıcı" sanat türüne işaret etmeye başlamıştır.[974] Bu biçimin önemli temsilcileri arasında Jim Jarmusch, Philippe Garrel, Chantal Akerman, Theo Angelopoulos, Abbas Kiyarüstemi, Béla Tarr, Aleksandr Sokurov, Hou Hsiao-hsien, Tsai Ming-liang, Sharunas Bartas, Pedro Costa, Jia Zhang-ke, Apichatpong Weerasethakul, Lisandro Alonso, Carlos Reygadas, Albert Serra, Gus Van Sant ve Türkiye'den Nuri Bilgi Ceylan gibi sinemacılar yer alır. Flanagan'a göre bu sinemacıların paylaştıkları ortak biçimsel özellikler hemen teşhis edilebilir. Bu karakteristik özellikler:[975]

Uzun çekimlerin (çoğunlukla aşırı uzunlukta) kullanımı.

Merkezsizleştirilmiş ve abartısız bir hikaye anlatımı yöntemi.

Belirgin bir şekilde günlük yaşamın durağanlığına vurgu yapılması.

973- Matthew Flanagan, "Towards an Aesthetic of Slow in Contemporary Cinema", November 2008, (Çevrimiçi) http://www.16-9.dk/2008-11/side11_inenglish.htm, 7 Ağustos 2017.

974- Flanagan, a.g.e.

975- A.e

Flanagan'a göre yukarıda adı geçen "yavaş sinemanın" temsilcisi olan yönetmenlerin filmleri, seyirciyi "hız kültüründen" uzak durmaya, sinemasal anlatıdan beklentisini değiştirmeye ve fiziksel olarak ağır bir ritme uyum sağlamaya teşvik eder. Kitlesel ticari sinemanın hızlıca değişen görüntü bolluğundan ve "görsel gösterenlerinden" özgürleşen seyirci, panaromik algılamanın rahatlatıcı biçimini deneyimler. Uzun çekim, seyirciye gözlerini çerçeve içinde rahatça gezindirme ve klasik hızlı anlatım biçimlerinde örtülü kalabilecek ya da sadece ima edilebilecek detayları gözlemleme olanağı sağlar.[976]

Jim Jarmusch'un *Cennetten Yabancı(Stranger Than Paradise)*, Gus Van Sant'in *Fil (Elephant)*, Alexander Sokurov'un *Ana ve Oğul,* Lisandro Alonso'nun *Liverpool* Nuri Bilge Ceylan'ın *Uzak*, Abbas Kiyarüstemi'nin *Kirazın Tadı*, ve Béla Tarr'ın *Torino Atı (A torinói ló)* gibi filmler, Jaffe'ye göre görsel tarzları, anlatısal yapıları, tematik içerikleri ve de karakterlerinin davranışları gereği "yavaştır". Bu filmlerde kamera çoğunlukla sabittir, ancak hareket etse bile Béla Tarr'ın filmlerinde olduğu gibi oldukça yavaştır. Kamera önünde gerçekleşen fiziksel hareketler de kısıtlı ve yavaştır. Bu filmlerde kesmelerin seyrek bir şekilde gerçekleştirilmesi, zamansal ve uzamsal sıçramaların ve kesintilerin oluşmasına engel olur.[977] Örneğin, Béla Tarr'ın *Torino Atı* filminde kadın karakterin kuyudan su getirmesi yaklaşık 3 dakikalık kesintisiz bir çekimle verilmiştir.

Yavaş sinema ile ilişkilendirilen sinemacıların ortak özelliklerden birisi de, Türkçe'de "dramatik olmaktan arındırma" anlamına gelebilecek olan "dedramatization" yöntemini kullanmalarıdır. William Guynn, "dedramatization" kavramını olay örgüsünden bağımsız bir anlatı oluşturabilmek adına,

---

976- A.e.

977- Jaffe, a.g.e., s.11.

klasik anlatı sinemasının katı bir şekilde belirlenmiş dramatikaksiyon yapısının reddedilmesi olarak açıklar.[978] Guyn'a göre "dedramatization" stratejisi, bir filmde aksiyonun ertelenerek karakterlerin, günlük yaşamın ve sosyal çevrenin gözlemlenmesine olanak sağlayan "ölü zaman" (temps morts) olarak adlandırılan boş anlar yaratır.[979] Bordwell'e göre ölü zamanın işlevi, bir sahnenin arasına "derin düşünme" gibi anları yerleştirerek öykü aksiyonunu geciktirmektir. Diyalog sahneleri, sıklıkla olduğu yerde sessizce duran karakterin uzatılmış duraklama anlarıyla bölünür. "Basit yürüme eylemi, dramatik süreci kesintiye uğratan temel bir sinemasal materyal haline dönüşmüştür".[980] Çağlayan'a göre bir sinemacı, "ölü zaman" aracılığıyla filmin"anlatı" dışındaki sinemasal özelliklerini ön plana çıkararak, seyircisinden filmin sinemasal uzamı ya da teknik düzenlemesiyle daha yakın etkileşimde bulunmasını talep edebilir. Yavaş sinemanın önemli temsilcilerinden biri olan Theo Angelopoulos ise, ölü zamanla ilgili olarak şu yorumda bulunmuştur: "Duraksamalar ve ölü zaman, seyirciye sadece filmi rasyonel bir şekilde değerlendirme fırsatını değil, aynı zamanda bir sekansın farklı anlamlarını yaratma ya da tamamlama olanağını da sağlar."[981]

Chantal Akerman'ın *Jeanne Dielman, 23, quai du commerce, 1080 Bruxelles* filminin bir sahnesi, ana karakter olan Jeanne'nin duş almak için musluğu açıp, duş alıp ve sonrasında musluğu kapatmasını da içeren ve 3 dakika ve 5 saniye süren kesintisiz sabit bir çekimle verilmiştir. Kolker, bu filmi verdiği bir derste öğrencilerine gösterdiğinde, öğrencilerin filmin "yavaşlığına" tepki göstererek "kesme yap, haydi kes artık!" diye

---

978- Guynn, The Routledge Companion to Film History, s.161.
979- A.e.
980- Bordwell, Figures Traced in Light, s.153., Akt.: Çağlayan, a.g.e., s.71.
981- Tony Mitchell "Animating Dead Space and Dead Time", Sight & Sound, 50/1,1980, s.33., Atk.: Flanagan, a.g.e.

bağırdıklarını belirtir.[982] Çağlayan'a göre, yavaş sinemanın en önemli tarihsel öncüllerinden biri olan bu film "...üç saatlik süresi boyunca görünürde önemsiz olan gündelik olayları içerir" ve "...anlatısal aksiyonu oluşturan şeyi yeniden tanımlamaya kalkışır."[983] Çağlayan, bu filmde hayat mücadelesi içerisinde olan bir ev kadının dramatik potansiyelinin yerini, temizlik yapmak, yemek pişirmek ve uyumak gibi gündelik aktivitelerin monotonluğunun tasvirinin aldığını vurgular: Uzun çekimler ve 3 saat gibi uzun bir süre, Akerman'a çeşitli günlük işleri sabit bir kamera pozisyonundan tüm bütünlüğüyle ve kesintisiz olarak gözlemleme olanağı sağlar.[984] Flanagan'a göre yavaş sinemada hep var olan diğer bir eğilim ise, bir olayın bitmesinden hemen sonra kesme yapılmayıp, çekimi bir süre daha bekletme tekniğidir.[985] Ben Singer, bu tekniği Akerman'ın "Jeanne Dielman" filminde ana karakterin bir çekimdeki günlük rutinini tamamladıktan sonra, söz konusu çekimi bir sonraki çekime geçmeden önce bir süre daha bekletmesine dayanarak "aksiyon sonrası geciktirme" olarak tanımlar.[986]

Çağdaş sanat sinemasının bir parçası olan "yavaş sinema" filmleri, Çağlayan'a göre bilinçli bir şekilde minimalisttir. Bu filmler, anlatısal ritmi yavaşlatır ve nedenselliği önemsizleştirirler. Uzun çekimlerin kullanımı ve "ölü zamana" yapılan kararlı vurgu, bu filmlerin estetik özelliklerini belirler. Çağlayan'a göre bu yöntemler başlangıçta kapalı, kafa karıştırıcı ve anlaşılmaz bir anlatı biçimine karşılık gelse de, her şeyden önce seyirciye perdede "uzatılmış bir süre deneyimini su-

---

982- Kolker, Film, Biçim ve Kültür, s.206.
983- Çağlayan, a.g.e., s.70.
984- A.e.
985- Flanagan, a.g.e.
986- Ben Singer, "Jeanne Dielman: Cinematic Interrogation and 'Amplification'", Millennium Film Journal, 22 (1989), s.59., Atk.: Flanagan, a.g.e.
987- Çağlayan, a.g.e., s.64.

nar."[987] Kolker ise bütün bunlara rağmen seyircinin bu filmleri, klasik Hollywood biçiminin dili ve yapısının sinema yapmanın tek ve vazgeçilmez yöntemi olmadığını ve sinemanın bir dil, ancak kurallarının değiştirilebilecek ya da yok sayılabilecek bir dil olduğunu anlamak için seyrettiğini vurgular.[988] Flanagan'a göre ise sinemada "yavaş bir estetik", zamanı genişletip yayarak, bir çekimin fenemonolojik gerçeklik duygusunu temsil edebilme yetisini arttırır.[989]

988- *Kolker, Film, Biçim ve Kültür, s.206.*
989- *Flanagan, a.g.e.*

ÜÇÜNCÜ BÖLÜM

TÜRK SİNEMASINDAN KREATİF KURGU ÖRNEKLERİ

Çalışmamızın bu son bölümünde belirli filmlerden seçtiğimiz sahnelerin kurgu yapılarının çözümlemelerini gerçekleştirerek, son dönem Türk Sineması'ndan yaratıcı kurgu örneklerini sunacağız. Sahnelerin kurgu yapılarının çözümlemesi, "çekim-çekim çözümleme"* (shot by shot analysis) yöntemiyle gerçekleştirilecektir. Bu yöntemde, sahneler ya da belirli çekim dizileri, kendilerini oluşturan çekimlere ayrıştırılarak incelenir. Ryan ve Lenos'a göre çekim-çekim çözümleme yönteminde "...bir çekim serisi ya da film sahnesinden görüntüler üzerine kullanılan teknikler tanımlanır ve bu tekniklerin "anlamı" açıklanır."[990] Bu teknikler, eldeki ham mal-

---

**Micheal Ryan ve Mellisa Lenos'un film çözümlemesi üzerine yazdıkları "An Introduction to Film Analysis:Technique and Meaning in Narrative Film" isimli kitabın Türkçe çevirisi olan "Film Çözümlemesine Giriş" isimli kitapta "Shot by Shot Analysis" yöntemi "Kare Kare Çözümleme" olarak çevrilmiştir. Ancak "shot" kelimesinin Türkçe karşılığı "kare" değil, "çekim" ya da "plan"dır. Bu çözümleme yöntemi, her ne kadar çekimlerden kareler alınarak yapılıyor olsa da, temelde çözümlenen unsur bir "kare" değil, pek çok kareden oluşan "çekimdir". Bu nedenle, biz bu çalışmada "shot by shot analysis" yöntemini, daha doğru ve uygun bir karşılığı olduğunu düşündüğümüz "çekim - çekim çözümleme" olarak kullanacağız.*

990- Micheal Ryan, Mellisa Lenos, Film Çözümlemesine Giriş, Çev. Emrah Suat Onat, 1. Basım, Ankara, De Ki Basım - Yayım, 2012, s.16.

zemeyi bir öyküye dönüştürebilmek için kullanılan sinemasal araçlardır. Ryan ve Lenos'a göre, "Sinemacılar eldeki çekim yığınlarını tutarlı bir anlam oluşturacak şekilde bir araya getirdiklerinde sadece bir öykü anlatmış olmazlar, ayrıca anlam da yaratmış olurlar."[991] "Film çözümleme süreci bu teknikleri, bu anlamların ne olduğunu belirlemek üzere inceler."[992] Bu yöntemde, çözümlenecek olan film bir kurgu yazılımında açılır ve burada seçilmiş olan sahneler ya da çekim dizileri, kendilerini oluşturan çekim parçalarına ayrıştırılır. Biçimsel çözümlemeler yaparken bir kurgu yazılımı kullanmanın pek çok faydası vardır. Kurgu yazılımı, incelenecek olan sahneleri çekimlere ayırabilmenin yanı sıra, hem izleme sırasında not edilmiş zaman kodlarıyla filmin ilgili yerlerine hızlı bir şekilde ulaşabilmeyi, hem de çözümleme sırasında filmin belirli yerlerine daha sonradan hızlı bir şekilde tekrar dönebilmek adına işaret ve notlar bırakabilmeyi ve ayrıca çekim sürelerinin net olarak tespit edilebilmesini sağlar. Bu yöntemde, sahneleri oluşturan çekimler 1, 2, 3... şeklinde numaralandırılır ve her bir çekimden, o çekimi temsil eden bir fotoğraf karesi alınır. Eğer uzun bir çekimde, çekimin içeriğini ve kompozisyonunu önemli ölçüde değiştirecek bir devinim varsa (çerçeve içindeki objelerin devinimi ya da kamera devinimi), bu devinimleri temsil eden kareler de ayrıca çıkartılarak, örneğin 1A, 1B, 1C... şeklinde numaralandırılır.

Üç Maymun

Yönetmenliğini Nuri Bilge Ceylan'ın yapmış olduğu, kurgusu ise Nuri Bilge Ceylan, Ayhan Ergürsel*, ve Bora Gökşin-

991- A.e., s.1.
992- A.e., s.11.
** 2019 yılında hayatını kaybeden sevgili dostum Ayhan Ergürsel'i buradan rahmetle ve özlemle anıyorum.*

göl tarafından gerçekleştirilen *Üç Maymun* filminden seçmiş olduğumuz sahnenin özeti şu şekildedir: Cezaevindeki babasını ziyaret etmek için evden çıkmış olan Eyüp, tren istasyonunda gömleğine kustuğu için eve geri döner. Üzerini değiştirirken, annesinin odasından gelen bir takım sesler üzerine odanın anahtar deliğinden içeriye bakar. Odada annesiyle birlikte bir adamın bulunduğunu anlar. Var olan duruma tepki verip vermemek arasında bir süre tereddüt eder. Sonra kıyafetlerini ve çantasını alarak sessizce evden ayrılır.

Filmin bu sahneden önceki sahnesinin son çekiminden, bu sahnenin ilk çekimine ses köprüsü ile kesme yapılır: Bir önceki çekimde hareket etmekte olan tren sesi bu çekimin altında da devam eder. Evin, bir tren istasyonuna çok yakın olduğu bilgisi daha önceki sahnelerde seyirciye verilmiştir. Yönetmen, gürültülü tren sesini kullanarak hem tren istasyonunda kustuğu için eve geri dönmek zorunda kalan İsmail'in evdeki sesleri ilk etapta fark etmesini, hem de evde bulunan iki kişinin İsmail'in kapıyı açıp içeriye girmesini duymalarını engellemiş ve böylece aynı zamanda, evde var olan durum hakkında seyircinin bilgisini kontrol altına almıştır.

Şekil 3.1: Üç Maymun Filminde Kurgu

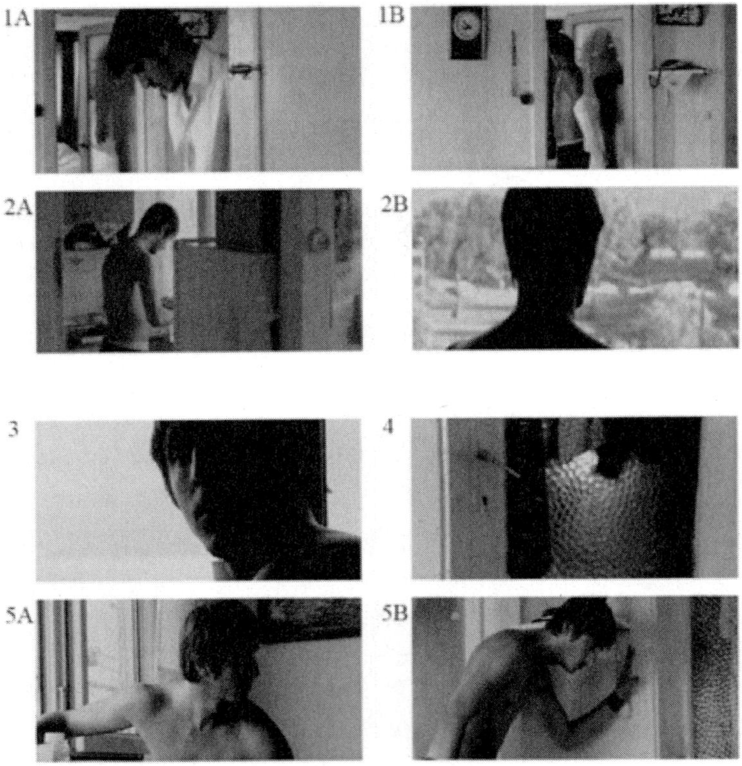

3. çekimde, pencereden dışarıyı seyretmekte olan İsmail, annesinin odasından gelen belirsiz bir sesle irkilerek oda kapısına doğru bakar. 4. çekimde, annenin yatak odası kapısının buzlu camından belirsiz bir takım hareketler gösterilir. Annenin hafif gülme sesleri duyulur.

Kaynak: *Nuri Bilge Ceylan (Yönetmen), Üç Maymun [Film], Türkiye - Fransa - İtalya: Zeynofilm - NBC Film, 2008.*

5. çekimde İsmail oturduğu yerden kalkarak yatak odasının kapısına doğru yaklaşır, kamera takip eder. Bu arada bir adamın belirsiz sesleri duyulur. Hemen ardından gelirimi arttırıcı bir tür ses efekti verilir. İsmail eğilerek kapının anahtar deliğinden bakar. Yakın ölçekteki 6. çekimde İsmail, anahtar deliğinden yatak odasını gözetlerken gösterilir ve bir önceki çekimde duyulan tüm sesler kesilerek, yankılı bir şekilde damlayan su sesleri ile rüzgar sesi efekti verilir. Bu yöntemle bir tür yarı gerçeklik dışı bir atmosfer yaratılarak İsmail'in, anne-

sinin bir adamla yatıyor olması gerçeğine şahit olduğu andaki duygu durumu yansıtılır. İçerideki adamın ani öksürük sesi ile İsmail irkilir. Bu öksürük sesiyle birlikte bir önceki çekimde verilen ses efektleri de aniden kesilir, böylece yaratılmış olan yarı gerçeklik dışı bir atmosferden, gerçekliğe ani bir geçiş yapılır. 6. çekimdeki öksürük sesi,ses köprüsü ile 7. çekimde de devam ettirilerek, 7. çekime yapılan kesme gizlenmiş olur. Bu öksürük sesi ile ayrıca, seyirciye de odanın içerisinde bir adam olduğu bilgisi (daha önceki çekimlerle seyirci kuşkulandırılmıştı) kesin olarak verilir. Sesten irkilen ve anahtar deliğinden gördüklerinin şokunu yaşayan İsmail ayağa kalkar ve duvara yaslanır.

8. çekimde, mutfaktan gelen rüzgar sesi üzerine İsmail'in o yöne doğru bakışı verilir. 9. çekimde, Mutfak penceresinden sola doğru yapılan bir pan hareketi ile yakın ölçekte mutfak tezgahında bulunan ve pencereden gelen rüzgarın etkisi ile kıpırdayan bir bıçak gösterilir. 10. çekimde, yakın ölçekte İsmail'in mutfak tezgâhında bulunan bıçağa bakışına kesme yapılır. Burada, bu çekime kesme yapılması seyirci üzerinde "İsmail'in cinayet işleyebileceği" beklentisini oluşturur ve böylece gerilim yaratılır. Yine bu çekimden önceki çekimlerin dizilimi de, seyirciye İsmail'in işleyebileceği muhtemel bir cinayetin motivasyonunu açıklar. Ancakİsmail, 10. çekimin devamında ve 11. çekimde seyirci üzerinde oluşturulmuş olan beklentiyi boşa çıkartacak şekilde odasına gidip kıyafetlerini toplar. Bu sahnedeki çekimlerin dizilimi, hem seyirci üzerinde yaratılmak istenen duyguyu başarılı bir şekilde oluşturuyor, hem de öyküyü ilerletiyor.

Vizontele

Yönetmenliğini Yılmaz Erdoğan ve Ömer Faruk Sorak'ın birlikte yaptıkları, kurgusunu ise tanınmış kurgucu Mustafa Preşeva'nın gerçekleştirdiği *Vizontele* filminden seçmiş olduğumuz sahnede, ömürlerinde ilk kez televizyon seyretmek için belde başkanı Nazmi'nin evinde toplanmış olan kasaba ahalisi, televizyon haberlerinden Nazmi'nin oğlu Rıfat'ın Kıbrıs'ta şehit olduğunu öğrenir.

***Şekil* 3.2.** *Vizontele Filminde Kurgu.*

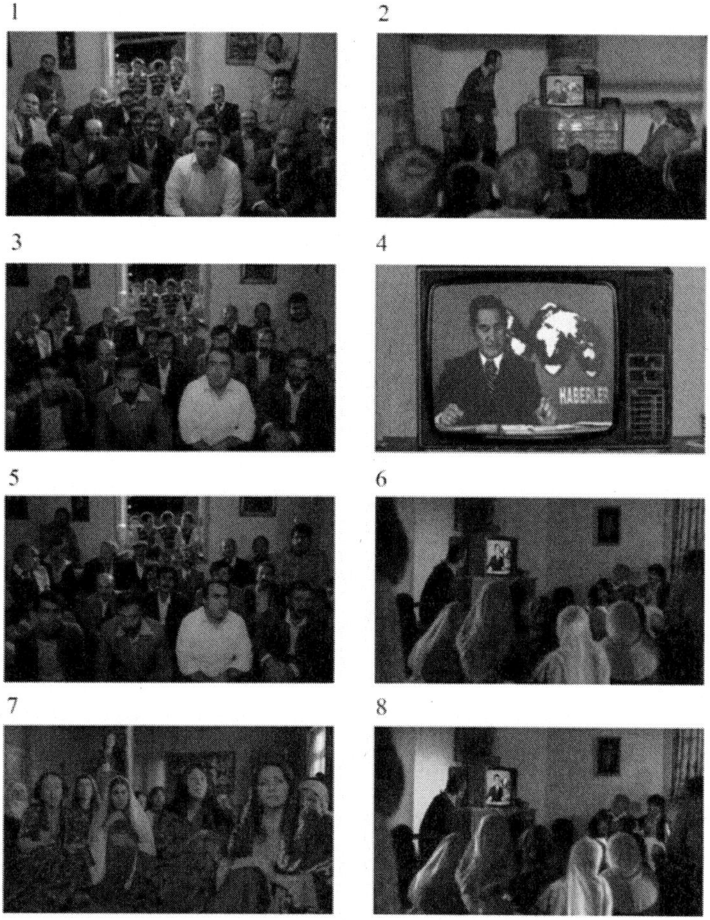

Kaynak: *Yılmaz Erdoğan, Ömer Faruk Sorak (Yönetmen), Vizontele [Film], Türkiye : BKM- Böcek Yapım, 2001.*

9

10

11

12

13

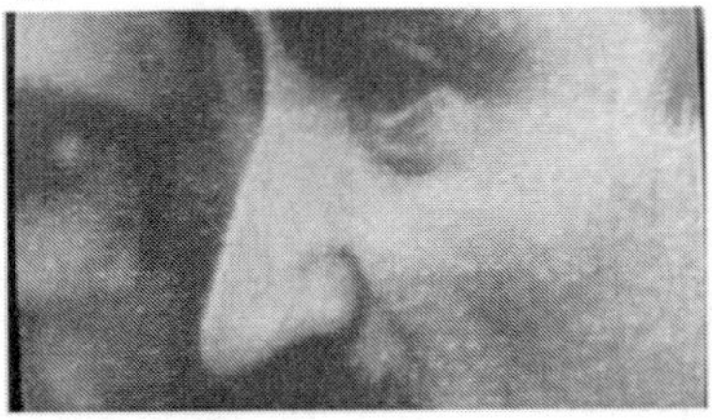

14 A

14 B

15

16

17

18

19

20

21

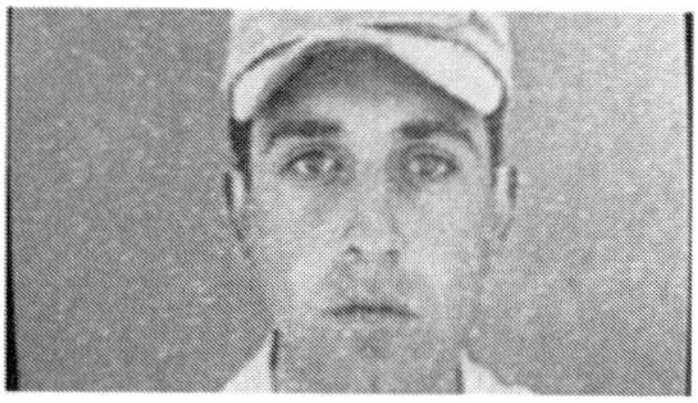

22

23

24

25

26

27A

27 B

28

29

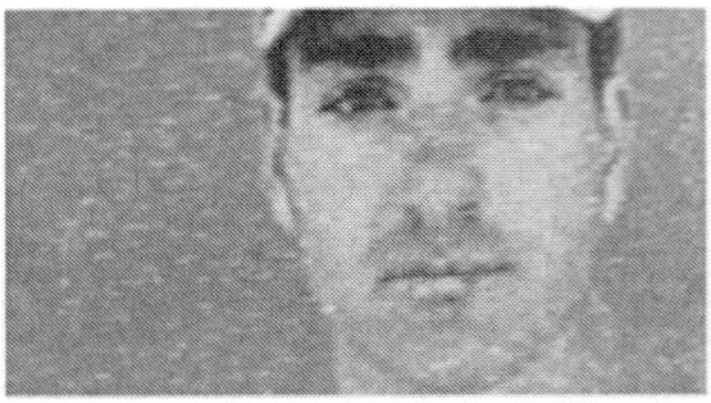

30

31

32

Bu sahne, televizyon izlemek için toplanmış olan kalabalığın çeşitli açı ve ölçeklere bölünmüş çekimlerinin klasik analitik kurgusuyla başlar ve sonrasında "öznel çekim kesmelerine" dayanan bir kurgu ile oluşturulur. Kalabalıktaki herkesin baktığı obje televizyondur. Dolayısıyla burada televizyonun yakın çekimi, kalabalık içerisindeki herkesin öznel çekimidir. 4. Çekimdeki yakın ölçek televizyon, genel ölçekteki 3. ve 5. çekimlerde çerçeve içerisinde bulunan karakterlerin öznel çekimidir. Kadınların orta - genel ölçekte toplu olarak gösterildiği 7. çekim, televizyonun da çerçeveye dahil olduğu orta-genel ölçekteki 6. ve 7. çekimlerin karşı açısıdır. Bu öznel çekim kesmelerinde, askerde olan Rıfat'la bağlantılı karakterler olan Nazmi, Siti Ana ve Asiye karakterleri, yakın, orta-yakın ya da orta ölçekteki çekimlerle verilerek kalabalıktan ayrıştırılır. 9. çekimdeki yakın ölçek televizyon görüntüsü ise, 10. çekimde yakın ölçekte gösterilen Rıfat'ın sevgilisi Asiye'nin öznel çekimidir. 12. ve 13. çekimdeki yakın ölçek televizyon, Rıfat'ın babası Nazmi'nin de çerçeve içerisinde olduğu orta ölçekteki 11., 14. A. ve 14 B. çekimlerinde görülen karakterlerin öznel çekimidir. 17. çekim ise, 16. çekimde orta-yakın ölçekte gösterilen Rıfat'ın annesi Siti Ana'nın öznel çekimidir. 19. Çekimde tekrar dönülen genel ölçeğe kadar, yakın ve orta ölçekteki çekimlerin öznel çekimlerle birlikte kurgulanmasıyla, kalabalıktaki insanların "tüm dikkatlerini ekrana yönelttiği" anlamı oluşturulur. Ayrıca 9., 10. ve 13. çekimlerde televizyonda Bülent Ecevit'in görüntüsü ve sesinin kullanılması ile öykü zamanının 1974 yılındaki "Kıbrıs Barış Harekatı" günlerinde geçtiği enformasyonu iletilir.

20. Çekimde haber spikeri Kıbrıs'ta şehit olan erlerin isimlerini sayarken, erlerin fotoğrafları arka arkaya televizyon ekranı içinden 21., 22. ve 23. yakın çekimlerle verilir. 23. çekimde

ekranda görülen, Rıfat'ın fotoğrafıdır ve fotoğrafın üzerine spikerin *"...ve Rıfat Doğan"* sesi düşer. Şehit olan diğer erlerin fotoğrafları birer saniye verilirken, Rıfat'ın fotoğrafının çekimi 3 saniye ekranda tutulur. Bu çekim, spikerin sesinden sonra iki saniye daha bekletilir. Sahnede, 23. çekim üzerinde spikerin *"...ve Rıfat Doğan"* sesinden itibaren başlayan, ve 26. çekimin ortalarına kadar devam eden ve yaklaşık 13 saniye süren bir sessizlik meydana gelir. Duyulan tek ses, dışarıdan gelen cırcır böceklerinin sesidir ve bu ses, 26. çekimin ortalarına kadar aşamalı olarak azaltılır. Tam bu noktada diegetik olmayan dramatik bir müzik başlar. Siti Ana'nın yakın çekimleri arasına (27. ve 30. çekimler), oğlu Rıfat'ın fotoğrafı 28. ve 29. çekimlerde birbirine yakın iki farklı ölçekte tekrar verilerek, kısa bir geriye dönüş yaşatılır. Bu sahnede, 23. ve 30. çekimler arasında karakterlerin yaşadığı şoku seyirciye yansıtabilmek amacıyla, her hangi bir yavaş çekim (slow motion) efekti kullanılmadan, sadece sessizlik ve Rıfat'ın fotoğrafının tekrar tekrar gösterilmesiyle gerçek zaman genişletilir. Asiye'nin ağlayarak koştuğu 31. çekimin ardından yapılan kesmeyle verilen 32. çekimde, karanlık gökyüzünde uçuşan karga sürüsü görüntü ve sesi kullanılarak, uğursuzluğu ve ölümü çağrıştıran sembolik bir kurgu oluşturulur.

Filmin finalinde, Siti Ana'nın oğlu Rıfat'ın suretini en son görmüş olduğu televizyonu köyün delisi Emin'le birlikte mezara gömdüğü sahne, Rıfat'ın sevgilisi Asiye'nin bir başkasıyla evlendirildiği düğünün görüntüleriyle paralel olarak kurgulanmıştır. Bu paralel kurguda televizyonun gömülme çekimleriyle, insanların eğlendiği ve damada yeni bir televizyonun hediye edildiği düğün çekimleri arka arkaya kurgulanmıştır. Böylece, "karşıt" öğelerin kullanıldığı ve Pudovkin'in "kontrast kurgu" olarak adlandırdığı bir kurgu gerçekleştirilmiştir. İki sahnenin aynı zamanda gerçekleştiğini vurgulamak için düğün sahnesine ait olan davul zurna sesleri, ses köprüsü yöntemiyle televizyonun gömüldüğü görüntülerin üzerine bindirilmiştir.

Şekil 3.3: *Vizontele Filminde Paralel Kurgu.*

Kaynak: *Yılmaz Erdoğan, Ömer Faruk Sorak (Yönetmen), Vizontele [Film], Türkiye : BKM- Böcek Yapım, 2001.*

Babam ve Oğlum

Yönetmenliğini Çağan Irmak'ın, kurgusunu ise Kıvanç İlgüner'in gerçekleştirdiği *Babam ve Oğlum* filminden seçtiğimiz ilk sahnede, oğlu Sadık'ın ölümünden dolayı yıllar önce onun evden ayrılmasına engel olmadığı için Hüseyin'in kendini suçlaması anlatılır. Bu sahne, filmin en dramatik ve seyircilerin aklında en çok yer etmiş olan sahnesidir. Bu sahnede Hüseyin'in eşinin kardeşi olan Gülbeyaz, Sadık'ın kardeşi Salim'e babasını "yıkıp geçmesini" söyleyerek, Hüseyin'in Sadık'ın ölümünden dolayı kendisini suçlu hissetmemesini sağlamaya çalışır.

Şekil 3.4: *Babam ve Oğlum Filminde Kurgu*

4B

4C

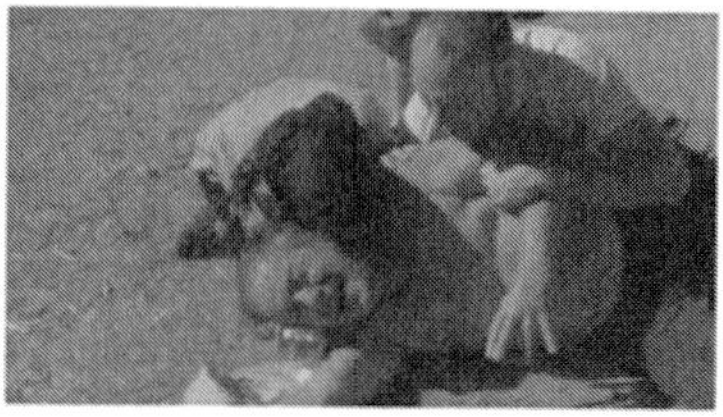

5A

5B

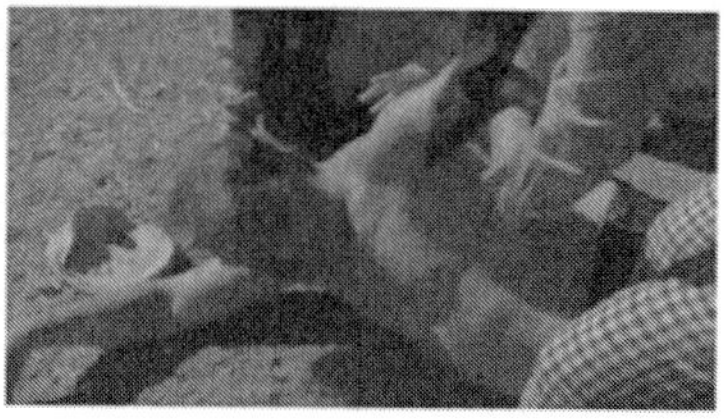

5C

5D

6

7

8

9

10

11

12

13

14

15

16

17

18

19

20

21

22

Kaynak: *Çağan Irmak (Yönetmen), Babam ve Oğlum [Film], Türkiye: Avşar Film, 2005.*

Hüseyin'in, Sadık'ın ölümünden kendisini sorumlu tuttuğunu belirttiği ünlü repliği içeren 4. çekim, 1 dakika 43 saniye boyunca kesintisiz olarak verilir. Ancak bu durağan bir çekim değildir. Hem çerçeve, hem de çerçeve içindeki unsurlar devinim halindedir: Kamera, çekimin sonralarına doğru kendisini yere atan Hüseyin'i takip eder. Gülbeyaz'ın Hüseyin'e müdahale ettiği ve Salim'i yönlendirdiği 5. çekim 33 saniye sürer. Bu uzun çekim, hem kameranın hem de karakterlerin devinim halinde olması nedeniyle sürekli değişen bir kompozisyon sunar. Dramatik etkiyi arttırmak amacıyla, Salim'in babasına doğru koştuğunu gösteren ve aksiyon uyumu kesmesiyle birbirine bağlanan 8. ve 9. çekimler ile 11., 12., 14. ve 15. çekimler, yavaş çekim (slow motion) olarak verilir. Bu kısımlarda dramatik vurgu için müziğe ek olarak, ses efektleri de kullanılmıştır. 8. çekimin başında Gülbeyaz'ın *"Durdur onu!"* diye bağırışı, yankılı olarak verilmiştir. 10. ve 13. çekimler, babasına doğru koşmakta olan Salim'im öznel çekimleridir. 15. ve 16. çekimler arasında ise örtüşmeli kurgu uygulanmıştır: 15. çekimin sonunda Salim'in babasına çarpma anı, 16. çekimin başında bir kez daha gösterilir. Bu sahnede "gerçeklik", 8. çekimden itibaren kurguda yavaş çekimin, müziğin, ses efektlerinin ve öznel çekim kesmelerinin kullanılmasıyla, Eisenstein'ın kurgu anlayışına özgü bir şekilde yeniden kurulur. Salim'in tarlada hala koşmaya devam ettiğini gösteren 21. ve 22. çekimlerle, sahneye küçük bir komedi anı eklenerek daha önceki çok yoğun dramatik durumun rahatlatılması sağlanır.

Babam ve Oğlum filminin kurgu biçimine baktığımızda, popüler bir film olarak temelde klasik devamlılık kurgusu prensiplerine uygun bir şekilde kurgulanmış olduğu ve özellikle diyalog sahneleri kurgusunda televizyon dizisi estetiği taşıdığı görülmektedir. Ancak, özellikle geriye dönüşlerde aynı zamanda alternatif biçimsel uygulamaların da gerçekleştirilmiş olduğu bir filmdir. Aşağıdaki örnekte filmin başkarakteri Sadık, oğlu Deniz'le birlikte babası Hüseyin'in evine vardıklarında, Hüseyin'in kendilerine karşı gösterdiği olumsuz tavırlara tepki olarak evden ayrılmak ister ve burada yıllar önce evi terk ettiği ana geri dönüş (flashback) yapılır.

Şekil 3.5: Babam ve Oğlum Filminde Geriye Dönüş

Kaynak: Çağan Irmak (Yönetmen), Babam ve Oğlum [Film], Türkiye: Avşar Film, 2005.

Bu geriye dönüş, şimdiki zamanı gösteren son çekim ile (1. çekim), geriye dönüşün ilk çekimi (2. çekim) arasında uyum kesmesi yapılarak yaratıcı bir şekilde gerçekleştirilir. Sadık, şimdiki zaman çekiminin sonunda çerçevenin sağından çıkar ve geriye dönüşün ilk çekiminde, bir önceki çekimde başladığı hızla yürür. Burada geriye dönüş yapıldığı, 5. çekimde de görüldüğü üzere sadece kostüm ve saç, bıyık gibi unsurlarla belli edilir. Geri dönüşten, şimdiki zamana geçiş de aynı şekilde Sadık'ın yürümesi üzerinden yapılan bir aksiyon uyumu kesmesiyle gerçekleştirilir. (5. ve 6. çekimler)

Bal

Yönetmen Semih Kaplanoğlu,"Yusuf" üçlemesinin *Yumurta* ve *Süt* filmlerinden sonraki son filmi olan *Bal'ı*, Ayhan Ergürsel ve Suzan Hande Güneri ile birlikte kurgulamıştır. *Bal* filmi, bir Doğu Karadeniz köyünde yaşayan ve ilkokula henüz başlamış içe dönük bir çocuk olan Yusuf'u ve onun babası Yakup, annesi Zehra, gittiği okul ve kendisini çevreleyen doğayla olan ilişkisini anlatır. Filmin başında, Yakup'un tırmandığı ağaç dalının kırılması film öyküsünün (fabula) sonlarında yer alan bir olaydır. Ancak bu olay, filmin giriş jeneriğinden önce başlayan sahnede bir "ileriye atlayış" (flash forward) olarak verilir. Bu sahnenin ilk çekimi, filmin geneline hakim olacak olan kurgu biçiminin habercisidir. Kameranın sabit olduğu bu alan derinlikli çekim, tam olarak 3 dakika 36 saniye sürer.

***Şekil* 3.6:** *Bal Filminde Kurgu*

6

7

8

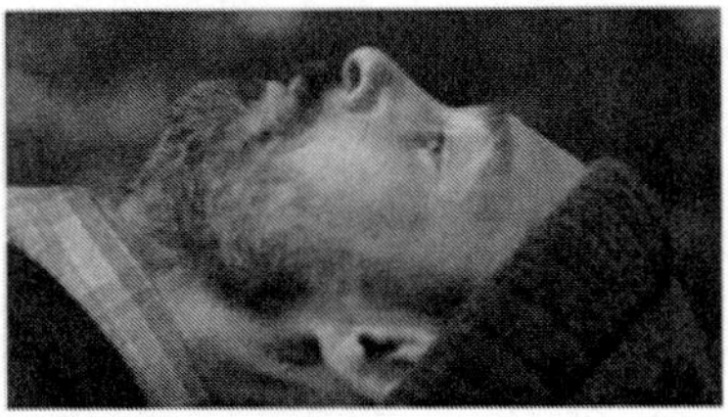

9

10

Kaynak: *Semih Kaplanoğlu (Yönetmen), Bal [Film], Türkiye - Almanya - Fransa: Kaplan Film - Heimatfilm, 2010*

Yakup, yükünü taşıyan eşekle birlikte çerçeve içinde fark edilebilir bir şekilde belirinceye kadar tam 26 saniye geçer. Kaplan'ın buradaki amacı oyuncularla birlikte, filmin diğer bir ana karakteri olan "doğayı" vurgulamaktır. Herhangi bir şeyin olmadığı bu 26 saniye boyunca "ormanın sesi" ön plana çıkartılmıştır. Bu uzun çekim boyunca, Yakup eşekle birlikte uzaklardan gelerek çerçeveyi doldurur, bir süre etrafında bakınıp çerçeveden çıkar (1C) ve sonrasında yine çerçeveye girer. 1., 2., 3. ve 4. çekimler arasında aksiyon uyumu kesmesi gerçekleştirilmiştir. 4. çekimde ağaç dalının gerilme sesi verilir ve Yakup bir süre duraksadıktan sonra tırmanmaya devam eder. 5. çekimde ağaç dalının kırılışı orta ölçekte, 6. çekimde ise Yakup'un düşüşü uzak ölçekte verilir. Yakup'un uzak ölçekte düşüşünün gösterildiği 6. çekimden, 5. çekimin devamı olan 7. çekimdeki ağaç dalının kırılışına aksiyon uyumu kesmesiyle geçilir. 6. çekimde kırılan ağaç dalı gözükmese de, burada uyumu yapay olarak sağlayan unsurlar, 6. çekimde Yakup'un aşağı doğru dikey düşüşü ile, 7. çekimde bağlı olduğu ipin ağaç dalını aşağıya çekişi ve dalın kırılma sesinin 6. çekimin sonlarında başlayıp, ses köprüsüyle 7. çekim boyunca devam etmesidir. Yakın ölçekteki 8. çekimde yatay bir konumda gösterilen Yakup'un düşüp düşmediği belirgin değildir. Bu ancak, uzak ölçekteki 9. çekimde gösterilir: Yakup yere düşmemiş, bağlı olduğu iple ağaca asılı kalmıştır. Üst açıdan yapılmış olan 10. çekimde Yakup'un orta ölçek görüntüsü üzerine verilen ağaç dalının gerilme sesiyle, yaklaşmakta olan bir arının sesi Yakup'un o andaki durumunun kritikliğini ve çaresizliğini vurgular. Burada kesme yapılarak filmin giriş jeneriği başlar. Jenerikten sonraki ilk sahneden, filmin yaklaşık 50. dakikasına kadar olan bölüm, bu ilk sahnenin bir "geriye dönüşüdür". Bu ilk sahnede Yakup' un bulunduğu kritik durumdan kurtulup kurtulmadığı bilgisi, yaklaşık olarak filmin sonlarına kadar saklı tutulur.

Beş Vakit

Reha Erdem, yönetmenliğini yaptığı *Beş Vakit* filmin aynı zamanda kurgusunu da kendisi gerçekleştirmiştir. Film, bir Kuzey Ege köyünde yaşayan insanları, Ömer, Yakup ve Yıldız isimli ilkokul çağındaki üç çocuğu ve onların aileleriyle olan ilişkilerini merkeze alarak anlatır. Filmin başlarından itibaren,

Ömer'in imam olan babasının ölümünü arzuladığı vurgulanır ve bunu gerçekleştirmek için bir takım girişimlerde bulunduğu belirtilir. Ömer'in bu amacına en çok yaklaştığı an ise, Yakup'la birlikte babasının kayalıklarda sıkışmış olan keçinin kurtarılmasına yardım edişini izledikleri sahnedir.

Şekil 3.7: *Beş Vakit Filminde Kurgu -1*

5D

6

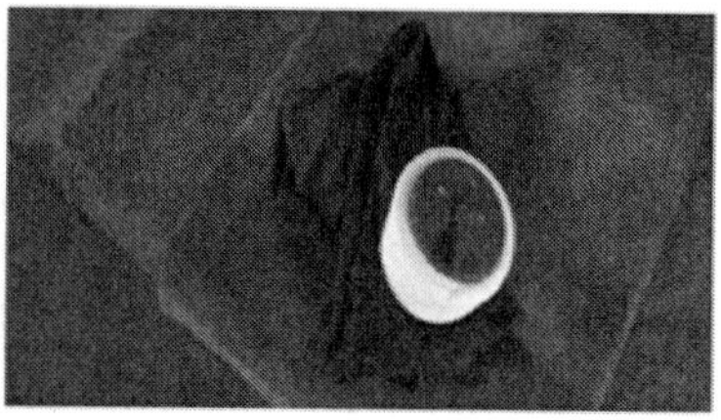

7

8

9

Kaynak: *Reha Erdem (Yönetmen), Beş Vakit [Film], Türkiye: Atlantik Film, 2006.*

1. çekimden, 2. çekime yapılan kesme anında müziğin başlatılması ve 2. çekimde Ömer'in ayağa kalkışı esnasında çekimin çok belirgin olmayan bir şekilde düşük bir oranda yavaşlatılmasıyla (slow motion), "Ömer'in babasını öldürmek için beklediği fırsatı en sonunda yakaladığı" anlamı oluşturulur. Ömer'in öznel çekimi olan 3. çekimin ardından yapılan kesmeyle verilen ve yakın ölçekte gösterilen Ömer'in sol yumruğunu sıkışı, (4. çekim) bu anlamı pekiştirir. Yönetmen tarafından, Ömer'in babasına doğru harekete geçişinin öznel

çekimi olduğu düşündürtülen 5. çekimde, kamera Ömer'in babasına doğru hareket edip, başının üzerinden sıyırarak bir süre kayalıklar ve gökyüzü üzerinde dolaşır. Burada, kameranın imamın kafasının üzerinden geçişinin (5C) tam olarak müzikteki vuruşa denk getirilmesi ve kameranın boşlukta bir süre gezinmesiyle, Ömer'in babasını kayalıklardan ittiği algısı oluşturulur. Yine müzikteki vuruşa denk getirilen bir kesmeyle verilen 6. çekimdeki boş cübbe ve fes görüntüsüyle bu algı güçlendirilir. Ancak 23 saniye gibi uzun bir süreye sahip bu çekimin 10. saniyesinden itibaren başlayan ve 7. ve 8. çekimler boyunca da devam eden, imamın "dua okuma" sesi duyulur. 9. çekimde imam yakın ölçekte gösterilerek, Ömer'in babasını kayalıklarda itmediği, sadece babasını kayalıkların ucunda gördüğünde bunu yapmayı düşlemiş olduğu anlaşılır. Erdem, burada seyirci algısını yönlendirerek "gerçeklik ve fanteziyi" ilginç bir yöntemle iç içe geçirir. *Babama ve Oğlum* filminde de gerçeklikten fantezi ya da geriye dönüşlere giriş ve çıkışlar belirgin işaretlerle verilmemişti, ancak bunlar kendi içlerinde bütünlüklüydüler. Burada ise gerçeklik ve fantezi arasında belirgin bir ayırım yoktur. Erdem, burada kullandığı kurgu yöntemleriyle seyirciyi gerçeklik ve düş arasındaki ayırımı yapabilmesi için zihinsel bir çaba göstermeye zorlar.

Genel olarak uzun süreli çekimlere ve dolayısıyla düşük bir ritme sahip olan filmde, çocuk karakterlerden biri olan Yıldız'ın kucağındaki bebeği yere düşürdüğü sahne, filmin en hızlı kurgulanmış kısmıdır.

Şekil 3.8: *Beş Vakit Filminde Kurgu -2*

Kaynak: *Reha Erdem (Yönetmen), Beş Vakit [Film], Türkiye: Atlantik Film, 2006.*

Bu sahnedeki 2. Çekim "8 karelik" süresiyle filmin en kısa çekimidir. 2. ve 3. çekimler, yıldızın dengesini kaybederek düştüğü 4. çekimin hazırlayıcısı olarak işlev görürler. Bu sahne, hem beklenmeyen bir olayın şokunu seyirciye yansıtmak hem de bebeğin düşme anında (4. ve 5. çekimlerde) "oyuncak bebek" kullanılmış olduğunu seyirciye hissettirmemek amacıyla hızlı bir şekilde kurgulanmıştır. Bu sahneyi, bebekten dolayı kesintisiz tek bir çekimle gerçekleştirmek ve istenilen etkiyi elde etmek mümkün olamazdı. 6. çekimde, Yıldız'ın arkadaşının 17 karelik tepki çekiminin verilmesiyle, çok kısa bir an için bebeğin ölüp ölmediğine dair bir gerilim yaratılır. Ancak 7. çekimde bebeğin yerde hareket ettiği gösterilerek rahatlama sağlanır. Bu sahnede dikkat çeken diğer bir unsur ise ses kurgusudur. 2., 3. ve 4. çekimlerde Yıldız'ın ayak seslerinin vurgulanarak verilmesi, dengesini kaybederek düşmesi algısının oluşmasını işitsel olarak da destekler. Tam olarak 5. çekimin ilk karesinde başlayan ve 6. çekimin ortalarına kadar süren "at kişnemesi" sesi, hem kurguda oluşturulmak istenen şok duygusunu güçlendirme, hem de 4. ve 5. çekim arasında yapılan kesmeyi gizleme işlevi görür.

Nokta

Yönetmenliğini Derviş Zaim'in yaptığı *Nokta* filminde, genç bir "hat sanatı" öğrencisi olan Ahmet'in, 13. yüzyıldan kalma el yazması "Malik Mushaf'ı"nın çalınıp, yasa dışı yollardan satışına isteksizce önayak olması ve bunun sonucunda üç kişinin hayatını kaybetmesi nedeniyle yaşadığı vicdan azabından kurtulma çabası anlatılır. Film, toplam 11 plan-sekansın özel efekt yöntemleriyle oluşturulan gizli kesmelerle, fark edilemeyecek bir şekilde birleştirilmesi sonucunda kesintisiz tek bir çekimden oluştuğu izlenimi verir. Derviş Zaim'in bu biçimsel tercihi, film öyküsünün temel çerçevesi olan "hat" sanatının "ihcam" geleneğinden kaynaklanır. Zaim, "kalemi kağıt üzerinden kaldırmadan, yazıyı bir defada bitirmek" anlamına gelen "ihcam" geleneğini filmin biçimine yansıtmıştır.[993] Derviş Zaim, filmin başında bir önceki filmi *Cenneti Beklerken*'in (2006) ana karakteri olan Hattat Eflatun'un bir cümlesini koyarak bu biçimsel tercihinin nedenini açık bir şekilde belirtir: *"İhcamla güzel yazı yazmak hayatı daha geniş zapt etmek manasındadır."* Yazının, kalemi kağıttan kaldırmadan tamamlan- dığı "ihcam" geleneğinde olduğu gibi, filmin de tek seferde çekildiği izlenimi yaratılmak istendiğinden, filmin jeneriğinde "kurgu" bölümü yer almamaktadır. Film, bu yönüyle biçimsel olarak Hitchcock'un *İp* ve Iñárritu'nun *Birdman* filmlerini andırır. Ancak bu filmler doğrusal bir zaman çizgisine sahipken, *Nokta* filminde büyük zamansal atlamalar ve geriye dönüşler gerçekleştirildiğinden söz konusu filmlerden biçimsel olarak farklıdır.

Film, en uzunu 13 dakika 24 saniye, en kısası ise 2 dakika 27 saniye olan 11 plan-sekansın yukarıda da belirttiğimiz üzere "gizli kesmelerle" birleştirilmesiyle oluşturulmuştur. Bu plan-sekanslarda kamera sürekli hareketlidir. Kamera, karakterleri takip eder, onların etrafında dolanır, onlara yakınlaşır ya da uzaklaşır. Gizli kesmelerin oluşturulabilmesinde hem kameranın bu hareketliliğinden, hem de filmin tümünün geçtiği uçsuz bucaksız Tuz Gölü'nün tuz ve gökyüzünden başka hiç bir obje içermemesinden faydalanılmıştır. Bu gizli kesmeler, ilk çekimde kameranın hareket ederek karakterleri çerçeveden çıkarması ve ardından çerçeveyi zemindeki tuzla ya da gökyüzüyle doldurmasıyla, ikinci çekimde ise tuzu ya da gök-

---

993-Hilmi Yavuz, "Derviş Zaim Filmlerinde İslam Estetiğinin Yeniden İnşası: Cenneti Beklerken ve Nokta", Derviş Zaim Sineması, Ed. Aslıhan Doğan Topçu, Ankara, De ki Yayınları, 2010, s.192.

yüzünü kapsayan çerçevenin, kameranın hareketiyle yukarı ya da aşağı yönlerde hareket ederek tekrar karakterleri çerçeve içerisine almasıyla gerçekleşir.

Şekil 3.9: *Nokta Filminde Gizli Kesmeler.*

1A

1B

1C

1D

2A

2B

2C

2D

Kaynak: *Derviş Zaim (Yönetmen), Nokta [Film], Türkiye: Marathon Film- Sarmaşık Sanatlar, 2008.*

Bu örneklerde gizli kesmeler, çekimlerin sonu ve başı arasında bir noktada (1D - 2A) bir takım özel efekt yöntemleri kullanılarak, kare kare incelemeyle bile tespit etmenin mümkün olamayacağı bir şekilde gerçekleştirilmiştir. Filmde toplamda 10 kez gerçekleştirilen bu geçişlerin süreleri ise 8 saniye ile 16 saniye arasında değişmektedir.

Kaynakça:

Abel, Richard: **The Red Rooster Scare: Making Cinema American, 1900-1910**, Berkeley, University of California Press, 1999.

Abel, Richard :**Encyclopedia Of Early Cinema**, Oxon, Routledge, 2005.

Abisel, Nilgün: **Sessiz Sinema**, Ankara, De Ki Yayınları, 2006.

Abisel, Nilgün, Eryılmaz, Tuğrul: "Sinemanın Çağdaşlaşması: Yeni Gerçekçilik, Yeni Dalga", **Sinema Araştırmaları: Kuramlar, Kavramlar, Yaklaşımlar**, Ed. Murat İri, 3.bs, İstanbul, Derin Yayınları, 2014, s.24-62.

Adanır, Oğuz: "Göstergebilimsel Film Kuramı", **Sinema Kuramları 2**, Ed. Zeynep Özarslan, İstanbul, Su Yayınevi, 2013, s.13-32.

Adorno, Theodor W.: **Kültür Endüstrisi- Kültür Yönetimi**, Çev: Nihat Ülner, Mustafa Tüzel, Elçin Gen, İstanbul, İletişim Yayınları, 2007.

Adorno, Theodor W.: Kültür Endüstrisini Yeniden Düşünürken, Çev. Bülent O. Doğan, **Cogito. Adorno: Kitle, Melankoli,Felsefe Özel Sayı:36**, İstanbul, Yapı Kredi Yayınları, 2003,s.76-83.

Aitken, Ian: **European Film Theory and Cinema: A Critical Introduction**, Edinburgh, Edinburgh University Press, 2001.

Aitken, Ian, (Ed.): **The Concise Routledge Encyclopedia of the Documentary Film**, Oxon, Routledge, 2013.

Andrew, J. Dudley: **Concepts in Film Theory**, Oxford, Oxford University Press, 1984.

Andrew, J. Dudley: **Büyük Sinema Kuramları**, Çev. Zahit Atam, İstanbul, Doruk Yayınları, 2009.

Arnheim, Rudolf **: Film as Art**, Berkeley, University Of California Press, 1957

Auerbach, Jonathan :**Body Shots: Early Cinema's Incarnations**, Kaliforniya, University of California Press, 2007.

Aumont, Jacques, v.d., **Aesthetics of Film**, Çev. Richard Neupert, Austin, University of Texas Press, 1992.

Balázs, Béla: **Theory Of The Film: Character And Growth Of a New Art**, Çev. Edith Bone, Londra, Dennis Dobson Ltd. 1952.

Balázs, Béla: **Béla Balázs: Early Film Theory**, Ed. Erica Carter, Çev. Rodney Livingstone, New York, Berghahn Books, 2011.

Bare, Richard L.: **The Film Director**, 2.bs., Foster City, IDG Books Worldwide, 2000.

Barnouw, Erik: "Dziga Vertov - Director", (Çevrimiçi), http://www.filmreference.com/Directors-Ve-Y/Vertov-Dziga.html, 30 Aralık 2016.

Barsam, Richard, Monahan, Dave: **Looking at Movies: An Introduction to Film**, 3. bs., New York, W. W. Norton & Company, 2010.

Bazin, André: Çağdaş Sinemanın Sorunları, Çev. Nijat Özön, Ankara, Bilgi Yayınevi, 1966.

Bazin, André: **Sinema nedir?** Çev. İbrahim Şener, İstanbul, Doruk-Yayınları, 2011.

Bazin, Andre: **What Is Cinema? Vol. I**, University Of California Press, Los Angeles, 2005.

Beck, Jay: "The Evolution of Sound in Cinema", ", **The Routledge Companion to Film History**, Ed. William Guynn, Oxon, Routledge, 2011.

Boggs, Joseph M., Petrie, Dennis W.: **The Art of Watching Films**, 7.bs., New York, McGraw-Hill, 2008.

Bonitzer, Pascal : **Bakış ve Ses**, Çev. İzzet Yasar, İstanbul, Yapı Kredi Yayınları, 1995.

Booker, M. Keith: **Postmodern Hollywood: What's New in Film and Why It Makes Us Feel So Strange**, Westport, Praeger Publishers, 2007.

Bordwell, David: "The Art Cinema as a Mode of Film Practice", **Film Criticism**, Vol. 4, No. 1, Film Theory (Fall 1979), pp.56-64.

Bordwell, David: The Idea of Montage in Soviet Art and Film, **Cinema Journal**, Vol. 11, No. 2 (Spring, 1972), University of Texas Press, pp.9-17.

Bordwell, David, Staiger, Janet, Thompson, Kristin: **The Classical Hollywood Cinema: Film Style & Mode of Production to 1960**, New York, Columbia University Press, 1985.

Bordwell, David: **Narration in the Fiction Film**, Wisconsin, The University of Wisconsin Press, 1985.

Bordwell, David: **On the History of Film Style**, 2.bs., Cambridge, Harvard University Press, 1999.

Bordwell, David: **The Cinema_Of_Eisenstein**, New York, Routledge, 2005.

Bordwell, David: **Figures Traced in Light: On Cinematic Staging**, Berkeley, University of California Press, 2005.

Bordwell, David : **The Way Hollywood Tells It :Story and Style in Modern Movies**, Los Angeles, University of California Press, 2006.

Bordwell, David, Thompson, Kristin: **Film Sanatı**, Çev. Ertan Yılmaz, Emrah Suat Onat, Ankara, De Ki Yayınları, 2011.

Bordwell, David: "Simplicity, clarity, balance: A tribute to Rudolf Arnheim", June 15, 2007, (Çevrimiçi), http://www.davidbordwell.net/blog/2007/06/15/simplicity-clarity-balance-a-tribute-to-rudolf-arnheim/, 12 Şubat 2017.

Bottomore, Stephen: "Shots In The Dark: The Real Origins Of Film Editing", **Early Cinema: Space- Frame - Narrative**, Ed. Thomas Elsaesser, Adam Barker, Londra, BFI Publishing, 1990, pp.104-113.

Bowser, Eileen: **The Transformation Of Cinema (History of the American Cinema) 1907- 1915**, New York, Charles Scribner's Sons, 1990.

Brooke, Michael: "Rescued by Rover (1905)", (Çevrimiçi), http://www.screenonline.org.uk/film/id/514859/, 19 Kasım 2016

Burch, Noël: **Theory of Film Practice**, Çev. Helen R. Lane, Princeton University Press, New Jersey, 1981.

Burch, Noël: **Life to Those Shadows**, Çev. Ben Brewster, Londra, BFI Publishing, 1990.

Butler, Andrew M.: **Film Studies**, Londra, Pocket Essentials, 2005.

Buyan, Burak: "Hugo Münstenberg", **Sinema Kuramları 1**, Ed. Zeynep Özarslan, İstanbul, Su Yayınevi, 2013, s.19-34.

Çağlayan, Emre: The Aesthetics of Boredom: Slow Cinema and the-Virtues of the Long Take in Once Upon a Time in Anatolia**, Projections: The Journal for Movies and Mind**, Volume 10, Issue 1, Summer 2016, pp.63-85.

Caldwell, Thomas: **Film Analysis Handbook: Essential Guide to Understanding, Analysing and Writing on Film**, 2.bs., Victoria, Insight Publications, 2010.

Cardullo, Bert: **André Bazin And Italian Neorealism**, New York, Continuum, 2011.

Carroll, Noël: "Film/Mind Analogies: The Case of Hugo Munsterberg", **The Journal of Aesthetics and Art Criticism**, Vol. 46, No. 4 (Summer, 1988), pp.489-499.

Carruthers, Lee: **Doing Time: Temporality, Hermeneutics, and Contemporary Cinema**, Albany, State University of New York Press, 2016.

Chanan, Michael: **The Dream That Kicks: The Prehistory And Early Years Of Cinema in Britain**, 2. bs., Londra, Routledge, 1996.

Chandler, Gael: **Film Editing: Great Cuts Every Filmmaker and Movie Lover Must Know**, Studio City, Michael Wiese Productions, 2009.

Christie, Ian: "The 50 Greatest Films of All Time", 18 Kasım 2016, (Çevrimiçi), http://www.bfi.org.uk/news/50-greatest-films-all-time, 31 Aralık 2016.

Cobley, Paul: **Narrative**, 2.bs.,Oxon, Routledge, 2014.

Cohen, Paula Marantz: **Silent Film and the Triumph of the American Myth**, New York, Oxford University Press, 2001.

Cook, David A.,Sklar, Robert : "History of the Motion Picture", (Çevrimiçi) https://global.britannica.com/art/history-of-the-motion-picture, 30 Ekim 2016.

Cook, Simon: "Our Eyes, Spinning like Propellers: Wheel of Life,

Curve of Velocities, and Dziga Vertov's Theory of the Interval", **October**, Vol. 121, New Vertov Studies (Summer, 2007), The MIT Press, pp.79-91.

Corliss, Richard , "D.W. Griffith's The Birth of a Nation 100 Years Later: Still Great, Still Shameful", 3 Mart 2015, (Çevrimiçi), http://time.com/3729807/d-w-griffiths-the-birth-of-a-nation-10/, 10 Aralık, 2016.

Crittenden, Roger: **Film and Video Editing**, 2. bs., New York, Routledge, 2005.

Dancyger, Ken: **The Technique Of Film AndVideo Editing: History, Theory, And Practice,** 4. bs., Massachusetts, Focal Press, 2007.

De Luca, Tiago , Jorge, Nuno Barradas : "Introduction: From Slow Cinema To Slow Cinemas", **Slow Cinema**, Ed. Tiago de Luca , Nuno Barradas Jorge, Edinburgh, Edinburgh University Press, 2016, pp. 1-25.

Demir, Yalçın: "Filmde Zaman ve Mekan üzerine", **Filmde Zaman ve Mekan**, Haz. Yalçın Demir, Eskişehir, Turkuaz Yay., 1994, s.1-9.

Demir, Yalçın: "Film Niçin Zaman ve Mekan Sanatıdır? ", **Filmde Zaman ve Mekan**, Haz. Yalçın Demir, Eskişehir, Turkuaz Yayıncılık, 1994, s.11-17.

Demir, Yalçın: "Filmsel Zamanın Yaratılmasında Filmsel Araçların Zamanı Etkilemedeki Rolleri ", **Filmde Zaman ve Mekan**, Haz. Yalçın Demir, Eskişehir, Turkuaz Yayıncılık, 1994, s.47-63.

Dibbets, Karel: "Sese Geçiş", **Dünya Sinema Tarihi**, Ed. Geoffrey Nowell-Smith, , Çev. Ahmet Fethi, 2.bs., İstanbul, Kabalcı Yayınevi, 2008, s.249-258.

Dixon, Wheeler , Winston, Foster, Gwendolyn Audrey: **A Short History Of Film**, New Jersey, Rutgers University Press, 2008.

Dmytryk, Edward, Dmytryk, Jean Porter: **Sinemada Yönetmenlik, Oyunculuk, Kurgu,** Çev. İbrahim Şener, 3. bs., İstanbul, Doruk Yayımcılık, 2011.

Kirihara,Donald: "Reconstructing Japanese Film", **Post-Theory: Reconstructing Film Studies**, Ed. David Bordwell, Noël Carroll, Wisconsin, The University of Wisconsin Press

Dorsay, Atilla: **100 Yılın Filmi**, 6.bs., İst., Remzi Kitapevi, 2007.

Hunt, Robert Edgar, Marland, John, Rawle, Steven: **The Language of Film**, 2.bs., New York, Bloomsbury Publishing, 2015.

Edmonds, Robert: "Filmin temel Yapı Taşları ve Bir Film Formu", **Filmde Zaman ve Mekan**, Haz. Yalçın Demir, Eskişehir, Turkuaz Yayıncılık, 1994, s.71-80.

Eisenstein, Sergey: **Film biçimi**, Çev. Nijat Özön, İstanbul, Payel Yayınevi, 1985.

Eisenstein, Sergey: **Film Duyumu**, Çev. Nijat Özön, İstanbul, Payel Yayınevi, 1984.

Elsaesser, Thomas, Barker, Adam, .: **Early Cinema: Space- Frame - Narrative**, Londra, BFI Publishing, 1990.

Erdikmen, Arda: "Rudolf Julius Arnheim", **Sinema Kuramları 1**, Ed. Zeynep Özarslan, İstanbul, Su Yayınevi, 2013, s.35-49.

Erkılıç, Hakan: "Noël Burch ve Yeni - Biçimci (Neo-Formalist) Kuram: Praksis Olarak Sinema", **Sinema Kuramları 2**, Ed. Zeynep Özarslan, İstanbul, Su Yayınevi, 2013, s.245-262.

Erman, Hürrem: ''Yapımcı Hürrem Erman'la Konuşma'' Atilla Dorsay, Nezih Coş Engin Ayça, **Yedinci Sanat**, Sy:6, 1973, s.22-37.

Fairservice, Don: **Film Editing: History, Theory and Practice**, New York, Manchester University Press, 2001.

Flanagan, Matthew : "Towards an Aesthetic of Slow in Contemporary Cinema", November 2008, (Çevrimiçi), http://www.16-9.dk/2008-11/side11_inenglish.htm, 7 Ağustos 2017.

Gaudreault, André, : **American Cinema, 1890–1909**, New Jersey, Rutgers University Press, 2009.

Gallen, Ira H.D.W. Griffith: Master of Cinema, Victoria, Friesen Press, 2015

Gaudreault, André : "Theatricality, Narrativity, and Trickality :Reevaluating the Cinema of Georges Méliès", **Fantastic Voyages of the Cinematic Imagination: Georges Méliès's Trip to the Moon**, Ed. Matthew

Solomon, New York, State University of New York Press, 2011, pp.31-48.

Gazetas, Aristides: **An Introduction to World Cinema**, 2.bs., Jefferson, McFarland& Company Inc., 2008.

Gillespie, David C.: **Early Soviet Cinema: Innovation, Ideology and Propaganda**, Londra, Wallflower Press, 2000.

Goodwin, James: **Eisenstein, Cinema, and History**, Chicaco, University of Illinois Press,1993.

Grainge, Paul, Jancovich, Mark, Monteith, Sharon: **Film Histories: An Introduction and Reader**, Edinburgh , Edinburgh University Press, 2007.

Gunning, Tom: "Jean Mitry: 1904-1988", **Cinema Journal**, Vol. 28, No. 1 (Autumn, 1988), pp.17-18.

Gunning, Tom: **D.W. Griffith and the Origins of American Narrative Film: The Early Years at Biograph**, Chicago, University of Illinois Press, 1991.

Gunning, Tom: "Now You See It, Now You Don't :The Temporality of The Cinema of Attractions", **The Silent Cinema Reader**, Ed. Lee Grieveson, Peter Krämer, Londra, Routledge, 2004, pp.41-50.

Gunning,Tom :"The Cinema of Attraction[s]: Early Film, Its Spectator and the Avant-Garde", **The Cinema of Attractions Reloaded**, Ed. Wanda Strauven, Amsterdam, Amsterdam University Press, 2006, pp.381-388.

Gunning, Tom: "Movies, Stories, and Attractions", **American Cinema, 1890–1909**, Ed. André Gaudreault, New Jersey, Rutgers University Press, 2009, pp.112 -132.

Gunning, Tom: "Shooting into Outer Space Reframing Modern Vision", **Fantastic Voyages of the Cinematic Imagination: Georges Méliès's Trip to the Moon**, Ed. Matthew Solomon , New York, State University of New York Press, pp.97-114.

Guynn,William , "The Stages Of The Film Production Process", **The Routledge Companion to Film History**, Ed. William Guynn, Oxon, Routledge, 2011, pp.39-63.

Guzzetti, Alfred: "Christian Metz and the Semiology of the Cinema", Journal of Modern Literature, Vol. 3, No. 2, Film as Literature and Language (Apr.,1973), pp. 292-308.

Hicks, Jeremy: **Dziga Vertov: Defining Documentary Film**, Londra, I.B.Tauris, 2007.

Horton, Justin: "Mental Landscapes: Bazin, Deleuze, and Neorealism (Then and Now)", **Cinema Journal**, Vol. 52, No. 2 (Winter 2013), pp.23-45.

Işıkman, Nihan Gider :"Dziga Vertov", **Sinema Kuramları 1**, Ed. Zeynep Özarslan, İstanbul, Su Yayınevi, 2013, s.133-149.

İri, Murat: "Erken Dönem Sinema Kuramcıları - Münstenberg, Pudovkin, Eisenstein, Arnheim", **Sinema Araştırmaları: Kuramlar, Kavramlar, Yaklaşımlar**, Ed. Murat İri, 3.bs, İstanbul, Derin Yay., 2014, s.1-6.

Jacobs, Lewis: **The Rise of the American film: A Critical History**, New York, Harcourt- Brace,1939.

Jacobs, Lewis: "D.W. Griffith", **Film: An Anthology**, Ed. Daniel Talbot, Berkeley, University of California Press, 1975, pp.288-344.

Jacobs, Lewis: "Zaman ve Mekanın Anlatımı", **Filmde Zaman ve Mekan**, Haz. Yalçın Demir, Eskişehir, Turkuaz Yay., 1994, s. 35-46.

Jacobs, Christopher P.: "Pioneer Film Director Dishonored by Those Who Follow in His Footsteps", December 23, 1999, (Çevrimiçi), http://www.und.edu/instruct/cjacobs/DWGriffith.html, 1 Aralık 2016.

Jaffe, Ira: **Slow Movies: Countering the Cinema of Action**, New York, Wallflower Press, 2014.

Jahiel, Edwin: "The French View of the Cinema as an Art", **Books Abroad**, Vol. 38, No. 3 (Summer, 1964), pp.261-262.

Jameson, Fredric: "Postmodernizm ya da Geç Kapitalizmin Kültürel Mantığı", **Jameson, Lyotard, Habermas: Postmodernizm**, Haz. Necmi Zeka", Çev. Gülengül Naliş, Dumrul Sabuncuoğlu, Deniz Erksan, 2.bs., İstanbul, Kıyı yayınları, 1994, s.59-116.

Jesionowski, Joyce E.: **Thinking in Pictures: Dramatic Structure in**

D.W. Griffith's Biograph Films, Londra, University of California Press, 1987.

Jones, Jonathan: "The silent revolutionary", 31 Ağustos 2011, (Çevrimiçi), https://www.theguardian.com/film/2001/aug/31/artsfeatures1, 8 Ocak 2017.

Jutz, Gabriele: "Audiovisual Aesthetics in Contemporary Experimental Film", **The Oxford Handbook of Sound and Image in Western Art**, Ed. Yael Kaduri, New York, Oxford University Press, 2016, pp. 397-425.

Karadoğan, Ali: "Postmodern Sinema mı Film mi?", **İletişim : Araştırmaları Dergisi**, C.3, S.1,2005, s. 133-160.

Keil, Charlie: "D.W. Griffith and the Development of American Narrative Cinema", **American Film History: Selected Readings, Origins to 1960,** Ed. Cynthia Lucia, Roy Grundmann , Art Simon, West Sussex, John Wiley & Sons, 2016, pp.18-25.

Kemp, Philip: **Sinemanın Tüm Öyküsü**, Çev. Ertan Yılmaz, Nuray Yılmaz, İstanbul, Hayalperest Yayınevi, 2014.

Kenez, Peter : "The Cultural Revolution in Cinema", **Slavic Review**, Vol. 47, No. 3 (Autumn, 1988), pp.414-433.

Kırel, Serpil :**Kültürel Çalışmalar ve Sinema**, 2.bs., İstanbul, Kırmızı Kedi Yayınevi, 2012.

Kirihara, Donald: "Reconstructing Japanese Film", **Post-Theory: Reconstructing Film Studies**, Ed. David Bordwell, Noël Carroll, Wisconsin, The University of Wisconsin Press, pp.501- 519.

Kobel, Peter: **Silent Movies : The Birth of Film and the Triumph of Movie Culture**, New York, Little, Brown and Company, 2007.

Koçak, Dilek Özhan: "Sinemada Postmodernizm", **Beykent Üniversitesi Sosyal Bilimler Dergisi / Journal of Social Sciences** (5),2, 2012, s.65-87.

Kolker, Robert P.: "The film Text and Film Form", **The Oxford Guide to Film Studies,** Ed., W. John Hill, Pamela Church Gibson, Oxford, Oxford University Press, 1998, pp.9-21.

Kolker, Robert: **Film, Form, and Culture**, New York, McGraw-Hill Companies, 1999.

Kolker, Robert: **Film, Biçim ve Kültür**, Çev. Fırat Ertınaz v.d., Ankara, Deki Yayınevi, 2009.

Koszarski, Richard: **AnEvening's Entertainment: The Age of the Silent Feature Picture, 1915-1928**, Londra, University of California Press, 1994.

Kovacs, Steven: "Kuleshov's Aesthetics", **Film Quarterly**, Vol. 29, No. 3 (Spring, 1976), University of California Press, pp.34-40.

Kovács, András Bálint: **Screening Modernism: European Art Cinema, 1950–1980**, Chicago, The University of Chicago Press, 2007.

Kracauer, Siegfried: **Theory of Film: The Redeption of Physical Reality**, First Princeton Paperback Printing, New Jersey, Princeton University Press, 1997

Kracauer, Siegfried: "From Theory Of Film: Basic Concepts", **Film Theory and Criticism: Introductory Readings**, Ed. Leo Braudy, Marshall Cohen, Oxford, Oxford University Press, 2009, pp.147-158.

Kracauer, Siegfried: **Siegfried Kracauer's American Writings: Essays on Film and Popular Culture**, Ed. Johannes von Moltke, Kristy Rawson, Berkeley, University of California Press, 2012.

Kuhn, Annette, Westwell, Guy: **A Dictionary of Film Studies**, Oxford University Press, Oxford, 2012.

Kuleshov, Lev: "Art of the Cinema", **Kuleshov On Film: Writings By Lev Kuleshov,** Ed. Ronald Levaco, Berkeley, University of California Press,1974, pp. 41-125.

Küçükerdoğan, Bülent: **Sinemada Kurgu ve Eisenstein**, İstanbul, Hayalperest Yayınevi, 2014.

Küçükerdoğan, Bülent ,Yengin Deniz: "Sergei Mikhailovich Eisenstein", **Sinema Kuramları 1**, Ed. Zeynep Özarslan, İstanbul, Su Yayınevi, 2013, s.107-131

Kydd, Elspeth: **The Critical Practice of Film: An Introduction** , Palgrave Macmillan, Hampshire, 2011.

Lawson, John Howard: "Zaman ve Mekan", **Filmde Zaman ve Mekan**, Haz. Yalçın Demir, Eskişehir, Turkuaz Yayıncılık, 1994, s.19-34.

Levaco,Ronald: Kuleshov On Film: Writings By Lev Kuleshov, Berkeley, University of California Press,1974.

Loewy,Hanno: "Space, Time, and "Rites de Passage": Béla Balázs's Paths to Film", **October**, Vol. 115 (Winter, 2006), s.61-76.

Lewis, Jon: **Essential Cinema: An Introduction to Film Analysis**, Boston, Wadsworth Cengage Learning, 2014.

Leyda, Jay: **Kino: A History of the Russian and Soviet Film**, 3.bs., New Jersey, Princeton University Press, 1983.

Lim, Dennis: "Machine Age Poet, Born in Revolution, Stifled Under Stalin" 8 Nisan 2011, (Çevrimiçi), http://www.nytimes.com/2011/04/10/movies/dziga-vertov-films-at-museum-of-modern-art.html, 31

Lyotard,J. F.: **Postmodern Durum**, Çev. Ahmet Çiğdem, Ankara, Vadi Yayınları, 1994.

MacGowan, Kenneth: "The Coming of Sound to the Screen", **The Quarterly of Film Radio and Television**, Vol. 10, No. 2 (Winter, 1955), pp.136-145.

Malitsky, Joshua: **Post - Revolution Nonfiction Film: Building The Soviet And Cuban Nations**, Indiana, Indiana University Press, 2013.

Marie, Michel: **The French New Wave: An Artistic School**, Çev. Richard Neupert, Oxford, Blackwell Publishing, 2003.

Mccaffrey, Donald W., Jacobs, Christopher P.: **Guide To The Silent Years Of American Cinema**, Wesport, Greenwood Press, 1999.

Mercado, Gustavo: **The Filmmaker's Eye: Learning (and Breaking) the Rules of Cinematic Composition**, Massachusetts, Focal Press, 2011.

Metz, Chiristian: **Sinemada Anlam Üstüne Denemeler**, Çev. Oğuz Adanır, İstanbul, Hayalperest Yayınevi, 2012.

Mitchell, Rick: "First Cut: The Great Train Robbery", **The Editors Guild Magazine**, Vol. 24, No. 5 - September/October 2003, (Çevrimiçi), http://www.editorsguild.com/v2/magazine/newsletter/sepoct03/sepoct03_first_cut.html, 17 Kasım 2016.

Mitchell, Tony : "Animating Dead Space and Dead Time", **Sight & Sound**, 50/1,1980, pp.29-33.

Mitry, Jean: **The Aesthetics and Psychology of the Cinema**, Çev. Christopher King, Boloomington Indiana University Press, 1997.

Monaco, James: **Bir Film nasıl okunur?** Çev. Ertan Yılmaz, İstanbul, Oğlak Yayınları, 2001.

Monaco, Paul: **The Sixties:1960-1969**, New York, Charles Scribner's Sons, 2001.

Monaco, Paul: **A History of American Movies: A Film-by-Film Look at The Art, Craft, and Business of Cinema**, Lanham, The Scarecrow Press, 2010.

Morgan,Daniel: "Rethinking Bazin: Ontology and Realist Aesthetics", **Critical Inquiry**, Vol. 32, No. 3 (Spring 2006), pp.443-481.

Münstenberg, Hügo: **The Film: A Psychological Study**, Ed.Richard Griffith, New York, Dover Publications, 1970.

Murch, Walter: **In The Blink of An Eye**, 2.bs., Los Angeles, Silman-James Press, 2001.

Musser, Charles: **Before the Nickelodeon: Edwin S. Porter and the Edison Manufacturing Company**, Los Angeles, "University of California Press", 1991.

Musser, Charles: **The Emergence of the Cinema: The American Screen to 1907**, Londra, University of California Press, 1994.

Namow, Tyson: "Béla Balázs: Early Film Theory – Visible Man and The Spirit of Film, (Edited by Erica Carter, Translated by Rodney Livingstone)", (Çevrimiçi), http://www.screeningthepast.com/2011/04/bela-balazs-early-film-theory---visible-man-and-the-spirit-of-film-edited-by-erica-carter-translated-by-rodney-livingstone/, 11 Nisan 2017.

Neupert, Richard: **A History Of The French New Wave Cinema**, 2. Baskı, Wisconsin, The University of Wisconsin Press , 2002.

Nichols, Bill: **Introduction to Documentary**, 2.bs., Indiana, Indiana University Press, 2010.

Nichols, Bill: **Engaging Cinema: An Introduction to Film Studies**, New York, W. W. Norton & Company, 2010.

Odabaş, Battal: "Andre Bazin", **Sinema Kuramları 1**, Ed. Zeynep Özarslan, İstanbul, Su Yayınevi, 2013, s.155-183

Oluk, Ayşen: **Klasik Anlatı Sineması**, İstanbul, Hayalet Kitap, 2008.

Onaran, Alim Şerif: **Türk sineması**, C.I., Ankara, Kitle Yayınları, 1994.

Onaran, Alim Şerif : **Sessiz Sinema Tarihi**, 2. bs., İstanbul, Agora Kitaplığı, 2012.

Orpen, Valerie: **Film Editing: The Art of the Expressive**, Londra, Wallflower Press, 2003.

Özarslan, Zeynep: "Siegfried Kracauer", Sinema Kuramları 1, Ed. Zeynep Özarslan, İstanbul, Su Yayınevi, 2013, s.185-218.

Özön, Nijat : **Sinema: Uygulayımı, Sanatı, Tarihi**, İstanbul, Hil Yayın, 1985.

Özön, Nijat: **Sinema Sanatına Giriş**, İstanbul, Agora Kitaplığı, 2008

Pacifici, Sergio J.: "Notes toward a Definition of Neorealism", **Yale French Studies**, No. 17, Art of the Cinema (1956), pp.44-53.

Parkinson, David: **History of Film**, Londra, Thames & Hudson, 1995.

Peake, Steve: "Profile and History of '80s Cable Network and Music Tastemaker MTV", 21 Şubat 2017, (Çevrimiçi), https://www.thoughtco.com/history-80s-cable-network-mtv-9994, (27 Nisan 2017).

Pearlman, Karen: **Cutting Rhythms: Shaping the Film Edit**, Massachusetts, Focal Press, 2009.

Pearson, Roberta: "Sinemanın İlk Dönemi", **Dünya Sinema Tarihi**, Ed. Geoffrey Nowell-Smith, , Çev. Ahmet Fethi, 2.bs., İstanbul, Kabalcı Yayınevi, 2008, s.30-41.

Pearson, Roberta: "Geçiş Sineması", **Dünya Sinema Tarihi**, Ed. Geoffrey Nowell-Smith, Çev. Ahmet Fethi, 2.bs., İstanbul, Kabalcı Yayınevi, 2008 s.42-63.

Popple, Simon , Kember, Joe: **Early Cinema: From Factory Gate to Dream Factory**, Londra, Wallflower Press, 2004.

Powrie, Phil, Reader Keith: **French Cinema: A Student's Guide**, Londra, Hodder & Stoughton Educational, 2002.

Pramaggiore, Maria, Wallis, Tom, **Film: A Critical Introduction**, Londra, Laurence King Publishing, 2005.

Price, Joshua: "10 Reasons Why The French New Wave Is The Most Influential Cinema Movement Ever", 10 Kasım 2015, (Çevrimiçi), 4 Nisan 2017, http://www.tasteofcinema.com/2015/10-ways-french-new-wave-changed-cinema-forever/

Pudovkin, V. I. : **Film Technique And Film Acting**, Memorial Edition, Çev. Ivor Montagu, Londra, Vision Press, 1958.

Rabiger, Michael, Hurbis-Cherrier, Mick: **Directing: Film Techniques and Aesthetics**, 5.bs., Oxon, Focal Press, 2013.

Reisz, Karel, Millar, Gavin: **The Technique of Film Editing**, 2.bs., Londra, Focal Press, 2010

Renée, V. : "A Closer Look at the Hidden Editing Techniques Used in 'Birdman'", 16 Ekim 2015, (Çevrimiçi), http://nofilmschool.com /2015/10/a-closer-look-hidden-editing-techniques-in-birdman, 9 Haziran 2017.

Rhode, Eric: **A History of The Cinema**, Londra, Penguin Books, 1978

Roberts, Graham, Wallis, Heather: **Key Film Texts**, Londra, Arnold, 2002.

Rollberg, Peter: **Historical Dictionary of Russian and Soviet Cinema**, Maryland, The Scarecrow Press, 2009.

Romney, Jonathan: "In Search of Lost Time", **Sight and Sound**, 20/2 (February), 2010, pp. 43–44.

Rotha,Paul: **The Film Till Now : A Survey of World Cinema**, Middlesex, Spring Books, 1967.

Ryan, Micheal, Lenos ,Mellisa: **Film Çözümlemesine Giriş**, Çev. Emrah Suat Onat, Ankara, De Ki Basım - Yayım, 2012.

Salt, Barry : **Film Style And Technology: History And Analysis**, 3.bs., Londra, Starword, 2009.

Salt, Barry: "Film Form 1900-1906", **Early Cinema: Space- Frame - Narrative**, Ed. Thomas Elsaesser, Adam Barker, Londra, BFI Publishing, 1990, pp.31-44.

Sargeant, Amy: **Vsevolod Pudovkin: Classic Films of the Soviet Avant-Garde**, Londra, I.B.Tauris, 2000.

Sikov, Ed: **Film Studies: An Introduction**, Columbia University Press, New York, 2010.

Simmon, Scott : **The Films of D.W. Griffith**, Cambridge, Cambridge University Press, 1993.

Singer, Ben: "Jeanne Dielman: Cinematic Interrogation and 'Amplification'", **Millennium Film Journal**, 22 (1989), pp.56-75.

Sklar, Robert : **A World History of Film**, New York, Harry N. Abrams, 2002.

Sokolov, Alexey G. : **Sinema ve Televizyonda Gör□nt□ Kurgusu**, 2. bs., Çev. Semir Aslany□rek, Agora Kitaplığı, 2006.

Solomon, Matthew: "1908 Movies and Other Media", **American Cinema, 1890–1909**, Ed. André Gaudreault, New Jersey, Rutgers University Press, 2009, pp.202-224

Speidel, Susan: "Film form and Narrative", **Introduction to Film Studies**, Ed. Jill Nelmes, 5.bs., New York, Routledge, 2012, pp.79-112.

Spottiswoode, Raymond: **Film and Its Techniques**, 11. bs., Berkeley, University of California Press, 1968.

Stokes, Melvyn: **D. W. Griffith's The Birth of a Nation: A History of "The Most Controversial Motion Picture of All Time"**, New York, Oxford University Press, 2007.

Street, Sarah: **British National Cinema**, 2.bs., New York, Routledge, 2009.

Tankel, Jonathan D.: "The Impact of The Jazz Singer on the Conversion to Sound", **Journal of the University Film Association**, Vol. 30, No. 1, Topics In American Film History (Winter 1978), s.21-25.

Taylor, Richard: **The Politics Of The Soviet Cinema 1917-1929**, New York, Cambridge University Press, 1979.

Taylor,Richard: "Ideology as mass entertainment: Boris Shumyatsky and Soviet cinema in the 1930's", **Inside the Film Factory: New Approaches to Russian and Soviet Cinema**, Ed. Richard Taylor, Ian Christie, Londra, Routledge, 1991, s.193-217.

Taylor, Richard: **Film Propaganda: Soviet Russia and Nazi Germany**, 2.bs., Londra, I.B.Tauris, 1998.

Teksoy, Rekin: **Rekin Teksoy'un Sinema Tarihi**, C.I, İstanbul, Oğlak Yayıncılık, 2005.

Thompson, Kristin: "Early Sound Counterpoint", **Yale French Studies**, No. 60, Cinema/Sound (1980), pp.115-140.

Thompson Kristin, Bordwell, David : **Film History: An introduction**, 2. bs., New York, The McGraw-Hill Companies, Inc., 2003.

Thompson, Roy, Bowen, Christopher J.: **Grammar of the Edit**, 2. bs., Massachusetts, Focal Press, 2009.

Thomson, David: **Hollywood**, Londra, Dorling Kindersley, 2004.

Toscano, Michael: "Kuleshov's Effect: The Man behind Soviet Montage", August 31, 2015 (Çevrimiçi), http://www.curatormagazine.com/michaeltoscano/kuleshovs-effect-the-man-behind-soviet-montage/, 23 Aralık 2016.

Toulet, Emmanuelle: **Birth Of The Motion Picture**, New York, Harry N. Abrams Inc., 1995.

Tsivian, Yuri , vd.: "The Rediscovery of a Kuleshov Experiment: A Dossier", **Film History**, Vol. 8, No.3, Cinema and Nation - II (1996), pp.357-367.

Tsivian,Yuri: "Dziga Vertov (1896-1954)", **Dünya Sinema Tarihi**, Ed. Geoffrey Nowell-Smith, Çev. Ahmet Fethi, 2.bs., İstanbul, Kabalcı Yayınevi, 2008, s.120-121.

Usai, Paolo Cherchi: "A Trip to the Movies :Georges Méliès, Filmmaker and Magician (1861-1938)", **Fantastic Voyages of the Cinematic Imagination: Georges Méliès's Trip to the Moon**, Ed. Matthew Solomon, New York, State University of New York Press, pp.25 -30.

Vertov, Diziga: **Sine-Göz**, Çev. Ahmet Ergenç, İstanbul, Agora Kitaplığı, 2007.

Wagstaff, Christopher: **Italian Neorealist Cinema: An Aesthetic Approach**, Toronto, University of Toronto Press, 2007.

Wolf, William: "The Legacy of The New Wave", **New York Magazine**, January 9,1984, C.17, pp.68-70.

Wohl, Michael: **Editing Techniques with Final Cut Pro**, Berkeley, Peachpit Press, 2002.

Wollen, Peter: **Sings and Meaning in the Cinema,** Londra, Secker and Warburg, 1982.

Wylie, Thomas F.: "Eisenstein, Kracauer and Marx: Socio-political Influence in Film Theory", **Journal of the University Film Association**, Vol. 30, No. 3 (Summer 1978), pp.15-18.

Yavuz, Hilmi : "Derviş Zaim Filmlerinde İslam Estetiğinin Yeniden İnşası: Cenneti Beklerken ve Nokta", **Derviş Zaim Sineması**, Ed. Aslıhan Doğan Topçu, Ankara, De ki Yayınları, 2010, s.190-194.

Youngblood, Denise J.: **Russian War Films: On the Cinema Front, 1914-2005**, Kansas, University Press of Kansas, 2007.

Younger, Prakash: "Film As Art", **The Routledge Companion to Film History**, Ed. William Guynn, Oxon, Routledge, 2011, pp. 27-38.

Yıldız, Selahattin: "Vsevolod Illarionovich Pudovkin", **Sinema Kuramları** 1, Ed. Zeynep Özarslan, İstanbul, Su Yayınevi, 2013, s.59 -106.

Zekâ, Necmi: "Yolları Çatallanan Bahçe, Aynalı Gökdelenler, Dil Oyunları ve Robespierre", **Jameson, Lyotard, Habermas: Postmodernizm**, Haz. Necmi Zeka", Çev. Gülengül Naliş, Dumrul Sabuncuoğlu, Deniz Erksan, 2.bs., İstanbul, Kıyı yayınları, 1994, s.7-30.

"Overview: Christian Metz (1931—1993), (Çevrimiçi),

http://www.oxfordreference.com/view/10.1093/oi/authority.20110803100154425, 22 Nisan 2017.

Filmler:

Bergman, Ingmar (Yönetmen), *Persona* [Film], İsveç: Svensk Filmindustri (SF), 1966.

Bird, Brad (Yönetmen), *Mission: Impossible - Ghost Protocol* [Film], ABD - Birleşik Arap Emirlikleri - Çek Cumhuriyeti : Paramount Pictures, 2011.

Ceylan, Nuri Bilge (Yönetmen), *Üç Maymun* [Film], Türkiye - Fransa - İtalya: Zeynofilm - NBC Film, 2008.

Clark, Bob (Yönetmen), *A Christmas Story* [Film], ABD - Kanada: Metro-Goldwyn-Mayer, 1983.

Craven, Wes (Yönetmen), *Scream* [Film], ABD: Dimension Films, 2012.

Cuarón, Alfonso (Yönetmen), *Great Expectations* [Film], ABD: Art Linson Productions, 1998.

Erdem, Reha (Yönetmen), *Beş Vakit* [Film], Türkiye: Atlantik Film, 2006.

Erdoğan, Yılmaz, Sorak, Ömer Faruk (Yönetmen), *Vizontele* [Film], Türkiye : BKM- Böcek Yapım, 2001.

Godard, Jean-Luc (Yönetmen), *À bout de souffle* [Film], Fransa: Les Films Impéria, 1960.

Godard, Jean-Luc (Yönetmen), *La chinoise* [Film], Fransa: Anouchka Films, 1967.

Greengrass, Paul (Yönetmen), *The Bourne Ultimatum* [Film], ABD - Almanya: Universal Pictures , 2007.

Hitchcock, Alfred (Yönetmen), *The 39 Steps* [Film], İngiltere: Gaumont British Picture Corporation, 1935.

Hitchcock, Alfred (Yönetmen), *Rear Window* [Film], ABD: Paramount Pictures, 1954.

Hitchcock, Alfred (Yönetmen), *Rope* [Film], ABD: Warner Bros., 1948.

Hopper, Dennis (Yönetmen), *Easy Rider* [Film], ABD: Pando Company Inc., 1969.

Irmak, Çağan (Yönetmen), *Babam ve Oğlum* [Film], Türkiye : Avşar Film, 2005.

Kaplanoglu, Semih (Yönetmen), *Bal* [Film], Türkiye - Almanya - Fransa: Kaplan Film - Heimatfilm, 2010.

Lucas, George (Yönetmen), *Star Wars: Episode IV - A New Hope* [Film], ABD: Lucasfilm, 1977.

Nolan, Christopher (Yönetmen), *The Dark Knight Rises* [Film], İngiltere - ABD: Warner Bros, 2012.

Ozu, Yasujirô (Yönetmen), *Tôkyô monogatari* [Film], Japonya: Shôchiku Eiga, 1953.

Scott, Ridley (Yönetmen), *Gladiator* [Film], ABD - İngiltere: DreamWorks, 2000.

Singer, Bryan (Yönetmen), *The Usual Suspects* [Film], ABD - Almanya: PolyGram Filmed Entertainment, 1995.

Tarantino, Quentin (Yönetmen), *Kill Bill: Vol. 2* [Film], ABD: Miramax, 2004.

Tarantino, Quentin (Yönetmen), *Pulp Fiction* [Film], ABD: Miramax, 1994.

Trevorrow, Colin (Yönetmen), *Jurassic World* [Film], ABD: Universal Pictures, 2015.

Zaim, Derviş (Yönetmen), *Nokta* [Film], Türkiye: Marathon Film-Sarmaşık Sanatlar, 2008.

Zemeckis, Robert (Yönetmen), *Forrest Gump* [Film], ABD: Paramount Pictures, 1994.